Ilka von Vignau

Tegern See

Ilka von Vignau

Tegernsee

Schliersee
Leitzachtal

Prestel-Verlag
München

Passavia Druckerei GmbH Passau
ISBN 3-7913-0507-7

Inhalt

ANHANG

ÜBERSICHTSKARTEN

Auftakt auf dem Wallberg

Die Idee, nach Tegernsee zu fahren, war eigentlich unsinnig. Trostlos grau und ganz und gar nicht einladend zu einem solchen Ausflug hing der Himmel über München. Es war einer jener schon recht empfindlich kalten Spätherbstmorgen, an denen dichte Schleier über feuchtglitzernden Wiesen und dunklen Erdschollen liegen. Unwirklich, schemenhaft steigen Nadelwälder schwarzgrün aus ihnen auf, zaubert das herbstliche Laub in allen Goldtönen einen Abglanz sommerlicher Sonne vor diesen dunklen Hintergrund, ragen die Äste kahler Bäume gespenstisch in den grauen Himmel. Und doch ist hinter allen ihr Antlitz verhüllenden Schleiern die Sonne zu ahnen. Und plötzlich ist sie wirklich da, sie durchbricht das Grau und die Erde leuchtet auf – aber nur für einen kurzen Augenblick, dann fallen die Nebel um so dichter. Dennoch: Ein heller Schimmer liegt über diesem dichten Nebel und läßt ihn keineswegs drückend, sondern geradezu schwerelos erscheinen.

Und dann, bei der Ankunft in Tegernsee, ist er hinweggefegt, ein blauer Himmel breitet sich über die Landschaft. Schnell ist der Entschluß gefaßt, diese überraschende Wendung zu nutzen und auf den Wallberg hinaufzufahren. In zwölf Minuten bewältigt die 1951 fertiggestellte Kabinenbahn die 830 Meter Höhenunterschied auf ihrer 2,1 Kilometer langen Trasse.

Oben angelangt, ein erster Blick hinunter. In strahlendem Sonnenschein liegt nun das Land, nur der See ist noch zugedeckt von weißen, flaumigen Watteflocken. Dann ein Rundblick über den Wallberg selbst, dieses Paradies der Bergwanderer, im Winter der Skiläufer und jetzt, im Herbst, der Drachenflieger. Das Wallbergkreuz oben auf dem Gipfel läßt daran denken, was von seiner Errichtung im Jahre 1892 erzählt wird: »Viele Schwierigkeiten mußten aus dem Weg geräumt werden, um dieses Kreuz inmitten des Gamsreviers errichten zu können. Erst nach einer Audienz einer Wallbergdelegation beim Prinzregenten Luitpold konnte mit dem Bau begonnen werden. Über die Gfällalm mußten das ganze Material und das Kreuz hinaufgetragen werden, und die Wallberger haben da ein Denkmal gesetzt, das auch heute noch über das Tegernseer Tal hinausleuchtet.«

›Die Wallberger‹, das ist ein am 24. März 1889 gegründeter Verein, dem im Laufe der Jahre viele Persönlichkeiten von Rang und Namen aus der Welt der Kunst und Wissenschaft angehörten und angehören. Zusammen mit den Einheimischen setzen sie sich für die Pflege des Brauchtums ein, für Erhaltung der Volkstracht, Förderung der Liebe zum Heimatkreis, Belebung des Volksgesangs, Pflege des Zitherspiels und für gesellige Unterhaltung.

Auf dem Weg zum unterhalb der Bergstation und dem Wallberghotel gelegenen Wallberghaus kommt man an der 1910 errichteten Kapelle vorüber, in der gerade eine Bergmesse gefeiert wird. Nach einem Mittagessen auf der Terrasse des Wallberghauses bei 25 Grad in der Sonne geht es dann wieder hinauf zur Bergstation. Klar liegt jetzt der See dort unten, liebevoll eingebettet in die ringsum sanft ansteigende Talmulde, die sich nur nach Norden in weite Fernen, gen München zu, öffnet. Man sieht die vielen Buchten des Sees, die weißen Häuser der seine Ufer säumenden Ortschaften leuchten auf, dazwischen grüne Wiesen, die allmählich in die dichten, dunklen Wälder übergehen, mit denen die weich gewölbten Rücken seiner ›Hausberge‹ bedeckt sind. Rechts sieht man Neureuth, Gindelalmschneid, Pflegeleck, Baumgartenschneid und wie sie alle heißen, links den Söllberg, Hirschberg und Ringberg, aus dessen Wäldern der mächtige Komplex des Ringbergschlosses deutlich hervortritt. Noch weiter links ragt der Roßstein auf, erhebt sich steil der Leonhardstein, dahinter die Kette des Wettersteins mit Zugspitze und Alpspitze, und damit beginnt das großartige Panorama der immer höher gestaffelten Bergkulissen, die das Tegernseer Tal wie ein riesiger Festungsgürtel umgeben. Der Blick wandert weiter, hebt sich zum Karwendelgebirge, den Blaubergen, dem Risserkogel, zu Plankenstein, bayerischem und österreichischem Schinder, zum hinteren Sonnwendjoch. Die schneebedeckten Gipfel von Großvenediger, Sonnblick, Großglockner und Wiesbachhorn bilden den letzten, höchsten Felsenwall. Sein Anblick drängt geradezu die Frage auf, ob für die ersten Bewohner des Tegernseer Tals mit diesen in den Himmel ragenden Bergen die Welt zu Ende gewesen sein könnte, ob die ersten Verkünder des Heils aus diesen lichten Höhen – das heißt, also über die Alpen – als Boten einer anderen Welt, als wahrhafte Himmelsboten, zu ihnen gekommen sein könnten. Das ist freilich nichts weiter als eine Utopie, denn nicht aus dem Süden kam die Christianisierung ins Tegernseer Tal zu seinen ›Urbewohnern‹, die es wahrscheinlich gar nicht gegeben hat, sondern aus dem Norden, und zwar gleichzeitig mit der Besiedelung des bis dahin vermutlich noch menschenleeren Tals.

Eine andere Vision, und diesmal keine Utopie: Der Wallberggipfel aus einer riesigen Eiswüste herausragend, nichts als Eis und Schnee soweit das Auge reicht. Gewaltige Gletscher aus den Kalk- und Zentralalpen schoben sich vor etwa 18000 Jahren in der letzten der bekannten Eiszeiten dieses Gebietes, der sogenannten Würm-Eiszeit, in einem Schmelzprozeß von Jahrtausenden durch das Rottach- und Weißbachtal vor. Das heutige Kreuth liegt 400 Meter unter ihnen. Die Gesteinsmassen, die sie mit sich führen, donnern in das Tegernseer Becken, schürfen es an seinem Südende in einer Höhe von etwa 200 Metern, an seinem Nordende in etwa 120 Metern Höhe. Sie häufen dort Moränenterrassen an, stauen sich bis zu einer Breite von vier Kilometern. Bis das schmelzende Eis sich einen Abfluß durch die Schottermassen gräbt, das Mangfalltal entsteht, und der Wasserspiegel allmählich sinken kann: die Geburt des Tegernsees!

Im Verlauf von weiteren Jahrtausenden bedeckt sich die Steinwüste ringsum mit einer dünnen Humusschicht; die weit in die Täler hinunter sich ausbreitenden dichten Wälder, die im Süden sich ins Unendliche staffelnden Berge setzen menschlicher Besiedlung eine undurchdringliche Barriere. Die Welt war hier tatsächlich zu Ende für die Menschen, die sich vielleicht vereinzelt in dieses Gebiet vorwagten. Trotz mancher Deutungsversuche läßt sich eine Besiedlung in keltischer Zeit nicht nachweisen. Auch die Römer und Bajuwaren hielten sich anscheinend in Abstand von der näheren Umgebung des Tegernseer Beckens. Die römische Fernstraße, die die Hauptstadt der Provinz Raetien, Augusta Vindelicum (Augsburg), mit dem Verwaltungssitz, Juvavum (Salzburg), der Provinz Noricum verband, führte 24 Kilometer nördlich vom Tegernsee vorüber. Auf eine bajuwarische Besiedlung deutende mit ›ing‹ oder ›ham‹ endende Ortsnamen sind im unmittelbaren Umkreis des Tegernsees nicht zu finden. Es wird angenommen, daß sich die ersten Rodungen und Siedlungen nicht vor dem 7. Jahrhundert zum Tegernsee vorwagten, und zwar vom offenen Norden über die Moränen der heutigen Egartenlandschaft zwischen Reichersbeuern und Miesbach dorthin, wo der See am leichtesten zugänglich war: die Moränenterrassen hinunter, durch die sich die Mangfall hindurchgefressen hatte, in die Gegend um das heutige Gmund.

Gmund, das Tor zum Tegernsee

Tor zum Tegernsee und umgekehrt vom Tegernsee in die Welt, das ist Gmund, heute wie eh und je! Früher einmal mußte der ganze aus dem Norden kommende oder zu ihm strebende Verkehr tatsächlich so etwas wie ein Tor passieren, das heißt eine Durchfahrt durch die Scheune des Kistlerhofes am Gasteig, die quer über die Straße stand. Noch früher scheint es ein richtiges Tor oberhalb der von Abt Konrad Ayrinschmalz von Tegernsee (1461-1492) erbauten steinernen Brücke über die Mangfall gegeben zu haben – jedenfalls ist auf einem Bild des Hans Georg Asam, des Vaters der berühmten Künstlerbrüder Cosmas Damian und Egid Quirin, von 1696 im rechten Seitenaltar der Gmunder Pfarrkirche Sankt Ägidius diese Brücke und über ihr mit einiger Phantasie auch ein Tor zu sehen.

Als König Max I. Joseph von Bayern das ehemalige Kloster Tegernsee 1817 zu seinem Sommersitz erwählte, wurde die Durchfahrt beim Kistlerhof für die vielen Fahrzeuge der königlichen Hofhaltung zu eng. Er kaufte die im Wege stehende Hälfte des Hofes, ließ sie abreißen und 1820 eine neue, zum Ostufer des Sees hinunter und an ihm entlang führende Straße nach Tegernsee anlegen. Die alte war auf der Höhe über Gasse, Buchberg und hinter Sankt Quirin verlaufen. Zwischen 1850 und 1860 wurde auch der Rest des Kistlerhofes abgerissen. Weiter von der Straße entfernt, beim heutigen Gasthof Köck, wurde der Hof neugebaut. Bei diesem Gasthof Köck beginnt sich die jetzige Straße zur Einfahrt nach Gmund zu senken. Es gibt nun

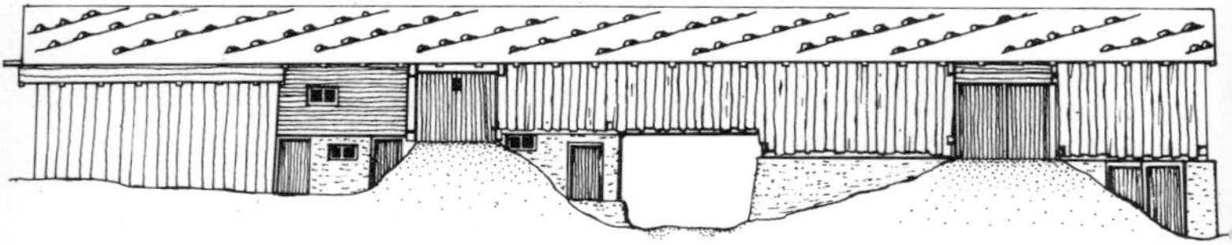

Der ehemalige *Kistlerhof*, der die Zufahrt nach Gmund bewachte: Durch seine Scheune verlief einst die Straße von Holzkirchen nach Tegernsee. Der wachsende Verkehr, der sich seit dem Erwerb des Klosters Tegernsee durch König Max Joseph 1817 entwickelte, wurde durch diese enge Durchfahrt so behindert, daß der Monarch einen Teil des Hofes erwarb und abreißen ließ.

zwar kein Tor mehr, aber zum Ausgleich des steilen Geländeabfalls in den Ort hat man die Trasse ausgeschachtet und es ist nun eine ›Hohle Gasse‹ oder ein Nadelöhr geworden, durch die sich die vor allem an Wochenenden schier unabsehbaren Autokolonnen in beiden Richtungen zwängen. An ihrem tiefsten Punkt, schon im Zentrum von Gmund, teilen sich die Wege: rechts geht es zum Westufer des Sees, nach Kaltenbrunn und Bad Wiessee, noch weiter rechts nach Bad Tölz. Fährt man jedoch geradeaus weiter, kommt man über die Mangfallbrücke durch den ältesten Teil von Gmund, vorbei an der über der Mangfall, dem Abfluß des Tegernsees, stehenden Pfarrkirche Sankt Ägidius und dem altberühmten Gasthof ›Herzog Maximilian‹. Weiter führt die Straße am Ostufer des Sees entlang über Seeglas, mit einer Abzweigung nach Schliersee, und Sankt Quirin nach Tegernsee und Rottach-Egern. In Weißach, am Südende des Sees, vereinigt sie sich mit der vom Westufer kommenden Straße zur Weiterfahrt durch das Weißachtal nach Kreuth, zum Sylvenstein-Stausee oder ins Tirolische zum Achensee und weiter ins Inntal.

So mühelos kommt man heute zu den Schönheiten des Tegernseer Tales. Welche Schwierigkeiten und Strapazen Reisende früherer Zeiten bei einem solchen Unternehmen auf sich nehmen mußten, davon wird im Verlaufe dieses Buches noch des öfteren zu reden sein.

Gmund ist nicht nur wahrscheinlich die älteste Siedlung am Tegernsee, durch seine Lage kam es auch zuerst in Berührung mit dem Handel und immer wieder mit den Händeln der Welt. Nicht selten waren es die Gmunder, die feindliche Angriffe aus dem Norden abwehrten und das Tegernseer Tal vor drohender Plünderung und Zerstörung bewahrten.

»Anno dni 1634 unserer lieben Frauen erbauet, als aufhörete der schwartze todt und fort sein der Schwedt die Pfarre Gmundt.« Diese Worte an der Außenwand der kleinen Maria-Hilf-Kapelle, an der man auf dem Weg zur Pfarrkirche vorbeikommt, erinnern an die Heimsuchungen des Dreißigjährigen Krieges. Die Pest wütete in der ganzen Gegend, die Schweden brandschatzten den Ort, die Pfarrkirche brannte zum großen Teil ab. Aber schließlich soll die feindliche Soldateska von den Gmunder Bauern in dem ›Schlachtgraben‹ oder ›Schlachtfeld‹ – wie die Gegend bezeichnenderweise noch heute heißt – bei Schwärzenbach östlich von Gmund und in Holz westlich des Sees in die Flucht geschlagen worden sein. Dort fanden sich um die Jahrhundertwende beim Ackern Gebeine, schwedische Münzen, auch schwedische Hufeisen und ein Säbel.

In den Koalitionskriegen war Gmund von französischen Truppen besetzt. 1800, im zweiten Koalitionskrieg, drohten sie, den Ort in Brand zu stecken, als sich die Einwohner ihrem Weitermarsch nach Tegernsee entgegenstellten und sie den Weg über Wiessee nehmen mußten. Der französische General Laval nahm Quartier beim Gmunder Wirt; im Pfarrhof war im September sowie im November und Dezember 1800 das Hauptquartier des Divisionsgenerals Lecourbe. Bis zu zwanzig Offiziere waren täglich bei ihm zu Gast, ein Großteil des Gmunder Kirchensilbers mußte für die französische Kriegskontribution abgeliefert werden.

Noch einmal, in unserer Zeit, nahm ein feindlicher General Quartier in der Nähe von Gmund, diesmal im Angermannhaus zwischen Gmund und Tegernsee. Das war am Ende des Zweiten Weltkrieges. Die Amerikaner waren bereits von Tölz her im Anmarsch gewesen, als die SS zur Verteidigung des Tegernseer Tales erschienen war. Sie besetzte Osterberg und Gasse, unmittelbar hinter Gmund am Ostufer des Sees, und Holz an seinem Westufer. Nach einem kurzen Schußwechsel am 1. Mai 1945 zogen sich die Amerikaner zwar zunächst zurück; die SS aber sprengte trotz heftigster Proteste der Bevölkerung und trotz der vollkommenen Aussichtslosigkeit der Gesamtlage noch am Nachmittag des 2. Mai die drei Mangfallbrücken: die Eisenbahn-, die Straßen- und die Eisenbrücke bei Pfannenberg. Die Einwohner Gmunds begannen in die Berge zu flüchten; man erwartete nach einem Ultimatum der Amerikaner einen Luftangriff. Aber am Abend dieses Tages begannen die Glocken zu läuten, der Krieg war zu Ende, das Tegernseer Tal gerettet! Am Morgen des 3. Mai rückten die Amerikaner in Gmund ein, Pioniere stellten einen provisorischen Übergang über die Mangfall her, und der ganze Nachschub in den Süden ergoß sich nun durch Gmund über diese Brücke. Sie war ebenso wie die Straße für den Zivilverkehr natürlich gesperrt.

Als der Eisenbahnverkehr wieder in Gang kam, mußten die Reisenden wegen der gesprengten Eisenbahnbrücke in Gmund ›umsteigen‹, das heißt, sie mußten auf einem behelfsmäßigen Steg zu Fuß die Mangfall überqueren, um zu dem auf dem anderen Ufer zur Weiterfahrt wartenden Zug zu gelangen. In diesem waren Anschläge angebracht, die den Aufenthalt auf der Plattform verboten, ebenso streng war es untersagt, beim Vorüberfahren am Angermannhaus einen Blick aus dem Fenster zu werfen – denn in ihm wohnte der amerikanische General Patton, der übrigens dort auch einmal den Besuch des Generals Eisenhower empfing.

Längst sind die Wunden und alle Folgen der unseligen Kriege

unseres und vergangener Jahrhunderte geheilt. Die *Pfarrkirche Sankt Ägidius* blickt wie eh und je vom Hochufer der Mangfall auf das geschäftige Leben ihrer Gemeinde herab. Schon die älteste Kirche, die Urpfarrkirche der Gegend, ein hölzerner Bau und wahrscheinlich älter als das Kloster Tegernsee, stand hier. 1087 wurden Tegernsee und Egern abgetrennt, und gleichzeitig errichtete Abt Eberhard II. (1068-1091) eine neue steinerne Kirche anstelle der alten. 1274 übergab Bischof Konrad von Freising Gmund mit allen Zehnten dem Kloster Tegernsee »wegen der Not, die diesem Kloster infolge der ungebührlichen Behandlung durch Laien zugefügt wurde ... zum Gebrauch seines Tisches, damit er«, gemeint ist Abt Ludwig von Tegernsee (1273-1286), »die gewohnte Gastlichkeit besser ausüben könne und damit er auch die Erträgnisse der Kirche, die von umliegenden Laien abgezogen und durch Bosheit in Besitz genommen werden, für die Zwecke der Kirche leichter zurückfordern könne ...«. Zu den »umliegenden Laien« gehörten wahrscheinlich die Herren von Ebertshausen. Von den Querelen des Klosters mit ihnen und ihren Nachfolgern wird im Kapitel über Kaltenbrunn noch die Rede sein. Es war damals eine Zeit des allgemeinen Verfalls, unter dem auch die Klostermoral schwer litt. 1491, als das Kloster zu neuer Blüte gekommen war, wurde die Gmunder Kirche von Abt Konrad Ayrinschmalz vergrößert, doch fiel sie, wie bereits erwähnt, 1632 im Dreißigjährigen Krieg den Brandschatzungen der Schweden zum Opfer. Nur der Turm bis zu den Glockenfenstern und sein Anbau, die sogenannte Totenkeuche, blieben erhalten und wurden in den Neubau von 1688 übernommen. Abt Bernhard von Tegernsee (1673-1700) rief »Lorenz Sciasca, welcher dazumalen die Klosterkirche Weyarn erpauth, und von dortaus allher rekommandirt wurde«, zum Bau dieser neuen Kirche. Sciasca (ausgesprochen: Schaska) gehörte zu jenen »welschen Architekten«, die damals nach dem Dreißigjährigen Krieg eine neue Blüte der Baukunst in Bayern einleiteten und mit ihren

Schöpfungen die Schaffenskraft der einheimischen Meister befruchteten. 1643 wahrscheinlich im Graubündner Roveredo geboren, 1694 in Haidhausen bei München gestorben, baute er eine ganze Reihe bemerkenswerter Kirchen in Bayern, zum Beispiel die Klosterkirche von Herrenchiemsee, die Stadtpfarrkirche Sankt Oswald in Traunstein, die Kirche Mariä Himmelfahrt in Antwort im Chiemgau, den Turm der Franziskanerkirche in Berchtesgaden und manch anderes. In Gmund schuf er mit dem einschiffigen, durch Wandpfeiler mit vorgelegten Pilastern vierjochig gegliederten Langhaus einen hellen Raum. In reicher Fülle strömt das Licht durch die hohen Fenster und die querovalen Fensteröffnungen unter den hochgezogenen Quertonnen. Das den Raum umlaufende, reich verkröpfte Gebälk, der sparsame geometrische Stuck der Stichkappen, des Tonnengewölbes und der Gurtbögen verleihen ihm eine strenge Feierlichkeit, das hochgezogene Gewölbe, die ebenfalls hochgezogenen Quertonnen, der etwas eingezogene, doch erstaunlich hohe Chorbogen eine überraschende Weiträumigkeit. Überraschend, wenn man die kleine Kirche zuerst vom Weg an dem zur Mangfall sich verengenden Abfluß des Sees aus gesehen hat, wie sie mit ihrem hohen Turm am Hochufer der Mangfall über der Brücke steht: schmalbrüstig, sozusagen mit hängenden Schultern, einem etwas zu lang geratenen Hals und einer freundlich gerundeten Zwiebelhaube auf dem Haupt – die liebenswerteste Ansicht Gmunds.

Mit ihrer Innenausstattung beschert die Kirche weitere Überraschungen. Neben den Werken aus der Erbauungszeit, sind es zahlreiche frühere Werke, die den Besucher vor allem fesseln. Sie kamen zum Teil von Tegernsee nach Gmund – möglicherweise gehörten sie ehemals zur leider in der Hauptsache verschollenen Ausstattung der gotischen Klosterkirche von Tegernsee. Da gibt es an der Nordwand des Altarraumes von Gmund eine ehemalige Predella aus der Mitte des 15. Jahrhunderts. Links hält auf der dreiteiligen Tafel ›Anna Selbdritt‹

ernst und nachdenklich das liebliche Jesuskind und die anmutige kleine Maria auf ihrem Schoß, in der Mitte wendet sich Maria graziös dem Engel der ›Verkündigung‹ zu, und rechts zeigt die ›Geburt Christi‹ das Kindlein in einem Körbchen auf der Erde, zwei kleine Engel bewachen es, Maria kniet mit gefalteten Händen vor ihm, und Josef beleuchtet mit seiner Laterne die ergreifende Szene. Dieses Werk soll ebenso wie ein etwas älteres ehemaliges Predellenbild im Chor, eine weitere ›Verkündigung‹, aus einer Tegernseer Werkstatt stammen. 1806 kam eine etwas konventionelle ›Thronende Madonna mit Kind‹, signiert 1507, von Tegernsee nach Gmund. Ihr zu Seiten stehen die Heiligen Katharina und Barbara. Eine ›Verkündigung‹ voll symbolhafter Innerlichkeit an der Epistelseite des Altarraumes hat um 1450 ein rheinischer Meister geschaffen.

Aber nicht nur Werke gotischer Malerei beeindrucken den Besucher; es findet sich in der Kirche auch bemerkenswerte gotische Holzplastik. Schon in der Vorhalle überraschen zwei Figuren, von denen die eine den Kirchenpatron Sankt Ägidius darstellt, wie er mit kräftiger, schön gearbeiteter Hand und vorwurfsvollem Blick auf die sich zu ihm flüchtende, von einem Pfeil durchbohrte Hirschkuh hinweist.

Der heilige Ägidius oder Saint Gilles soll Anfang des 8. Jahrhunderts als Einsiedler in einer von dichten Sträuchern und Bäumen geschützten Höhle an der Rhônemündung in Frankreich gelebt haben. Nach der Legende ernährte er sich dort von Kräutern und Wasser bis durch Gottes Hilfe eine Hirschkuh den Weg zu ihm fand und ihm mit ihrer Milch reichlich Nahrung spendete. »Nun geschah es einmal, daß das Gefolge des Flavius, Königs der Goten, auf der Jagd in diese Gegend kam. Als sie die Hirschkuh sahen, vergaßen sie alles andere Wild ... und ließen ihre Hunde von der Koppel.« Das gehetzte Tier flüchtete sich in höchster Not in den Schutz des heiligen Ägidius, der mit seinem Gebet die verfolgenden Hunde in die Flucht schlug. Dreimal kamen die Jäger des Königs zurück, das dritte Mal mit dem König selbst, dem sie von dem Wunder berichtet hatten. »Als nun die Hunde abermals mit Geheul zurückkamen, umringten die Mannen den Ort ... Einer aber schoß unbesonnen ... einen Pfeil ab und traf« – nicht wie auf den Darstellungen in Gmund die Hirschkuh, sondern – »den Gottesmann ... Der König und der Bischof gingen zu Fuß zu ihm«. Sie fragten nach seiner Herkunft und warum er sich in diese Einsamkeit zurückgezogen habe. Als er ihnen Antwort gegeben hatte, »fielen sie ihm zu Füssen, baten ihn um Verzeihung«. Er wies die ihm angebotene Hilfe freundlich zurück, und voller Bewunderung verließen ihn die Eindringlinge, sich seinem Gebet empfehlend. Ihm aber, geschwächt durch seine Wunde, »kam die himmlische Antwort in den Sinn, daß die Tugend vollendet werde in der Schwachheit, und er bat den Herrn, daß ihm für diese Erdenszeit die Gesundheit nicht wiederkehren solle. So blieb ihm die Wunde bis an sein Lebensende«. Sankt Ägidius ist der Schutzheilige vieler Orte in Deutschland, Österreich, Frankreich, ja sogar in England. Neben anderem – und das erklärt vielleicht, warum er auch Gmunds Schutzpatron geworden ist – wird seine Fürbitte angerufen bei Pest, Dürre, Sturm, Feuersbrunst, als Patron der Hirten, des Viehs. Der Sarkophag des Heiligen steht in der Krypta der Kirche von Saint-Gilles in der Provence, einst eine weitberühmte Benediktinerabtei, die er gegründet haben soll. Seine Reliquien aber bewahrt heute Saint-Sernin in Toulouse.

Die zweite Figur in der Vorhalle von Gmund zeigt den heiligen Michael mit der Waage in der linken Hand, während die Rechte nach oben weist. Der hoch erhobene Arm, die Falten seines Gewandes bilden eine harmonische, schwungvolle Komposition. Beide Figuren datieren aus der Mitte des 16. Jahrhunderts. Etwas unbeholfen, aber gerade darum als Ausdruck eines frommen Gemüts besonders liebenswert sind ein Ölbergrelief aus der ersten Hälfte des 16. Jahrhunderts am Eingang zum Kirchenraum und ein Dreikönigsrelief von etwa 1515-1520 an der Innenseite des ersten rechten Wandpfeilers. Im Hochaltar ist das von Hans Georg Asam mit der Rahmenfassung geschaffene Altarblatt, den Kirchenpatron mit der zu ihm flüchtenden verwundeten Hirschkuh darstellend, in den alten Bruderschaftsaltar von Tegernsee eingefügt. Gmund hatte ihn 1692 von Tegernsee gekauft. Thomas Hürnle aus Tegernsee schuf die Seitenfiguren des Joachim und Josef sowie die Michaelsgruppe im Auszug hinzu. Im linken Seitenaltar von 1761 thront eine hochverehrte Holzplastik vom Ende des 15. Jahrhunderts, Maria mit dem Jesuskind. Der rechte Seitenaltar, ebenso wie der linke 1761 von einem Miesbacher Meister gefertigt, zeigt Johannes den Täufer und den heiligen Nikolaus, wie sie Gmund dem apokalyptischen Lamm empfehlen, ein Werk Asams von 1695. Auf ihm ist, wie eingangs erwähnt, die Mangfallbrücke mit dem Gmunder Tor zu sehen, darüber die malerische Gruppe der Kirche mit dem hochgiebeligen Pfarrhof rechts, während links unter der Kirche noch der kleine Zwiebelturm der Maria-Hilf-Kapelle zum Vorschein kommt. Unter den kleinen Figuren in den Nischen der Kanzel von 1696 finden sich drei aus früherer Zeit: ein Papst, der Kirchenlehrer Ambrosius und Sankt Korbinian. Sie sollen vom Tegernseer gotischen Chorgestühl stammen. Auch von den zwölf Apostelfiguren an den Pfeilern gehören drei, Phillipus, Jakobus der Ältere und der jüngere Jakobus, der Gotik an. Zwei weitere interessante Werke dürfen nicht übersehen werden – im übrigen soll dem Forscherdrang des Besuchers nicht vorgegriffen werden, noch weitere Kostbarkeiten zu entdecken: An der Evangelienseite des Chors ist eine weiße Marmorplatte aus frühchristlicher Zeit angebracht mit den eingeritzten Umrissen eines weiblichen Kopfes, einer Friedenstaube mit Ölzweig und dem Monogramm Christi, schließlich an der Nordwand der Kirche ein Ignaz Günther zugeschriebenes, 1763 datiertes, vergoldetes kleines Holzrelief des Barmherzigen Samariters.

Gmund, nicht nur als Tor zum Tegernsee, sondern auch als

Tor zur Welt, dokumentiert sich gleich hier im alten Turmanbau, ausgerechnet in der sogenannten Totenkeuche, in den Grabinschriften und Epitaphien der Familie Reiffenstuel. Der größte Sohn dieser seit der zweiten Hälfte des 14. Jahrhunderts bekannten, weitverbreiteten Familie, deren Mitglieder sich von Gmund aus rings um den Tegernsee als Bauern, Zimmerer und Gerber niedergelassen hatten, war Hanns Reiffenstuel (1548 bis 1620), sein berühmtestes Werk der Bau der Soleleitung von Reichenhall nach Traunstein, ein für die damalige Zeit gigantisches Unternehmen.

»Seit mehr als 100 Jahren beschäftigten sich mit diesem Plane viele Wasserkünstler aus mancher Herren Länder, und zerbrachen sich bei großen Kosten diese Ausländer ihre Köpfe. Man suchte den Mann hiefür, wie auch leider jetzt noch oft in der Ferne, und könnte ihn leicht in der Nähe finden, wenn man wollte.« Aber schließlich, im Dezember 1616, unterzeichnete Herzog Maximilian von Bayern (1573-1651), der spätere Kurfürst (1623), ein Dekret, »daß Hannsen Reiffenstuel die Soleleitung, und zwar nach seinem Plane, zur Ausführung überlassen werde«. Innerhalb von zwei Jahren war das Werk vollendet. Für die 31 Kilometer lange Strecke von Reichenhall nach Traunstein hatte man 9000 Holzrohre mit je vier Metern Länge benötigt. Sieben Brunnenhäuser mit Pumpwerken, die durch Wasserräder betrieben wurden, hatten gebaut werden müssen, um den Höhenunterschied von 238 Metern überwinden zu können. Die Anlage wurde damals als technisches Weltwunder bestaunt. Ihre Kosten von 130000 Gulden rentierten sich: Aus der innerhalb von vierundzwanzig Stunden mittels der Leitung gelieferten Sole konnten jeweils 340 Zentner Salz gewonnen werden.

Reiffenstuel war während des Baus an die siebzig Jahre alt und schon lange Zeit »übelauf durch Kopfschmerzen«. Bereits 1612 war ihm vom Hofbauamt mitgeteilt worden, er werde, »weil er mittels des Reitens nicht mehr über Land kommen kann, Eingangs künftigen Jahres allwegs aus dem fürstlichen Hofstall oder andernwegs eine Fuhr geordnet« erhalten. Normalerweise hätte er alle ihm unterstellten, oft recht weit voneinander entfernten Baustellen zu Pferd besuchen müs-

sen. Welche Strapazen das für einen so vielbeschäftigten Mann wie den ›Hofbaumeister-Amtsverwalter‹ bedeutet hätte, davon kann man sich eine Vorstellung machen, wenn man hört, daß während des Baus der Soleleitung auch noch bei zahlreichen anderen Vorhaben seine Anwesenheit unentbehrlich war. Allein im Jahre 1617 erhielt er neben anderem den Auftrag zur Instandsetzung von drei Fischweihern in Thanning bei Wolfratshausen, ferner sollte er wegen der gefährlichen Floßfahrt auf der Isar oberhalb Grünwalds »dem Überschlag gemäß forderlich verordnen und darob hin« darauf achten, »daß gute Arbeit verrichtet werde«. Dem Rentmeister zu Burghausen und Landshut wird am 25. Februar desselben Jahres aufgetragen, »daß bei dem Naufahrtjoch der Prücke zu Schärding eine Wasserstube herausgezimmert werden soll, und dazu sei Hanns Reiffenstuel befohlen, einer neuen Wasserbeschädigung zuvorzukommen, nach solcher Verrichtung auf's nächste Jahr sich nach Schärding zu begeben, Augenschein zu nehmen und zu verordnen, wie Alles zum besten Bestand gerichtet werden könne«. Ferner soll sich der vielbeschäftigte Reiffenstuel wegen der Erbauung der Sternmühle nach Ingolstadt verfügen und zwei andere abgebrannte Mühlen wiederaufbauen.

Am 10. August 1618 befahl der Herzog, es müsse dafür gesorgt werden, »daß dem Reiffenstuel an nothwendiger Wart und Unterhalt nichts ermangle, welches ihm anzuzeigen und unser halber ihm zu wissen, sonderlich aber dieses beineben bedeuten soll, daß ihm die Verordnung« (eines Stellvertreters) »keineswegs zur Ungnade oder dahin gemeint sei, seine Person dadurch bei Seite zu stellen; sondern weil aus seinem Selbstwissen noch an Beförderung des Werkes erheblich gelegen sei ...«.

Als Sohn des Zimmermannes und späteren Tavernwirts in Gmund um 1548 im Seeklasengütl bei Gmund geboren, zeigte Hanns Reiffenstuel, ebenso wie seine Brüder Quirin und Jörg, von Jugend an großes Interesse und Geschicklichkeit für das Handwerk seines Vaters. 1586 trat er nach Lehr- und Arbeitsjahren – davon 1570 bis 1580 in Ingolstadt – in das fürstliche Hofbauamt in München ein und erhielt 1587 die Stelle eines Werkmeisters. Verschiedene Aufträge in Vilshofen, am Starnberger See, in Ingolstadt, Wasserburg und anderen Orten führte

Die künstlerische Entdeckung des Tegernsees fiel in eine Zeit allgemein wachsender Begeisterung für die Schönheiten des bayerischen Alpenlandes und wurde noch besonders dadurch gefördert, daß der Hof 1817 seine Sommerresidenz hier errichtete. Kaum ein bayerischer

Landschafter, der damals nicht den Tegernsee und seine umliegenden Täler besucht und seine Eindrücke festgehalten hätte wie hier Johann Jakob Dorner den *Blick von Ostin über Gmund*, das Mangfalltal und den Tegernsee hinweg zum Schildenstein (links) und Hirschberg (Mitte).

er zur Zufriedenheit des Hofbauamtes aus, so daß er 1591 den Befehl erhielt »zu seiner Gelegenheit mit seinem Haushaben sich allher thuen zu mögen«, das heißt, nach München überzusiedeln. Am 10. Februar 1597 wurde er zum ›Vorstand des gesammten Bauwesens als Hofbaumeister-Amtsverwalter‹ ernannt. In dieser Eigenschaft leitete er zahlreiche wichtige Bauvorhaben in und um München. Der Ruf seiner Tüchtigkeit drang bis zu Erzherzog Matthias von Österreich, der ihn von Herzog Maximilian zu »einer vorhabenden Wasserbesichtigung und Berathschlagung auf eine kleine Zeit« erbittet. »Darauf wir E.L. [Ewer Liebden] nit porgen wollen«, lautete jedoch die lakonische Antwort.

Die Vollendung der Soleleitung krönte das arbeitsreiche Leben des Hanns Reiffenstuel. Aber seine Kräfte waren erschöpft, er starb bald darauf am 29. Juni 1620. Sein Grabstein mit der kaum noch leserlichen Inschrift wurde 1805 beim Abbruch der Tegernseer Burgtorkirche, der ehemaligen Pfarrkirche von Tegernsee, in die jetzige Pfarr- und Schloßkirche, die einstige Klosterkirche, gebracht.

Kurz vor ihm war sein Sohn Simon gestorben. Seine Ausbildung im Handwerk seines Vaters hatte ihn bis nach Lyon geführt, wo er an künstlichen Brunnenwerken arbeitete. In die Heimat zurückgekehrt, wurde der 1574 Geborene ›Pronnmeister‹ sowie ›Hofzimmermeister‹ und eine wertvolle Stütze seines Vaters beim Bau der Münchner Residenz und deren Wasserleitung, besonders aber beim Bau der Soleleitung. Aber eine Krankheit zwang ihn, sich zu seinem Bruder, dem Tavernwirt in Gmund, zurückzuziehen, wo er am 8. Februar 1620 starb. »Der Ehrenvest khunstreich Maister Simon Reiffenstuel Ihrer Fürstlichen Durchlaucht Hertzog Maximilian in Bayrn Prunnen und Zimmer Baumeisters seines Alters 46 Jahr. Dem gott genadt«, so steht auf seinem Grabstein in der Gmunder Totenkeuche zu lesen. Neben anderen Grabsteinen ist dort noch ein weiteres Epitaph besonders interessant. Auf ihm ist in der Mitte eine Pietà zu sehen, rechts knien die Ehefrauen des Hanns, beide Tegernseerinnen, links er selbst mit dreien seiner Söhne, nämlich dem »khunstreich Maister« Simon, dem Tavernwirt zu Gmund, Leonhard, und dem Bürgermeister von Tölz, Abraham. Diese Tafel soll der Münchner Hofmaler Nikolaus Prugger, der Schwie-

gervater Hans Georg Asams, gemalt haben. Die Dargestellten tragen das zu dieser Zeit modische spanische Gewand, aus dem sich der heutige ›Schalk‹, die Festtracht der Tegernseer Frauen, entwickelt haben soll. Die Porträts von Hanns und seinem Sohn Simon, zwei sich sehr ähnelnde, prägnante Köpfe, bewahrt das Tegernseer Heimatmuseum.

Die Nachkommen Abrahams, des Bürgermeisters und Bierbrauers in Tölz, blieben im Lande; der letzte starb 1714 reichbegütert in Tölz ebenfalls als Bürgermeister, Bierbrauer und ›Weingastgeb‹.

Aus dem Stamme Leonhards, des Tavernwirts in Gmund, suchten jedoch viele ihr Glück in der Ferne. Da ist zunächst ›Paulus von Reiffenstuel, der Rechte Doctor, Römisch. Kaiserl. Majestät Hof- und Pfalzgraf, Landesgerichtsverwalter und Hofrichter der fürstlichen Cistertienser-Abtei Lilienfeld in Niederösterreich‹, ein Sohn Leonhards, 1608 geboren. Er hatte seine Studien im Kloster Tegernsee begonnen und in Wien fortgesetzt. Wahrscheinlich 1642 wurde er Hofrichter im Kloster Lilienfeld. Unter »Hintansetzung von Leibes- und Lebensgefahr« entfaltete er in den schweren Zeiten des Schwedenkrieges unter anderem bei der Befreiung der Stadt Krems aus der Gewalt der Schweden eine solche »Thätigkeit und Umsicht«, daß Kaiser Ferdinand III. 1652 ihn, dann »seine Gemahlin und alle ehelichen Erben und deren Erben-Erben« in den »erbländischen und rittermäßigen Adelsstand des hl. römischen Reiches deutscher Nation« aufnahm und die Würde eines »Hof- und Pfalzgrafen« verlieh. Paulus kehrte nicht in die Heimat zurück, seine Nachkommen verlieren sich im Dunkel der Geschichte, während die anderen Kinder des Leonhard, die ebenfalls in die Ferne gezogen waren und teils in Salzburg, teils in München ihre Heimat gefunden hatten, bis zum Erlöschen ihrer verschiedenen Zweige zu verfolgen sind. Von der Salzburger Linie sind zu erwähnen Jörg Niklas, ein Enkel Leonhards, geboren 1673. Besitzer einer »Materialien- und Spezereienhandlung nächst der Brücke in der Getreidegasse …, Stadtrath und Verwalter an unser Frau Gotteshaus in Mühlen« (Mülln, heute ein Stadtteil von Salzburg). Sein Sohn Johann Christian liegt mit seiner Ehefrau auf dem Petersfriedhof in Salzburg begraben. Noch 1868 waren die auf Holz gemalten Porträts der beiden auf ihrem Grabstein zu sehen. Die Spezereihandlung ging

1809 in andere Hände über, ihr letzter Besitzer, Anton Reiffenstuel, lebte als Privatier in Salzburg. Er soll ein guter Landschaftsmaler gewesen sein. Bilder von ihm sollen sich im Museum Carolino-Augusteum der Stadt Salzburg befinden. Mit dem Sohn Anton Reiffenstuels erlosch diese Linie.

Die anscheinend vom Glück wenig begünstigte Münchner Linie interessiert insofern, als man bis zu ihrem Erlöschen 1804 immer wieder von Bittgesuchen um Anstellung oder Unterstützung »im Hinblicke auf die bekannten Verdienste des Urahnherrn Hanns Reiffenstuel« hört. Ein Johann Michael zum Beispiel, geboren 1671, brachte es zum Senator und Eisenhändler in München. Als Leutnant bei der Bürgerlandwehr hatte er 1705 im Spanischen Erbfolgekrieg, als das Land von den Österreichern besetzt war, vor der sogenannten Sendlinger Bauernschlacht am 25. Dezember 1705 »mit 100 Schuhmachern und 40 Uhr- und Birenmachern den Befehl am Versammlungsorte, in der Kaufingerstraße neben der Post, Tag und Nacht, mit scharf geladenem Ober- und Untergewehr sammt Pulver, und brennenden Lunten, bei entstehendem Auflauf, zu erscheinen«. In der Folge richtete er unter Berufung auf die Verdienste seines Urahnherrn, Hanns Reiffenstuel, wegen Erbauung der Soleleitung, da er »von Steuern und Einquartierungen heimgesucht sei und von seinem Vermögen 3585 fl. eingesetzt habe« an Kaiser Joseph I. ein Gesuch um Unterstützung, die ihm auch gewährt wurde. Ein anderer Reiffenstuel, Josef Xaver, geboren 1706, »älternlos und in sehr großer Armuth« bittet ebenfalls im Hinblick auf die Verdienste seines Ahnherrn den Kurfürsten Max Emanuel um »Klaidtung, als nemlich Mantel, Rokh und Camisoll, nebst einer Hosen, er könne seine Studir mit der Zeit, wie gern er auch wolle, nicht mehr prosequiren, weilen er sich nit mehr aus Abgang gemeldter Klaidtung zu verdekhen wisse«. Sein »underthänigstes Bütten« wurde erhört, anscheinend aber nur zum Teil: Die kurfürstliche Schneiderei erhielt Anweisung, »ain Rokh« für ihn anzufertigen. Noch 1803 bekam die Witwe Anna Helena Kastenmair, eine geborene Reiffenstuel, eine Pension von 100 Gulden, um die sie »mit Rücksicht auf den Urahnherrn, Hanns Reiffenstuel, den kunstreichen und weltberühmten Werkmeister von Gmund und dessen Salzwasserleitung« gebeten hatte.

Über die Taverne von Gmund, den jetzigen Gasthof Herzog Maximilian, und die Reiffenstuel kommt man zum nächsten verdienstvollen Bürger Gmunds, der in die Welt zog und seiner Heimat von dort etwas zurückbrachte, was bis in die heutigen Tage zu ihrem Segen fortwirkt.

Seit 1595 hatten die Reiffenstuel die 1449 von Abt Kaspar Ayndorffer (1426-1461) eingerichtete und von da an jahrhundertelang pachtweise vom Kloster vergebene Taverne erfolgreich bewirtschaftet bis sie 1792 durch die Heirat einer Tochter des letzten Wirts aus dem Geschlecht der Reiffenstuel an Erasmus Hipper kam. Dieser geriet durch unglückliche Spekulationen in immer tiefere Schulden und machte schließlich bankrott. Die 1803 durch die Säkularisation inzwischen in Staatsbesitz übergegangene Taverne wurde 1822 zur Versteigerung ausgeschrieben. Zunächst kaufte sie König Max I. Joseph für 60 000 Gulden, ließ sie instandsetzen und gab sie bald darauf für 22 000 Gulden an den Metzgermeister Joseph Obermayr in Gmund weiter. Dessen Sohn nun, der Maxl, war ein unternehmender junger Mann. Es ärgerte ihn, daß es beim letzten Viehmarkt von den Rindern der Gegend geheißen hatte, sie seien »schlecht in Wuchs und Fleisch« und hätten »zu geringe Milchleistung«. Er überlegte, wie dem abzuhelfen sei, tat sich mit seinem späteren Schwiegervater, dem Fuchsbauern von Schwärzenbach, zusammen, und eines Tages zogen die beiden los, nach Aarau im Schweizer Simmental. Zwölf Kühe, drei Kälber und einen siebzehn Zentner schweren Stier brachten sie im Fußmarsch über Zürich, Winterthur, Sankt Gallen, Bregenz, Lindau, Immenstadt, Kempten, Füssen, Schongau und Tölz in die Heimat. Insgesamt waren sie fünfunddreißig Tage unterwegs gewesen. Diese erste Unternehmung hatte so großen Erfolg, daß ihr noch viele weitere folgten. Bei der fünfzigsten wurde dem Maxl in Interlaken unter Böllerschüssen und Hochrufen durch weißgekleidete Ehrenjungfrauen der Ehrenbürgerbrief der Schweiz überreicht. Aber nicht genug damit – seine

Idee, die einheimische Rasse durch Kreuzung mit Simmentaler Vieh zu verbessern, führte ihn sogar an den kaiserlichen Hof in Sankt Petersburg! Zar Nikolaus I. hatte nämlich 1838 gelegentlich eines Besuches in Tegernsee Obermayrs Prachtexemplare gesehen und den Wunsch geäußert, eine Herde dieser Tiere zur Hebung der Viehzucht in Rußland zu besitzen. Max Obermayr machte sich also mit einigen Burschen und der stattlichen Anzahl von 53 Tieren auf den Weg nach Sankt Petersburg. Ein Plachenwagen mit Verpflegung und notwendigen Utensilien begleitete das abenteuerliche Unternehmen, das noch dazu in den russischen Winter hineinführte. Aber es gelang – nach einem dreiviertel Jahr, im Mai 1839, konnte Obermayr die Herde glücklich in Sankt Petersburg abliefern und in einer Audienz beim Zaren eine goldene Ehrenmedaille entgegennehmen. Das aus der Kreuzung des einheimischen braunen Viehs mit den Simmentalern hervorgegangene Miesbacher Alpenfleckvieh ist heute weithin bekannt, berühmt und begehrt. In alle Welt wird es ausgeführt, dank unserer heutigen Technik freilich nicht mehr in mühseligen Fußmärschen. 1963 ging sogar ein Transport in das Himalajagebiet!

Obermayrs alte Taverne, im Laufe ihres Bestehens mehrmals um-, an- oder auch neu gebaut, im 19. Jahrhundert mit höchster Genehmigung in ›Gasthaus zum Herzog Maximilian‹ nach dem populären Herzog Max in Bayern, dem ›Zithermaxl‹ und Vater der Kaiserin Elisabeth von Österreich, umbenannt, hatte schon 1791 den Großvater eben dieses Herzogs Max zu Gast. Herzog Wilhelm von Birkenfeld kam auf einer Orientierungsreise durch Bayern nach Gmund und übernachtete in der Taverne. Er erwarb sich später als vertrauter Freund und Schwager des Königs Max I. Joseph große Verdienste um die schwierige Politik Bayerns in den Koalitionskriegen. Zum Dank verlieh ihm Max Joseph den Titel ›Herzog in Bayern‹. 1822 kehrten Kaiser Alexander I. von Rußland und Kaiser Franz I. von Österreich in der Taverne ein. Die Chronik berichtet, Alexander I. habe sich im »oberen großen Zimmer«, der Kaiser von Österreich im »unteren« umgekleidet, ehe sie weiter nach Tegernsee fuhren, um Max Joseph zu besuchen.

Das *Gasthaus zum Herzog Maximilian* präsentiert sich heute als ein schöner, langgestreckter, mit Lüftlmalerei geschmückter Bau am Ende des Ortszentrums an der Straße nach Tegernsee. Ihm gegenüber, auf der anderen Straßenseite, gibt es noch das alte Stall- und Remisengebäude mit hübschen Giebelfresken von Peter Keck. Auf ihnen sind Hanns Reiffenstuel und Max Obermayr zu sehen, und eine vierspännige Postkutsche erinnert daran, daß hier einmal die Poststation war. Die unteren Räume sind jetzt zu Läden umgebaut. Am Beginn der seitlich am Gasthof emporführenden kleinen Straße steht ein Floriansbrunnen, geschaffen von dem berühmten Münchner Erzgießer Ferdinand von Miller und »Max Obermayr, Wirth von Gmund« gewidmet. Das Ende dieser kurzen Straße mündet in einen idyllischen kleinen Platz. Ziersträucher, Blumenbeete, Ruhebänke umgeben ihn zur Anhöhe hin, links schließt ihn ein großes repräsentatives Gebäude ab, der ehemalige alte Pfarrhof, der jetzt als *Rathaus* dient. Ein Gedenkstein von 1667 mit den Wappen seines Erbauers, des Abtes Ulrich III. von Tegernsee (1636-1673), und des Klosters Tegernsee schmückt das alte Eingangstor. 1965 erwarb die Gemeinde Gmund den Pfarrhof, ließ ihn in seiner äußeren Gestalt unverändert, innen aber für die Zwecke seiner neuen Verwendung umbauen. Die mächtigen alten Gewölbe in der großen Eingangshalle empfangen den Besucher jedoch heute noch so würdevoll wie eh und je. Hier hängt übrigens ein großes Porträtfoto von Gmunds prominentestem Bürger der neuen Zeit, Ludwig Erhard, der sich am Gmunder Ackerberg seinen Altersruhesitz gebaut hatte. Draußen, inmitten der kleinen Anlage, plätschert leise Wasser in ein rundes Brunnenbecken. Eine Arbeiterfigur hält die Rohre, denen es entströmt – eine Anspielung an die Soleleitung Hanns Reiffenstuels. Quirin Roth aus Dürnbach hat 1975 diesen hübschen Brunnen geschaffen. Die ganze stimmungsvolle kleine Anlage ist eine geglückte Komposition; sie wird ergänzt durch den malerischen Blick, den man von hier auf den Torbogen der Friedhofsmauer und die hinter ihr sich erhebende Kirche Sankt Ägidius hat. Traditionsgefühl und Geschmack haben hier in gelungener Weise Altes mit Neuem verbunden.

Hoch über dem hier engen und dunklen Mangfalltal umgibt der kleine Friedhof die Kirche. Der Abfluß des Tegernsees gräbt sich sein Bett tief durch die Moränenterrassen. Sein Gefälle wurde seit frühester Zeit genutzt: als Holztrift, zum Betrieb von Sägewerken und Mühlen und schließlich vom ersten Drittel des 19. Jahrhunderts an zu industriellen Zwecken, als mit König Max I. Joseph, seinen Gästen und seiner Hofhaltung das Wirtschaftsleben im Tegernseer Tal wieder aufblühte, das mit der Säkularisation des Klosters Tegernsee im Jahre 1803 völlig zum Erliegen gekommen war. Für die Handwerker gab es keine Arbeit mehr, ein Ausverkauf auf allen Gebieten setzte ein. Davon wird im Kapitel ›Tegernsee‹ noch ausführlich die Rede sein. Diese Situation änderte sich erst, als 1817 König Max Joseph das Kloster Tegernsee – genauer: das, was davon noch übrig geblieben war – erwarb und damit auch ein Zeichen setzte für die ersten Anfänge des Fremdenverkehrs im Tegernseer Tal.

Als wahrscheinlich einer der ersten Ausflügler kam der Generalmautdirektor Miller in die Gegend, und seine Familie wurde später am Tegernsee sogar ansässig. Miller und einer verlorenen Schraube an seinem Perspektiv verdankt zu einem großen Teil ein weiterer berühmter Sohn Gmunds seinen Aufstieg, Johann Mannhardt (1798-1878), der mit seiner genialen Erfindungsgabe Hanns Reiffenstuel vielleicht noch übertraf.

Der zehnjährige Johann aus Bürstling bei Ostin, nahe Gmund, war als Hüterbub zum Wimmerbauern nach Holz gekommen. Eines Tages wurde er zum Uhrmacher Deisenrieder nach Gmund geschickt, um eine

Uhr abzuholen. Der Meister bemerkte das große Interesse des Buben für die Uhrenmechanik und nahm ihn als Lehrling auf. Lehrgeld konnte der arme Bub nicht bezahlen, also mußte er acht Jahre bei dem Meister arbeiten, bis er die Gesellenprüfung machen durfte. Er arbeitete dann als Werkführer in einer Miesbacher Werkstatt, und genau dorthin kam Miller, dem auf einem Ausflug das Mißgeschick mit der verlorenen Schraube passiert war. Man hatte ihm versichert, den Schaden könne gewiß der geschickte Geselle in der Werkstatt der Schlosserswitwe Fritz in Miesbach reparieren. Die neue Schraube fiel so vorzüglich solide aus, daß Miller das Vierfache des von Mannhardt geforderten Preises bezahlte. Miller war nun auf den jungen Mann aufmerksam geworden und übertrug ihm in der Folge weitere Arbeiten. Bei einem seiner Besuche in der Werkstatt sah er eine von Mannhardt für die Kirche von Egern konstruierte Uhr mit freier Pendelbewegung mit nur zwei Rädern. Auf seine Veranlassung wurde diese Uhr 1826 in der Mauthalle, der seit der Säkularisation profanierten Augustinerkirche, in München aufgestellt und von Mitgliedern des ›Centralverwaltungs-Ausschusses des polytechnischen Vereins‹ geprüft. »Die Uhr stellt etwas Neuartiges dar, ein vollendetes Meisterwerk. Über das Problem, das Mannhardt gelöst hat, haben sich die Italiener Galiläi 1584 und der Niederländer Huygens 1765 vergeblich den Kopf zerbrochen«, hieß es in dem Gutachten dieser Kommission. »Und dabei so billig«, wurde noch hervorgehoben. Diese Billigkeit seiner Erzeugnisse war sein Verhängnis; er verstand es nicht, seine Erfindungen gewinnbringend zu nutzen. Was erfand er nicht alles im Laufe der Jahre, nachdem er 1827 auf Empfehlung der Kommission nach München übergesiedelt war!

Folgende Seiten: Die Entwicklung des Fremdenverkehrs im Tegernseer Tal seit dem zweiten Jahrzehnt des 19. Jahrhunderts setzte einen wirtschaftlichen Aufschwung in Gang, in dessen Gefolge auch die Technik vergleichsweise früh in diese Gegend vordrang. Verbindliche Architektur und versteckte Lage im Oberlauf der Mangfall lassen freilich die Ansicht der 1839 gegründeten *Maschinenfabrik* im Louisenthal bei Gmund geradezu als Idylle erscheinen. Heute werden hier in erneuerten und erweiterten Betriebsstätten und in einer der modernsten Banknotendruckereien Valuten für zahlreiche Länder der Erde, vor allem für die Staaten der Dritten Welt, hergestellt.

Abgesehen davon, daß seine Uhren in der ganzen Welt berühmt und begehrt wurden, stellte er in der 1844 von ihm gegründeten Werkzeug- und Maschinenfabrik in der Münchner Amalienstraße eine Unzahl, teils von ihm verbesserter, teils erfundener, Werkzeuge und Werkzeugmaschinen her. Von anfangs 44 bei ihm beschäftigten Arbeitern war deren Zahl im Jahre 1861 auf 116 angestiegen; die Preisliste der hergestellten Maschinen und Werkzeuge umfaßte 62 Nummern: von Hobelmaschinen über Kupferdruckpressen, Buchbinder-, Eisenbahnbillet-Druckmaschinen, Billetzählmaschinen bis zu Makkaroninudelpressen und ›Bratmaschinen für die k. Residenz und Wittelsbacher Palast‹. Er arbeitete für die Maffeische Maschinenfabrik in München und fertigte für den Wagenfabrikanten Rathgeber mechanische Einrichtungen. Auf zahlreichen Industrieausstellungen in Paris, London und natürlich in Deutschland wurde er mit goldenen und silbernen Medaillen ausgezeichnet. Und trotz aller Erfolge, trotz aller seiner unglaublichen Vielseitigkeit kam er keineswegs zu Reichtum, im Gegenteil. Eine Beteiligung an einer 1839/40 im Mangfalltal kurz hinter Gmund errichteten Maschinenfabrik und einem Hammerwerk daselbst, wo der Dachstuhl für die Walhalla bei Donaustauf gefertigt wurde, brachte kein Glück; das Unternehmen konnte sich nicht halten. Die Gebäude kamen in andere Hände, eine Zeitlang wurden hier Drahtstifte, sogenannte ›Gmunder Stifte‹ hergestellt, dann wollte man 1861 ein Heilbad für Gichtleidende dort einrichten, aber erst eine 1863 von dem Schweizer Adolf Schultes hier gegründete Baumwollspinnerei florierte. Schultes erhielt von König Max II. die Genehmigung, sein Werk ›Baumwollspinnerei Louisenthal‹ zu nennen. ›Louise‹ nach der Tochter Max I. Josephs, Ludovika, der Gemahlin jenes Herzogs Maximilian in Bayern, der der Gmunder Taverne seinen Namen gegeben hat. Die Baumwollspinnerei wurde 1878 zur Papierfabrik Louisenthal, 1965 vergrößert und modernisiert und – führt Gmunds Tradition als Tor zur Welt fort. Hier werden nämlich die Banknoten der Bundesrepublik hergestellt, und von hier gehen Banknoten in allen denkbaren Währungen hinaus in alle Welt.

Ein anderer Industriebetrieb im Mangfalltal, schon 1823 als Kupfer-, Walz- und Hammerwerk gegründet, ist die heutige Maschinen- und

Büttenpapierfabrik Gmund. Einer ihrer Werkführer im vorigen Jahrhundert, Gregor Fichtner, brachte es zum Besitzer dieses Werkes und zum Land- und Reichstagsabgeordneten. Er ruht auf dem Gmunder Friedhof.

Ein Rundgang durch den stimmungsvollen *Dorffriedhof* von Gmund konfrontiert uns mit bekannten und unbekannten Namen. Nicht nur die Gräber des tüchtigen Max Obermayr und von Mannhardts Lehrmeister Jakob Deisenrieder, der selbst ein hochbegabter Erfinder war, findet man, sondern auch jenes des Lehrers Georg Gruber, eines Nachkommens des Komponisten von ›Stille Nacht‹, und seiner jung verstorbenen Tochter. Eine besondere Zierde dieses oberbayerischen Camposanto sind die vielen schönen schmiedeeisernen Kreuze. Ergriffen steht man vor einem Kreuz, dessen Inschrift an ein besonders tragisches Geschehen unserer Zeit gemahnt: »Im Gedenken an Erwin Planck, Staatssekretär a.D., geb. am 12. März 1893 in Berlin, hingerichtet am 23. Januar 1945 im Gefängnis Berlin-Plötzensee.« Erwin Planck war der Sohn des Nobelpreisträgers Max Planck. Im Weitergehen liest man: »Hier ruht seit den 90er Jahren Johann Burger, bekannt als der Wildschütz Lampi von Reichersbeuern.« Wie der Lampi durch einen kühnen Sprung vom Leonhardstein sein Leben rettete, davon wird an anderer Stelle die Rede sein. Von den erbitterten Fehden der Jäger mit den Wilderern kündet ein anderes Kreuz: »Hier ruht Nikolaus Riesch, Königlich-Bayerischer Jagdgehilfe in Gmund. Er fiel in treuer Pflichterfüllung an der Seite seines Herrn unter den Streichen von Wilddieben am 11. November 1833. R.I.P.« Er war der Gehilfe des sogenannten ›Wilden Jägers‹ Johann Baptist Mayr, des Revierjägers von Gmund. An ihm nahmen die Wilderer furchtbare Rache für den Tod eines der Ihren in der ›Jägerschlacht am Grund‹ östlich von Gmund bei den Schmeroldhöfen. Sie lockten ihn dorthin, kreisten ihn ein, stürzten sich auf ihn und verletzten ihn und seinen Gehilfen

Riesch so schwer, daß beide an den Folgen ihrer Verletzungen starben.

In Gmund, wer's kennt, bei Tegernsee,
Steht an der Bruck' a Haus,
A' sauber's Haus mit greani Laden,
A' Hirschgweih is heraus.
Da hat a mal a Jaga g'wohnt,
Gar weit und broat bikant,
N' Mayr vo Gmund, den hat ma kannt
Im ganz'n Oberland ...

dichtete Franz von Kobell, der Mineralogieprofessor und humorvolle Schöpfer von Versen in bayerischer und pfälzischer Mundart. Er war einer der ersten, die hierher kamen und am Tegernsee ansässig wurden. Seine köstliche ›G'schicht von' Brandner Kasper‹ ist eines der drei klassischen Werke bayerischer Mundartdichtung. Alle drei sind in Tegernsee entstanden: Der ›Brandner Kasper‹ von Kobell, die ›Heilige Nacht‹ von Ludwig Thoma und ›Ein Winteridyll‹ von Karl Stieler.

So wie Kobell das Haus des ›Wilden Jägers‹ gesehen hat, mit »Hirschgweih« und »greani Laden«, steht es noch heute unten an der »Bruck'«. Von hier kommt man zum See und links zur hübsch angelegten Seepromenade, erreicht bei Seeglas die Motorbootstation. Noch hübscher ist der Weg über einen kleinen Steg nach rechts und dann mangfallaufwärts und am See entlang gen Kaltenbrunn zu. Dieser Spaziergang durch unverbildet gebliebene Natur mit dem einmalig schönen Blick über den See auf die ihn umgebenden Bergkulissen hat einen Zauber, wie man ihn kaum an einer anderen Stelle des Sees wieder findet. Gmund ist der Knotenpunkt für die Unzahl derer, die heute per Bahn oder im Auto zum Tegernsee streben oder von ihm kommen, aber es hat das Kunststück fertiggebracht, trotz des hektischen Lebens, das durch den Ort strömt, seine urtümliche, bodenständige Atmosphäre zu bewahren.

Noch in der uns heute so idyllisch scheinenden Postkutschenzeit hatte man mit allen unterwegs nötigen Aufenthalten dreizehn Stunden für eine Fahrt von München an den Tegernsee benötigt. Als es 1857 die Eisenbahn bis Holzkirchen gab und man von dort per Stellwagen weiterfahren konnte, waren es nur noch deren drei. 1874 rückte die Bahn mit der Linie Holzkirchen–Schaftlach–Tölz näher an Gmund heran, und 1883 endlich wurde Gmund Bahnstation. Erst 1903 verlängerte man die Bahnlinie bis Tegernsee. Im ersten Jahrzehnt unseres Jahrhunderts, als in Wiessee eifrig nach Erdöl gebohrt wurde, war Gmund Umschlagstation der für die Bohrungen benötigten Maschinen. Von den erfolgssicheren Unternehmern wurde sogar eine Ölleitung von Wiessee nach Gmund angelegt, von wo das Öl mit der Bahn weitertransportiert wurde. Leider entzieht es sich unserer Kenntnis, ob dies vielleicht die erste ›Pipeline‹ in deutschen Gauen war. Zum Glück für Gmund und das Tegernseer Tal floß das Öl jedoch so spärlich, daß die Bohrungen eingestellt wurden. Man hatte inzwischen etwas anderes, für das Tegernseer Tal Erfreulicheres und für die Unternehmer Erfolgreicheres gefunden.

Auf Gmunds kleinem Bahnhof warten heute andere Güter – Baumaterialien oder Düngemittel etwa – auf den Weitertransport. Und auf dem Bahnhofsplatz stehen Omnibusse, bereit, den Strom der mit den Zügen ankommenden Reisenden in alle Richtungen zu allen Schönheiten des Tegernsees und seiner Umgebung zu bringen.

Exkurs in die Egartenlandschaft

In seinem unmittelbaren Umkreis hat Gmund keine großartigen Bergtouren zu bieten. Doch man sollte sich für die vielfältigen landschaftlichen und kulturhistorischen Reize seines Vorlandes Zeit nehmen, ehe man eine Rundfahrt um den Tegernsee beginnt. Kloster Reutberg und die Kirche des ehemaligen Klosters Weyarn etwa vermitteln unvergeßliche Eindrücke. Das Heimatmuseum der kleinen Kreisstadt Miesbach zeigt dem Besucher an schönen Beispielen die Entwicklung der heimischen Trachten und der Volkskunst.

Ein Streifzug in die nördliche Umgebung Gmunds lohnt sich also durchaus. Zum Beispiel durch das hinter dem Ort tief eingeschnittene Mangfalltal, in dem sich die kleine Industrie Gmunds verbirgt, in die Egartenlandschaft. Durch sie führt der weitere vielverschlungene Weg der Mangfall, die zunächst konsequent ins Vorland hinaus und nach Norden strebt, bis sie kurz vor Großhelfendorf geradezu kehrtmacht und im weiteren Verlauf nach Osten fließt. Wie es zu dieser auffallenden Richtungsänderung kam, schildert uns Siegmar Gerndt:

Mit dem Einsetzen der Schmelzperiode [am Ende der letzten Eiszeit] war die Ur-Mangfall vom Taubenberg nordwärts gegen Aving geflossen und hatte an der Aufschüttung der Münchner Schotterebene mitgewirkt. Bei Grub nahm sie von links den Wasserstrom des Teufelsgrabens aus dem Isargletscher-Bereich auf. Ein von Osten sich vorarbeitender Bach hatte danach die Mangfall angezapft und zum Knick nach Osten gezwungen. Bei Feldkirchen flossen die vereinigte Mangfall und Leitzach durch das Kupferbachtal ab. Erst in einem Endstadium, nachdem das Bad Aiblinger Inngletscher-Zungenbecken frei geworden war, fiel die Mangfall endgültig aus der Nordrichtung in ihren heutigen Lauf gen Osten nach Rosenheim. Von Westerham abwärts schüttet sie die wiesengrüne Schotterebene des sog. ›Heufeldes‹ auf, flußabwärts aber schnitt sie ihr Bett in die Nagelfluhschichten früherer Eiszeiten und in den tertiären Flinzgrund ein. Es entstand die großartige Schlucht am ›Mangfallknie‹.

Unterwegs nimmt die Mangfall den Abfluß des Schliersees, die Schlierach, und die von Bayrischzell kommende Leitzach auf, ehe sie bei Rosenheim in den Inn mündet.

Es ist eine sehr liebliche Landschaft, die sich nördlich Gmunds nach Osten bis Berbling und Feilnbach, nach Westen bis Bad Tölz ausdehnt. Sie ist gekennzeichnet durch die sogenannten ›Hage‹, Hecken und Baumreihen, die ursprünglich wohl die Grenzen zwischen den hier einzeln und weit verstreut liegenden Anwesen markierten. Diese Eigenart der Streusiedlungen ohne eigentlichen Dorfmittelpunkt führt man auf die Besiedlungsgepflogenheiten des Klosters Tegernsee zurück, zu dessen Besitz dieser Landstrich zum größten Teil ursprünglich gehörte.

In dem weiten, leicht gewellten Grünland stehen inmitten von Obstwiesen reiche altbaierische Bauernhöfe. Man sollte sie sich näher betrachten, etwa den ›Wiedenbauernhof‹ von 1772 in *Wörnsmühl* oder den berühmten ›Jodlbauernhof‹ von 1786 in *Hagnberg* bei Geitau und viele andere. Meist, besonders im Leitzachtal, sind sie mit Lüftlmalereien versehen und haben kleine Hauskapellen.

In diesem Bauernland wird man auch auf viele Kapellen und Kirchen stoßen, die nicht selten kostbare Schätze bergen, zum Beispiel *Agatharied* zwischen Miesbach und Hausham, eine der drei Kirchen, deren Bau ein Ritter von Waldeck einst in türkischer Gefangenschaft gelobt hatte. Von ihnen ist, wie es heißt, *Georgenried* bei Gmund »die Schönste im Lande«. Von ihr werden wir im späteren Verlauf noch ausführlicher hören. Nicht zu vergessen sind Sehenswürdigkeiten wie das Franziskanerinnenkloster Reutberg bei Reichersbeuern oder das ehemalige Augustiner-Chorherrenstift Weyarn.

Die Klosterkirche von *Reutberg* geht zurück auf eine 1606 von der Gräfin Anna Papafaba, einer geborenen Pienzenauer, veranlaßte Stiftung ihres Gemahls, des Hofmarksherrn von Reichersbeuern und Sachsenkam. Beide waren tief beeindruckt von einer Wallfahrt nach Loreto in Italien heimgekehrt und hatten dabei die Olivenholzplastik einer Muttergottes mit Kind mitgebracht, die sie in einer in kurzer Zeit errichteten, der Casa Santa nachgebildeten kleinen Kirche auf dem Reutberg aufstellten. Dieses erste Loretoheiligtum in damals kurbayerischen Landen erfuhr im Laufe der Zeit regen Zulauf, daß schon bald Erweiterungen der Kirche und des 1618 daneben entstandenen Franziskanerinnen-Klösterchens nötig wurden. Als dann im 18. Jahrhundert für neuerliche Vergrößerungen der Platz fehlte, riß man kurzerhand die bestehenden Bauten ab, planierte den Gipfel und errichtete Kloster (ab 1729) und Kirche (1733-35) neu, wobei die ursprüngliche Loretokapelle als Altarraum des neuen Gotteshauses rekonstruiert wurde. Zehn Jahre nach Vollendung des Neubaus brachte ein Pater von einem Besuch im Heiligen Land die Holzfigur eines Jesuskindes mit, die wohl in Spanien entstanden war und hundert Jahre lang in der Geburtskirche zu Bethlehem aufbewahrt worden ist. Diese fein geschnitzte Skulptur mit dem von erstem Liebreiz gezeichneten Gesicht wurde alsbald Gegenstand barocker Christusminne und ist heute noch unter dem Namen ›Reutberger Jesuskind‹ im ganzen Umland bekannt. Es wird üblicherweise im Nonnenchor aufbewahrt, zu hohen Feiertagen aber in der Kirche ausgestellt. Als dann 1803 die Nonnen des Münchner Pütrich- (oder Bittrich-) -Klosters nach Reutberg übersiedelten – das als sogenanntes Aussterbekloster die Säkularisation überstand –, brachten sie ein weiteres barockes Gnadenkind mit, das ›Pütrich-Kindl‹, das gleichfalls zur Weihnachtszeit in der Kirche gezeigt wird. Aufgrund seiner unbeeinträchtigten klösterlichen Tradition verwahrt Reutberg darüber hinaus eine überraschende Vielzahl barocker Verehrungsgegenstände wie reich bestickte ›Fatschenkindl‹ und ›Himmlische Bräutigame‹, Wachsfiguren, Klostertafeln, ›Eingerichte‹, Gebetszettel und Andachtsbildchen, die von dem phantasievollen Reichtum früherer Jahrhunderte zeugen, lange Zeit hochmütig als religiöser Kitsch verpönt waren, aber heute unter dem historischen Sammelbegriff der ›Schönen Arbeit‹ immer mehr zum vielbeachteten Objekt der wissenschaftlichen Volkskunde werden.

Dazu kommt in Reutberg der wohl einmalige Umstand, daß nicht nur die vielgestaltigen Erzeugnisse dieses frommen Nonnenfleißes noch in überraschender Fülle anzutreffen, sondern sogar die Werkzeuge dazu überliefert sind: Wachsprägezangen, Drehbänkchen, ›Radl‹ und Spindeln zum Anfertigen der verschiedenen Gold- und Silberspiralen, dann Spulen, Wickelnadeln, Winden, Klöppel, Pfriemen und wie die vielen Utensilien alle heißen mögen. Sie finden sich neben zahllosen weiteren Zutaten, vor allem einer großen Musterauswahl an Filigranteilen, gestanzten und geprägten Zierstücken, Blumen, Blüten und Blättern, Perlen, Glassteinen und Pailletten, in einem eigenen kleinen Museum, das die Nonnen mit viel Liebe zu diesen kleinen Dingen aufgebaut haben, aber wegen der immer noch streng beobachteten Klausur nur nach bischöflicher Genehmigung angemeldeten Besuchern zeigen dürfen.

Eine besondere Kostbarkeit ist auch die noch ursprünglich erhaltene Klosterapotheke aus dem Jahre 1688, die um die Mitte des 18. Jahrhunderts zum jetzigen Umfang erweitert worden ist. Mit ihren schwungvoll geschnitzten Akanthusverzierungen, den bunt bemalten Schubladen, den fein säuberlich beschrifteten Phiolen, Büchsen und Gläsern, Dosen, Mörsern und Apothekengewichten bietet diese Offizin ein reizvolles Ensemble, wie man es in dieser Einheitlichkeit nur mehr selten antrifft.

Aber was vielleicht noch beglückender ist als alle Kunst und Kunstfertigkeit, die man beim Rundgang bestaunen mochte, ist die wunderschöne Lage des Klosters auf einem Moränenhügel inmitten einer stillen, von Wiesen, Mooren und Seen bestimmten Vorgebirgslandschaft, die sich – von welcher Seite auch immer man kommt – immer wieder neu und anziehend präsentiert. Vollends zum unvergeßlichen Naturerlebnis aber wird ein Besuch des Reutbergs, wenn Föhn seine zarten Fäden über den klarblauen Himmel zieht und die Alpenkette in ihrer markanten, von vereinzelten Schneefeldern weiß gehöhten Kontur zum Greifen naherückt. Dann möchte man sein Domizil hier heroben aufschlagen – und selbst dies ist, wenigstens vorübergehend, möglich, da die freundlichen Schwestern ein eigenes kleines Gästehaus unterhalten.

Ganz anders dagegen Kloster *Weyarn*, das sich am Rand der hier tief eingeschnittenen Mangfallschlucht inmitten freundlich gewellten Hügellandes zwar weniger lieblich, aber mit seinem die umgebenden Wälder behäbig überschauenden Kirchturm nicht minder charaktervoll darstellt. Das Augustiner-Chorherrenstift entstand aus einer 1133 erfolgten Stiftung der Grafen von Falkenstein und Neuburg, aus deren Geschlecht im 12. Jahrhundert auch zwei Tegernseer Äbte hervorgegangen sind, und bestand bis zur Säkularisation 1803. Die heutige Kirche geht auf einen Neubau zurück, den Lorenzo Sciasca, den wir schon in Gmund kennengelernt haben, in den Jahren 1687 bis 1693 aufführte, wobei er den schon 1627 bis 1632 entstandenen Turm miteinbezog, der seinerseits 1713 eine Umgestaltung und Erhöhung erfuhr. Der Graubündner Baumeister hielt sich an die einheimische Tradition und gestaltete den Kirchenraum als Wandpfeileranlage mit hohen Kapellen zwischen den Pfeilern, einem betont eingezogenen Chor und einem von Stichkappen rhythmisierten Tonnengewölbe. Dieser Kirchenraum von unaufdringlicher Feierlichkeit, den man sich gewiß weiß in weiß vorstellen darf, wandelte sich dann im

Jahre 1729, als der Wessobrunner Johann Baptist Zimmermann, der ja in dieser Gegend durch seinen Aufenthalt in Miesbach zwischen 1706 und 1715 kein Unbekannter mehr war, berufen wurde, um die Gewölbezone im damals herrschenden Geschmack des Régence – einer Art Vor-Rokoko – zu modernisieren. Von ihm stammen die farbfrohen Fresken mit Szenen aus dem Leben des Ordenspatrons Augustinus und die Stukkaturen. Diese füllen nicht nur die übrigen Deckenflächen auf dekorative Weise, sondern unterstreichen auch die tektonischen Linien und zeigen den damals gängigen Formenschatz von vegetabilem Laubwerk und geometrischem Bandwerk, die sich – eine Vorahnung des nahenden Rokoko – gegenseitig durchdringen, ineinander übergehen oder eines aus dem andern sich entfalten können. Dazu kommen Brokatmuster, Muschelmotive, Blumenranken, Blütenschnüre, die auch noch vereinzelt über die Gesimszone hinweg an der Wand in Erscheinung treten und so die ältere Wandgliederung mit der neuen Dekoration verzahnen.

Zu diesem bestimmenden Akkord von hochbarocker einfarbig gedachter Tektonik sowie dunkel akzentuierter Altarausstattung und spätbarocker farbbetonter Gewölbedekoration kommt schließlich – und das macht den einzigartigen Rang dieser Kirche aus – eine Reihe plastischer Werke des hohen Rokoko. Sie stammen von der Hand keines Geringeren als Ignaz Günther, dessen Weltgeltung als größter Bildhauer des europäischen Rokoko inzwischen unbestritten anerkannt ist. Nicht weniger als elf Werke sind im Hauptschiff und in den Kapellen verteilt und machen das Gotteshaus geradezu zu einem Museum sakraler Plastik. Diesen einmaligen Umstand verdanken wir der freundschaftlichen Verbundenheit und gleichgestimmten Seelenverwandtschaft des Propstes Augustin Hamel mit dem Münchner ›Hofbefreyten Bildhauer‹, der diese vielen Werke in der überaus kurzen Zeit zwischen 1763 und 1765 schuf. Zunächst entstand, vielleicht unter Umformung eines früheren Werkes, der Valeriusschrein an einem Pfeiler der Südwand, dann der Tabernakel auf dem älteren Hochaltar, die beiden als Prozessionsgruppen konzipierten und daher allansichtig gearbeiteten Szenen der ›Verkündigung‹ und ›Pietà‹ oder ›Marienklage‹ am Triumphbogen, die ›Maria Immaculata‹ oder ›Maria vom Siege‹, die heute auf dem Tabernakel steht, schließlich die beiden Strahlenglorien mit den köstlichen Putten am Herz-Jesu- und Herz-Mariä-Seitenaltar, die Figuren der Bauernheiligen Leonhard und Sebastian in der Jakobuskapelle, die heute ungefaßte ›Mater dolorosa‹, deren schmerzverhärmter Gesichtsausdruck so verinnerlicht erscheint, daß er auch ohne grobe Verzerrungen und expressives Mienenspiel, wie sie der Hochbarock noch vorgetragen hätte, glaubhaft und nachvollziehbar wirkt, und zuletzt das Prozessionskreuz von 1765. Jedes dieser Werke wäre allein schon die ›Wallfahrt‹ des Kunstliebhabers wert, wieviel mehr muß die Fülle Güntherscher Kunst den für die subtilen Seelenschwingungen des Spätrokokos aufgeschlossenen Kenner gefangennehmen. Man kann sich diesen Werken von verschiedenen Seiten her nähern, von der kunsthistorischen und formalästhetischen, von der religiösen und emotionalen – jede hat ihre Berechtigung, ihre Erkenntnisse und eigene Suggestivkraft, die den Betrachter – je nachdem – packt, begeistert, aufwühlt und bestürzt. Hören wir etwa, wie Arno Schönberger von dem Studium der Kompositionsprinzipien ausgehend sich mit der ›Pietà‹ auseinandersetzt:

Die Komposition der Gruppe ist durch ein festes geometrisches Gerüst bestimmt. Podest und Kreuzbalken bilden ein Trapez; die Horizontalen des Podestes mit dem Ende des Kreuzstammes ein gleichschenkliges Dreieck, dessen Seiten das Haupt Marias und das Tuch des trauernden Engels tangieren; das Lot von den Enden der Kreuzbalken tangiert links das Haupt Christi und endet in seiner Handwunde, rechts das Tuch des Engels und trifft in die Fußwunde. Aus dem Verlauf von Konturen, der Binnenzeichnung und den möglichen Verbindungen signifikanter Punkte ergibt sich eine Vielfalt von Variationen dieser geometrischen Grundformen, die nicht Zufallsergebnis sein können. Wie bedeutungsvoll und nicht als willkürlich abzutun ist z. B., daß die Schwertwunde Marias mit der Wunde des Herzens und der rechten Hand Christi in einer Linie liegt, ebenso dessen Fußwunde, die Schwertwunde Marias und das Ende des Kreuzbalkens. Dieses bei einer Flächenprojektion und in Vorderansicht deutlich erkennbare geometrisch-lineare Verbindungsnetz erhält aber, da es sich ja hier um ein plastisches Volumen handelt, über die Aufgabe einer Verfestigung hinaus, nun zugleich auch als in die Tiefe leitende Schrägen und Kurven gesehen, die Kraft, Raum und Bewegung zu schaffen und den Blick zu führen. Erst wenn man dies beachtet, wird man erkennen, daß der scheinbare Verismus der Einzelheiten eine sehr bewußte Absicht verschleiert, daß z.B. die so richtig erscheinende Anatomiestudie des Toten im Dienste dieser Absicht höchst willkürlich angeordnet ist. Wie aber diese Art der Komposition, die plastische Durchformung, der Verismus des Dargestellten hier und bei anderen Werken Günthers in ihrer Zusammensicht, geheimnisvoll verwandelt, plötzlich als Aussage eines seelischen Gehaltes erscheinen, kann mit Worten ebensowenig ›erklärt‹ werden wie das Empfinden von Freude oder Trauer als Reaktion auf einen chemischen Reiz.

Adolf Feulner dagegen, der die große Bedeutung von Ignaz Günther in ihrer ganzen Tiefe vielleicht als erster erkannt und schon in einer frühen Monographie von 1920 dargestellt hat, beschäftigte sich von einem ganz anderen Ansatz ausgehend mit der ›Verkündigung‹ so:

Die große Holzgruppe der ›Verkündigung‹ ist das persönlichste Werk Günthers, die Plastik, die den Geist der Zeit am deutlichsten offenbart. Sie ist ein Werk von zartester Feinheit, vor der jede Beschreibung versagt, und sie bildet den Gipfelpunkt der Rokokoplastik Süddeutschlands. Dargestellt ist wieder ein Augenblick, eine plastische Impression, eine ätherische Wundererscheinung, und eine zugespitzte auf Widersprüchen des Gefühls aufgebaute Handlung. Während Maria am Betschemel kniet, kommt der schöne Engel auf sie zugerauscht, um der

Jungfrau die Botschaft des Allerhöchsten zuzuflüstern, daß sie die Mutter des Erlösers werden solle. Der Moment der Erscheinung und die Wirkung des unbegreiflichen Wortes bilden das plastische Thema.

Die jungfräuliche Prinzessin ist wie eine Blume, die im Winde schwankt, der überschlanke Leib ist in einer Kurve bewegt, halb auffahrend, halb kniend steht sie da, das linke Knie ruht noch auf dem Schemel, der rechte Fuß ist schon leicht aufgestützt, die rechte Hand bewegt sich in unbewußter, triebhafter Geste, die feingliedrigen Finger sind krampfhaft eingezogen. Die linke Hand ist voller Hingabe an das Herz gelegt. Freudig erschreckt und in devoter Ergebung in den Willen Gottes hört sie das unfaßbare Wort. Das sinnlich feine Gesichtchen der Maria ist gebeugt, die großen Augen sind niedergeschlagen, es ist, als ob der Gedanke der Ergebung schon das Herz ergriffen habe, während die Glieder dem Wechsel der Überraschung noch nicht folgen konnten.

Vor Maria der strahlende große Engel im silbergeschuppten Panzerkorsett mit dem kapriziösen Lockenkopf, demütig vor der Herrin und überlegen lächelnd wie ein Kavalier; tänzelnd, schwirrend kommt er herabgerauscht, mit einem Fuß steht er auf der Wolke rotierend wie ein Kreisel, der andere Fuß schlägt nach rückwärts aus, einen Flügel hat er noch entfaltet, der andere ist schon halb eingezogen. Die rechte Hand mit der Lilie geht zurück, die linke deutet nach vorne aufwärts, wo im Strahlenkranz die Taube des Heiligen Geistes erscheint. Diese Gloriole ist an einer Stange befestigt, die vom eingelegten Schemel und von den Figuren verdeckt ist. Sie ist ein künstlerisches Wagnis, das wieder nur im Werke Egid Asams Parallelen hat. Aber auch die ganze Gruppe ist ein unerhörtes künstlerisches Wagnis. Die Darstellung der ätherischen Wundererscheinung, der momentanen Aktion, die Wiedergabe der subtilsten seelischen Regungen im Widerstreit der Gefühle, die formal anscheinend zusammenhanglose Nebeneinanderstellung zweier Figuren, die nur im Ganzen des Kirchenraumes sich binden, das ganze Thema ist unplastisch und unklassisch wie nur möglich. Es ist auch unheilig aufgefaßt, ganz auf die Interpretation der menschlichen Gefühle abgestimmt. Nur der weitherzige Katholizismus der absolutistischen Zeit hat diese Plastik, die in sich höfische Eleganz, sinnliche Verfeinerung und volkstümliche Einfalt in unvergleichlicher Einmaligkeit vermischt, als kirchliche Kunst zugelassen und der Kirchenraum des bayrischen Rokoko hat die tändelnde leichte Grazie und die bewußte Sinnlichkeit ertragen. Er hat noch gewagtere Vorwürfe ertragen. Nicht selten wurde damals Maria als kokette Rokokoschäferin dargestellt. Volkstümlich ist diese raffinierte Kunst gewiß nicht; aber es ist doch merkwürdig, daß diese verfeinerte Kunst damals volkstümlich war, und daß diese ... höfische Sinnlichkeit einmal religiöse Gefühle auslösen konnte.

Reges Leben herrscht in *Miesbach*. Ein geschäftiger Ort ist die jetzige Kreisstadt, einst ein Zentrum des Salzhandels, schon immer gewesen, und so ist es bis heute geblieben. Hier finden mehrmals im Jahre, etwa alle vier bis sechs Wochen, die weitberühmten Miesbacher Zuchtviehmärkte in der 1910 erbauten ›Oberlandhalle‹ statt. Da das Klima des Egarten zu rauh und für den Getreideanbau wenig geeignet ist, verlegte man sich hier schon früh auf die Viehzucht, der etwa auch Michael Wening in seiner bayerischen Landesbeschreibung von 1701 lobend Erwähnung tut. Wie das Miesbacher Zuchtvieh damals aussah, zeigen uns in anschaulicher Weise zwei kuriose Dokumente. Es handelt sich um naive Ölbilder, von denen das eine von 1704 datiert und ein auffallend hoch gebautes Roß mit kleinem Kopf, schlanken Beinen und langem, wallendem Schweif darstellt, mehr einem Reitpferd ähnelnd denn einem, wie man erwarten würde, schweren Ackergaul. Das andere zeigt das pure Gegenteil, einen gedrungenen, kraftstrotzenden und massigen Stier mit breitem Schädel und langen, aufgebogenen Klauen. Die Beschriftung in Barockfraktur überliefert uns sogar den Namen dieses Prachtexemplars: ›Mobsl‹ hieß es, stand im hochgräflich maxlrainischen Gutshof auf Schloß Wallenburg und erreichte das respektable Alter von siebzehn Jahren. Beide Bilder sind heute im Miesbacher Heimatmuseum an der Kirchgasse zu sehen, wo man sich einen Überblick über die heimische Volkskunst, über Handwerk, Zunft und Gewerbe des Egarten verschaffen kann. Ausgesuchte Beispiele zeigen die ›Miesbacher

Tracht‹, die weithin bekannt ist, selbst wenn ihre Herkunft vielen Bewunderern – und für sie ist diese Miesbacher Tracht gewissermaßen der Inbegriff oberbayerischer Tracht, wenn nicht verallgemeinernd bayerischer Landestracht überhaupt – verborgen bleibt. Dies kommt nicht von ungefähr: hat doch die Rückbesinnung auf die bäuerliche Tracht und ihre Wiederbelebung hier im Miesbacher Gebiet – wo 1883 in Bayrischzell der erste Trachtenverein gegründet worden ist, wie wir später noch ausführlicher hören werden – ihre Wurzeln. Mit wissenschaftlicher Akribie hat Irmgard Gierl die Entwicklung der historischen Miesbacher Tracht erforscht und ihre Renaissance – die in gewissem Sinne einer Neuschöpfung auf geschichtlicher Grundlage gleichkam – beschrieben. In ihrem ›Miesbacher Trachtenbuch‹ faßt sie ihre Erkenntnisse über das Werden der Miesbacher Tracht zusammen:

Die Frage nach der Entwicklung einer Tracht steht in engstem Zusammenhang mit der Gesellschaftsform, in der sie wächst. Diese war im Miesbacher Trachtengebiet seit Jahrhunderten eine überwiegend bäuerliche. Selbst die Marktbewohner … blieben kleinbürgerlich, neigten eher zur bäuerlichen Art ihres Umlandes als zur städtischen Mode der weit entfernten Residenzstadt. Es waren die begüterten Marktbürger, welche die städtischen Moden als erste übernahmen. Zögernd folgte der einfache Mann auf dem Land. Man kann sich nur schwer vorstellen, wie etwa die spanische Mode in die entlegenen Gebirgstäler drang, um so mehr als noch Meichelbeck 1711 darüber klagt, daß die Wege zwischen Tegernsee und Benediktbeuern »supra modum iniquae«, über die Maßen schlecht seien. Trotzdem war zu Ende des 16. Jahrhunderts die spanische Tracht allüberall verbreitet, freilich nur als Festtagskleidung. Typisch war, daß das Neue gern und verhältnismäßig rasch aufgenommen wurde, dann aber lange Bestand hatte. Oft blieben neue und alte Formen nebeneinander erhalten. So ergab sich ein altertümliches Bild der Tracht.

Streng geschieden und oft völlig entgegengesetzt waren Alltags- und Sonntagstracht. Erstere war viel konstanter, was Farben und Formen anbetrifft. Während die Kirchenkleidung im ausgehenden 16. und beginnenden 17. Jahrhundert nur Schwarz-Weiß kannte, leuchtete im Alltagsgewand die mittelalterliche Farbenfreude, besonders der urtümliche Farbdreiklang schwarz (braun), weiß, rot. Das spanische Schwarz blieb aber auch weiterhin zumindest an Einzelstücken erhalten, als die französische Mode ihren Siegeszug über Deutschland angetreten hatte. Deren leuchtende Farbigkeit kam zweifellos dem speziellen Volkscharakter unserer Gegend sehr entgegen. Im 18. Jahrhundert bestanden die Reminiszenzen an die spanische Tracht in schmalen, langen Schürzen, Faltenröcken, altertümlichen Hutformen. Ihr Leitmotiv, das ausladend Steife, zugleich Gravitätische, bestimmte noch lange das äußere Erscheinungsbild der Miesbacher Tracht. Dazu werden mittelalterliche Gewandstücke wie Doppelschürze, Lendner, Goller, Wetterfleck zur Arbeitstracht noch im 18. Jahrhundert benützt, ebenso wie sich das Material: Leder, Schafwolle, Leinen durch alle Jahrhunderte gleich blieb. Nur in der Festkleidung versuchte man zum städtischen Modevorbild auch die dazugehörigen Stoffe zu verarbeiten, oft behindert durch wiederholte Kleiderordnungen.

Der nächste große Einbruch der europäischen Mode erfolgte überraschend schnell, sicherlich im Gefolge der Truppendurchzüge während der napoleonischen Kriege und der Besetzung des Landes durch die Franzosen. Die Bundhose wurde durch die Langhose verdrängt, die bei der Felduniform aller kriegführenden Mächte üblich geworden war. Dies war der bedeutendste Stilbruch in der Miesbacher Männertracht. Als solcher wurde er wohl auch beim Bauernvolk empfunden, das die Langhose zuerst nur in die Alltagstracht aufnahm, bevor sie zum dunklen Anzug an Feiertagen benützt wurde. Aber bald erfolgte der große Gegenschlag, die Gründung der Trachtenvereine, die auf die althergebrachte Jäger- und Arbeitstracht zurückgriffen und damit der Männertracht wieder das bäuerliche Erscheinungsbild zurückgaben. Die graue Langhose fügte sich daneben farblich und materialmäßig dem trachtlichen Gewand ein. …

Über die Motive der Trachtenerneuerung und den eigentlichen Anstoß, der zur Ausformung der heutigen ›Miesbacher Tracht‹ führte, berichtet Irmgard Gierl dann weiter:

Wer die Votivbilder des ausgehenden 19. Jahrhunderts kennt, auf denen die Männer mit langen engen Hosen, kurzen schwarzen Joppen und städtischen Hüten neben ihren Frauen knien, die fast durchwegs an der Tracht festhalten, wundert sich nicht, daß in dieser Zeit aus dem Volk selbst der Wunsch nach einer Wiederbelebung der bäuerlichen Tracht entsteht. Sie war ja noch nicht völlig erstorben: Die Holzknechte trugen noch die kurzen Hosen und grauen Lodenjoppen, besonders die Tiroler, und seit König Max II. um die Mitte des 19. Jahrhunderts einen Erlaß zur »Erhaltung der verschiedenen, in den einzelnen Teilen des Königreichs herkömmlichen Trachten« herausgegeben hatte, wurden von seiten der Regierung verschiedene Wege beschritten, um die Tracht zu erhalten. Einer der wichtigsten war wohl, daß der Lodenanzug bei Hof zu Ehren gekommen war. Der König selbst trug ihn zur Jagd und auf seinen Sommersitzen in Tegernsee oder Kreuth. Nicht von ungefähr waren es die Bayrischzeller Burschen, die in den achtziger Jahren des vorigen Jahrhunderts (1883) den entscheidenden Schritt zur »Erhaltung der Volkstracht im Leizachtal-Bayrischzell« taten. Sie hatten sowohl Kontakt mit den Tirolern als auch mit Tegernsee und waren ihrer Wesensart nach streng konservativ. Denn »radikale Trachtenerneuerer« waren sie durchaus nicht. Das geht klar aus dem Bericht hervor, den Martin Staudacher 1888 über die Gründung des Vereins geschrieben hat. Auf diesen Bericht werden wir im Kapitel ›Bayrischzell‹ noch zurückkommen.

Einige Kennzeichen der heutigen Miesbacher Tracht sind noch verhältnismäßig jung, so etwa die Stickereien auf der Joppe mit Eichenlaub und Edelweiß, Efeu- und Frauenmantelmotiven. Sie sind erst Anfang unseres Jahrhunderts aufgekommen, und der Anlaß dazu wirft ein bezeichnendes Licht auf die sozialen und wirtschaftlichen Bedingungen, die solchen Änderungen in der Tracht zugrunde liegen können:

Den Anstoß zur reichen Stickerei an Joppe und Lederhose gaben die Bergleute von Hausham, die aus Mährisch-Ostrau eingewandert waren und aus ihrer Heimat die Vorliebe für prächtige Trachten mitbrachten. Ihr guter Verdienst machte sie zu zahlungsfähigen Kunden, während sich ein Bauernknecht zeitlebens keine Lederhose leisten konnte. Man richtete sich also nach ihrem Geschmack, wobei sich die einzelnen Orte durch das Motiv der Stickerei unterschieden. ... Der Bildhauer Raimund Jäger in Miesbach entwarf die Muster, seine Brüder, die Schneider waren, bestickten damit die grauen Joppen.

Ein weiterer Aspekt Miesbachs, dessen man im Heimatmuseum mit Überraschung gewahr wird, ist seine Vergangenheit als Bergwerksort. Von Steinkohlefunden in der Gegend von Miesbach wird bereits 1756 erstmals berichtet. Doch viele Bemühungen um eine gewinnbringende Förderung scheiterten an der Unzulänglichkeit der technischen Mittel und der Verkehrswege. Erst die neuen Möglichkeiten des 19. Jahrhunderts brachten hier einen gewissen Durchbruch: Damals gelangte Miesbacher Kohle hauptsächlich auf dem Wasserwege von Inn und Donau nach Wien und diente zum Betrieb der Donau-Dampfschiffahrtsgesellschaft. Mit einer Förderung von rund 700000 Zentnern im Jahre 1902 erreichte die Grube Miesbach ihre höchste Leistung, die in der Folge allerdings so rasch abfiel, daß der Betrieb 1911 eingestellt werden mußte. Ergiebiger dagegen erwiesen sich die Flöze in Hausham, dessen Bergwerk 1858 eröffnet wurde und heute noch in Betrieb ist. Geblieben aber ist Miesbach aus seiner montanistischen Zeit das ›Barbarafest‹ und die Erinnerung an eine technische Pionierleistung von besonderer Bedeutung: die erste Kraftstromübertragung der Welt von Miesbach nach München im Jahre 1882.

Und noch mit einer weiteren Erscheinung ist der Name Miesbachs aufs engste verknüpft – und dies würde man nicht gerade erwarten –, nämlich mit dem Auftreten auffallend zahlreicher Stukkateure im 17. und frühen 18. Jahrhundert. »Alle waren sie schlichte und einfache Leute, die nicht Anspruch auf die Bezeichnung Künstler erhoben«, schreibt der Kunsthistoriker Georg Hager von ihnen. Wenige Namen sind überliefert, aber ihren phantasievollen, durch reiches Blatt- und Pflanzenwerk gekennzeichneten Arbeiten wird man allenthalben im ganzen Umkreis begegnen. Der noch sehr sparsame Stuck von 1630 in der Maria-Schutz-Kapelle von Fischbachau ist eines ihrer frühesten Werke; in der Elbacher Heilig-Blut-Kapelle von 1670 hat sich ihre Eigenart voll entfaltet, und der schon stark dem Rokoko verpflichtete Stuck des Thomas Glasl von 1737 am Glaslgut in Bayrischzell gilt als letztes Ausklingen des Miesbacher Stukkatorenkreises. Schöne Beispiele dieser Handwerkskunst finden sich daneben im Chor von Agatharied, in der Leonhardskirche von Fischhausen oder in der Pfarr- und Wallfahrtskirche von Föching bei Holzkirchen. Groteskerweise hat sich in Miesbach selber davon nichts erhalten, da die von 1663 bis 1665 »mit schönster Stuckhador durchgehent kunstreich ausgezierte« Pfarrkirche Mariä Himmelfahrt 1783 abgebrannt ist und in frühklassizistischen Formen wiederaufgebaut wurde (sie entschädigt dafür mit einem Hochaltar-Kruzifix von Roman Anton Boos 1783, einer Schmerzensmutter von Johann Millauer 1665 und einem frühen Stuckmarmoraltar von Johann Baptist Zimmermann 1717).

Ein weiterer Künstler, der erst auswärts zu Ruf und Ehren gelangte, war Balthasar Ableitner, der 1614 in Miesbach geboren wurde, mit dreizehn Jahren zum Münchner Hofbildhauer Christoph Angermair in die Lehre kam und 1653, lange nachdem er, von 1635 bis 1642, in Rom den letzten Schliff erhalten hatte, selber zum Hofbildhauer avancierte. Fast eine Generation lang beeinflußte er maßgeblich die bayerische Barockplastik. Von seinen Schöpfungen sind im Laufe der Zeit, besonders aber im Zweiten Weltkrieg, viele ganz oder teilweise untergegangen, so etwa die Arbeiten für die Münchner Residenz, die Karmeliterkirche, das berühmte Chorgestühl der Theatinerkirche mit zwei der vier eindrucksvollen Evangelistenfiguren, dann die plastische Ausstattung des kurbayerischen Prunkschiffs Bucentaurus auf dem Starnberger See sowie des ersten Münchner Opernhauses bei der Salvatorkirche und des einsti-

Die Stadt *Miesbach*, an der Kreuzung zweier alter Salzstraßen gelegen und sowohl Mittelpunkt eines einst blühenden Salzhandels wie auch einer heute noch bedeutenden Viehzucht, war – was wenige vermuten – von der zweiten Hälfte des 18. Jahrhunderts bis 1911 auch Bergwerks-

ort mit einer freilich wenig ergiebigen Kohleförderung und kam – was heute verblüffend klingt – als Hauptort der ehemaligen ›Freien Reichsgrafschaft Hohenwaldeck‹ erst 1734, mit dem Aussterben der Grafen von Maxlrain, staatsrechtlich zum Kurfürstentum Bayern.

gen Turnierhauses am Hofgarten. Als der Meister 1705 hochbetagt mit 92 Jahren starb, hatte sich sein expressiver hochbarocker Stil freilich bereits überlebt.

Miesbach und seine nähere Umgebung ist auch die Urheimat der Gunetzrhainer, die letztlich wohl alle auf den Stammhof Gunetsrhain zurückgehen, der heute noch auf dem Stadelberg über dem Schlierachtal bei Miesbach steht. Wie so manche Geschlechter des Tegernseer Tales – etwa die Reiffenstuel, von denen schon berichtet wurde, die Erlacher, Hagn, Hazi oder Höß – verlegten sich auch die Miesbacher Gunetzrhainer zunächst auf das Zimmermannshandwerk und entsandten die begabteren Köpfe in die nahe Residenzstadt, wo im 17. Jahrhundert allein sechs Meister dieses Namens wirkten. Daneben arbeitete auch ein Martin Gunetzrhainer, der um 1640 als »Bauernsohn der Grafschaft Miesbach« geboren wurde, 1674 das Bürger- und Meisterrecht in München erhielt und 1699 als Stadtmaurermeister gestorben ist. Aus seiner ersten Ehe gingen die Brüder Johann Baptist und Ignaz Anton hervor, die sich fortan im kurbayerischen Bauwesen einen besonderen Ruf erwerben sollten. Der eine, Johann Baptist (1692-1763) brachte es zum Oberhofbaumeister und betreute neben den vielen Alltagsaufgaben, die ein Hofbauamt mit sich bringt, besonders die Kirchenbauten der Münchner Damenstiftskirche, der Zisterzienserinnenkirche Landshut-Seligenthal, die Hofmarkskirchen Schönbrunn bei Dachau und Sandizell bei Aichach und leitete 1726 bis 1731 auch den Klosterneubau in Tegernsee, auf den wir noch zu sprechen kommen werden. Sein Wohnhaus am Promenadeplatz in München mit der feinen Stuckfassade, im Volksmund nach einem späteren Besitzer ›Ostermaierhaus‹ genannt, ist nach dem Kriege rekonstruiert worden. – Ignaz Anton (1698-1764) aber, Stadtoberbaumeister von München und der genialere der beiden Brüder, die oft zusammenarbeiteten, schuf unter anderem die Gesamtanlage von Kloster und Kirche zu Reisach im Inntal, die Neugestaltung der Peterskirche in München und ebenda auch das Palais Törring (heute Hauptpost), dessen großartige Fassade und berühmtes Treppenhaus leider im letzten Krieg den Bomben zum Opfer gefallen sind. Mit ihrer Vorliebe für klassizierende Tektonik und Bauformen – was man vor allem an den römischen Fenstern ablesen kann – brachten die Brüder Gunetzrhainer dem bayerischen Spätbarock eine sehr eigenwillig-persönliche Note ein, die geradezu von einem Gunetzrhainer-Stil sprechen lassen.

Schließlich ist noch ein weiterer namhafter Meister des kunstblühenden 18. Jahrhunderts mit Miesbach verbunden: Johann Baptist Zimmermann (1680-1758), wovon wir noch des öfteren hören werden.

Sankt Quirinus, der Schutzpatron des Tegernseer Tals

Am Tegernsee und in Tegernsee begegnet man immer wieder dem heiligen Quirinus, dem Schutzpatron des Tegernseer Tals. Schon der erste Ort auf dem Weg von Gmund nach Tegernsee heißt *Sankt Quirin*. Dort steht dicht am Seeufer, blitzsauber, 1977 sorgfältig restauriert, eine kleine, dem Heiligen geweihte Kapelle. Draußen regt sich gerade zaghaft erstes Leben unter der schmelzenden Schneedecke, drinnen in der Kapelle blühen bereits die ersten Frühlingsboten, dem Heiligen dargebracht. Sie schmücken den Altar, umwinden die zierlichen Eisensäulchen, die von dem kleinen marmornen Ziehbrunnen inmitten der Kapelle aufstreben und ein kleines Standbild des Heiligen tragen. Er ist geschmückt mit kaiserlichen Attributen: Krone, Zepter und Reichsapfel.

Nach dieser ersten Begegnung mit dem heiligen Quirinus sieht man im Tegernseer Heimatmuseum Fläschchen mit dem einst beliebten und begehrten, wundertätigen Quirinus-Öl und dazu Quirinus-Gnadenpfennige; im Bräustüberl trägt das köstliche Bockbier den Namen Quirinus, beim Betreten der ehemaligen Tegernseer Klosterkirche empfangen die Quirinus-Fresken des Hans Georg Asam von 1693 an der Decke der Vorhalle den Besucher. Im Mittelbild schwebt der Heilige über der Tiberbrücke in Rom, sein Haupt wird von den Fluten fortgetragen. Im zweiten Fresko rechts schlagen Flammen aus seinem Sarkophag, im dritten rechts quillt ein Brünnlein aus der Erde hervor. Links vom Mittelbild entströmt dem Körper des Heiligen Blut, das von Mönchen aufgefangen wird, und im zweiten

Feld links greifen bittende Hände nach kleinen Fläschchen, die von den Klosterbrüdern verteilt werden. In dem Mann und der Frau, die Augen und Ohren zweier Knaben mit einer Flüssigkeit benetzen, soll Hans Georg Asam sich selbst, seine Frau und seine beiden Söhne Cosmas Damian und Egid Quirin dargestellt haben. Weitere Bilder dieses Zyklus sind heute leider verdeckt durch große Marmorplatten aus dem 19. Jahrhundert, deren Inschriften an für Tegernsee bedeutende Ereignisse erinnern. Von ihnen wird später noch zu sprechen sein. In der Kirche selbst gibt es dann im nördlichen Seitenschiff eine 1748 erbaute Quirinus-Kapelle mit zwei großen Stuckreliefs an ihren Seitenwänden. Eingerahmt von graziösen Ornamenten wird der Märtyrer enthauptet, wallt ein langer feierlicher Zug dem im Hintergrund liegenden Kloster Tegernsee zu. In seiner Mitte tragen vier Mönche eine schwere Last. Welche Bewandtnis hat es mit alldem?

Die Legende von dem heiligen Märtyrer Quirinus, der auf Befehl des römischen Kaisers Claudius Gothicus (268–270) »zur Nachtzeit mit dem Schwerte getödtet und in den Tiber geworfen« (Asams Mittelfresko), dessen auf der Tiber-Insel Lycaonica zurückgebliebener Leib aber von zwei frommen Christen, Marius und Martha, heimlich geborgen und auf dem Kirchhof des Pontianus in einem unterirdischen Gang begraben worden sein soll, ist in zahlreichen Handschriften überliefert. Quirinus soll ein Sohn des der christlichen Religion freundlich gesinnten römischen Kaisers Philippus Arabs (244–249) gewesen sein. Sein Vater fiel im Kampf gegen seinen Rivalen Decius, seine zum Christentum sich bekennende Mutter konnte sich mit ihrem kleinen Sohn den Verfolgungen entziehen, aber etwa zwanzig Jahre später, unter der Regierung des Kaisers Claudius Gothicus, wurde Quirinus ergriffen und erlitt den Märtyrertod.

Von der Überführung seiner Gebeine nach Tegernsee wird berichtet, die beiden Stifterbrüder des Klosters, Adalbert und

Otkar, seien nach Rom gepilgert, um dem Papst ihre Verehrung darzubringen. Rom sei damals von den Heiden arg bedrängt worden, die beiden Brüder hätten dem Heiligen Vater ihre Hilfe angeboten und seien an der Spitze der römischen Heerführer und Fürsten gegen die Feinde gezogen.

Und so blutig wurden diese geschlagen, daß sie Alles im Stiche ließen und nur sehr wenige auf den Schiffen entkamen, die sie noch erreichen konnten. Aber auch davon gingen die Meisten im Meere zu Grunde. Die Christen aber hatten keinen Verlust, sondern alle kehrten frohlockend im Triumph und mit großer Beute nach Rom zurück. Der Heilige Vater mit der gesammten Geistlichkeit ging ihnen entgegen und vor dem hochheiligsten Grabe Petri sich niederwerfend schwammen sie in Tränen voll der Freude und lobsangen dem Herrn, daß er sie gewürdigt, von so vielen Feinden sie zu befreien ... Und man bat dieselben [Adalbert und Otkar], sie möchten von der Beute oder andern Schätzen, was ihnen beliebe, zu sich nehmen. Aber Jene sprachen: »Nicht um vergänglicher Schätze willen sind wir aus unserem Vaterlande hierher gekommen« ... Und sie begehrten den Leib des heiligen Martyrers Quirinus, von dessen Ruf sie vernommen hatten. Als dies der Mann Gottes hörte, erschrak er heftig und verweigerte es aus Furcht vor den Römern; denn der Heilige stand bei ihnen in hoher Liebe und Verehrung: da, wer immer an seine Ruhestätte mit dem rechten Vertrauen kam, gesund zurückkehrte, von welcher Krankheit er auch befallen war.

So liest man in der ›Historie von St. Quirinus‹, in der Adolfine von Reichlin-Meldegg zusammenfassend erzählt, was sie beim Studium der zahlreichen Literatur über den Heiligen, die mit der ältesten erhaltenen Handschrift des Klosters Tegernsee, der ›Passio prima Sancti Quirini‹ des 9. Jahrhunderts (Cod. lat. 16, 106 in der Bayerischen Staatsbibliothek, München), beginnt, vom heiligen Quirinus und seiner Bedeutung für Tegernsee erfuhr. »Als die Brüder ihre Bitte eindringlich wiederholten, da sprach der Papst: ›Ziehet in Frieden in Eure Heimat und schicket so schnell wie möglich verlässige Abgesandte; dann willfahre ich Eurem Wunsche getreulich‹«, heißt es dann weiter.

Heimgekehrt, beauftragten die beiden Brüder ihren Vetter Utto, den ersten Abt von Ilmmünster, und einige Getreue mit der Überführung der heiligen Reliquie nach Tegernsee. In Rom angekommen, trugen sie dem Papst ihr Begehren vor, und da »erinnerte sich der Mann Gottes seines Versprechens, und bei anbrechender Nacht brachte er den heiligen Leib behutsam und mit ehrfürchtiger Scheu in sichere Umhüllung, versiegelte ihn mit seinem Siegel und übergab ihnen denselben, so wie er verheißen hatte; zugleich empfahl er ihnen, vorsichtig damit umzugehen, daß nicht das Siegel breche, und ermahnte sie, auf einem andern Wege hin fortzuziehen, damit er von den Römern ihnen nicht wieder entrissen würde. Jene aber vermieden die Hauptstraße, wie sie belehrt waren, und in beschleunigter Weise kamen sie bis zu dem Berge Barba, und da erst begannen sie vor den Römern ohne Furcht und sicher zu sein.« Ermüdet rasteten sie. Und von Neugierde geplagt, welchen Schatz ihre schwere Last wohl bergen möge, wollten einige der Männer, die sie auf dem langen beschwerlichen Weg getragen hatten, das Siegel erbrechen. »Aber als sie das Verbotene schauen wollten und den Sargdeckel aufzuheben versuchten, allsogleich wurden von der göttlichen Majestät, welche in Weise flammenden Feuers hervorbrach, alle Umstehenden wie von einem Blitzstrahl getötet« (Asams rechtes Fresko). Voller Entsetzen seien die Überlebenden mit ihrer heiligen Reliquie weitergezogen.

Zu all diesen Geschichten und Legenden äußerte sich Georg Ratzinger 1892 wie folgt:

Als feststehende geschichtliche Tatsache dürfte aus den üppigen Ranken, mit welchen die Phantasie den einfachen historischen Kern umgab, sich wohl nur soviel ergeben, daß die beiden Stifter von Tegernsee, welche Adalbert und Otkar hießen, einem in Südbayern reichbegüterten Grafengeschlechte angehörten, daß beide Brüder auch Ilmmünster gründeten, dort ihren Neffen (Schwestersohn), welcher Priester war, als Abt einsetzten, während in Tegernsee Adalbert selbst als erster Abt regierte. Beide Brüder sorgten ferner dafür, daß die zwei Klöster nicht bloß mit weltlichen Besitzungen ausgestattet wurden, sondern auch in der Überführung der Leiber der heiligen Quirinus und Arsatius ein unschätzbares religiöses Eigentum erhielten. Die Translation übernahmen nicht sie selbst, sondern ihr Neffe.

Durch Vergleich der verschiedenen Überlieferungen mit historisch verbürgten Ereignissen kommt er darüberhinaus zu dem Schluß, daß die Gebeine des heiligen Quirinus – die erst kurz vor dem Jahre 761 aus den Katakomben in die römische Kirche Sankt Silvester verbracht worden waren – wohl erst unter Papst Paul I. um 766–769 nach Tegernsee überführt worden sind, und zwar zusammen mit den sterblichen Resten des heiligen Arsatius, die nach Ilmmünster gelangt sind.

Es wird vermutet, daß die zahlreichen, dem heiligen Quirinus geweihten Kirchen und Kapellen, die es heute noch in Italien, vor allem in Südtirol, gibt, die Stationen des Weges bezeichnen, die der feierliche Zug mit den sterblichen Überresten des Heiligen damals genommen hat. So gibt es zum Beispiel in Correggio eine Basilika San Quirino; in Bozen heißt heute noch ein Viertel der Vorstadt Gries nächst der Talferbrücke Quirein. Dort soll auch noch eine uralte Quirinuskapelle stehen, ein Rundbau, der heute dem Besitzer des Quirinhofes als Weinkeller dienen soll. Die Fundamente eines ebensolchen Rundbaus in ungefähr gleicher Größe hat man in den Jahren 1839, 1881 und 1883 bei Grabungsarbeiten für den Bau des herzoglichen Sommerkellers in Tegernsee gefunden. Es wird angenommen, daß es sich hierbei um das Grundmauerwerk der kleinen Salvatorkirche, der ersten Ruhestätte des heiligen Quirinus und Urzelle des Klosters Tegernsee, handelt.

Von dem letzten Stück des Weges, den der Zug mit den Gebeinen des Heiligen nahm, ist bei Karl Meichelbeck in seiner ›Chronica Benedictoburensis‹ zu lesen:

Für jetzt darf ich noch bemerken, daß die Stifter des Klosters Tegernsee den Leib des heiligen Königs und Martyrers Quirinus, als sie ihn in Rom erlangten, durch Mittenwald, Partenkirchen und unser Gebiet [Benediktbeuern] *führten, da zu jener Zeit kein anderer Weg durch die benachbarten Alpen geebnet war, und es sonst feststeht, daß jenes geheiligte Unterpfand früher an den Ort bei Tegernsee, der noch heute den Namen Sancti Quirini führt, gekommen sei, als zu dem Kloster Tegernsee.*

Dem Zug der Männer, die die Reliquie nach Tegernsee brachten, hatten sich unterwegs viele Gläubige angeschlossen, eine Schar von Geistlichen und Laien kam ihm entgegen. Sie trafen sich kurz vor Tegernsee bei der Einöde Schwaighof, und bevor sie sich anschickten, das letzte Stück des Weges zurückzulegen, setzten sie den Schrein mit seinem kostbaren Inhalt zu kurzer Rast nieder. An der Stelle aber, wo er gestanden hatte, begab sich das erste Wunder: Eine Quelle entsprang ihr, die ihre Heilkraft alsbald erwies. Asam stellt dieses Ereignis im dritten Fresko rechts dar.

Fortan hieß der Ort Sankt Quirin, und man errichtete dort über der Wunderquelle eine kleine hölzerne Kapelle. Sie wurde von Abt Kaspar Ayndorffer (1426-1461) im Jahre 1450 durch einen steinernen Bau ersetzt, ebenjenen, den man bereits in so liebenswertem Frühlingsschmuck gesehen hat. Er zeigt sich in der Hauptsache wohl noch in der Gestalt seiner Erbauungszeit, doch ist von seiner ursprünglichen spätgotischen Ausstattung die 1474 von Gabriel Mäleßkircher geschaffene »tafl in dye Capeln zu sanct Quirein prun aussn an de' see« verschwunden; das Predellabild mit der Darstellung der Legende des Heiligen befindet sich heute im Zelebrationsaltar der Tegernseer Kirche. Abt Bernhard Wenzl ließ 1674 den kleinen achteckigen Ziehbrunnen über der Wunderquelle errichten und 1676 den reizenden barocken Stuck durch Miesbacher Meister anbringen. Ebenfalls das Werk eines Miesbachers, des Stephan Zwikh, dem auch die Altäre in Georgenried und der Weinbergkapelle

Die anmutig in die Landschaft eingebettete Kapelle von *Sankt Quirin* bezeichnet jene Stelle, an der nach der Überlieferung der Zug mit den von Rom überführten Gebeinen des heiligen Quirinus – etwa zwischen 766 und 769 – rastete. Bei dieser Gelegenheit soll die lange als heilkräftig angesehene Quelle entsprungen sein. Das einst ebenso gefragte Quirinus-Öl dagegen entstammte einer bei Wiessee gelegenen Quelle.

in Schliersee zugeschrieben werden, ist vermutlich der Hochaltar von 1638. In seiner Mitte steht der heilige Quirinus, über ihm schwebt Gottvater, zu seiten des Heiligen sieht man Petrus und Paulus. Die Bilder der Seitenaltäre von 1676 zeigen den Tod des heiligen Benedikt und seiner Schwester, der heiligen Scholastika. Putten und freskierte Fruchtgehänge vom ausgehenden 16. Jahrhundert über der Innenseite des Portals wurden 1908 freigelegt. Ein besonderes Erlebnis ist eine abendliche Messe in der erleuchteten kleinen Kapelle beim Klang der kostbaren alten Orgel von 1680, die 1964 restauriert wurde. An der südlichen Außenwand der Kapelle wurde 1965 eine Sonnenuhr aus dem Jahre 1645 und eine Darstellung des heiligen Quirinus freigelegt.

Der Leib des Heiligen wurde zunächst in der ersten kleinen Salvatorkirche in Tegernsee beigesetzt, ebenderselben, deren Fundamente man Ende des 19. Jahrhunderts gefunden zu haben glaubt.

Unter großen Lobpreisungen brachten sie ihn in die Salvator-Basilica, bis ein zu seiner Ehre würdiger Tempel erbaut wurde. Nachdem dieser in Pracht und Herrlichkeit dastand, wurden die drei Provinzialbischöfe zusammenberufen und weihten ihn im Namen des heiligen Petrus, des Apostelfürsten, ein. Hierauf nahmen sie den heiligen Leib aus genannter Basilica und übertrugen ihn mit Fahnen, unter großem Lobpreis und Ehrenbezeigungen und dem Klange der Glocken, und kamen an den Ort, wo ihm eine würdige Ruhestätte bereitet war. Als er nun da in einen steinernen Sarg gelegt werden sollte, erhob ihn einer der Bischöfe zu den Füßen, ein Priester namens Reginpert an den Schultern, und sie legten ihn hinein mit dem aus Palmen zusammengeflochtenen, den heiligen Leib umschließenden Gefäße, wie dieses von den vorerwähnten Abgesandten von dem Papst versiegelt anvertraut worden war. Als man ihn eben in die Tumba niederlassen wollte, fiel ein Teil von seinem Leibe durch das Gefäß in die Hände des Priesters, und zwar voll frischen Blutes, als ob der Mann erst am nämlichen Tage den Leib verlassen hätte ... Von da an leuchtete der Ruhm desselben immer mehr und mehr, und zahlreichere Wunder als vorher erglänzten. (Asams Fresko links vom Mittelbild.)

Man hört von »Heilungen bei schweren Gebresten, Abwendung von Feuersnot und Seesturm, Befreiung von Ketten und Banden«, aber auch von Bestrafung frevlerischer Taten: »Rosse des Pflegers von Regensburg gehen zu Grund, weil sie das Heu (den Zehent) St. Quirinus fressen, Abt Udalschalk wegen ungerechten Urtheils drei Tage stumm, Frau Friederun nimmt Wein des Klosters weg und wird vom bösen Feind besessen.«

Der größte Zustrom von Wallfahrern, die Hilfe in den mannigfaltigsten Nöten beim heiligen Quirin suchten, begann wohl nach Auffindung einer Ölquelle am Westufer des Sees bei Wiessee, gegenüber der Quirinuskapelle mit der Wasserquelle am Ostufer. Eines Tages, zur Zeit des Abtes Kaspar Ayndorffer, kam ein Mönch des Klosters mit einem Fläschchen goldgelber Flüssigkeit zu seinem Abt und berichtete, er habe beim Heraustreten aus der Quirinuskapelle, in der er die Messe gelesen hatte, über den See geblickt und dabei einen seltsamen goldähnlichen Streifen im Wasser bemerkt. Diesem sei er mit einem Kahn nachgefahren und habe am andern Ufer dann in einer sumpfigen Wiese jene goldgelbe Flüssigkeit gefunden. Ayndorffer ging dieser merkwürdigen Erscheinung sogleich nach. Er ließ den Inhalt des Fläschchens vom Apotheker des Klosters untersuchen. »Der erkannte nun, daß es Erdöl sei, probierte aber auch, ob es zugleich heilsam sei für Menschen und Tiere, was der Erfolg sogleich bestätigte.«

Ayndorffer förderte daraufhin tatkräftig diese neue wundertätige Gabe des heiligen Quirin. Zunächst ließ er die Ölquelle fassen und über ihr eine kleine hölzerne Kapelle erbauen, die man dem Heiligen weihte, »dessen Fürbitte man diese Gnadengabe Gottes ob seiner Wirkungen zuschrieb«. Die Kunde von ihren wundersamen Heilungen verbreitete sich rasch im Tegernseer Tal und weit darüber hinaus. Bald kamen immer größere Scharen Heilungsuchender nach Tegernsee gepilgert, wo die Mönche das heilige Öl in kleinen Flakons zu sechs Kreuzer und in größeren zu vier Gulden verkauften (Asams zweites Bild links vom Mittelfresko). Sie sandten es aber auch an Bittsteller aus nah und fern, die die Hilfe des heiligen Öls in allerlei Nöten begehrten. Bis ins Ende des 18. Jahrhunderts reicht eine Liste der Dankschreiben für erhaltene Hilfe und Heilung, angefangen mit der »Königin Magdalena von Ungarn« über Erzbischöfe und Kurfürsten – unter ihnen Kurfürst Maximilian I. von Bayern, der gegen eine Viehseuche zweimal Sankt-Quirinus-Öl für sein großes Gestüt nach Schleißheim kommen ließ – bis zu dem Rentmeister von Sankt Blasien im Schwarzwald im Jahre 1761.

Kostbare Dankesopfer für erhaltene Hilfe wurden dem heiligen Quirin dargebracht:

> *... ain ganz guldene Khetten vnd*
> *ain grosser Salzburger Dukaten*
> *Item ain Claines Khöttl* [Kettchen]
> *Item ain güldener Ring mit ainem Rubin*
> *Item ain pötschaft* [Petschaft] *Ring Silber*
> *mit einem blaben* [blauen] *wappen*
> *Wie ain Schönes Chlainoth* [Kleinod] *an*
> *Sct. Quirini gestirn ganz verguldt* [vergoldet]
> *mit Edlerstain geziert*
> *Item ain Coraller* [Korallen] *Rosarium*
> *mit silberner wundermarchen vnd ain*
> *silberner Postenknopf*
> *Präutl* [Braut] *Krantz so verehrt worden ist*

werden in Inventaren des Klosters von 1492 und 1612 aufgeführt. Mit solchen Kostbarkeiten war das silberne Brustbild des Heiligen über und über geschmückt. Dieses Brustbild zählte lange Zeit zu den größten Kunstwerken des Tegernseer Klosterschatzes. 1445 hatte es Kaspar Ayndorffer in Auftrag gegeben: »Item es ist ze merkhen, das ich Maister Hanns Goltschmid zuo Landsperg mich mit hern Casparn Abbt ze Tegernsee vereint hab im und seinem Gotzhaus ain hawbt Sand Quirin ze machen vnd arbeiten nach der visier die er mir dazue geben hat ... Darzue hat er mir geben vnd geantwurt zwelf markh vnd achthalb lot silbers achzehn Saphier vier kranat zwen Smaragden zwen Topassen vnd ain parillen ...«

Bei jedem Um- oder Neubau ihrer Kirche wetteiferten die Äbte, ihrem Heiligen eine immer würdigere, feierlichere Ruhestätte zu bereiten. In ihrem Wandel spiegelt sich der Wandel der Zeiten:

Ursprünglich war die Quirinus-Grablege wohl ein Steinsarg in einer Grabkammer unter dem Hauptaltar, die durch einen ringförmigen Gang entlang der Apsismauer und einen mittelaxialen Anschluß-stollen erreichbar war. Nach dem Neubau einer romanischen Krypta dürfte – gleich oder später – eine erste Erhebung der Quirinus-Reliquien in einen Schrein auf den Krypta-Altar erfolgt sein. 1445 kam der Gedanke auf, einen Teil der Reliquien aus der Krypta heraufzuholen und in einem Quirinus-Brustbild-Reliquiar einzubergen, das im gleichen Jahr 1445 beim Goldschmiedemeister Hans in Landsberg in Auftrag gegeben wurde. In der Zeit der Hochgräber kam 1474 die endgültige Heraufholung der Gebeine aus der Krypta in die drei Hochgräber der drei Hausheiligen. (1053 waren die Reliquien von zwei weiteren Heiligen nach Tegernsee gekommen: der Heiligen Chrysogonus und Castorius.) *1675 wird von dem Münchener Goldschmied Franz Köstler ein neues Quirinusbrustbild-Reliquiar fertiggestellt, 1769 mit einem Aufwand von 1800 fl. vergrößert. 1748 kam die ständige Ausstellung von Quirinus-Reliquien am Quirinus-Altar hinzu, der konsequente Abschluß einer Ent-Bergung der Reliquien aus der Dunkelheit der Krypta zur allgemeinen Einsichtnahme hinter den Glasscheiben der neuen Reliquien-Kathedra …*, schreibt Sixtus Lampl, der von 1967 bis 1973 die Baugeschichte der Klosterkirche Tegernsee zum erstenmal umfassend erforscht hat. Abschließend faßt er zusammen:

Bei einer Wallfahrt zum heiligen Quirinus wurde der Kirchenbesucher zunächst mit den Quirinus-Ereignissen in den Fresken der Vorhalle konfrontiert, dann wurde sein Blick durch die drei Marmortabernakel des Hauptaltares gefangengenommen. Bei Festzeiten waren dort in drei Reliquiaren die Gebeine der drei Heiligen Quirinus, Chrysogonus und Castorius zur Schau gestellt, in normalen Zeiten waren die Schauschreine aus den Nischen herausgenommen, so daß man nur durch die drei gleichen Nischen an die drei Heiligen erinnert wurde. Dafür wurde aber 1748 eine ständige Exposition eines Teiles der Quirinus-Reliquien auf dem Quirinusaltar veranstaltet. Die ungewöhnliche Form der Reliquienschreine erinnert so stark an die Kathedra von St. Peter in Rom, daß man annehmen muß, das Kloster Tegernsee wollte dem hl. Quirinus in Tegernsee eine Kathedra bauen, wie sie der hl. Petrus in der Peterskirche hat. Aus dieser kleinen Imitation spricht das tiefe und Jahrhunderte überdauernde Bewußtsein, daß die Tegernseer Klosterkirche die Kirche über dem Grab des hl. Quirinus sein soll.

Tegernsee im Wandel der Zeiten

Ein erster Rundgang

An dem Kloster und späteren Schloß Tegernsee nicht nur, sondern auch an dem Ort selbst haben Jahrhunderte gebaut. Ein Bummel durch die Straßen gibt bunt durcheinandergewürfelt einen Querschnitt durch fast alle Epochen seiner Existenz: Reste aus der Klosterzeit wie das 1736 umgebaute alte Klosterrichterhaus von 1455, in der Rosenstraße reizvolle Musterbeispiele altheimischer dörflicher Baukunst und den ›Tegernseer Hof‹ mit dem ›Ludwig-Thoma-Saal‹. Das kleine Kurzentrum bietet auf engem Raum zusammengerückt alles, was zu einem neuzeitlichen Kurort gehört. Sein Heilwasser, die ›Benediktusquelle‹, wurde 1956 erschlossen; 1968, beim Bau des Hallenbades und der Trinkhalle, ersetzte man den alten Brunnen durch den jetzigen neuen. Auch das äußerst sehenswerte Gulbransson-Museum findet sich im Kurgarten. Es ist ein leicht zu übersehender rechteckiger niedriger, flachgedeckter kleiner Bau, der eine Fülle köstlichster Werke dieses Meisters des feinen Humors und sicheren Strichs birgt. Fast noch mehr als seine Zeichnungen für den ›Simpl‹ erfreuen die Werke der späteren Zeit, oft ganz zarte, nur angedeutete Landschaften oder Porträts, die mit untrüglichem Instinkt für das Wesentliche in wenigen Strichen den Dargestellten treffend charakterisieren. Olaf Gulbransson, ein ›Urmensch‹ in seiner äußeren Erscheinung, ein unerhört feinnerviger Meister in seinen Werken, war gebürtiger Norweger. Er kam 1903 zum Simplicissimus, ließ sich 1929 in Tegernsee nieder und starb

85jährig 1958 dort in seinem Schererhof, einem ehemaligen Klostergut hoch über dem See.

Die Ausläufer der Berge reichen nahe an den See heran, die Häuser drängen sich dicht zusammen oder klettern die Hänge empor – es ist wenig Platz in Tegernsee. Das kleine Kurzentrum liegt eingezwängt zwischen dem Alpbach, der Seestraße, dem herzoglichen Sommerkeller. Bei dessen Bau in den Jahren 1839, 1881 und 1893 stieß man auf die Fundamente jener kleinen Salvatorkirche, die wahrscheinlich die Urzelle des Klosters war. Sie liegen jetzt unter der Kegelbahn des Sommerkellers begraben. Nach Osten wird die Kuranlage begrenzt von einem modernen Appartementhaus mit Einkaufszentrum. Es steht auf dem Gelände des ehemaligen Hotels ›Steinmetz‹, in dem zu Ludwig Thomas Zeiten das berühmte Tegernseer Bauerntheater auftrat. Das Grundstück zog sich bis zu dem kleinen Platz hin, wo sich Rosen-, Bahnhof- und Waldschmidstraße treffen. Dort erinnert ein hübscher Brunnen, von der Gemeinde Tegernsee errichtet, an den 14. Januar 1884, den Geburtstag des langersehnten Sohnes von Herzog Karl Theodor in Bayern, Ludwig Wilhelm, der einmal ein sorgsamer Hüter des Tegernseer Tals und seiner Traditionen werden sollte.

Das Hotel ›Steinmetz‹ ist der Spitzhacke zum Opfer gefallen. Es war mit seinen 130 Betten das erste und vornehmste Haus am Platz, und galt als so vornehm, daß für seine Gäste selbst die bodenständige kurze Lederhose verpönt war. Bertl Schultes, der große Volksschauspieler und spätere Direktor des Bauerntheaters, erzählt davon eine lustige Geschichte. Er klagte eines Tages dem berühmten Dirigenten und Komponisten Felix von Weingartner, der viele Jahre Gast des Hotels war, sein Leid, daß er und seine Darsteller nicht in der Lederhose durch den Garten des Hotels gehen dürften. Weingartner amüsierte sich königlich darüber, ließ den Besitzer des Hotels kommen, und sagte zu ihm: »Ich erwarte zwei Gäste, die Herren Edi Hertl und Bertl Schultes; wenn sie kommen, lassen Sie ihnen bitte sagen, daß ich sie hier im Garten erwarte.« – »Jawohl, Herr Generalmusikdirektor; bitte sehr, Herr von Weingartner!« war die Antwort. Den beiden wurde daraufhin der Eintritt trotz ihres zünftigen Aussehens gestattet, »aber mit einer Miene, die deutlich zeigte, daß wir für den hohen Herrn Hotelier überhaupt nicht existierten«, schließt Schultes seine Erzählung.

An der Seestraße liegen das in den sechziger Jahren des 16. Jahrhunderts ursprünglich als Schulhaus erbaute, später als Forsthaus dienende und seit 1887 für die Gemeinde adaptierte hübsche Rathaus mit dem Kuramt und schräg gegenüber ein langgestrecktes Gebäude, dahinter anscheinend ehemalige Ställe und Remisen. Jetzt sind in diesem Komplex ein Gebrauchtwagen- und Ersatzteile-Verkauf, Reparaturwerkstätten und Lager untergebracht. Zur Straße hin schließen sich der Friedhof, das Katholische Pfarramt und ein Stück weiter das ehemalige Klosterrichterhaus an. Vielleicht wundert man sich über merkwürdige Straßennamen wie ›Ellingerstraße‹, ›Froumundstraße‹ oder ›Werinherstraße‹. Sie erinnern an bedeutende Männer der Klosterzeit. Von ihnen wird in dem Kapitel über die Geschichte des Klosters noch berichtet werden. Auf der Seeseite liegen die Hoffischerei, der Segelhafen, und mit dem Kleinen Paraplui, dem Stieler- und Ganghoferhaus sowie der Prinz-Karl-Kapelle geht Tegernsee langsam in die Nachbargemeinde Rottach-Egern über.

Schlendert man vom Kurzentrum in Richtung Bahnhof hinauf, so überquert man dabei auch den ›Prinzenweg‹, der »am Alpbach entlang sich gegen die Höhen der Kreuzalpe windet und fortwährend von duftigem Wald beschattet wird. Auf ihm gelangt man am kürzesten, in drei Stunden, und am unvergleichlich lohnendsten nach den Ufern des Schliersees hinüber«, wie Heinrich Noë berichtet. Weiter kommt man an dem in einem großen Obstgarten gelegenen Staudacherhaus vorbei, wo August Macke mit seiner jungen Frau im Winter 1909 auf 1910 wohnte. Davon wird später die Rede sein. Gegenüber liegt das modernisierte und vergrößerte alte Krankenhaus, in dem der Hausherr des Tegernseer Schlosses, Herzog Karl Theodor in Bayern (1839-1909), der bekannte Augenarzt, seine berühmten Operationen durchführte und seine Patienten in einer aufopferungsvollen Weise – die Armen dabei kostenlos – behandelte.

Zwischen alldem Bauernhöfe, einige aus alter Zeit noch intakt, die meisten für den Fremdenverkehr um- oder in altem Stil neugebaut, Hotels, Gaststätten und die Villen der vielen Städter, die sich seit der Zeit König Max I. Josephs bis heute ihre Sommersitze hier bauten. Die Häuser aus der Gründerzeit dominieren bei weitem und prägen das Bild Tegernsees. Sie bemühen sich zwar, im traditionellen ländlichen Stil zu bleiben, tragen aber unverkennbar die Merkmale ihrer Zeit. Auch Heinrich Noë hat das schon so empfunden:

Das Dorf Tegernsee bildet in der Hauptsache eine Gasse, jene Straße, welche den See entlang nach Tirol führt. Links ist der Berg, rechts ist das Wasser, es ist nicht viel Platz zum Ausdehnen da ... Die Straße ist mit Häusern besetzt, von welchen es schwer zu sagen ist, ob sie mehr den ländlichen oder städtischen Ausdruck zur Schau tragen. Man wird der Wahrheit am nächsten kommen, wenn man sie für städtisch modernisierte Bauernhäuser hält.

Oder auch für rustikal verbrämte Stadthäuser, könnte man dabei ergänzen! Tegernsee litt also schon zu Zeiten Noës an Platzmangel. Seitdem ist das natürlich nicht besser geworden; viel Altes mußte bereits der neuen Zeit weichen oder ist in seiner Existenz bedroht. Aber ohne die Reste aus seiner großen Vergangenheit verlöre Tegernsee gänzlich sein Gesicht. Man möchte hoffen, daß das, was noch vorhanden ist, pietätvoll erhalten bleibt, getreu dem Spruch, den eine Renovierung unserer Zeit an dem alten Klosterrichterhaus angebracht hat:

Lasset uns am Alten
so es gut ist halten.
Doch auf altem Grunde
neues wirken jede Stunde.

Man reißt das Haus nicht ein
das Väter uns gebaut.
Doch richt' sich jeder ein
wie er's am liebsten schaut.

Ein Grundsatz, der glücklicherweise heute wieder im ›Kommen‹ ist und hoffentlich manches allerorts drohende Unheil verhüten wird.

Selbstverständlich wird ein jeder, der nach Tegernsee kommt, nicht versäumen, das weithin berühmte *Schloß Tegernsee* aufzusuchen, sei es, um die altehrwürdige ehemalige Klosterkirche zu besichtigen, die Aussicht über den See auf das gegenüberliegende Wiessee zu genießen oder wenigstens im Bräustüberl eine Brotzeit zu nehmen – denn was für München das Hofbräuhaus ist, das ist für Tegernsee das Bräustüberl. Es liegt im Brauereitrakt, der zusammen mit Kirche und Schloß eine langgestreckte Front bildet. Leo von Klenze gab ihr im Auftrag von König Max I. Joseph in den Jahren 1823 und 1824 eine repräsentative Fassade.

Im festlichen barocken Kirchenraum, in den mächtigen alten Gewölben des Bräustüberls ist noch etwas von der einstigen Bedeutung und Größe, von der Tradition der ehemaligen Benediktinerabtei zu spüren. Das *Heimatmuseum* im Schloßtrakt lockt, mehr davon zu erfahren. Liebevoll gesammelte und aufbewahrte Bruchstücke des romanischen und gotischen Klosterbaus sind dort zu sehen, sakrale Gebrauchsgegenstände, Handschriften aus dem Skriptorium des Klosters, Drucke aus seiner Offizin, Handwerkszeuge aus seinen Werkstätten. Der Besucher erfährt, daß er im ehemaligen Empfangssaal der Äbte steht, der zur königlichen und herzoglichen Zeit als Speisesaal gedient hat, er hört, daß mit dem Gymnasium, das jetzt im Schloß untergebracht ist, eigentlich eine uralte Klostertradition weitergeführt wird. Von den alten Plänen und Abbildungen kann er ablesen, welche Wandlungen der Gebäudekomplex des

Klosters im Laufe der Jahrhunderte erfahren hat und daß dort, wo sich heute der verwilderte Park hinter den vor dem Schloß parkenden Autos erstreckt, einst der Gasttrakt des Klosters mit seiner berühmten Doppeltreppe aus dem in der Nähe Tegernsees gebrochenen Enterbacher Marmor stand. Er wurde nach der Säkularisation abgerissen, und auf seinem Gelände wurde in königlicher Zeit der sogenannte ›Schmetterlingsgarten‹ angelegt, der seinen Namen von einer in Form eines Schmetterlings gestalteten Blumenrabatte erhielt. Bilder des heiligen Quirin und alte Quirinus-Öl-Fläschchen machen aufmerksam auf die Wundertaten des Heiligen und die Rolle, die er in der Geschichte Tegernsees gespielt hat. Porträts verdienstvoller Äbte, späterer Besitzer des zum Königs- und Herzogsschloß umgewandelten Klosters, bedeutender Männer aus Kunst und Wissenschaft, die den Tegernsee besucht oder sich dort angesiedelt haben, hängen an den Wänden. Von diesem Tegernsee im Wandel der Zeiten wird im Folgenden die Rede sein.

Aus der Klostergeschichte

Einen see pey egern ich da fand
darnach wirt Tegernse genant
Tegernse di wirdig stift
an seinen fels gepauet ist ...

Der stifter wil ich auch nit laugnen
zwen herczogen von purgow [Burgund]
haben es gepauen
Adalbertus vnd Ottarius also genant
Di zugen hin gen ram [Rom] *zu hant*
Ram was mit den haiden umbgeben
di waren si all ernider legen
In dem streit was in gelingen
vil heiltum waren si von ram bringen ...
Tegernse deten si gröslich pegaben
da selbs si sich baid in den orden gaben

Aind elftausend höfe guot
vermachten si dar zu mit guotem mut
darnach herczog arnolt von pairen
Det tegernse ser perauben
Er nam tegernse als sein guot
pis an vierzehen und hundert huob
den kloster was ir guot nemen
und was seinen söldnern geben
darumb strafft in got alsod ser
Er lait ze scheiren in dem see
der bös feind was in darein tragen
Er hat im umbgerieben den kragen
Im sein Haupt verruken
das antlicz seczen auf den rugken.

Diese Verse aus der Hymne des Petrus von Rosenheim, niedergeschrieben Anfang des 15. Jahrhunderts in einer Handschrift des Klosters Tegernsee (heute als Cod. germ. Mon. 838 in der Bayerischen Staatsbibliothek zu München verwahrt) besingen die Legende von der Gründung und Frühzeit der ehrwürdigen Benediktinerabtei. Ihre Stifter »Adalbertus« (Adalbert) und »Occarius« (Otkar) sind hier »herczoge von purgow«: Herzöge von Burgund. Als solche tauchen sie gelegentlich auch in anderen alten Schriften auf, im allgemeinen heißt es jedoch, sie seien aus dem reichbegüterten baierischen Geschlecht der Huosi gekommen. Eine eingehende Forschung ist neuerdings diesem Widerspruch nachgegangen und findet sehr interessante Argumente – die näher zu erläutern hier zu weit führen würde – für die These, daß die Brüder mütterlicherseits von den Huosi abstammten und tatsächlich Herzöge von Burgund gewesen sind. Doch bleiben die Historiker in fast allem, was die frühe Geschichte Tegernsees betrifft, mehr oder weniger auf Vermutungen und Kombinationen beschränkt.

Auch für das Gründungsjahr des Klosters und das Jahr der Einweihung der zur Aufnahme der Gebeine des heiligen Quirinus errichteten Peter-und-Pauls-Basilika gibt es keine eindeutigen Quellen. Sixtus Lampl schreibt hierüber in seinem großen Werk ›Die Klosterkirche Tegernsee‹:

Der Haustradition nach wurde das Kloster 719 gegründet und 746 die neue große Grabkirche des Heiligen Quirinus eingeweiht. Beide Daten sind noch heute in der Kirche zu lesen: das Gründungsfresko am westlichen Ende des Seitenschiffs trägt die Unterschrift »Gründung und Anfänge des Klosters um das Jahr 719« und das Stifterwappen am Gurtbogen vor der Kuppel trägt den Begleittext: »Diese haben sie gegründet, geweiht wurde sie 746« (übrigens ein erstaunliches Phänomen an einer »barocken« Weihinschrift, von der man annehmen möchte, daß sie die Weihe des Jahres 1692, also die nach erfolgter Umgestaltung, angeben würde!) ... Ich meine, daß gegenüber einer unsicheren Historiker-Zahl eine vom Haus für richtig gehaltene Zahl den Primat beanspruchen darf, wenn diese Zahl durch die Jahrhunderte nichts von ihrer Erinnerungskraft verloren und zum Zeugnis dieser Erinnerung immer wieder greifbare Architekturen, Bildwerke, Jubiläums-Denk-Male hervorgebracht hat.

Demgegenüber stehen die Meinungen mancher Historiker, die wie etwa Georg Ratzinger mit plausiblen Gründen die Gründung Tegernsees erst in die Jahre zwischen 762 und 765 legen.

Nun, soviel ist sicher, die Benediktinerabtei Tegernsee wurde von den Brüdern Adalbert und Otkar gegründet. Sie sollte eine der bedeutendsten, wenn nicht die bedeutendste Abtei im baierischen Raum werden. Im Laufe ihrer langen wechselvollen Geschichte erhob sie sich, nach relativ kurzen Zeiten des Niedergangs, die auch ihr nicht erspart blieben, immer wieder zu neuer und um so schönerer Blüte. Raub, Mord, Kriege zogen an ihr vorüber, ohne sie in ihrer Wurzel tödlich zu treffen. Sie überwand die geistigen Krisen der Zeiten durch ihre Aufgeschlossenheit für erneuernde Kräfte. Seit frühester Zeit zog sie bedeutende Männer in ihren Bann, sandte sie befruchtende Impulse weit über ihren Umkreis hinaus in die Welt.

Drei Perioden des Aufstiegs und der Blüte kennzeichnen die Geschichte des Klosters: die erste von 719 (oder 762/765) bis 925, die zweite von 978 bis 1246 und die dritte von 1425 bis 1803, dem Jahr der Säkularisation.

Zunächst bauten die Brüder eine kleine Salvatorkirche in die Einsamkeit der fast undurchdringlichen Wälder um den Tegernsee. Ihre Fundamente glaubt man, wie bereits mehrfach erwähnt, im vorigen Jahrhundert in Tegernsee gefunden zu haben. Die von ihnen aus Sankt Gallen gerufenen Mönche mußten sich durch Rodung erst einmal eine Existenzgrundlage schaffen. Sie scheinen dabei nicht nur um den Anbau der lebensnotwendigen Güter besorgt gewesen zu sein, sondern dachten auch an die Würze des Lebens. Es geht die Kunde, zwischen Tuften und Kühzagl, am Südabhang des Baumgartenstocks, sei in dieser frühen Zeit Wein angebaut worden!

Zu dem reichen Grundbesitz, mit dem Adalbert und Otkar ihr Kloster ausstatteten, kamen bald weitere Schenkungen. Das Wirkungsgebiet der Tegernseer Mönche weitete sich innerhalb kurzer Zeit bis nach Schwaben, Tirol und Niederösterreich aus. Ihre Missionstätigkeit war so erfolgreich, daß sie in ihrer engeren Heimat ebenso wie in ihren weit abgelegenen Besitzungen zahlreiche Kirchen und sogar Klöster errichten konnten. Das nördlich von München gelegene Ilmmünster, dessen erster Abt Utto, ein Verwandter der Brüder Adalbert und Otkar, die Überführung der Reliquien des heiligen Quirinus nach Tegernsee und des heiligen Arsatius nach Ilmmünster geleitet hatte, und Sankt Pölten in Niederösterreich gelten als Tochterklöster von Tegernsee.

Wahrscheinlich noch zu Lebzeiten des Klosterstifters Adalbert, der auch der erste Abt der Abtei geworden war (762-800), wurde zur Aufnahme der Gebeine des heiligen Quirinus die größere, den Apostelfürsten Peter und Paul geweihte Kirche erbaut. Mit der Überführung dieser Reliquien verliehen die

Stifterbrüder ihrem Kloster über die Jahrhunderte hinaus eine besondere Bedeutung. Von seinen zweifellos schon damals hohen kulturellen Leistungen ist wenig überliefert, fast nichts erhalten, doch ist anzunehmen, daß bereits eine Schule und ein Skriptorium existierten. Eine Handschrift ›Carmen in Deum‹ zur Übung in Reimzeilen mit vollständiger deutscher Übersetzung und das älteste Geschichtswerk des Klosters ›Passio prima Sancti Quirini‹ sind aus dieser Zeit erhalten.

Es war unter der Regierung des letzten Agilolfinger-Herzogs Tassilo III. (748-788), daß Tegernsee diese glückliche Entwicklung nehmen und eine der bedeutendsten Abteien im süddeutschen Raum werden konnte. Bischof Arbeo von Freising – der erste baierische Schriftsteller, dessen Name bekannt ist – macht in seiner ›Vita et Passio Sancti Haimhrammi Martyris‹ ein wahres Eldorado aus dem Reich Tassilos:

... es war sehr gut, lieblich anzusehen, reich an Hainen, mit Wein gar wohl versehen. Eisen besaß es in Fülle, im Überfluß Gold, Silber und Purpur. Seine Männer waren hochgewachsen und kräftig, es herrschten Nächstenliebe und Menschlichkeit. Die Erde war fruchtbar und brachte üppige Ernten. Der Boden schien fast ganz bedeckt von Vieh und Herden aller Art. Honig und Bienen gab es wirklich in riesiger Menge, in Seen und Flüssen zahllose Fische. Klare Bäche und Quellen bewässerten das Land; es besaß an Salz, was es brauchte. Die Hauptstadt Regensburg war uneinnehmbar aus Quadern erbaut, ausgestattet mit ragenden Türmen und Brunnen ... Das Bergland war obstreich und bot Weiden und saftiges Gras. Das Waldgebirge bevölkerten wilde Tiere und das Unterholz Hirsche, Elche, Auerochsen, Rehe, Steinböcke ...

Nach dem Sturz Tassilos 788 wurde Tegernsee unter der Herrschaft der Karolinger königliches Eigenkloster und dadurch vor den Ansprüchen der Bischöfe geschützt. Sie hatten verlangt, daß »das Kirchengut, den Vorschriften der ältesten Konzilien entsprechend, unter der Verwaltung der Bischöfe stehen sollte«. In einem Kapitular Ludwigs des Frommen (814-840) wird

Tegernsee als eine der vierzehn hervorragendsten Abteien angeführt.

Aber mit den Ungarneinfällen, die das Land teilweise verwüsteten, kam das Unheil auf Tegernsee zu. Wenn es auch wahrscheinlich nicht unmittelbar von Kampfhandlungen betroffen wurde, so kam es fast noch schlimmer. Denn nun taucht »herczog arnold von pairen« auf, der – zur Strafe dafür, daß er Tegernsee »det ser perauben«, den Klöstern »ir guot nemen« und es »seinen söldnern geben« – »leit (liegt) zu scheiern in dem see«, nachdem »der pös feint« (der böse Feind: der Teufel) ihm »umbgeriben seinen kragen, ym sein haupt verrucken, das antlicz seczen auf den rugken«. Es ist der von den Karolingern eingesetzte, dem Geschlecht der aus Kärnten kommenden Luitpoldinger angehörende Amtsherzog Arnulf von Baiern (907-937), auch ›der Böse‹ genannt. Er hatte sich zwischen 907 und 913 als Bezwinger der Ungarn ausgezeichnet. Diese Siege bedeuteten für viele Klöster jedoch den Untergang, denn Arnulf enteignete sie. Für das Motiv zu dieser Tat gibt es mehrere Erklärungen. Im allgemeinen heißt es, Arnulf habe die Klöster säkularisiert, um sich die Mittel zur Ausrüstung seiner Truppen für den Kampf gegen die Ungarn zu verschaffen. Es wird aber auch gesagt, er habe die Bischöfe durch einen Anteil an den enteigneten Klostergütern auf seine Seite gezogen. Der Wahrheit am nächsten kommt wahrscheinlich Franz Tyroller mit seinen Forschungen. Er sagt in seiner Arbeit ›Zu den Säkularisationen des Herzogs Arnulf‹, die Ungarngefahr könne niemals der Anlaß der Säkularisationen gewesen sein. Die Bischofskirchen seien seit Karl dem Großen Reichskirchen gewesen, Arnulf hätte bis zu dem Tod des letzten Karolingers Konrad I. 918 niemals wagen können, über Reichsgut zu verfügen. Die Säkularisationen könnten daher nicht – wie bisher angenommen – zwischen 907 und 914, sondern erst nach 921 erfolgt sein, als Arnulf von König Heinrich I. aus dem Hause der Ludolfinger (919-936) die Verfügungsgewalt über die Kirche zugesichert erhalten hatte. In den Jahren 921 bis 937 sei aber die Ungarngefahr etwas in den Hintergrund getreten. Tyroller weist aufgrund eingehenden Studiums der Tegernseer Güterlisten von 1020 und 1060, in denen die bei der Säkularisation verlorenen Güter aufgezeichnet sind, sowie genealogischer Forschungen nach, daß Herzog Arnulf den beschlagnahmten Tegernseer Besitz an drei fremde Geschlechter vergeben, nicht ganz die Hälfte der Güter aber seinen eigenen Kindern vorbehalten habe. »Seine Nachfolger, die Herzöge Eberhard, Berthold, Heinrich I. und Heinrich II. waren die größten Nutznießer an der Tegernseer Beute, sie bekamen das Kloster selbst mit allem, was nach Abzug der Belehnungen noch übrig geblieben war.«

»An Stelle der Mönche wohnten im Kloster die herzoglichen Dienstmannen mit ihren Frauen, das Menschliche-Allzumenschliche nahm immer mehr überhand«, so schildert die kaiserliche Urkunde, mit welcher Kaiser Otto II. 979 die Wiedergründung der Abtei bestätigte, den beklagenswerten Verfall Tegernsees.

In der Zeit des tiefsten Niedergangs von Tegernsee war 973 im Reich gerade Otto II. aus dem sächsischen Geschlecht der Ludolfinger zur Regierung gekommen; Bayern hatte sein Onkel, ein Bruder Ottos I., 948 erhalten. Dieser Heinrich I. von Bayern (948-955) bekam zum Dank für Waffenhilfe in Oberitalien zu seinem Bayernland noch die Marken Trient, Verona, Aquileja und Istrien. Unter seinem Sohn Heinrich II. (955-976) erreichte Bayern seine größte Ausdehnung: Vom Thüringer Wald bis zur Adria, vom Lech bis zur Leitha erstreckte sich sein Gebiet. Aber Heinrich II. war ein Rebell; 976 setzte Otto II. ihn ab, gab Bayern an Otto von Schwaben, machte Kärnten mit allen Gebieten weiter südlich zu einem selbständigen Herzogtum, gab die Ostmark an die Babenberger. Diese inneren Unruhen waren das Glück Tegernsees. Otto II. ebenso wie sein Vetter Otto von Schwaben, der neue Herzog von Bayern (976-982), suchten ihre Autorität durch eine starke, ergebene Geistlichkeit zu stärken. »Die enge Verbindung von Königtum und Kirche war eine der stärksten Grundlagen für den Zusammenhalt des Staates. Der deutsche König stattete die Kirche, Bischöfe und Klöster in größtem Umfang wieder mit Land aus, übertrug ihnen politische Rechte und zog sie dafür neben ihren religiösen Aufgaben zu politischen und wirtschaftlichen Leistungen heran.« Auf Vorschlag des Herzogs wurde auch Tegernsee 978 von Kaiser Otto II. neugegründet – und zwar als kaiserliche Reichsabtei mit freier Abtwahl und Zollfreiheit für Schiffe, Wagen und Saumtiere im ganzen Reich – und mit ansehnlichem Grundbesitz ausgestattet. Nur in geistlichen Fragen unterstand das Kloster dem Bischof.

Die Regierung Ottos von Schwaben war ein kurzes Zwischenspiel. Bis zu dem ersten Wittelsbacher Otto I. (1180-1183) herrschten in Bayern in kunterbuntem Wechsel Salier, Luxemburger, Welfen, Babenberger, Staufer. Einer von ihnen, der Salier Heinrich IV. (995-1004), wurde der Nachfolger Ottos III. im Reich und bewahrte auch als Kaiser (Heinrich II., 1002-1024, der Begründer Bambergs) dem Kloster Tegernsee sein besonderes Wohlwollen. Auch seine Gemahlin Kunigunde scheint eine besondere Vorliebe für Tegernsee gehabt zu haben; sie soll dem Kloster ihr Brautkleid geschenkt haben. Eine daraus gefertigte Kasel soll bis ins 18. Jahrhundert beim Hochamt am 3. März, ihrem Namenstag, gebraucht worden sein.

Kaiser Heinrich II. beschenkte Tegernsee mit ausgedehnten Ländereien, so daß es bereits in der ersten Hälfte des 11. Jahrhunderts wieder einen reichen, wenn auch weit verstreuten Grundbesitz zu verwalten hatte. Er reichte von der Donau bis zur Etsch, vom Lech bis in die Ostmark. Noch heute erinnert zum Beispiel das Quirinus-Patrozinium der Pfarrkirche von Unterloiben in der Wachau daran, daß Tegernsee hier Besitz hatte. Im Hochaltar der Kirche zeigt ein Werk des Martin Johann Schmidt, des sogenannten Kremser-Schmidt, von 1782 die ›Enthauptung des heiligen Quirinus‹; an den Chorwänden sieht man Darstellungen der Quirinuslegende in volkstümlichem Charakter aus der Mitte des 18. Jahrhunderts. Auf einer von ihnen sind im Hintergrund die Tegernseer Berge zu erkennen, vorne entspringt die Quirinus-Wasserquelle der Stelle, an welcher einst der Sarkophag des Heiligen bei der Überführung nach Tegernsee niedergesetzt worden war. Zwei königliche Hufen »in loco Liupna« hatte Kaiser Heinrich 1002 Tegernsee geschenkt. Bis zur Säkularisation 1803 blieb das Kloster im Besitz dieser Ländereien. Später wurden sie mit dem ›Dinstlgut‹ der Winzerfamilie Dinstl vereinigt und gingen 1930 an die Winzergenossenschaft. Auf manchem Haus von Unterloiben ist noch heute ein Bild des heiligen Quirinus zu finden. Der ehemalige Tegernseer Hof blieb im Baukern erhalten; er liegt, zur Volksschule umgewandelt, neben dem Pfarrhof.

Tegernsee hatte auch ein Priorat in Strengberg bei Amstetten in Niederösterreich, und zwischen 1727 und 1731 ließ der baufreudige, kunstsinnige Barockabt Tegernsees, Gregor I. Plaichshirn (1726-1762), bei Strengberg von Johann Baptist Gunetzrhainer das Schloß Achleiten mit einer Kapelle bauen. Von Gütern in Kroisbach, Pöchlarn und Oberplanitzing bei Kaltern im Überetsch ist die Rede. 1183 soll eine Agnes von Hohenburg dem Kloster Tegernsee einen Hof und Felder in ›Planitz‹ geschenkt haben. Ob es den Bildstock mit dem Bildnis des heiligen Quirinus, der noch Ende des vorigen Jahrhunderts inmitten der Felder stand, heute noch gibt, entzieht sich unserer Kenntnis, ebenso, ob die mit der Schenkung in Tegernsee bekannt gewordenen ›Planitzerln‹, schmackhafte Würste, noch hergestellt werden. Soviel ist wohl sicher, daß sie nicht mehr wie einst in dem guten Planitzer Wein gekocht werden, falls es sie überhaupt noch gibt!

Zu dem aufblühenden wirtschaftlichen Wohlstand trug die straffe innere Organisation des Klosterwesens durch die Gorzer-Trierer Reform wesentlich bei. Diese Erneuerungsbewegung des mönchischen Lebens hatte der von Kaiser Otto II. aus Trier gerufene erste Abt des neugegründeten Klosters, Hartwig (978-982), mit zwölf Mönchen nach Tegernsee gebracht. Zahlreiche Klöster schlossen sich ihr an, wobei Tegernsee ein wichtiger Stützpunkt ihrer Ausbreitung wurde. Schon 993 sandte Abt Gozbert (982-1001) die Mönche Wigo und Froumund auf Bitten des Bischofs Luitpold von Augsburg nach Feuchtwangen, um den Verfall der dortigen Klostermoral aufzuhalten. Und 1012 rief Bischof Bruno von Augsburg – ein Bruder Kaiser Heinrichs II. – Benediktiner aus Tegernsee nach Sankt Ulrich und Afra in Augsburg zur Ablösung der weltlichen Kanoniker, die bisher die Wallfahrt zu den Gräbern der Heiligen betreut hatten. Nach Benediktbeuern, Niederaltaich, Ebersberg, Seeon, Würzburg, Sankt Emmeram in Regensburg, Altomünster, Rott am Inn, nach Franken, ins Elsaß, ja sogar nach Italien sollen Tegernseer Mönche gerufen worden sein, um die dortigen Klöster zu reformieren.

Hand in Hand mit diesem neuen Geist zog auch schöpferische Kraft in die Klostermauern ein. Tegernsees Aufstieg in den ersten beiden Jahrhunderten nach der Neugründung, seine geistige und künstlerische Blüte ist so erstaunlich, daß man in ihr die größte Leistung sehen möchte, die es im Verlauf seiner langen Geschichte vollbracht hat.

Eine Reihe tüchtiger, weltoffener Äbte und glücklicher Umstände bereitete den Boden für diesen Aufstieg. Mit dem ersten Abt *Hartwig* zum Beispiel kamen Anregungen aus dem süd-

Folgende Seiten: Als König Max Joseph 1817 die Reste des säkularisierten Klosters kaufte, bot der Ort *Tegernsee* äußerlich das malerische Bild eines romantischen alpenländischen Klosterdorfes, dessen wirtschaftliche Grundlage durch die Aufhebung des Stiftes und damit den Ausfall eines wichtigen Arbeitgebers freilich schwer beeinträchtigt war. Dies änderte sich, als das Kloster den Rang eines königlichen Sommerschlosses erhielt und der Ort – in Nacheiferung des höfischen Beispiels – zur bevorzugten Sommerfrische wurde: Tegernsee steht damit am Beginn des oberbayerischen Fremdenverkehrs.

westdeutschen Raum nach Tegernsee. Er ließ in Trier, woher er gekommen war, das ›Große Tegernseer Evangeliar‹ (heute in der Münchner Staatsbibliothek) anfertigen. Unter seinem Nachfolger Gozbert (982-1001) stiftete ein Graf Arnhold von Vohburg dem Kloster gemalte Kirchenfenster – eine epochale Neuheit. Abt Gozbert schreibt in seinem Dankesbrief an den Grafen: »Es ist unsre Pflicht, Gott für euch anzuflehen, indem ihr unsern Ort durch solche Werke der Ehren erhöhet habt, wie wir weder wissen, daß dergleichen in alten Zeiten vorhanden waren, noch selbst deren zu sehen hoffen konnten. Die Fenster unsrer Kirche waren bis jetzt durch alte Tücher geschlossen. Zu euren glückseligen Zeiten erglänzte der goldgelockte Sol zum erstenmal durch die von Malereien buntfarbigen Gläser auf den Platten des Fußbodens unsrer Kirche, und aller derer Herzen, die die Mannigfaltigkeit des ungewohnten Werkes unter sich erblickten, werden von vielfachen Freuden durchdrungen.«

Die Trierer Handschrift sowohl wie die gemalten Glasfenster befruchteten die eigene schöpferische Arbeit der Tegernseer Mönche. Die auffallende stilistische Ähnlichkeit der Tegernseer Buchmalerei dieser Zeit mit Glasmalereien läßt die Vermutung zu, daß das Kloster durch die Stiftung des Grafen von Vohburg nicht nur zu eigener Schöpfung von Glasfenstern angeregt wurde, sondern auch seine Buchmalerei von ihr künstlerische Impulse empfing.

In dem verödeten und durch Brand zerstörten Klosterbezirk mußte nach der Neugründung nicht nur Raum für die Mönche und ihre Arbeitsstätten geschaffen werden, es mußte vor allem auch die abgebrannte Klosterkirche wiederaufgebaut und entsprechend der Bedeutung des Klosters ausgestattet werden.

Mit den Bauarbeiten wurde wohl schon bald nach 979 begonnen. 1041 soll unter dem bedeutenden Abt Ellinger (1017 bis 1026 und 1031-1041) die neue Kirche geweiht worden sein. Ellinger hatte die Ringkrypta der ersten Peter-und-Pauls-

Basilika zu einer romanischen Hallenkrypta mit fünf Schiffen umbauen lassen. Von diesem Abt und den Wandlungen seiner Krypta in späteren Jahrhunderten wird noch zu reden sein. Wir können uns heute kein sicheres Bild von der Kirche und dem ganzen romanischen Klosterkomplex mehr machen, zuviel wurde im Laufe der nächsten Jahrhunderte verändert, hinzugefügt, abgerissen oder durch Brand zerstört und neu gebaut. Lediglich die beiden unter Abt Beringer (1004-1012) errichteten Westtürme der Kirche sind in ihrer Bausubstanz noch heute erhalten. Sixtus Lampl schreibt über sie:

Die früheste Tegernseer ›Westfassade‹ dürfte der einfache turmlose Mauerabschluß einer dreischiffigen Basilika gewesen sein. An diesen Mauerabschluß fügte die Jahrtausendwende zwei schlichte, quadratische, vermutlich mit einem Pyramidendach gedeckte Westtürme. Die Idee kam wohl aus der erregten Parusie-Erwartung dieser Zeit: das reale Wiederkommen Christi und der für das Jahr 1000 befürchtete Weltuntergang waren ausgeblieben, die Furcht vor den weltverderbenden bösen Geistern aber immer noch wirksam. Da man sie im Westen wähnte als der Gegenrichtung der aufgehenden Sonne, das heißt im Gegensatz des im Orient aufsteigenden Christus, setzte man ihnen die Westtürme gleichsam als Portalwächter entgegen, die durch die Heiligkeit ihrer Zahlen das Unheilige von der Kirche fernzuhalten hatten: ihre Quadratur beträgt nämlich außen 24 Fuß, innen 14 Fuß; ihr Innenabstand 3 × 12 = 36 Fuß, ihr Außenabstand 7 × 12 = 84 Fuß. Auch die Zahl der Dämonen, die Fünf, ist als bannende Zahl verwendet: sie macht die Stärke der Turmmauern aus und verhindert, daß die Dämonen gegen die Türme ankämpfen können – sie müßten sonst gegen ihre eigene Zahl, das heißt gegen ihr eigenes Wesen kämpfen.

Von den Arbeiten, die in der Zeit des Wiederaufbaues des Klosters zur Ausstattung der wiedererstandenen Kirche geschaffen wurden, ist nichts erhalten. Abt *Gozbert* »aus edlem Geschlechte und berühmt im Forschen der Wissenschaft, gastfreundlich gegen Jedermann, bei Tage dem Lesen der Schriften, bei Nacht dem Gebete hingegeben, schmückte diese

Kirche mit Gebäuden, Büchern, Glocken, Fenstern, Täfelwerken«, heißt es im ›Chronicon monasterii Tegernseensis‹. Davon gibt es nichts mehr, auch die von dem Grafen von Vohburg gestifteten Glasfenster sind untergegangen. Man weiß aber, daß Tegernsee selbst, sicher angeregt durch sie, eine eigene Werkstatt für die Herstellung solcher Fenster einrichtete, doch konnte bisher nicht festgestellt werden, wo sich diese frühe Glashütte Tegernsees befand. Mit der erst Ende des 18. Jahrhunderts gegründeten Glasschmelzerei in dem heute nach ihr benannten Ort Glashütte im Weißachtal kurz vor dem Achenpaß hatte sie jedenfalls nichts zu tun. Doch muß sich diese frühe Glasfensterproduktion zu hoher Blüte entwickelt haben, denn es heißt, man habe den vielen Aufträgen kaum nachkommen können. Zum Beispiel bestellte der nach seiner Amtszeit in Tegernsee und Niederaltaich als Bischof nach Hildesheim gerufene Godehard (1022-1038) Tegernseer Glasfenster; für den Freisinger Bischof Gottschalk von Hagenau (993-1006) sollen zweihundert Glasgemälde angefertigt worden sein, und die fünf berühmten Glasfenster des Augsburger Doms – die einzigen heute noch erhaltenen aus dieser frühen Zeit – werden Tegernsee zugeschreiben.

Den Höhepunkt künstlerischen Schaffens muß Tegernsee zur Zeit des Mönches *Werinher Weczil* mit dem Beinamen ›Anáglypha‹ unter Abt Eberhard II. (1068-1091) erreicht haben. Der Name Werinhers findet sich im Zusammenhang mit Werken der Erzgießerei, der Goldschmiedekunst, der Glasmalerei, mit Bucheinbänden und Pergamenthandschriften. »Werinher…, der ein kunstreicher Bildner war, und in Schriften und Malereien und den Zierden der Bücher von Gold und Silber geschickt; dieser bereitete der Kirche mit mühevollem Fleiße unter Zustimmung des Abtes Eberhard eine Tafel, oberwärts dreieckig, aus Gold und Silber und mit Bernstein und Gemmen und Steinen geschmückt, auch fünf gläserne Fenster und ein Gußwerk, aus Erz gemacht und zum Bade geschickt, auf welchem er sich Werinher und auf der Tafel Weczil genannt findet...« (Chronicon monasterii Tegernseensis). Die erstaunliche Vielseitigkeit Werinhers erklärt sich vielleicht, wenn man in ihm den Leiter der Kunstwerkstätten des Klosters sieht, unter dessen Aufsicht die genannten Werke entstanden sind.

Außer diesem Werinher Anáglypha gab es übrigens in dieser Epoche der zweiten Blüte Tegernsees noch zwei andere Mönche mit Namen Werinher. Einen Werinher Scholasticus, Vorstand der Klosterschule, der 1197 starb und von dem noch die Rede sein wird, und einen *Werinher von Aufhofen*, gestorben 1199. Als Camerarius, Verwalter der Vorräte und Gelder, Custos und Sacrista weihte er seine ganze Arbeitskraft und sein beträchtliches Vermögen dem Kloster. Den Kirchenschatz stattete er mit kostbaren Paramenten und Altargeräten aus, baute die Benediktuskapelle der Kirche und schenkte dem Kloster umliegende Grundstücke.

Tegernsee verfügte über hervorragende Schreibkünstler, und in seiner Kunstwerkstätte wurden prunkvolle gold- und silberverzierte, mit Edelsteinen geschmückte Einbände für diese Handschriften geschaffen. Abt *Seyfried* (1048-1068) ließ für Kaiser Heinrich III. (1039-1056) »eine große Bücherei, mit Gold und Silber und mit Schriftwerk stattlich geschmückt« anfertigen, und noch Kaiser Friedrich I. (1152-1190) schrieb an Rupert Graf von Neuburg, den damaligen Abt von Tegernsee (1155-1186), »wir hören, daß in deinem Kloster gute Schreiber sind, und wir entbehren sehr eines Meßbuches und eines Lectionariums. Wir tragen daher deiner Freundschaft auf und bitten inständig, nach dem Maße, wie du uns ergeben bist, und haben zu dir ein gutes Vertrauen –, daß du uns ein Missale schreiben lassest und in einem zweiten Bande die Episteln und Evangelien nach der Ordnung der Geistlichen«.

Von dem hohen Stand der Schreibkunst, der Pflege von Literatur und Wissenschaft in jener Epoche zeugen die noch erhaltenen Prunkhandschriften, die Abschriften antiker Klassiker und eigene aus dem Kloster hervorgegangene literarische Werke, die sich heute meist in der Bayerischen Staatsbibliothek zu München befinden. Zwei der frühesten und sicher die bedeutendsten Schöpfer solcher Handschriften waren der Mönch Froumund (geboren um 965) und sein Schüler, der spätere Abt von Tegernsee, Ellinger (um 975 geboren). Ihr Leben und Wirken ist untrennbar mit der Größe Tegernsees verbunden; es ist darum reizvoll, ihre Schicksale etwas näher zu betrachten.

Froumund war ein vielseitiger und weitgereister Mann. Wir wissen, daß er von Tegernsee aus, vor der bereits erwähnten Feuchtwanger Mission, Sankt Pantaleon in Köln besucht hat, wahrscheinlich im Auftrag des Abtes Gozbert. Es wird vermutet, daß Froumund bei Gelegenheit dieser Reise auch in Gent und Würzburg war. Ein Aufenthalt im Kloster Sankt Mang in Füssen und mehrfache Reisen nach Sankt Ulrich und Afra in Augsburg sind nachzuweisen.

Es gibt zwar keine sicheren Quellen über Froumunds frühe Jugend, doch vermutet man, daß er um 965 in der Gegend von Regensburg geboren wurde, aus angesehenem Geschlecht stammte und Schüler in Sankt Emmeram war. Trifft dies zu, so ist es leicht möglich, daß Gozbert, der aus Sankt Emmeram nach Tegernsee kam, den intelligenten jungen Mann mitgebracht hat. Die von den Ungarneinfällen und den Säkularisationen des Herzogs Arnulf besonders betroffenen bayerischen Klöster mußten nach ihrer Neugründung vor allem für sorgfältige Erziehung und Heranbildung ihres Nachwuchses sorgen. Fähige Lehrkräfte, Beschaffung von Lehrmaterial für die neu einzurichtenden Schulen waren die Vorbedingungen hierzu. Die Klöster sandten daher vielfach begabte, für den Lehrberuf geeignete junge Leute aus ihren Reihen zum Studium in befreundete Klöster, die der Zerstörung nicht anheimgefallen waren und noch einen reichen Schatz nicht nur an theologischen, liturgischen Schriften, sondern auch an klassischer Literatur besaßen und zudem in regem Austausch mit den Zentren des geistigen Lebens im Westen und Süden des Reichs standen. Froumund schien der geeignete Mann für eine solche Studienreise, die ihm die für einen guten Lehrer nötigen Kenntnisse vermitteln konnte. Er hatte auch die erforderliche Begeisterung für diese Aufgabe. Einen reichen Schatz an Lehrbüchern, Verslehren und Sprachwerke, alte und spätlateinische Klassiker, ja eine griechische Grammatik – Zeugnis der weiten Verbreitung der byzantinischen Bildung nach der Heirat Ottos II. mit der griechischen Prinzessin Theophanu – brachte er nach Tegernsee. Sie waren zum großen Teil von ihm selbst abgeschrieben wie das mit Bildern versehene, im Kloster Sankt Pantaleon von ihm kopierte und heute in der Oettingen-Wallersteinschen Bibliothek in Harburg aufbewahrte Werk von Boëthius ›De consolatione philosophiae‹, das großen Einfluß auf das Geistesleben des Mittelalters hatte.

Noch einmal wurde er mit einer auswärtigen Mission betraut, und zwar, wie bereits erwähnt, mit der Reformierung des Klosters Feuchtwangen. Aus seinen Briefen geht hervor, daß er während seines Aufenthaltes dort auch Gelegenheit hatte, praktische Erfahrungen in der Klosterverwaltung zu sammeln. Diese befähigten ihn, nach seiner Rückkehr neben seiner Lehrtätigkeit im Laufe der Jahre auch verschiedene andere verantwortungsvolle Ämter in Tegernsee zu übernehmen. Er war einige Zeit ›Portarius‹, das heißt Verwalter der Klostergüter – Froumund sträubte sich lange gegen die Priesterweihe, die er erst etwa 1005 erhielt –, wirkte dann als Priester auf verschiedenen Besitzungen des Klosters und führte bis zu seinem Tod, um 1012, die Korrespondenz für seinen Abt, die uns in dem sogenannten ›Froumund-Codex‹ der Bayerischen Staatsbibliothek erhalten ist. Auch seine Schrift ›De mensura cere et metallion in operibus fusilibus‹ (›Über das Maß des Wachses und der Metalle in den Gußwerken‹) wird dort bewahrt. Der Froumund-Codex gewährt Einblick in das tägliche Leben der Klostergemeinschaft, in die Schwierigkeiten der Versorgung mit den nötigen Lebensmitteln bei Mißernten, Kriegsunruhen, Überschwemmungen, aber auch in das dichterische Schaffen Froumunds. In poetische Form gekleidete Schreiben, Huldigungsgedichte, zum Beispiel zur Begrüßung Herzog Heinrichs, des späteren Kaisers Heinrich II., und seines Bruders, des Bischofs Bruno von Augsburg, Reime zu Ehren Heiliger, Lobgedichte, Epitaphien oder auch nur der Laune eines Augenblicks entsprungene Verse sind nach Johannes Kempf »Erzeugnisse eines echten Dichter-

I

BLICK AUF KLOSTER TEGERNSEE UND DEN SEE

Wilhelm von Kobell
(Mannheim 1766-1853 München)

Aquarellierte Bleistiftzeichnung, 1838
Münchner Stadtmuseum, Maillinger-Sammlung

Die erste Begegnung des Pfälzers Kobell mit der Landschaft um den Tegernsee erfolgte bereits in den Jahren um 1800, nachhaltiger um 1816. Seither wurde er nicht müde, diesen gesegneten Flecken Erde immer wieder in zarten, tief empfundenen Blättern und farbsatten Gemälden zu verherrlichen, die in ihrer kühlen Distanz zu den Dingen, in ihrer klaren Atmosphäre und in dem verhaltenen Wesen ihrer Figuren einen ganz eigenartigen Zauber ausüben. Im Fernblick von der Neureuth erscheinen hier das Südende des Sees und das ehemalige Kloster, das trotz seiner Reduzierung auf etwa die Hälfte seines einstigen Umfangs die damals noch wenig besiedelte Landschaft des Tegernseer Tals dominierend beherrscht. Den königlichen Rang, den das Kloster seit der Errichtung eines Sommersitzes durch Max Joseph erlangt hat, unterstreicht dabei deutlich das höfische Lustschiff, das mit lustig flatternder Fahne den See durchpflügt.

geistes, die, ... voll derben Humors, aber auch sinniger Naturbetrachtung, der Dichtkunst seiner Zeit neue Wege zu weisen vermocht hätten, wenn sie nicht in eine trockene Briefsammlung, bestimmt als Formelbuch für die Kanzlei des Abtes, hineingezwängt für Mit- und Nachwelt unbekannt geblieben wären, bis sie der Sammeleifer gelehrter Benediktiner im vorigen Jahrhundert ans Licht zog ... Vom Zeitalter Froumunds kann man vielleicht mit mehr Recht als von jedem anderen sagen, daß in ihm das Versemachen zur Bildung und zum guten Ton gehörte, ja daß es teilweise eine Leidenschaft geworden war. Die wiedererwachte liebevolle Beschäftigung mit den klassischen und den spätlateinischen christlichen Dichtern rief eine derartige Vorliebe für die gebundene Redeweise in den gebildeten Kreisen hervor, daß wir fast keine in Prosa verfaßte Schrift dieser Zeit kennen, welcher nicht einzelne Verse oder ganze Abschnitte an verschiedenen Stellen eingefügt worden wären. Ja in die Prosa selbst drang der übermächtige Einfluß von Rhythmus und Reim ein und erzeugte so die bekannte eigentümliche Form der Reimprosa ... Zwei Motive also sind es, welche einen sprachgewandten Gelehrten wie Froumund zur Abfassung poetischer Erzeugnisse veranlassen mußten und tatsächlich auch veranlaßt haben: sein Lehrberuf und die Mode.«

Ellinger, Froumunds Schüler, war unzweifelhaft eine bedeutende, aber auch problematische Persönlichkeit. Etwa 975-980 geboren, hatte er, wie aus einem um 998 an seinen hochverehrten Lehrer Froumund gerichteten Brief hervorgeht, nur mit Widerstreben die Mönchsgelübde abgelegt. Ebenso wie Froumund wurde auch er in jungen Jahren von seinem Mutterkloster Tegernsee zu weiteren Studien nach Augsburg und Würzburg geschickt, wo er anscheinend als Lehrer an der dortigen Schule wirkte. Sein leidenschaftliches und jähzorniges Temperament verwickelte ihn schon damals in heftige Streitigkeiten mit der Wormser Schule, und die scharfe und schroffe Art, mit der er auch in späteren Jahren immer wieder auftrat, hat ihm sicherlich manche Feindschaft eingetragen. Er war gewiß kein bequemer Mann für die, die mit ihm in Berührung kamen.

Zweimal, von 1017 bis 1026 und von 1031 bis 1041, war Ellinger Abt von Tegernsee. Das erste Mal wurde er von Kaiser Heinrich II. (1002 bis 1024), der ihn sehr schätzte, mit diesem Amt betraut, 1026 unter Konrad II. (1024-1039) abgesetzt. Intrigen des benachbarten Adels wegen Besitzstreitigkeiten sollen der Grund dafür gewesen sein. Die Mehrzahl seiner Mönche stand jedoch hinter ihm, denn sie wählten ihn wieder zu ihrem Abt, nachdem sein Nachfolger Albinus nach kurzer Amtszeit (1026-1031) gestorben war. Doch abermals mußte er trotz umsichtiger und einwandfreier Verwaltung der Klostergüter sein Amt abgeben; wie es heißt, sei diesmal seine Absetzung durch den Feind der Klosterfreiheit, den zuständigen Diözesanbischof Nitker von Freising, erfolgt und sei als ein Anschlag gegen die Freiheit und Reichsunmittelbarkeit des Klosters aufzufassen.

Ellinger hat 1041, also im Jahre seiner zweiten Absetzung, selbst seine Grabinschrift entworfen. In ihr stellt er sich, wie Bernhard Schmeidler sagt, »als ein Muster aller Sanftmut dar, einen Vater seiner Mönche, der sie nur mit Güte und Nachsicht behandelt, mehr nach ihrer Liebe als nach Erregung von Furcht getrachtet habe, der nur allenfalls den Schlechten einmal mit der notwendigen Strenge entgegengetreten sei«. Und Schmeidler fügt hinzu: »Ist das nicht eine bewußte Schönmalerei gewesen – was in der ganz privaten Konzeptaufzeichnung, aus der letztlich diese Verse auf uns gekommen sind, kaum anzunehmen ist –, so war es doch wohl eine Selbsttäuschung, jene bei den Menschen so beliebte Selbsttäuschung, in der sie gerade das, was ihnen an Eigenschaften und Fähigkeiten abgeht, zu besitzen glauben, und von dem, was in Wahrheit sie auszeichnet und ihre eigentliche Gabe ist, kein Aufhebens machen und nichts zu rühmen wissen.«

Dieser merkwürdigen Selbsttäuschung unterliegen, wie man immer wieder beobachten kann, tatsächlich viele Menschen. Im Falle Ellinger stellt sich jedoch die Frage, ob die Überbetonung von Güte und Nachsicht wirklich als Selbsttäuschung oder Schönfärberei zu verstehen ist, ob er nicht vielmehr mit seiner Grabinschrift das verzerrte Bild, das vor allem ihm ferner stehende Zeitgenossen von ihm haben mußten, weil sein cholerisches Temperament im Laufe seines Lebens allzu oft und allzu sehr mit ihm durchgegangen war, richtigstellen wollte. Ob er nicht mit seinen Worten der Nachwelt ganz bewußt einen Einblick in die Gefühle gab, die ihn Zeit seines Lebens tatsächlich immer am tiefsten bewegt hatten: der Wunsch, der Vater seiner Mönche zu sein, sich durch Güte und Nachsicht ihre Zuneigung zu erringen, und ob er nicht selbst schwer unter seiner Heftigkeit gelitten hatte, die dem allzu oft im Wege stand? Ohne Zweifel war er ein sehr sensibler Mensch, wie seine wunderbaren Handschriften und Buchmalereien ausweisen, die uns heute noch entzücken.

In tiefer Resignation scheint Ellinger bis zu seinem Tode 1056 oder 1057 in Tegernsee gelebt zu haben. »Von nun an trat der leidenschaftliche und in der Jugend sicherlich anmaßende Mann, dem auch in höheren Jahren noch manche Gegnerschaft zuteil ward, still zurück und verbrachte den Rest seines Lebens im inneren Dienst seines Klosters, mit Lehren, Schreiben und Beratung der Äbte, denen nach ihm die Leitung des Klosters anvertraut worden war, beschäftigt. In seinen späteren Briefen findet sich kein Wort der Empfindung und eigenen Stellungnahme mehr zu den Schicksalen, die ihn betroffen, den Menschen, die ihn gekränkt hatten. Ein Schleier der Unpersönlichkeit ist vor sein Seelenleben gezogen, die geistliche Disziplin hat auch diese ursprünglich starke und eigenwillige Persönlichkeit gebändigt.« (Bernhard Schmeidler)

Der Bedeutung von Ellingers künstlerischem Schaffen war man sich zu seiner Zeit wohl kaum bewußt. Was die Nachwelt an ihm rühmt, was ihm in der Geschichte der deutschen Buchmalerei und Schriftkunst des Mittelalters einen unsterblichen Namen verliehen hat, sind die von ihm und seiner Schule geschaffenen Handschriften und Buchmalereien, »zum Teil einzigartige Prachtwerke, mit herrlichen Evangelistenbildern, farbenreich aufleuchtend vor goldenem Hintergrund, köstliches Rankenwerk, Tierköpfe, Masken und Endblüten – ein durchaus eigenartiger Stil, den die Kunsthistoriker als ›Ellingerstil‹ bezeichnet haben, der eine gewisse Mitte hält zwischen dem älteren Stil der westdeutschen Klöster und dem gleichzeitigen byzantinisierenden Regensburger Stil und der sich alsbald weit, auch über Bayern hinaus, nicht nur ins Österreichische, sondern auch bis Hildesheim und in die böhmische Schule des elften Jahrhunderts verbreitete und noch in die späteren großen Schulen von Hirsau und Weingarten hinüberwirkte.« (Karl Alexander von Müller)

Fünf in der Bayerischen Staatsbibliothek in München befindliche Handschriften werden von Ernst Friedrich Bange auf Grund seiner Studien und Vergleiche Ellinger zugeschrieben: Die ›Heimonis homiliae‹ (Clm. 18227), das ›Decretum Burcardi‹ (Clm. 19414), die ›Isidori Etymologiae‹ (Clm. 18192), ein Psalterium (Clm. 18121) und ein Evangeliar (Clm. 18005). Letzteres, sein berühmtestes Werk, zeigt die ganze blühende, phantasiereiche Gestaltungskraft Ellingers. Eine sechste Handschrift, ›De Naturis Rerum‹ (Codex 816) mit Auszügen aus der ›Historia naturalis‹ des Plinius und verwandten Texten sowie interessanten Tierzeichnungen von Ellingers Hand geriet bei der Verschleuderung der Tegernseer Bücherbestände nach der Säkularisation in die Bibliothek von Sir Thomas Philipps in Cheltenham und ist nicht zugänglich.

Das Kloster hielt Ellingers Andenken hoch in Ehren, ja er wurde sogar als Seliger verehrt. Seine sterblichen Überreste erhielten einen Ehrenplatz im Kapitelsaal; 1236 wurden sie in die Kirche übertragen und vor dem späteren Vitusaltar beigesetzt.

In der zweiten Hälfte des 11. und Ende des 12. Jahrhunderts entstanden drei bedeutende literarische Werke, die sich in Tegernseer Handschriften finden: der erste Roman des Abendlandes, der in lateinischen Hexametern verfaßte ›Ruodlieb‹; das erste dramatische Werk des Mittelalters ›Ludus de Antichristo‹ in lateinischen Reimversen und schließlich eine mit Bildern geschmückte deutsche Dichtung, das ›Marienleben‹.

Die ursprüngliche Annahme, Froumund sei der Verfasser des ›Ruodlieb‹ gewesen, erwies sich als nicht haltbar, denn eingehende Forschungen ergaben, daß das Werk nicht vor 1050, also erst nach Froumunds Zeit, entstanden sein muß. Es ist nur einem glücklichen Zufall zu verdanken, daß es überhaupt – wenn auch nur in Bruchstücken – erhalten ist: Die Blätter waren achtlos als Falze und Einbanddecken für Handschriften verwendet worden. Als man auf sie aufmerksam geworden war, versuchte man in mühevoller Arbeit die Verse zusammenzustellen. Einige wenige Bruchstücke entdeckte man noch im Stift Sankt Florian in Oberösterreich und in Dachau – schließlich fanden sich insgesamt 2300 Verse auf vierunddreißig Blättern zusammen, zwischen denen aber immer wieder den Zusammenhang zerreißende Lücken klaffen. Der Schluß fehlt ganz. So ist er leider als Fragment auf uns gekommen, dieser ›Ruodlieb‹, der so frisch und lebendig von weltlichem Leben und Abenteuern erzählt. In buntem Wechsel zieht das Leben am Königs- wie am Bauernhof am Leser vorüber, wobei mit äußerster Genauigkeit zum Beispiel der umständliche Austausch gegenseitiger Höflichkeiten beim Empfang auswärtiger Diplomaten am Königshof, die Stellung der Frau, des Mannes und der Geschlechter zueinander in hohen wie in niederen Kreisen, Verlobungs- und Hochzeitsbräuche, der Verlauf von Gerichtssitzungen, Tafelsitten, Spiele und Tänze, Jagdgebräuche beschrieben werden. Auch Mode und Schmuck werden in vielen Einzelheiten geschildert.

Man erfährt genau, wie man sich in den einzelnen Situationen zu verhalten hat, so daß man fast von einem ›mittelalterlichen Knigge‹ sprechen könnte – der von einer beispielhaften Kultur der Sitten zeugt. Alles fügt sich ganz natürlich und wie von selbst in den Verlauf der Erzählung von dem jungen Ritter Ruodlieb, der sich – kurz gesagt – nach schlechten Erfahrungen im Dienste verschiedener Herren aufmacht ins Land des ›Großen Königs‹, das als Idealstaat dargestellt wird, in dem Friede und Gerechtigkeit herrschen. In ihm tritt der König – nach Franz Baumann –, »damit der tödliche Kreis von böser Tat und darauffolgender Rache endlich durchbrochen wurde, als der Verzeihende auf, der dem Bösen Vergebung anbot, nachdem es überwunden war«. Der

König nimmt Ruodliebs Dienste an, nachdem er sich von dessen Geschicklichkeit im Fischfang und bei der Wolfsjagd überzeugt hat. Ruodlieb bediente sich dabei des geheimnisvollen Krautes ›Buglossa‹, das in den durch Ellinger abgeschriebenen und mit Zeichnungen versehenen Auszügen aus der ›Historia naturalis‹ des Plinius erwähnt wird. Der Volksaberglaube schrieb diesem Kraut verschiedene Wunderwirkungen zu. Ruodlieb benutzte es zum Fischfang, indem er es als Lockmittel pulverisiert auf das Wasser streute. Die von ihm in Mengen angezogenen Fische konnten, nachdem sie von dem Pulver gefressen hatten, nicht mehr untertauchen und so gefangen werden. Diese Episode ist insofern interessant, als sie im Tegernsee vorkommende Fischsorten aufzählt und eine sehr liebevolle und aufmerksame Beobachtung der Natur verrät: »Wo das Tal weit wurde, silberte der windgerauhte See wie glitzernd von vielen tausend spielenden Fischen.« In anderen, hier in der freien Übertragung von Franz Baumann zitierten Versen, zeigt sich eine ganz erstaunliche Sensibilität: »Manches Ding darfst Du nicht beim Namen rufen. Es ist so empfindlich, daß es sich sogleich verflüchtigt. Sagte ich das Wort, wäre sein Zauber vorbei.« Oder: »Das Alter bezwingt jeden einmal. Es kommt so leise angeschritten, daß du's gar nicht hörst. Mit kleinen Zeichen meldet es sich an: die Augen trüben sich, die Wangen werden schlaff, die Runzeln graben sich wie Furchen in die früher so glatte Stirn, die Zähne fallen aus, das goldene Haar bleicht sich grau und strähnig.«

Nachdem Ruodlieb dem König wertvolle Dienste im Kampf gegen den bösen Feind geleistet hat, bittet er um seine Entlassung. Er möchte heimkehren zu seiner in Sorge nach ihm verlangenden Mutter. In allen Ehren wird er vom König verabschiedet. Nun erlebt Ruodlieb auf dem weiten Ritt in seine Heimat durch Be- oder Nichtbefolgung der ihm vom König auf seinen Weg mitgegebenen zwölf goldenen Weisheitslehren die verschiedensten Abenteuer. Dies gibt dem Dichter Gelegenheit zur Schilderung köstlicher Episoden und Charaktere, die eine scharfe Beobachtungsgabe verraten. In Friedrich Seilers Analyse des Ruodlieb liest man zum Beispiel von einem Liebespaar: »Sie ist so sitt- und tugendreich und etwas schnippisch doch zugleich. Ihren ›Sklaven‹ liebt sie mit der heißen Glut der ersten Liebe und verlangt von ihm, daß er ihr bei Tag und Nacht gehorsam diene, über welche Naivität die Anwesenden in lautes Gelächter ausbrechen. Indessen ist sie gegen seine Schwächen keineswegs blind und nichts weniger als auf den Mund gefallen; in einer köstlichen Standrede hält sie ihm sein lockeres Leben vor und wendet sich danach scheinbar schmollend von ihm ab, wohl wissend, daß man Männer hierdurch am sichersten überwindet ... Der Dichter läßt die Neuvermählten mit den Worten fallen: ›Wie sie sich vertragen, was geht es mich an?‹, lehnt also jegliche Garantie für ihr häusliches Glück ab; nicht ohne Grund; sie wenigstens sieht nicht danach aus, als würde sie sich im Ehestande irgend etwas gefallenlassen.« Auch die Seelennöte einer »unglücklich verheirateten und darum leicht zu verführenden Bäuerin, die, nachdem die leidenschaftliche Lust zum Verbrechen geworden ist, sich ebenso leidenschaftlich auf Reue und Askese wirft«, werden im Ruodlieb geschildert. Nach der Heimkehr des jungen Ritters ist der Zusammenhang des Romans unterbrochen. Sein Ende versuchen einige Ergänzungen und Rekonstruierungen zu ersetzen.

Wer hat diesen ›Ruodlieb‹ geschrieben? War es ein Mönch? Von klösterlichem Leben kommt in diesem durchaus weltlichen Roman nichts vor. Vielleicht erzählt ein in späteren Lebensjahren in das Kloster eingetretener Mann die mit viel Phantasie ausgeschmückten Abenteuer seiner Jugend. Vielleicht auch verfolgte er dabei eine erzieherische Absicht: Er wollte die Jugend für den Idealstaat begeistern und sie gleichzeitig gute Sitten lehren, ihr Natur- und Tierliebe nahebringen und die Augen öffnen für die Fallstricke des Lebens. Ein reger, humorvoller, gebildeter Geist voller Lebensweisheit muß es jedenfalls gewesen sein, der diese Verse schrieb.

Der ›Ludus de adventu et interitu Antichristi‹, das Osterspiel ›Von der Ankunft und der Vernichtung des Antichrist‹, wurde wahrscheinlich zwischen 1160 und 1180 geschrieben. In diesen Jahren stand die Christenheit nach dem völlig erfolglosen zweiten Kreuzzug (1147-1149) Konrads III. (1138-1152) und Ludwigs VII. von Frankreich unter dem Eindruck der erneuten Bedrohung Jerusalems durch die Ungläubigen. Friedrich I. (1152–1190) – der übrigens 1180 den ersten Wittelsbacher mit Bayern belehnte – war im Begriff, das Ansehen des unter den unglücklichen Regierungen seiner Vorgänger durch die Niederlage im Investiturstreit und ununterbrochene Erbfolgestreitigkeiten stark geschwächten Reichs wiederherzustellen. »Er betrachtete das Kaisertum als die erste Macht der Christenheit, als die Quelle alles Rechts und war entschlossen, es zu dieser Höhe wieder zu erheben ...«

Unter dem Aspekt der Verherrlichung des Kaisertums und der Bedrohung Jerusalems durch die Ungläubigen steht das Drama vom Antichrist. Der Übergang von Karl Amery folgend sei sein Verlauf kurz angedeutet:

»In jener Zeit sprach der Herr: Viele werden kommen in meinem Namen, und sie werden sagen: ich bin der, der da kommen soll, und die Zeit ist da. Folget ihnen nicht. Volk wird sich erheben wider Volk, und Reich wider Reich ...«, mit diesen Worten aus dem Lukas-Evangelium beginnt das Spiel.

Der ›König aus Mitternacht‹ hat die Christenheit geeint; er eilt mit den ihm ergebenen Königen der christlichen Welt und deren Streitmacht dem verbündeten König von Jerusalem zu Hilfe und rettet die bereits von den babylonischen Heiden umzingelten Heiligen Stätten vor dem Zugriff der Ungläubigen. Mit seinen Getreuen zieht er in kaiserlichem Ornat als Sieger und Herr der christlichen Welt in den Tempel ein. Vor dem Altar jedoch nimmt er die Krone von seinem Haupt: »Dir, dem König der Könige – gebe ich das Imperium zurück ...« und kehrt in die Heimat zurück. Er weiß, »daß nur Gott selbst die Herrschaft über den ganzen Erdkreis zusteht, daß jede irdische Herrschaft in Tyrannei umschlagen muß«. Die Völker aber stürzt diese Handlung in neue Verwirrung. Die Stunde des Antichrist ist gekommen: »Die Krone, die keiner genommen, nehme ich an – ich ersteige den Thron.« Seinen ›Aposteln‹, den Heuchlern, befiehlt er: »Christus, den sie verehren, brennt aus ihrem Gedächtnis: mich verehre die Welt – keinen andern – als mich!« Und sie ziehen aus und singen:

»Die heilige Religion
Ist lange schon am Wanken.
Sie ist im Grund verderbt
Durch eitle Weltgedanken.
Was wollen Tand und Pracht,
Das sündige Gepräge? ...
Alle Welt ruft nach dir;
Macht und Ehre und Schein,
Lehrer und Lehre sind dein –
Dich loben wir,
Dich beten wir an,
Dich verherrlichen wir.«

Der Antichrist betört die Welt mit falschen Versprechungen und Wundern, bis alle sich ihm beugen: der König des Ostens, der König des Westens, nach anfänglicher Weigerung der König aus Mitternacht, Babylon, die verschleierte Synagoge – der Antichrist ist Herr der Welt. Im Tempel wird er vom König von Jerusalem gekrönt; die Kirche aber flieht in den Schutz des Herrn. – Da erscheinen die Propheten Enoch und Elias. Sie entlarven den »Lästerer Gottes, Ursprung des Frevels, Wurzel des Bösen, Wirrer der Wahrheit, Lügner im Kleide der Gottheit«. Die Synagoge erkennt: »Lüge ist alles gewesen – er ist der Antichrist!« – »Rache, Rache für göttliche Majestät!« ruft dieser und läßt Enoch, Elias und die Synagoge sterben »wie Schafe der Schlachtbank«. – »Es ist vollbracht!« singt der Chor, und vor den versammelten Königen und Heeren triumphiert der Antichrist:

»Was die ferne Vorzeit schaute,
ist in uns vollbracht:
Ihr seid Zeugen und Erben der Pracht,
Söhne und Vertraute.
Nach dem Fall der letzten Feinde,
Sagt mein Wort: es werde –
Friede und Sicherheit,
Friede und Sicherheit,
Friede und Sicherheit,
Für die ganze Erde!«

Da ertönt ein entsetzlicher Donnerschlag, in Rauch und Wolken versinkt der Antichrist, die Erde verdunkelt sich. Aber langsam breitet sich ein unendlicher Glanz über sie. Die Kirche singt: »Sehet den Mann, der nicht Gott zu seinem Helfer gemacht, sondern der vertraute in die Fülle seiner Güte und groß wurde in seinem Stolz ... Ich aber bin wie der fruchtbare Ölbaum im Hause des Herrn, ich habe vertraut auf das Erbarmen Gottes in Ewigkeit, von Geschlecht zu Geschlecht.«

In großartigen, dramatisch bewegten Massenszenen, teils stumm agierend, mit durchweg gesungenen Texten »zwischen Oratorium und Oper stehend«, deren Musik aber leider nicht überliefert ist, zieht diese apokalyptische Vision an dem Zuschauer vorüber. Mehrfach soll sie in oder vor der Tegernseer Kirche aufgeführt worden sein, und nach der Überlieferung hat Friedrich I. Barbarossa vor seinem Aufbruch zum dritten Kreuzzug 1189 einer dieser Aufführungen beigewohnt. Die Realistik und Suggestivkraft, mit denen diese Endzeitdichtung die Dämonie der menschlichen Machtbesessenheit schildert, ist auch heute noch nicht ganz ohne Wirkung: Wer denkt dabei nicht unwillkürlich an die vorgebliche Erlösungsfunktion so mancher neuzeitlicher Ideologie und wem klingt nicht die dreimalige Beschwörung von »Friede und Sicherheit durch den Antichrist sehr bekannt und vertraut im Ohr?

Das ›Marienleben‹, eine mit Zeichnungen geschmückte Dichtung in deutscher Sprache, besteht aus drei Teilen. Im ersten wird die Geburt Marias, im zweiten die Verkündigung und im dritten die Geburt Christi, die Flucht nach Ägypten und die Heimkehr in Versen voller Innigkeit und demütiger Andacht besungen.

Als Schöpfer des ›Antichrist‹ und des ›Marienlebens‹ galt lange Zeit der bereits erwähnte Tegernseer Mönch Werinher Scholasticus, der Leiter der Klosterschule. Doch neuerdings ist man der Ansicht, daß der sich in dem von Werinhers Hand geschriebenen ›Codex Tegernseensis‹ findende Antichrist nur eine Abschrift des Originals ist und sein Verfasser möglicherweise der Abt Ekkehard des Klosters Aura an der Saale war. Auch an dem Marienleben ist die Urheberschaft Werinhers umstritten, obwohl der Verfasser sich selbst Wernher nennt: »Der Pfaffe heißt Wernher, der das Lied begann.« Es kann hier nicht auf Einzelheiten der von verschiedenen Wissenschaftlern aufgestellten Versionen über den oder die Schöpfer der beiden Werke eingegangen werden. Ob diese Frage jemals eindeutig geklärt werden kann, steht dahin.

Sicher ist dagegen, daß der Tegernseer Mönch *Werinher Scholasticus*, dem man auch eine ›Biblia Pauperum‹ und eine Abschrift der ›Peutingerschen Tafel‹ zuschreiben wollte, ein gelehrter und hochbegabter Mann war. Das Kloster Tegernsee legte den größten Wert darauf, ihn nach einer aus ungeklärten Gründen erfolgten Verbannung in ein anderes Kloster – wahrscheinlich Salzburg – wieder zurückzugewinnen, und Salzburg ließ ihn ungern ziehen. Nach seiner Rückkehr stand sein Leben bis zu seinem Tod im Jahre 1197 im Zeichen außerordentlich fruchtbaren Wirkens für sein Kloster. Klassische Bildung und ein guter lateinischer Stil lagen ihm besonders am Herzen. Man solle sich, so sagte er, die Schriften des Cicero, Macrobius, Sallust und Terenz zum Vorbild nehmen. Unter anderem schrieb er eine ›Lehre des Verskampfes‹ (›Regulae Rhythmimachiae‹). Auch mit Botanik befaßte er sich und legte in Tegernsee einen botanischen Garten an. Der Verehrung, die er im Kreise der Klostergemeinschaft genoß, gibt der Brief eines seiner Schüler an ihn Ausdruck, der mit den Worten beginnt: »Wenn wir uns auch freuen der Tugend und Weisheit Gottes in dieser glückseligen Congregation und in dem liebevollen Beisammensein der Freunde, so ist unser Liebstes doch die besondre Süßigkeit des Bundes zu dir, gelehrtester Meister, dessen starkes Gebet, nach unsrer Zuversicht, auch für uns das Meiste gelten wird und von dem wir, treulicher als von zahllosen Freunden, Alles hoffen.«

Eine erstaunliche poetische Blüte hat uns dieser Werinher in seinem ›Codex Tegernseensis‹ hinterlassen, ein ungemein zartes, inniges Verslein, das man jedoch nicht in der Handschrift eines Mönches erwartet. Es ist das bekannte:

Du bist min, ich bin din:
des solt du gewiß sin.
Du bist beslozzen in minem herzen:
verlorn ist daz Sluzzelin:
du muost immer drinnen sin.

Das klingt wie ein Minnelied des Walther von der Vogelweide, der Tegernsee aber erst während seiner Wanderjahre zwischen 1198 und 1220 besucht hat, in der Zeit politischer Machtkämpfe im Reich, die auch an den Klöstern nicht vorübergegangen sind und oft deren Niedergang zur Folge hatten. Die klösterliche Moral verfiel, Mißwirtschaft der Äbte kam hinzu. So auch in Tegernsee. Walther von der Vogelweide fand dort karge Aufnahme; er beklagt sich, daß man ihm lediglich Wasser vorgesetzt habe:

Man seit [sagt] *mir je von Tegernsee*
wie wol das Hus mit ehren ste
ich nam da wasser, also nazzer
muost ich von des müniches tische ge.

Wir wollen hoffen, daß der erschöpfte Wanderer wenigstens mit dem bewährten Quellwasser des heiligen Quirinus gelabt wurde, dessen Wunderkraft ihm vielleicht neuen Lebensmut eingeflößt hat.

Während der Regierung Friedrichs I. war es dem diplomatischen Geschick des Tegernseer Abtes *Rupert I.* (1155-1186) gelungen, das Kloster in der Zeit des Schismas aus allen Gefährdungen herauszuhalten. Papst Alexander III. (1159-1181) erteilte ihm 1177 die Pontifikalien, das heißt das Recht, den Bischöfen zustehende Amtshandlungen, wie Firmung, Ordinationen, Kirchenkonsekrationen, vorzunehmen und sich beim

Gottesdienst bischöflicher Gewänder zu bedienen. Daß sich der kluge Abt auch die Gunst Friedrichs I. zu erhalten wußte, geht aus dem auf Seite 93 angeführten Schreiben des Kaisers sowie aus seiner Anwesenheit bei einer der Aufführungen des Antichrist hervor. Rupert kam aus dem einflußreichen, reichbegüterten Geschlecht der Grafen von Neuburg-Falkenstein, das dem Kloster bereits zwei Äbte gestellt hatte. Seine Amtszeit muß auch eine Zeit äußerer Prachtentfaltung gewesen sein. Unter Heinrich VI. (1190-1197) wurde Tegernsee kaiserliche unmittelbare Abtei mit den vier Erbämtern der Fürstabteien, dem Truchsessen-, Erbkämmerer-, Mundschenk- und Marschallamt, wenn ihm auch der Fürstentitel nicht zugesprochen wurde. Aber der Höhepunkt dieser Epoche war schon überschritten.

Heinrichs VI. kurze Regierung stürzte das Reich, als er unter Hinterlassung eines erst dreijährigen Sohnes, des späteren Friedrich II., starb, in neue Machtkämpfe, die nun auch an Tegernsee wie an anderen Klöstern nicht spurlos vorübergingen. Die im Reich in großen Zusammenhängen um sich greifenden Wirren spiegelten sich auch in den kleinen Gemeinschaften vieler Klöster. Wie im Reich die Großen sich befehdeten und um die Herrschaft stritten, entstand auch in diesen vielfach ein die klösterliche Moral untergrabender Streit um die Führung. Das ging so weit, daß der Tegernseer Abt *Sigibrand* (1339-1347) von dem Bruder eines nach der äbtlichen Würde strebenden Rivalen, Carl Hauzendorfer (1347-1349), ermordet wurde. Diese Untat geschah am 21. Juni 1347 auf der Straße zwischen Rosenheim und Aibling auf dem sogenannten Grabweg, als Sigibrand sich auf dem Heimweg von einem Besuch der österreichischen Besitzungen befand. In den 240 Jahren nach Rupert I. bis zum Anbruch der neuen Zeit mit Kaspar Ayndorffer 1426 hatte Tegernsee nicht weniger als einundzwanzig Äbte! »Außer der schwarzen Kutte war an den Mönchen nichts Geistliches mehr, am Ende legten sie auch diese und den Namen Mönch ab und verpraßten in Gesellschaft mit benachbarten Rittern, die sie mit ihren Frauen und Kindern fast täglich besuchten, das Klostergut.« (Andreas Buchner) Tegernsee war zwar tief verschuldet, aber von den hier geschilderten Zuständen anscheinend doch nicht in demselben Maße betroffen wie andere Klöster. Seinem Konvent gehörten Anfang des 15. Jahrhunderts immerhin schon die später so außerordentlich verdienstvollen Ulrich Stöckl und Kaspar Ayndorffer an, und Tegernsee war es, das die neue Reformbewegung, die den Klöstern erstand, mit solchem Eifer aufnahm, daß es in kurzer Zeit nicht nur seine jahrhundertealte Tradition der Pflege von Kunst und Wissenschaft in würdigster Weise fortführen konnte, sondern wie schon im Zeitalter der Gorzer Reform auch zum Mittelpunkt der neuen Bewegung wurde. Bis dann die Zeit der Klöster als Zentren der Bildung, der Kunst und wissenschaftlichen Forschung endgültig abgelaufen war, und weltliche Institutionen sie ablösten.

Aus Subiaco in den Sabinerbergen – wo einst der heilige Benedikt als Einsiedler in einer Felsengrotte lebte, seine für das abendländische Mönchtum richtungsweisende ›Regula‹ entstand und die von ihm ins Leben gerufene Bewegung ihren Ausgang genommen hatte –, von dort kam jetzt die ernste Mahnung an seine Jünger, sich an den fast in Vergessenheit geratenen Sinn ihres Gelübdes zu erinnern. Angehörige der Wiener Universität hatten sich in das Kloster Sacro Speco mit der Felsengrotte des heiligen Benedikt zurückgezogen, um einen Entwurf zur Erneuerung des monastischen Lebens – wie man heute sagt – zu ›erarbeiten‹. Dieser Entwurf wurde durch den Rektor der Wiener Universität Nikolaus von Dinkelsbühl zusammen mit anderen Gelehrten, wie Petrus von Rosenheim und Nikolaus Seyringer, dem Konstanzer Reformkonzil (1414-1418) vorgelegt und von diesem genehmigt. In der Folge verbreitete sich die Reformbewegung sehr rasch. Schon 1418 übergab

Herzog Albrecht von Österreich das Kloster Melk den Subiacer Reformern. Nikolaus Seyringer wurde sein Abt, Petrus von Rosenheim sein Prior. 1426 unternahm der Generalvikar von Freising, Johann Grünwalder, ein natürlicher Bruder des der Reform aufgeschlossenen Herzogs Wilhelm III. von Bayern (1397-1435), eine Visitation der Klöster der Freisinger Diözese. An ihr nahmen mehrere führende Männer der neuen Bewegung, unter ihnen auch Petrus von Rosenheim, teil. Ihr erster Besuch galt Tegernsee. Es ist anzunehmen, daß während dieses Aufenthaltes die zu Beginn dieses Kapitels zitierte Hymne auf Tegernsee des Petrus von Rosenheim entstand. Das Kloster erhielt die Chance, wieder wie einst zu Zeiten der Trierer Reform eine führende Rolle auch in dieser neuen Reformbewegung zu übernehmen. Der von der Visitationskommission eingesetzte neue Abt, der erst vierundzwanzigjährige Münchner Bürgersohn *Kaspar Ayndorffer* (1426-1461), dem wir bereits in Gmund und Sankt Quirin begegnet sind und im weiteren Verlauf dieses Buches noch des öfteren begegnen werden, rechtfertigte das in ihn gesetzte Vertrauen. Mit tatkräftiger Hand, mit sicherem Blick und Geschick ergriff er die Zügel. Neben der Reformierung des klösterlichen Lebens galt es, wieder eine praktische Existenzgrundlage für das Kloster zu schaffen, die auf 14000 Gulden angewachsene Schuldenlast zu tilgen und darüber hinaus die Mittel für den Wiederaufbau der durch Brände und Mißwirtschaft völlig heruntergekommenen Gebäude zu beschaffen. Innerhalb kurzer Zeit gelang es Kaspar, die Besitzverhältnisse des Klosters zu ordnen, von seinen Vorgängern verschleuderte Güter zurückzukaufen und Erträge zu erwirtschaften. Schon 1429 konnte der eingestürzte Chor der Klosterkirche wiederaufgebaut und an seiner Südseite die doppelstöckige Sakristei mit ihren bis heute erhaltenen wunderbaren gotischen Gewölben angefügt werden. »Im ersten Geschoß entfalten sich, einem steinernen Blütenkelch vergleichbar, aus einer einzigen Säule sternförmige Netzgewölbe mit Renaissance-Malereien. Im Obergeschoß trägt der Mittelpfeiler vier Gewölbe in Kreuzrippenform.« Nach diesen zunächst dringlichsten Baumaßnahmen ruhte in den nächsten Jahren die Bautätigkeit. Wie sparsam, überlegt und gewissenhaft Kaspar wirtschaftete, zeigt die langsam und stufenweise vorgenommene Durchführung der Instandsetzungs- und Verschönerungsarbeiten. Erst ab 1445 war er wieder in der Lage, größere Aufträge zu vergeben. Daß es ihm bei der trostlosen Situation, in der er das Kloster übernommen hatte, überhaupt gelang, die Mittel hierfür in relativ kurzer Zeit aufzubringen, dazu trugen sicherlich auch die üblichen Stiftungen und Spenden für Seelenmessen und Ablässe bei, die dem Kloster, nachdem es wieder zu hohem Ansehen kam, in reichlichem Maße zuflossen. Als 1430 die Ölquelle am Westufer des Sees entdeckt wurde, von der bereits die Rede war, verstand es Abt Kaspar in geschickter Weise, dem Kloster ein weiteres, sicher nicht geringes Einkommen zu verschaffen. Er weihte das Öl dem heiligen Quirinus und sorgte dafür, daß sich der Ruf seiner wundertätigen Heilkraft rasch in weitem Umkreis verbreitete. Das kostbare Brustbildreliquiar des »Maisters Hanns Goltschmid zuo Landsperg« wurde auf einem Altar der Kirche zur Schau gestellt und bald kamen die Wallfahrer in großer Zahl zum heiligen Quirinus, um sein Öl zu kaufen oder ihm Dankesopfer für erfolgte Hilfe und Heilung darzubringen. Überall rings um den Tegernsee begegnet man der ordnenden, aufbauenden Hand Kaspar Ayndorffers.

Ab 1445 konnte mit der würdigen Ausstattung der Klosterkirche zum Jubiläumsjahr 1446, der Feier des siebenhundertjährigen Bestehens des Klosters, begonnen werden. Man wollte die Gebeine der beiden bisher in der Andreaskapelle bestatteten Klosterstifter Adalbert und Otkar in ein Hochgrab inmitten der Kirche übertragen, doch waren die Steinmetzarbeiten für dieses neue Stiftergrabmal, mit denen Meister Hans Haldner aus München beauftragt worden war, erst 1457 beendet. In diesem

Jahr erfolgte dann die feierliche Übertragung der Stiftergebeine. Bei einer abermaligen Umbettung 1693, wurde die Deckplatte des von Hans Haldner geschaffenen Grabmals an den Aufsatz des Westportals der Kirche versetzt, wo sie heute noch zu sehen ist.

Rechtzeitig zum Jubiläumsjahr 1446 wurde jedoch das großartige Altarbildwerk für den Hochaltar der Kirche fertig. Dieser Altar mußte später der Barockausstattung der Kirche weichen. Die Tafeln wurden auseinandergenommen und fanden bis zur Säkularisation als Einzelbilder in Kirche und Kloster Verwendung. Von ihnen sind die Tabula magna und zwei Tafeln aus der Legende des heiligen Quirinus heute im Multscher-Saal des Bayerischen Nationalmuseums in München erhalten. Sieht man die Tabula magna, so ahnt man etwas von der Bedeutung, den Ausmaßen dieser Kirche Kaspar Ayndorffers, von dem Geist dieser Zeit. Wie kraftvoll und lebendig, wie unerhört stark und vielfältig im Ausdruck sind die Gestalten der ›Kreuztragung‹ auf der Mitteltafel, der Seitentafeln mit ›Christus am Ölberg‹ und der ›Entkleidung Christi‹. Mit ihren dramatisch bewegten Gebärden und dem üppigen Faltenwurf der Gewänder fügen sie sich in den geschlossenen Aufbau der Gesamtkomposition. Neben ihnen wirken die beiden Tafeln aus der ›Legende des heiligen Quirinus‹ blaß und kraftlos. Man kann sich des Eindrucks nicht erwehren, daß sie von einem anderen Meister geschaffen sind. Die ›Enthauptung des heiligen Quirinus‹ zeigt den Heiligen in Gebetshaltung vor dem Block kniend, auf dem ihm soeben sein Haupt abgeschlagen wurde. Es liegt, bekrönt mit der kaiserlichen Krone, neben ihm im Staub. Auf der anderen Tafel ist man im Begriff, Sankt Quirinus von der Bahre, auf der er liegt, in einen hinter ihm sichtbaren Sarkophag zu betten. Sein bekröntes Haupt ist wieder angewachsen, ein roter Strich am Hals weist die Stelle, wo es vom Körper abgetrennt war. Leise, ja listig lächelnd deutet er mit der rechten Hand auf seine linke Seite. Ihr entströmt Blut, zwei Mönche sind eifrig dabei, es in einem Gefäß aufzufangen: das Blutwunder des heiligen Quirinus!

Nicht rechtzeitig zum Jubiläumsjahr fertig wurden das oben und im Kapitel über den heiligen Quirinus erwähnte, heute verschollene silberne, mit kostbaren Steinen verzierte Brustbild des Heiligen und die 127 Zentimeter hohe Monstranz, beide 1445 dem Meister Hanns in »Landsperg« in Auftrag gegeben. Daß diese Monstranz, ein Meisterwerk spätgotischer Goldschmiedekunst, in unsere Tage hinübergerettet wurde, ist nur der ›Renitenz‹ der letzten Tegernseer Mönche zu verdanken. Sie entzogen dieses größte Kunstwerk ihres Klosterschatzes dem Zugriff der Säkularisation und mauerten es hinter einem Schrank in eine Wand ein, wo es erst 1825 durch Zufall wieder zum Vorschein kam. In den Jahren zwischen 1448 und 1453 schnitzte Hans Haldner, der Meister des Stiftergrabmales, auch die Holzfiguren für das Chorgestühl; die Kistlerarbeit wird dem Tegernseer Bruder Johannes aus Reichenbach zugeschrieben. Bruchstücke dieses Chorgestühls sind im Tegernseer Heimatmuseum und im Bayerischen Nationalmuseum in München erhalten. Die nächsten Jahre, etwa 1453 bis 1459, galten dem Neubau der Klostergebäude. Hans Haldner, dieser vielseitige Mann, soll ihr Baumeister gewesen sein.

So schuf Kaspar Ayndorffer im Laufe seiner Amtszeit dem Kloster einen seiner Bedeutung angemessenen Rahmen, ohne sich durch den aufblühenden Wohlstand zu Verschwendung und Prunksucht verleiten zu lassen. Getreu der Regel des heiligen Benedikt – die Gleichheit von Freien und Unfreien in Christus verlangt und fordert, daß alles allen gehören solle – lag ihm die Fürsorge für Arme und Kranke besonders am Herzen. An den zahlreichen kirchlichen Feiertagen, an Jahresgottesdiensten und Gedenktagen wurde zum Beispiel Brot, Käse und Klosterkost an Bedürftige verteilt. Es war Brauch, nach dem Tode eines Konventsmitgliedes dessen tägliche Speise dreißig Tage hindurch einem Armen zu verabreichen. In großzügiger

Weise sorgte der Abt dafür, daß begabte Söhne seiner Bauern die Mittel für eine höhere Bildung erhielten; manche von ihnen ließ er sogar an der Wiener Universität studieren. Unterstützt wurde das Kloster in dieser ›sozialen Fürsorge‹ der damaligen Zeit durch Spenden wohlhabender Bürger. Auch Grundbesitz zugunsten Bedürftiger wurde dem Kloster vermacht. Es war eine den damaligen Verhältnissen durchaus angemessene Wohlfahrtspflege, die bei der im Vergleich zu heute so geringen Bevölkerungszahl noch dazu in persönlichem, menschlichem Kontakt zwischen den Spendern und Empfängern erfolgen konnte.

Nicht weniger war die Pflege der Wissenschaften ein Anliegen Kaspar Ayndorffers. Der größte Gewinn für das Geistesleben Tegernsees war das Wohlwollen, ja die Freundschaft, die der 1450 von Papst Nikolaus V. zum Kirchenreformator für Deutschland eingesetzte Päpstliche Legat Kardinal Nikolaus von Cusa (1401-1464), »der erste genuine Platoniker in der christlichen Philosophie und der philosophische Klassiker des deutschen Humanismus« (Ernst Hoffmann) Kaspar Ayndorffer und den Männern um ihn entgegenbrachte. Er kam 1452 zur zweiten Visitation für drei Tage nach Tegernsee und blieb von da an in ständiger freundschaftlicher Verbindung mit dem Kloster, ja er soll sogar eine Zeitlang die Absicht gehabt haben, dort einzutreten. »Cusanus, der den Philosophen der Renaissance den Weg zu Gott weisen wollte, indem er nach dem Gottesgesetz der Einheit und Harmonie suchte, berührte gerade dadurch den Kern humanistischer Auffassung und gab durch seine Anschauungen der Geistesentwicklung Tegernsees eine Richtung, die bedeutungsvoll werden sollte.« (Vergil Redlich) Cusas mystisches Werk ›De visione Dei‹ ist Tegernsee gewidmet. In *Bernhard von Waging*, von 1462 bis 1465 Prior und Berater Ayndorffers und seines Nachfolgers Konrad Ayrinschmalz in Tegernsee, fand Cusa einen Gelehrten und Freund, mit dem er zeitlebens in einem regen, für beide Teile und nicht zuletzt auch für Tegernsee fruchtbaren Gedankenaustausch blieb. Bernhard von Waging »stand als Ziel und Inhalt des Mönchslebens die übernatürliche Gottverbundenheit vor Augen, auf welche das gesamte klösterliche Leben hingeordnet sein soll.« (Martin Grabmann) Er hatte sich die Klosterreform zur Lebensaufgabe gemacht und »suchte sie durch Wort und Beispiel und auch durch unermüdliche schriftstellerische Tätigkeit zu fördern und auszubreiten«. Das von ihm hinterlassene Schrifttum war für die Mystik des ausgehenden Mittelalters ungemein bedeutungsvoll.

Über die Wiener Universität, die als die mathematische Universität des 15. Jahrhunderts bezeichnet wird, kamen Anregungen zu mathematischen und astronomischen Studien. Ihnen widmete sich *Johannes Keck*, der zusammen mit dem bereits früher genannten *Ulrich Stöckl*, dem aus Ostin bei Gmund stammenden feinsinnigen Dichter, 1432 bis 1437 an dem Konzil von Basel teilgenommen hatte. Von beiden sind zahlreiche Briefe und Traktate über dieses Konzil erhalten. Keck wurde, nachdem er 1442 in Tegernsee eingetreten war, »ein großer Astronom, Arithmetiker, Geometer und es gab keinen besseren Magister seiner Zeit.« (Johannes Schlitbacher) Stöckl, »einer der fruchtbarsten Reimdichter des späteren, vielleicht des ganzen Mittelalters«, wurde 1438 Reformabt in Wessobrunn, eine Aufgabe, die die Kräfte des kränklichen Mannes überstieg. Nach nur fünfjähriger erfolgreicher Amtszeit starb er.

Von *Ulrich von Landau* heißt es, er sei neben Bernhard von Waging der bedeutendste Mann im Kloster gewesen. 1467 wurde er sein Nachfolger als Prior. »Durch seine ausgedehnte Tätigkeit auf dem Gebiete der Philosophie, der orientalischen Sprachen, der Astronomie und der Homiletik hatte er eine bevorzugte Stellung in den literarischen Kreisen seiner Zeit.«

Mit diesen Namen sind nur einige der bedeutendsten Männer der Tegernseer Reformzeit genannt, die Wechselbeziehungen zwischen ihnen und den geistigen Zentren der damaligen Welt angedeutet. Viele kamen aus Wien – das aufstrebende Tegernsee, die mehr und mehr von dort ausgehende Reform anderer Klöster, hatte eine große Anziehungskraft für ehrgeizige Männer. Sie betrachteten Tegernsee wohl nicht selten als Sprungbrett für eine höhere geistliche Laufbahn. Tatsächlich wurden ja die Äbte für nicht wenige reformbedürftige Klöster aus den Reihen der Tegernseer Professen geholt, zum Beispiel für Oberaltaich, Seeon, Scheyern, Benediktbeuern, für Sankt Veit und Metten; Augsburg und Fulda, Ettal und Andechs, das österreichische Göttweig und Tiroler Georgenberg wandten sich mit der Bitte um Reformkräfte nach Tegernsee.

Durch Erweiterung der Büchersammlung förderte Tegernsee nach Kräften die Bildung seines Nachwuchses. 1484 war seine Bibliothek auf 1103 Bände angewachsen, im folgenden Jahrhundert wurde sie eine der größten Europas, ihr Bestand übertraf den der Mediceischen und der Vatikanischen in Rom. Nikolaus von Cusa sandte die Schriften des Dionysios Areopagita über mystische Theologie zur Abschrift, er vermittelte Handschriften aus Italien. Mit den Schriften des Enea Silvio Piccolomini und vielen anderen tat sich für Tegernsee eine neue literarische Welt auf.

Es muß ein ungemein reger geistiger Austausch gewesen sein damals, getragen von der freudigen Schaffenskraft Kaspar Ayndorffers. Er war ein Mann von seltener Einsatzbereitschaft, eine durchaus positive Natur, die kein Schwanken und Zaudern kannte. Er selbst sprach es einmal so aus: »O fröhlicher Tod und Tag der Freude, aus diesem Leben zu scheiden, nachdem alles und jedes einzelne zuvor geebnet, wohl geregelt und fest gestärkt ist, was zu unserer Sache als notwendig und förderlich erkannt wird.«

Nach fünfunddreißig Jahren rastloser Arbeit im Dienste der ihm übertragenen Aufgabe war die Lebenskraft dieses vitalen Mannes erschöpft; er starb am 17. Januar 1461 im Alter von nur achtundfünfzig Jahren.

Über sein Lebenswerk konnte ein Wiener Professor an einen Tegernseer Novizen schreiben: »Du bist nicht in irgend ein Kloster eingetreten, sondern in das vortrefflichste unseres Ordens, sicher in das bedeutendste innerhalb der regulären Observanz.«

Unter Ayndorffers Nachfolger *Konrad Ayrinschmalz* (1461 bis 1492) wurde die Abteikirche entsprechend dem sich wandelnden Zeitgeschmack um- und neugestaltet. In den Jahren 1471 bis 1478 erfolgte im Zuge dieser ›Modernisierungen‹ ein Neubau und eine Neuausstattung des Langhauses der Kirche. Ihr mußte ein großer Teil der Altäre aus der Zeit Ayndorffers den Schöpfungen eines, wie uns heute scheinen will, weniger bedeutenden Meisters weichen. Es war der Münchner Bürger und Schwager des Abtes Ayrinschmalz, Gabriel Mäleßkircher, der den Auftrag für vierzehn größere und zwei kleinere Altäre erhielt. Einer der größeren war für die Quirinus-Kapelle »außn an de' see« bestimmt, die anderen für die Abteikirche. Um 1420-1430 geboren, war Gabriel Mäleßkircher hochangesehen in der Münchner Malerzunft, 1485 bekleidete er das Amt des zweiten Bürgermeisters der Stadt. Sein Ruf als ausgezeichneter Maler brachte ihm zahlreiche Aufträge und nicht geringe Einkünfte ein. Sie machten ihn zum wohlhabenden Mann, der sich sogar ein Landgut in Kempfenhausen am Starnberger See leisten konnte. Ob vielleicht das jetzige Kempfenhausener Krankenhaus in seiner sicherlich sehr alten Grundsubstanz auf Mäleßkirchers Landgut zurückgeht, entzieht sich unserer Kenntnis. Dieser so erfolgreiche Mann war im Gegensatz zu dem Meister der Tabula magna »ein Stiller und Feiner im Lande. Er liebt es, schlanke, wie gedrechselte, zierlich bewegte Gestalten in säuberlich ausstaffierte Räume und Gassen oder in anmutige, liebenswürdig mit zartgefiederten Bäumen, lieblichen Hügelwellen, steilen Felskulissen, lichten Wasserflächen und heiteren Schlängelwegen besetzte Landschaften zu stellen ...

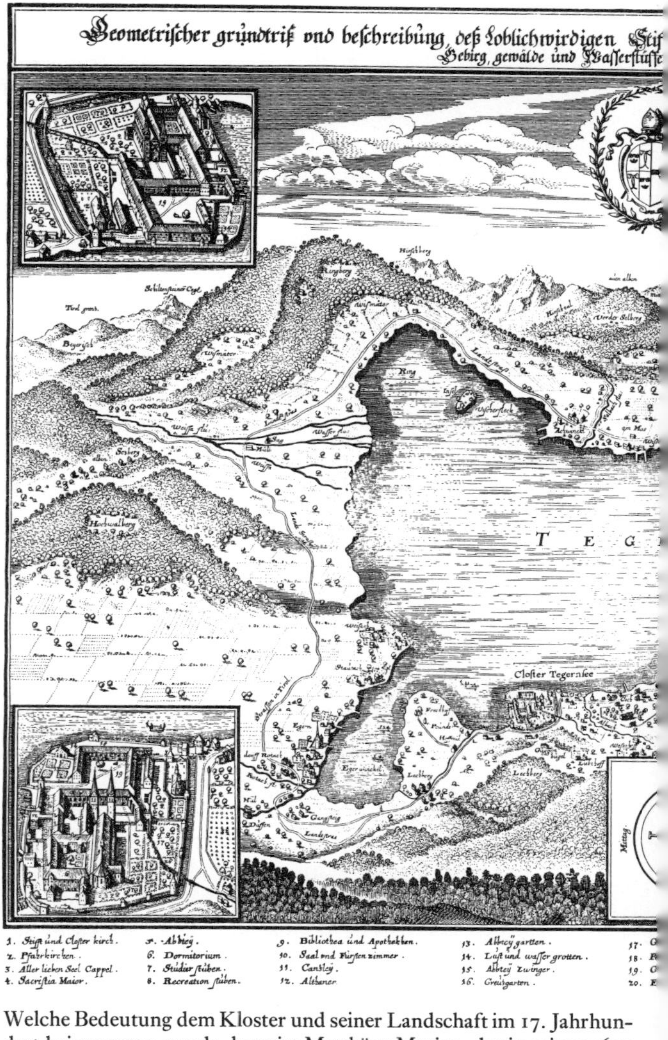

Welche Bedeutung dem Kloster und seiner Landschaft im 17. Jahrhundert beigemessen wurde, beweist Matthäus Merian, der in seiner 1644 erstmals erschienenen ›Topographia Bavariae‹ keinem der vielen bayerischen Klöster und Seen ein topographisch und kartographisch gleicher-

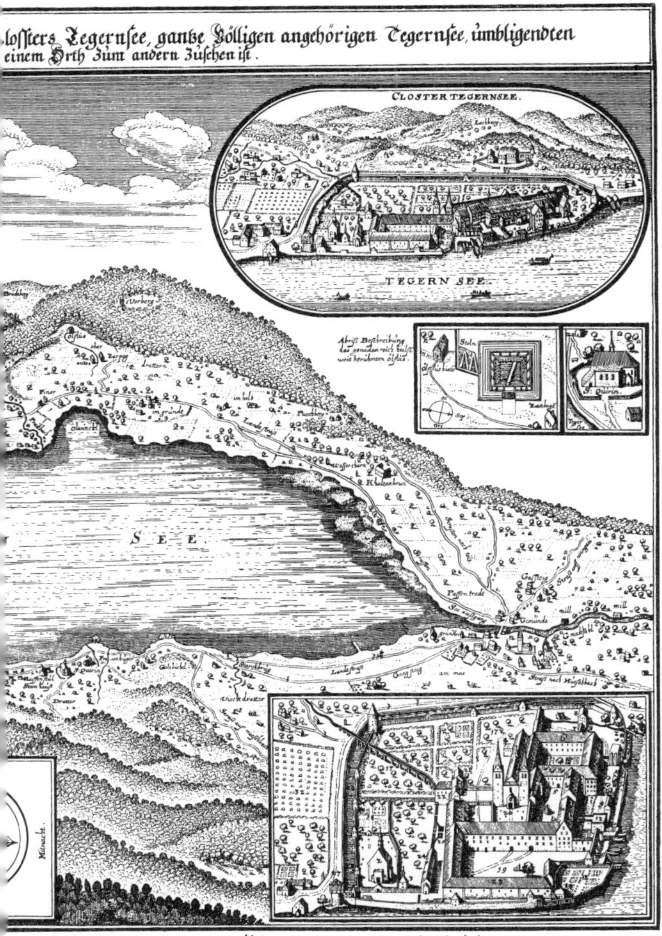

maßen instruktives Blatt gewidmet hat wie *Tegernsee*. In Detailabbildungen finden sich nicht nur die unregelmäßig mittelalterliche Klosteranlage genau dokumentiert, sondern sogar der Ölfluß-Stollen von Wiessee, aus dem das Quirinusöl hervortrat.

Die Skala des psychischen Ausdrucks ist allerdings sehr beschränkt. Hier kommt er über eine allgemeine Gottseligkeit und dünne Empfindsamkeit kaum hinaus ... Er ist in seiner Vorliebe für überspitzte Eleganz, tänzerische Grazilität und modische Ziererei durchaus ein Kind seiner Zeit ...« (Ernst Buchner) Von seinen Altartafeln ist in der Tegernseer Kirche heute nichts mehr erhalten; einige sind im Besitz der Münchner Alten Pinakothek, die meisten in alle Winde verstreut.

Konrad Ayrinschmalz war ein sehr baufreudiger Mann. Von seinen zahlreichen Maßnahmen interessieren uns hier jedoch nur noch die Errichtung der Klosterbefestigung in den Jahren 1477 bis 1486 und die Verlegung der Pfarrkirche Sankt Johann Baptist vom Klosterhof an die nordwestliche Ecke der Festungsmauer zum Burgtor 1463. Unter den Nachfolgern des Konrad Ayrinschmalz wurde unablässig an der Abteikirche und dem Klosterkomplex weitergebaut und verändert, bis dann ab 1678 wieder einmal Altes Neuem weichen mußte und die großartige barocke Anlage entstand, von welcher nur ein Torso auf unsere Zeit überkommen ist.

Optisch tritt der Klosterkomplex zum erstenmal in unser Blickfeld mit dem Holzschnitt des Jost Amman von 1568 für die Landtafeln des Philipp Apian. Man sieht die Baulichkeiten von der Seeseite her, erkennt die Befestigungsmauer und die Klosterkirche. Sie ist von Gebäuden verschiedener Größe und Höhe umgeben, aus denen links von der Kirche der spitze Turm der Burgtorkirche Sankt Johann Baptist herausragt. Der Versuch einer Identifizierung der anderen Bauten würde hier zu weit führen und wäre auch im Rahmen dieses Buches relativ uninteressant. Dagegen lohnt es sich, den Merianstich von 1644 etwas näher zu betrachten, besonders die kleinen, in seinen Ecken wiedergegebenen Detailansichten. Aus ihnen läßt sich manche, einen aufmerksamen Besucher Tegernsees sicherlich auch heute noch interessierende – weil die heutige Situation erhellende – Einzelheit ablesen. Man sieht den Klosterkomplex

Mit diesem Holzschnitt, den Jost Amann für die von Philipp Apian geplante, aber nicht mehr im Druck erschienene bayerische Topographie geschaffen hat, ist uns die älteste Ansicht des *Klosters Tegernsee* überliefert: Sie zeigt den Zustand etwa um das Jahr 1560.

in abgerundetem Viereck von der Befestigungsmauer umzogen. Im Westen und Süden umgibt sie der See, im Norden und Osten ein künstlicher Wassergraben. Es gibt nur zwei Zugänge zum Kloster: Der Landweg führt, von Norden kommend, über die Klosterwacht am heutigen Ortsausgang Tegernsees an die Nordwestecke der Mauer, von dort auf einem Steg über den Wassergraben und durch die Burgtoranlage zur Burgtorkirche und in den inneren Klosterbezirk. Der zweite Zugang, die sogenannte ›Länd‹ an der Westseite der Mauer, ist nur auf dem Wasserweg vom See her erreichbar. Ein Teil der Westmauer ist heute noch erhalten; die ›Länd‹ befand sich ungefähr an der heutigen Motorbootanlegestelle. Über das Gelände der einstigen Burgtoranlage und des Wassergrabens führt jetzt die Bundesstraße. Das Burgtor und die Pfarrkirche mitsamt einem Teil des Wassergrabens fielen den ersten Abbrucharbeiten der Säkularisation zum Opfer. Der nordwestliche Wassergraben wurde mit dem Schutt der abgebrochenen Gebäude gefüllt. Der restliche Teil verschwand bei der letzten Begradigung der Nordostecke der Bundesstraße. Doch ein letztes Relikt der Burgtoranlage ist noch erhalten: das ›Altherrenhaus‹, so genannt nach den alten Herren, den letzten Mönchen, die dort nach der Säkularisation ihre Tage beschlossen. Ein Spaziergang auf dem Seeuferweg beim Schloß führt an ihm und den Mauerresten vorüber. Auf Merians südwestlicher Detailansicht ist auch das von Ayndorffer erbaute Klosterrichterhaus eingezeichnet.

Auf allen Ansichten fällt etwas Merkwürdiges auf: ein Aquädukt, der quer über den Konventgarten gebaut ist. Er war eine Ableitung des Alpbachs, die zum Betrieb der Klostermühle und zur Speisung der Fischkalter diente. Der Fischbedarf des Klosters war groß, erst Abt Quirin II. Rest (1568-1594) erlaubte den Mönchen an drei Wochentagen den Genuß von Fleisch. Bis dahin waren Fische ihr Hauptnahrungsmittel gewesen. Abt Ayndorffer hatte sogar bei Wiessee und in der Gegend um Gmund Fischteiche anlegen lassen – anscheinend reichte der Ertrag des Tegernsees allein nicht aus!

Von den unregelmäßig zusammengewürfelten mittelalterlichen Baulichkeiten blieben bei dem großen 1678 unter Abt *Bernhard Wenzl* (1673-1700) beginnenden barocken Um- und Neubau fast nur die Grundsubstanz der Kirche und der das Ganze umschließende Befestigungsring erhalten. Es war die große Zeit der repräsentativen Kloster-Residenz-Bauten wie zum Beispiel Sankt Florian in Oberösterreich oder Ottobeuren in Schwaben. In Tegernsee entstand ein ihnen im Umfang kaum nachstehender gewaltiger, geometrisch angelegter Komplex mit einem großen Haupthof und zwei kleineren Nebenhöfen. Im Mittelpunkt stand die Kirche. Die besten Architekten, Stukkateure, Maler der Zeit arbeiteten über hundert Jahre an der Vollendung dieser Dokumentation einer auf allen Zweigen des schöpferischen Lebens in höchster Blüte stehenden erstaunlichen Epoche. Aus diesem kaum vollendeten Tegernseer Zeugnis glanzvoller klösterlicher Repräsentanz wurde jedoch durch den nach der Säkularisation begonnenen Abbruch und spätere Umbauten des verbliebenen Restes ein Torso.

Die Jahrhunderte von Kaspar Ayndorffer bis zu Tegernsees letztem Abt, Gregor II. Rottenkolber (1787-1803), sind die glanzvollsten in der langen ruhmreichen Geschichte Tegernsees gewesen. Höhepunkte waren die 1684 auf Betreiben des Abtes Bernhard Wenzl (1673-1700) von Papst Innozenz XI. genehmigte Errichtung einer bayerischen Benediktinerkongregation, der sich neunzehn Abteien anschlossen und deren Präses Abt Bernhard 1692 wurde, und die Erteilung des Primats unter allen bayerischen Äbten an den Tegernseer Abt *Gregor I. Plaichshirn* (1725-1762) durch Kurfürst Karl Albrecht. In die Regierung dieses Abtes fiel auch 1746 das Jubiläum des tausendjährigen Bestehens des Klosters. Es wurde mit einem Glanz gefeiert, der seiner während all dieser Jahrhunderte immer wieder bewiesenen führenden Stellung unter allen bayerischen Klöstern angemessen war.

Es ist nicht möglich, hier auf alle Leistungen des Klosters während seiner letzten Periode einzugehen. Sie sind wie dieses ganze Zeitalter von solch unerschöpflicher Vielseitigkeit, daß hier nur das Wichtigste berührt werden kann.

Da ist vor allem die Einrichtung einer Buchdruckerei 1573 durch Abt *Quirin II. Rest* (1568-1594) zu erwähnen. Sie erlebte unter Abt Petrus von Guetrather (1715-1725) ihre höchste Blüte, erreichte aber schon unter ihrem Gründer eine sehr beachtliche Höhe. Schon 1574 wurde ihr von Kaiser Maximilian II. ein kaiserliches Druckprivileg mit dem Verbot des Nachdrucks der in Tegernsee erstmals gedruckten Werke erteilt. Neben sehr zahlreichen Erbauungsschriften, dem Regelbüchlein des Ordens und Gesangbüchern erschienen alsbald die Werke zweier uns bereits bekannter Männer: 1574 von Johannes Keck ein Bändchen seiner auf dem Basler Konzil gehaltenen Reden ›Sacrorum Sermonum Sylvula‹ und 1576 von Ulrich Stöckl ein ›Psalterium gloriosissimae virginalis Mariae‹. Als Glanzleistungen dieser ersten Zeit sind zwei Drucke hervorzuheben: das erste Werk profanen Inhalts, eine mit vielen

Von der
Hochberhümpten /
Adelichen vnd Ritterlichen Kunst
der Reyterey. In vier Bücher
ordenlich gethaylt.
Durch
Hanns Friderich
Hörwart von Hohenburg
in Truck geben.
Mit Röm. Kay. May. Freyheit /
Getrückt zů Tegernsee.
M. D. LXXVII.

Es ist aufschlußreich für den weltoffenen Geist der Tegernseer Mönche, daß sich bereits eines der frühesten Werke ihrer 1573 gegründeten Buchdruckerei dem profanen Thema der Reitkunst widmet. Hier das mit einem Rahmenholzschnitt aufwendig gestaltete Titelblatt der zweiten Auflage von 1577.

Figuren und Tafeln ausgestattete Schrift ›Von der Hochberhümpten Adelichen vnd Ritterlichen Kunst der Reyterey‹ des Grafen Hans Friedrich Hörwarth von Hohenburg, 1575 erschienen. Sie erlebte innerhalb weniger Jahre fünf Auflagen. Das zweite Werk aus dem Jahre 1576 war eine in braunes Leder gebundene, mit Goldprägung und Goldschnitt versehene Prachtausgabe eines Breviers. Abt Quirin widmete sie dem Herzog Albrecht V. von Bayern; heute bewahrt sie die Bayerische Staatsbibliothek.

»Die musterhafte Ausstattung, die Schönheit der Typen, die künstlerische Abtönung des Schriftbildes, das alles wird Tegernsees Druckerei zu bleibendem Ruhm gereichen.« (Brigitte Amann) Meist waren die Werke in Pergament gebunden, oft bestanden ihre Einbanddecken aus schweinslederüberzogenen Holzplatten. Die jahrhundertelangen Erfahrungen der Tegernseer Buchbinder, von Generation zu Generation weitergegeben, ergänzten die neue Kunst des Buchdrucks auf das schönste.

Übrigens erschien auch ein ›Differentz Büchlin vom Jahre 1576, Von Unterschied etlicher Teutscher Wörter ... allen Teutschen Schreibern, Buchdruckern und Correctoren zu dienst in Truck geben‹, also so etwas wie ein Duden des 16. Jahrhunderts! Er lehrt zum Beispiel:

aacht / des Kaisers aacht,
acht / zwey × 4 ist acht,
achte / ich achte oder schetze es.

Dem Erfolg Tegernsees mißgünstige Druckereien bewirkten um 1585 ein Druckverbot für das Kloster. Es wurde zwar 1588 wieder aufgehoben, aber 1594 starb Abt Quirin II., und seine Nachfolger hatten wenig Interesse für die Lieblingsschöpfung ihres Vorgängers. Dazu kamen die Not des Dreißigjährigen Krieges und in ihrem Gefolge die Pest. Die Unruhen des Spanischen Erbfolgekrieges, der Sendlinger Bauernschlacht legten den Betrieb der Druckerei lahm, wenn er auch während dieser schweren Zeiten im Gegensatz zu Werkstätten anderer Klöster in Tegernsee nie ganz stillstand. Aber erst mit Abt *Petrus von Guetrather* (1715-1725) ging es wieder aufwärts.

Bereits mit vierzehn Jahren in Tegernsee eingetreten, hatte Petrus von Guetrather nach Abschluß philosophischer und theologischer Studien und der Promotion beider Rechte in Salzburg vierzehn Jahre an der Hochschule der Benediktinerkongregation, davon sieben Jahre zugleich als ihr Rektor, gewirkt. 1712 wurde er als Prior nach Tegernsee zurückgerufen, nach drei Jahren zum Abt des Klosters gewählt. Der Münchner Hofmaler Hans Degler, der nach dem Tod seiner Frau im Kloster Tegernsee lebte, schuf dort unter anderem ein Porträt dieses hochgebildeten Mannes. Auf ihm sind die während seiner Regierung errichteten Klosterbauten zu sehen, unter ihnen befand sich auch eine neue Druckerei. Ihr galt seine besondere Fürsorge, denn: »Ich finde nach dem Gottesdienst an nichts eine größere Freude als an dieser Buchdruckerei.« Der traditionelle rege geistige Austausch Tegernsees mit anderen Stätten der Wissenschaften wurde von Abt Petrus in ganz besonderem Maße gepflegt und trug nicht wenig zu einem schnellen Aufblühen der Druckerei bei.

Zunächst wurde der aus der Gründerzeit stammende alte Bestand an Schriften durch eine große Anzahl neuer deutscher und lateinischer Typen ergänzt und ständig auf dem laufenden gehalten. Der Erfolg blieb nicht aus. Mehr und mehr erhielt Tegernsee Aufträge von auswärtigen Klöstern, zum Beispiel von Scheyern für 1000 Exemplare der ›Constitutiones‹; Füssen erteilte einen großen Auftrag, Ettal, Benediktbeuern, Salzburg, Augsburg, Göttweig und andere. Die Tegernseer Mönche waren bald nicht mehr in der Lage, die sich häufenden Aufträge zu bewältigen, manche Besteller mußten vertröstet werden, »indeme solches gleich vorzunemen wegen yberheuffter arbeith unmöglich ist«. Zur Unterstützung der klostereigenen Arbeitskräfte wurden auswärtige Setzer, Drucker und Lehrlinge angestellt. Die Setzer wurden besser bezahlt als die Drucker. Für alle aber wurde gut gesorgt. War ein größeres Werk vollendet, erhielten sie – wie man heute sagt – eine Sonderzulage, ebenso zu Fastnacht und zu Ostern. Nachtarbeit und Überstunden wurden extra bezahlt. Auch mit Kleiderzulagen, zum Beispiel »vor ds neue Klaidt, Camisol und Hossen« oder »vor ain paar neue Strimpf und andrer nothwendig« wurde nicht gespart.

Abt Petrus war es nicht beschieden, die Vollendung des bedeutendsten Werkes seiner Druckerei zu erleben. 1724 waren zwischen ihm und dem Abt Gottfried Bessel (1672–1749) des befreundeten Klosters Göttweig in der Wachau die Verhandlungen über dieses Projekt aufgenommen worden, im Spätsommer 1725 konnte die Arbeit beginnen. Kurz darauf, im Dezember desselben Jahres, starb Petrus von Guetrather. Erst sieben Jahre nach seinem Tod war das Werk beendet. Es war das ›Chronicon Gotwicense‹ Gottfried Bessels, eine in drei Bänden geplante Arbeit über seine Abtei im Rahmen der hochmittelalterlichen Geschichte des deutschen Reiches, mit deren erstem Band »der Ruhm der Tegernseer Druckerei ... weit über die Klostermauern gedrungen war und die Werkstätte dieser Abtei an die Spitze aller alten Bayerischen Klosterdruckereien stellte«. (Brigitte Amann) Die geplanten weiteren zwei Bände kamen übrigens nicht zur Ausführung.

»Weillen das Papier sauber, der Druckh schön und alles übrige bey Ewer Hochwürden Buechtruckherey sehr wohl eingerichtet ist, so wäre es wohl schadt, wann wegen einer nicht gar zu accuraten Korrektur in dieses Werckh verschiedene Fehler sich einschleichen sollten«, hatte Abt Bessel während der Drucklegung nach Tegernsee geschrieben. Die sorgfältige zeitraubende Überwachung der Korrekturen und die schwierige Beschaffung einer ausreichenden Menge von Papier waren die Ursachen für die ständige Verzögerung beim Druck des Werkes gewesen. Für die 1700 bestellten Exemplare benötigte man zweihundert Zentner Papier. Das überstieg die Kapazität der Harlachinger Papierfabrik; immer wieder konnten die mit dem »Papierer Ignaz Mayer in Harlaching« vereinbarten Liefertermine nicht eingehalten werden. Vergeblich versuchte man, von anderen Papiermühlen Material zu erhalten; nur die alte Thalkirchener Mühle konnte etwas aushelfen. In Tegernsee selbst und in Göttweig wurden dazu die zahlreichen Kupfertafeln gestochen, aber auch in Augsburg, Wien und bei dem königlichen Graveur Johann Georg Wolfgang in Berlin wurden Kupferstiche bestellt.

Am 1. April 1733 war es dann so weit: Die 1700 Bände zu je 1000 Seiten in Großfolio wurden, in »Pappendückhl« wohlverpackt, auf Fuhrwerke verladen und über Weyarn und Feldkirchen nach Rosenheim transportiert, von dort auf dem Wasserweg über Inn und Donau bis Stein in Niederösterreich, sozusagen dem Göttweig zunächst gelegenen ›Donauhafen‹. Am 18. April 1733 bestätigte Abt Gottfried Bessel den Empfang des großartig gelungenen Werkes.

In den folgenden Jahren brachten weitere Erfolge dem Kloster schöne Gewinne. Eine große Anzahl seiner Drucke ging an das ›Studium commune‹, die Ordenshochschule der Bayerischen Benediktinerkongregation, und andere Studienanstalten, unter ihnen auch an die Ettaler Ritterakademie. »Mit ihrer Pflege der galanten Disziplinen, der Geschichte, der Geographie, der Befestigungslehre, der neueren Sprachen, aber auch des Reitens, Fechtens, Tanzens und der Musik suchte sie die Bedürfnisse des künftigen ›homo politicus‹ zu befriedigen und wurde dadurch zugleich die Vorläuferin der realistischen Schulgattungen in Bayern« (Michael Doeberl), heißt es von dieser leider nur kurze Zeit blühenden Anstalt.

Alle Aufgaben bewältigte man in Tegernsee »mit dem sicheren Gefühl der Anpassungsfähigkeit gerade des Benediktinerordens an die Bedürfnisse der wechselnden Kulturnotwendigkeiten.« (Simon Geiger)

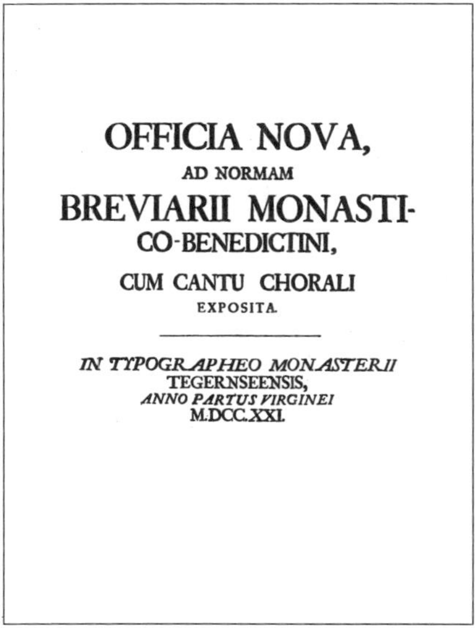

OFFICIA NOVA,
AD NORMAM
BREVIARII MONASTI-
CO-BENEDICTINI,
CUM CANTU CHORALI
EXPOSITA.

IN TYPOGRAPHEO MONASTERII
TEGERNSEENSIS,
ANNO PARTUS VIRGINEI
M.DCC.XXI.

Mit ihrem reichen Schriftenbestand und ihrer bedeutenden Kapazität stand die Tegernser Offizin im 18. Jahrhundert an der Spitze der bayerischen Klosterdruckereien. Auch der Notendruck wurde hier gepflegt, wie die ›Officia nova‹ von 1721 beweisen, deren *Titelblatt* hier abgebildet ist. Die im vorliegenden Buch wiedergegebenen Initialen und Vignetten stammen ebenfalls aus diesem Werk.

Das Ende der Klöster begann sich bereits in der zweiten Hälfte des 18. Jahrhunderts abzuzeichnen, 1803 war dann endgültig Schluß: Sie wurden säkularisiert, das heißt, ihr gesamter Besitz wurde verstaatlicht. Am 21. März 1803 mußte auch die Tegernseer Klosterdruckerei, genau 230 Jahre nach ihrer Gründung, der Klosteraufhebungskommission der Bayerischen Regierung übergeben werden. Ihre komplette Einrichtung wurde im Laufe des nächsten Jahres nach München gebracht und sollte für 1415 Gulden und 47 Kreuzer an den dortigen Drucker Hübschmann verkauft werden. Selbst dieser

Schleuderpreis wurde von Hübschmann dann noch auf 1300 Gulden heruntergehandelt. Den Wert der Schriften berechnete man, da von »alter façon nicht anderst als blos dem Metalle nach«, das heißt also nach dem bloßen Materialwert pro Zentner mit 15 Gulden. Vierundachtzig Zentner und elf Pfund wogen die Kästen mit den Lettern, ihr Nettogewicht schätzte man auf dreiundsiebzig Zentner und dreizehn Pfund ...

Musik lag von allem Anfang an über dem Leben der Tegernseer Mönche. Nach der Regel des heiligen Benedikt ist Harmonie das Gute, Disharmonie das Böse schlechthin. Die Harmonie der Töne läutert den Menschen zu Harmonie, zum Guten in sich selbst und befähigt ihn, es an die Welt weiterzugeben. So war es selbstverständlich, daß die Pflege der Musik stets eine wichtige Rolle in dem Tegernseer Klosterleben einnahm. Sie begleitete den Alltag der Mönche, ihre Andachten und Messen, und sie verlieh ihren Festen einen feierlichen Glanz.

Leider läßt sich heute nur noch aus den in der Bayerischen Staatsbibliothek erhaltenen Bibliothekskatalogen des Klosters aus dem 16. und 17. Jahrhundert die ungeheure Vielzahl der Werke ablesen, die Tegernsee einst besaß. Von der Frühzeit der Gregorianischen Choralmusik bis zur Figuralmusik des Barock finden sich musiktheoretische Schriften, Anleitungen für Orgelpfeifenmensuren, für Glockenproportionen und das Monochord in 26 Folianten ebenso angeführt wie zahllose kompositorische Werke der namhaftesten Tonkünstler der jeweiligen Zeit, aber auch nicht wenige aus den eigenen Reihen der Tegernseer Mönche hervorgegangene Kompositionen. Der Name des Johannes Keck, dieses vielseitigen Mannes, taucht mit einer Einführung in die Musik auf. Pater Wolfgang Sedelius, ein ebenso vielseitiger Mann, der Sonnenuhren fertigte, über die Technik der Malerei schrieb und ein ausgezeichneter Prediger war, ist mit musiktheoretischen Schriften und einer Anleitung über die Anfertigung von Musikinstrumenten vertreten. Seine Dichtung ›Epitaphium christiani‹ vertonte 1532 der am Münchner Hof tätige Komponist und Lutherfreund Ludwig Senfl. Tegernseer und Münchner Dichter und Komponisten ergänzten sich nicht selten gegenseitig. Oftmals gaben die Äbte zu besonderen Festlichkeiten Messen, Hymnen, Melodramen, auch Messen für Landkirchen, die sogenannten ›Missae rurales‹, in Auftrag. Denn Musik sollte auch über die Klostermauern hinausgetragen werden; an dem Segen ihrer Harmonie sollte die Landbevölkerung ebenfalls teilnehmen. Zu ihrer Erbauung kamen ferner, besonders im 18. Jahrhundert, auf der Bühne des Klosterseminars Kantaten und Melodramen zur Aufführung, dargeboten von den im Kloster ausgebildeten Sängerknaben und dem aus Mönchen und Seminaristen zusammengesetzten Orchester. 1728 wurde zum Beispiel das religiöse Drama ›Ecce Agnus Dei‹ von Pater Coelestin Praelisauer aufgeführt. Er war Sängerknabe im Kloster gewesen, später deren Lehrer. Ein anderer Sängerknabe, später ebenfalls Musiklehrer, dann Leiter des Klosterseminars, vier Jahre Pfarrer in Egern, neun Jahre Pfarrer in Loiben in Niederösterreich und Verwalter der dortigen Besitzungen Tegernsees, brachte es sogar zum Abt: *Benedikt Schwarz* (1762-1787), der vorletzte Hüter der Tegernseer Traditionen, und zwar ein vorzüglicher Hüter, der es in unerschütterlichem Gottvertrauen verstand, das Kloster durch die Fährnisse der Aufklärung und die bedrohlichen Anzeichen der nahenden Säkularisation hindurchzuführen. In seine Regierungszeit fällt die Vollendung des letzten Teiles der barocken Klosterbauten, von deren feierlicher Einweihung noch zu sprechen sein wird.

An hohen Festtagen trafen sich Mönche, Seminaristen, Sängerknaben mit Klosterschreibern, Lehrern und auswärtigen Bläsern zu festlichem Musizieren. Meist erklangen eigens zu diesen Anlässen komponierte Werke, wie zum Beispiel 1528 zur Einweihung des Kreuzaltars der Kirche die Messe ›Per signum crucis‹ des Ludwig Senfl. Am 1. Mai 1588 zum goldenen Priesterjubiläum des verdienstvollen Abtes und Gründers der Buchdruckerei, Quirin II. Rest (1568-1594), entfaltete das Kloster, wie es heißt, allen einer Reichsabtei zustehenden Prunk. Nach langer Zeit sollen hierbei auch die vier Erbämter – Erbmarschall, Erbkämmerer, Erbmundschenk und Erbtruchseß – durch vier adelige Herren repräsentiert worden sein. Wenn auch keine zu diesem Anlaß komponierte Musik überliefert ist, so waren diese Feierlichkeiten sicherlich ebenso von festlicher Musik umrahmt wie 1753 die Jubelprofeß des Abtes Gregor I. Plaichshirn (1725-1762), bei welcher ein Melodram ›Sacrificium Noë‹ des Paters Nonnosus Pämer zur Aufführung kam. Unter die Regierung dieses Abtes fielen auch das mit »ausgesuchtem Gepräge« gefeierte tausendjährige Jubiläum des Klosters 1746 und 1761 das goldene Priesterjubiläum Gregors I. Sicher spielte auch bei diesen Festlichkeiten die Musik keine geringe Rolle. Gerade aus dieser Zeit sind die Namen einer ganzen Reihe von Tonkünstlern bekannt, die für das Kloster komponierten, dort Kompositionsunterricht erteilten oder von denen das Kloster gedruckte Werke besaß. Von ihnen sei hier Marianus Königsperger genannt, der beliebte Autor kirchenmusikalischer Werke, der 1747 dem Abt seine sechs ›Missae solennes‹ widmete.

Hoher Besuch zu festlichen Anlässen wurde meist in Gmund abgeholt und unter den Klängen einer Wassermusik auf dem Wasserweg nach Tegernsee geleitet. Am 8. August 1786 kam Bischof Ludwig Joseph von Freising zur Einweihung des Quirinus-Saales im Haupthof-Südflügel der soeben von Abt Benedikt Schwarz, dem ehemaligen Sängerknaben – nur sieben Jahre vor der Säkularisation! –, fertiggestellten Klosteranlage. Er wurde »unter dem Geläute aller Glocken und donnern des großen geschützes an das Gestatt bey der untern Kuchl abgesetzt«. Von dieser Schiffslandestelle unterhalb des neuen Saalbaus im Mittelrisalit des Südflügels ging der Bischof dann durch die Torhalle in den Haupthof und schritt auf die Kirche schräg gegenüber zu. »Kaum betraten Seine hochfürstliche Gnaden nach dero Ankunft die Kirchschwelle, so wurden Höchst dieselbe von dem ganzen hochwürdigen Konvent unter dem gewöhnlichen Pauken- und Trompetenschalle und Zusamleitung aller Glocken erfurchtsvoll empfangen.« Sicherlich erklang bei dem anschließenden Festgottesdienst eine für das Kloster, vielleicht von einem seiner Brüder, komponierte Messe. Und bei dem darauffolgenden Festmahl eine festliche Tafelmusik.

Diese Musik mit ihrem grazilen Einfallsreichtum, ihrer gelegentlich pastosen Feierlichkeit ist – welch freudige Überraschung – heute noch zu hören bei festlichen Konzerten im Tegernseer Barocksaal oder in seiner Schloßkirche, in der Weyarner Stiftskirche, bei sommerlichen Konzerten im Saal des Schlosses Wallenburg bei Miesbach oder auch in den Landkirchen des Kreises. Daß sie wieder zum Leben erweckt werden konnte, ist der Entdeckerfreudigkeit und mühsamen Forschertätigkeit einiger interessierter Musikgelehrter und glücklichen Zufällen zu verdanken. In Weyarn zum Beispiel wurde das gesamte Musikarchiv des Stiftes von dem Holzkirchener Chordirektor, dem geistlichen Rat Matthias Mayer, im Jahre 1946 entdeckt. Es war in einem großen Schrank verschlossen, den seit der Säkularisation niemand beachtet hatte. Etwa sechshundert handschriftliche Werke, davon zweihundert Orchestermessen und siebzig Symphonien kamen zum Vorschein und konnten in langer geduldiger Arbeit gesichtet und katalogisiert werden. Von den Tegernseer Musikalien allerdings ist leider nur ein kleiner Bruchteil in der von König Max I. Joseph 1821 gegründeten Kantorei und an anderen Orten wieder zum Vorschein gekommen. Die frühen Musikhandschriften und Musikdrucke bis zum 17. Jahrhundert wurden 1803 beschlagnahmt; sie sind verschollen. In der Bayerischen Staatsbibliothek befinden sich nur elf Manuskripte aus den letzten beiden Jahrzehnten des Klosters. Trotzdem – ein großer Schatz ist erhalten

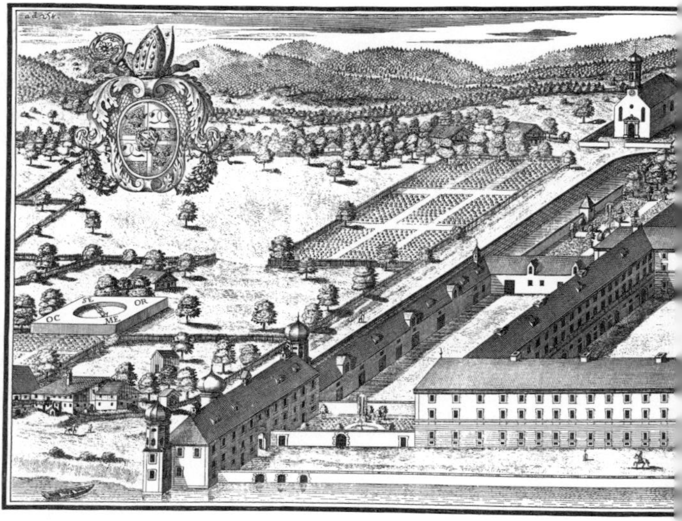

Wie die meisten süddeutschen Klöster suchte sich auch *Tegernsee* im Barock eine neue bauliche Gestalt zu geben, in der vor allem das damals zeitgemäße Streben nach ›Regularität‹ zum Ausdruck kam. Von diesen 1690 bis 1786 währenden Baumaßnahmen berichtet in anschaulicher Weise dieser Kupferstich von Michael Wening aus dem Jahre 1701, der allerdings eine – über die reale Wirklichkeit hinausgehende – Idealansicht darstellt: So wurde etwa der krönende Abschluß, die neue Doppelturmfassade der Kirche, nicht mehr ausgeführt (siehe zum Vergleich die Abbildungen auf Seite 144 und 145).

geblieben. Sorgfältig ausgewählt, bearbeitet und dargeboten erklingen diese Werke heute in den Räumen, für die sie einst geschaffen wurden, vereint sich der immer wieder bezaubernde Phantasiereichtum von Musik und Architektur zu einem alljährlich zahlreiche Zuhörer begeisternden Einklang.

»Etwas für den Bestand von Kirche und Kloster Umwälzendes hat sich am Ende des 17. Jahrhunderts ereignet, seine Spuren erscheinen erstmals im Jahre 1701 in der Vogelschauansicht,

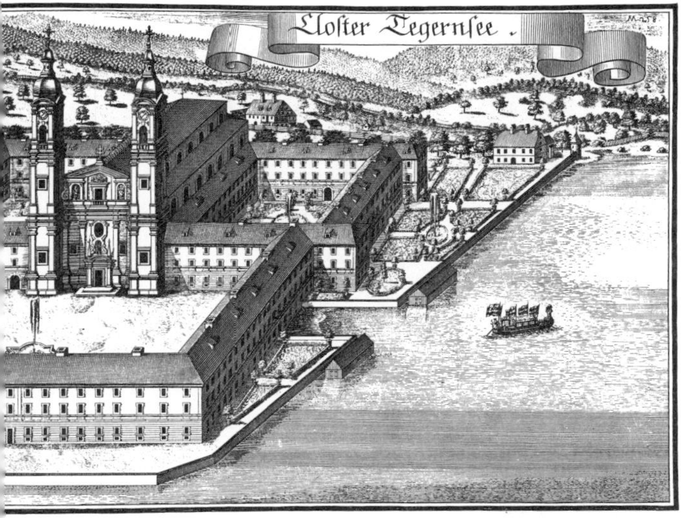

die Michael Wening vom ›Closter Tegernsee‹ gegeben hat«, schreibt Sixtus Lampl. Dieser Weningsche Stich ist die wohl bekannteste Ansicht des barocken Klosterkomplexes. Wohlgemerkt, Wening schuf sie für den 1701 erschienenen ersten Band seiner Bayerischen Landesbeschreibung, als man erst dreiundzwanzig Jahre an dem riesigen Komplex gebaut hatte. Bis zu dessen Vollendung sollten noch fünfundachtzig Jahre vergehen! Wenings Arbeit muß sich also auf einen bereits 1701 existierenden Idealplan für die gesamte Anlage gestützt haben. Zwar kam die Kirchenfront mit den Barocktürmen nie zur Ausführung, aber sonst stand der gesamte Komplex bis auf einige Kleinigkeiten bei der Einweihung seines letzten Trakts im Jahre 1786 so, wie ihn Wening auf seiner Ansicht von 1701 dargestellt hat.

Ohne Zweifel war der Schöpfer des Idealplanes ein »welscher Meister«, aber Sixtus Lampl schränkt die Annahme, dieser Meister sei Antonio Riva gewesen, wie man bisher angenommen hatte, aufgrund seiner Studien und Analysen der Baugeschichte Tegernsees dahingehend ein, daß Riva ab 1689 sowohl den 1678 begonnenen Neubau des Klosterkomplexes wie den 1684 begonnenen Umbau der Klosterkirche zwar weitergeführt, aber nicht selbst entworfen habe. 1701 wurde mit Johann Schmuzer ein Vertrag über den Neubau der nördlichen Bibliothek und des östlichen Konventstocks »dem Modell gemeß« abgeschlossen, doch er starb bereits drei Monate später. 1728 wird Johann Baptist Gunetzrhainer als Bauleiter genannt, der im Auftrag des Abtes Gregor Plaichshirn von 1728 bis 1731 auch das Schloß Achleiten an der Donau bei Strengberg für den Tegernseer Pfleger von Strengberg baute. Sixtus Lampl kommt zu dem Schluß, es könne mit großer Wahrscheinlichkeit angenommen werden, daß der Schöpfer des Tegernseer Idealplanes der Münchner Oberhofbaumeister Enrico Zuccali (1642-1724) gewesen sei.

Wenings Stich vermittelt eine Vorstellung von der einstigen imposanten Weitläufigkeit des Komplexes von fast dreihundert Metern Länge. Bei seinem Anblick wird man sich erst bewußt, was alles eine so weitgehend autarke Gemeinschaft benötigte, was alles die so aufwendig scheinenden Gebäudefluchten beherbergen mußten.

Das Kloster ist im Vergleich zu den früheren Ansichten kaum wieder zu erkennen, schreibt Sixtus Lampl. *Außer der See- und Wassergrabenbefestigung ist fast nichts geblieben. Wo in den bisherigen Ansichten eine Summe von Gebäuden mit je verschiedener Funktion zu erkennen war, nicht unähnlich der Silhouette einer kleinen Stadt, da erhebt sich nun fast nüchtern-klar eine geometrisch-orthogonal ausgerichtete Kloster-Schloß-Architektur, deren hervorstechendstes Merkmal es ist, daß sie mit Ausnahme des Torbaus im Norden und des sich anschließenden Ochsen- und Hühnerstalls alle verschiedenen Funktionen unter einem durchlaufenden, stets gleich hohen Dach und hinter einer einheitlichen Fassade verbirgt. Dem ersten Blick erscheint diese Anlage uninteressanter als die spät-mittelalterliche, weil er nicht ahnen kann, daß das Innenleben dieser Architektur höchst differenziert ist, daß hinter dieser einmal geprägten Fassade sowohl der Marstall wie die Gästeappartements, die Getreidespeicher wie das Sängerknabeninstitut, die Marmorschleiferei wie die Bäckerei, die Brauerei wie die Bibliothek, die Dreschtennen wie die Mühle, die Apotheke wie der Theatersaal, Abteigebäude wie Krankenhaus und Konvent untergebracht sind. Umgekehrt ist es vom Standpunkt einer gesamteinheitlichen Architektur als eine grandios-hervorragende Leistung anzuerkennen, daß es gelang, diese verschiedenen einfachsten handwerklichen wie gehobenen repräsentativen Anforderungen unter ›ein Dach‹ zu bringen als eine stolze Selbstdarstellung klösterlicher Lebensauffassung, wonach alles in gleicher Weise zur Ehre Gottes zu geschehen habe, das, was der Bruder Bäckermeister in der Backstube betreibt, und das, was der Abt im Empfangssaal tut: ut in omnibus glorificetur Deus.*

Nach der Säkularisation

Wie bereits des öfteren erwähnt, begann nach der Säkularisation 1803 der Ausverkauf des vom Staat beschlagnahmten Klosterbesitzes. Vergeblich versuchte der letzte Abt *Gregor II. Rottenkolber* (1787-1803) sich zu widersetzen. Er wurde des Verbergens und der Verschleppung von ›Staatsgut‹ beschuldigt, unter unwürdigen Umständen nach Niederaltaich gebracht und dort festgehalten. Unter der Bedingung des Verzichts auf ihre Ordenskleidung erhielten die zwanzig zurückgebliebenen Mönche 1805 die Erlaubnis, den Konventbau mit Garten von seinem neuen Besitzer, dem Baron Drechsel, für 5000 Gulden zurückzukaufen. Dort lebte Abt Gregor mit ihnen noch fünf Jahre in stiller Zurückgezogenheit. »Er blieb bis zu seinem Tode den Mönchsgelübden und der Stätte, in welcher er sie abgelegt hatte, treu ... und hörte nicht auf, ... mit seiner Pension seine gewohnte Freigebigkeit gegen Notleidende fortzusetzen.« Am 13. Februar 1810 ist dieser wahrlich schwer geprüfte Mann dann gestorben.

Im Jahr der Säkularisation 1803 wurde das Kloster Tegernsee von dem nachmaligen General-Post-Direktor, *Baron Carl Joseph von Drechsel (1778-1838)*, erworben, der im Einklang mit dem damals herrschenden Wirtschaftsdenken sogleich mit dem Demolieren der ›abbruchwürdigen‹ Gebäude begann. 1817 verkaufte er den noch verbliebenen Rest an König Max Joseph: Die auf etwa die Hälfte ihrer ursprünglichen Ausdehnung abgerissene Anlage kostete dabei mehr als das Doppelte seines Gestehungspreises – und den Grafentitel.

Inzwischen hatte sich die Verschleuderung des Klosterbesitzes in ähnlicher Weise wie der bereits geschilderte Verkauf der Klosterdruckerei vollzogen. Und ebenso wie der größte Teil der wertvollen Musikbibliothek verschwand auch der überwiegende Teil der Handschriften, Inkunabeln und Drucke. Von den insgesamt etwa 60000 Bänden der Klosterbibliothek sollen nur 5580 Werke in die Münchner Staatsbibliothek gekommen sein, der Verbleib des Restes ist unbekannt. Vierzehn Tage lang soll das Klosterinventar versteigert worden sein. Es ist als sicher anzunehmen, daß darunter viele unersetzliche Kunstwerke waren, wenn man hört, daß von den vierzehn barocken Altären der Klosterkirche heute nur noch drei vorhanden sind. Der Käufer des gesamten Klosterkomplexes, Freiherr von Drechsel, soll sogar die Absicht gehabt haben, aus der Kirche eine Fabrikhalle zu machen.

Diesem Treiben gebot dann *König Max I. Joseph*, der durch seine Zustimmung zu der von Montgelas betriebenen Säkularisation nicht ohne Schuld an diesem Ausverkauf war, Einhalt. Bei einem Besuch des Tegernseer Tales im Jahre 1817 war er so entzückt von dessen Schönheit, daß er sich hier um jeden Preis ein Refugium schaffen wollte. Drechsel erwies sich erneut als gewiegter Geschäftsmann. Er hatte die 40000 Gulden, die er für den Gebäudekomplex mit allem, was dazu gehörte, bezahlt hatte, durch Verkauf des kostbaren Baumaterials, der Kupferdächer, des Marmors, der Bleirohre, des von ihm abgebrochenen Haupthof-Gebäudetrakts, der erst vor kurzem fertig geworden war, längst wieder hereinbekommen. Er hatte außerdem nebenbei den Konventtrakt für 5000 Gulden an die zurückgebliebenen Mönche verkauft, scheute sich aber nicht, für den Rest der noch verbliebenen Gebäude 90000 Gulden vom König zu fordern. Der Ritter von Lang berichtet, wie der Kauf zustande kam:

Der König, in Unmut über diese Forderung nach dem Verhältnis des ersten Erwerbs und der erfolgten Zerstörung, sprach gleichwohl: »In Gottes Namen, der ...kerl soll sie haben.« Nun wurde zwar das Geld mit hastiger Freude in Empfang genommen, aber über die Zugabe des Beiworts schien man zerknirscht zu sein. Ein Unterhändler, der Staatssekretär v. K., sollte ein Pflaster von heilenden Worten ablocken. Das nahm der König noch übler. »Was will er denn, der ...kerl?« Als nun Herr v. K. demütigst vorstellte, daß sich Herr von Drechsel hinlänglich aufgerichtet und getröstet fände, wenn ihn nur ein zweites Wort seiner Majestät zum Grafen erhöbe, so meinte man, wenn es weiter nichts sei, das solle er haben, und mit dem Posthorn im Wappen dazu.

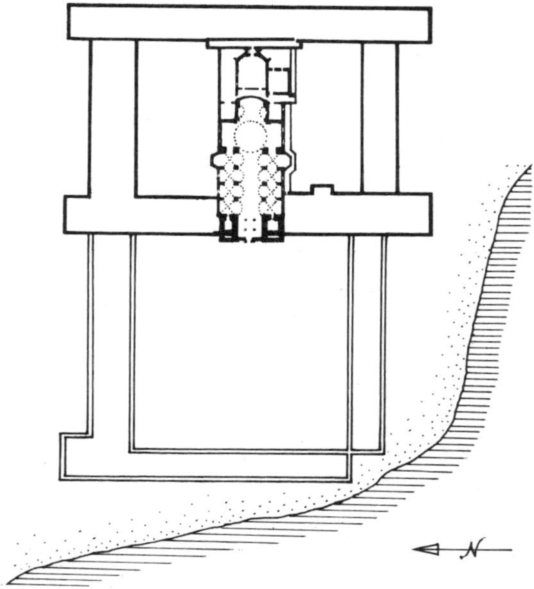

Schematischer *Grundriß der Tegernseer Klosteranlage* in ihrer nach Abschluß der barocken Baumaßnahmen 1786 erreichten größten Ausdehnung. Von der monumentalen Anlage blieben nach Abbruch der Gebäude um den Haupthof (im Plan licht gezeichnet) zwischen 1803 und 1817 nur die Kirche und die Trakte um die beiden kleinen Binnenhöfe (im Plan fett angelegt). An der Stelle des Haupthofes entstand im 19. Jahrhundert der – inzwischen wieder verschwundene – sogenannte Schmetterlingsgarten.

So wurde denn aus dem Freiherrn ein Graf – und aus dem Kloster ein Königsschloß, das heißt der Ruhesitz eines alternden Königs, der sich dorthin in die ländliche Stille zurückzog, sooft er konnte.

Bis zum Erwerb von Tegernsee hatte Max I. Joseph die Sommermonate meist in Nymphenburg verlebt. Es zeugt von seiner natürlichen Menschlichkeit, daß nun, nachdem er den Zauber der einfachen Natur von Tegernsee und seiner Umgebung kennengelernt hatte, die prunkvollen Sommerresidenzen seiner Vorgänger, wie Schleißheim und Nymphenburg, ihn nicht mehr anzuziehen vermochten. Zur Vervollständigung seines Besitzes kaufte er 1817 den von den letzten Mönchen bewohnten Konventtrakt hinzu und stellte ihnen das noch erhaltene, nunmehr Herrenhaus genannte, kleine Gebäude an der Nordwestecke beim ehemaligen Burgtor zur Verfügung. Dort lebten sie zusammen, bis zuletzt Werken der Wohltätigkeit hingegeben. Ja über den Tod hinaus wirkte ihr Geist zum Segen Tegernsees. Einer von ihnen, Ulrich Heimgreiter, war Pfarrer von Tegernsee geworden und stiftete aus dem ihm vermachten Nachlaß seiner Mitbrüder einen Distriktsarmenfonds, eine Krankenpflegeanstalt und eine Sparkasse.

Max Joseph ließ das, was von den ehemaligen Klostergebäuden übriggeblieben war, keineswegs aufwendig um- und ausbauen, sondern von seinem Hofbaumeister Leo von Klenze in einfacher Weise für seine und seiner großen Familie Bedürfnisse umgestalten. Dabei ging leider, beeinflußt von dem sich wandelnden Zeitgeschmack, noch manche Kostbarkeit verloren, die dem Zerstörungswerk der Säkularisation entgangen war, wie der Stuck des Johann Baptist Zimmermann und die Fresken des Hans Degler im ehemaligen Refektorium.

Johann Baptist Zimmermann hatte bereits als eine seiner ersten Arbeiten das Vorgänger-Refektorium stuckiert. Das geht aus seinem Gesuch vom 14. März 1710 um das Bürgerrecht in Freising hervor, in welchem er die bisher von ihm vollendeten Arbeiten anführt und schreibt, er habe »als Stockhatorer auf Marmorarth da vnd dorth in dem landt, als zu Tegernsee das refectorium ... gemacht«. 1728 ließ Abt Gregor Plaichshirn an der Südecke des östlichen Klostertrakts ein neues Refektorium einrichten. Es lag unter dem von Niklas Lichtenfurther stuckierten Rekreationssaal, der heute als Aula und Konzertsaal dient. Zimmermann erhielt, wie es in dem Vertrag vom 12. April 1728 heißt, den Auftrag zur »verfertigung des Neuen Refectoriy alhier zu gemelten Tegernsee: als bey welchem nit allein das Völlige Corniche, vnnd

Die *Fassade* der ehemaligen *Tegernseer Klosterkirche* einst und jetzt: Links die alte Westseite, wie sie sich von 1690 bis 1824 darstellte, mit den zwischen 1004 und 1012 entstandenen romanischen Türmen, den 1465 aufgesetzten gotischen Helmen und dem 1690 neugestalteten Westwerk; rechts die von Leo von Klenze 1824 klassizistisch umgeformte heutige Fassade, deren Turmhelme entgegen landläufiger Meinung dieselbe Höhe wie ihre Vorgänger besitzen.

plafond od(er) döckhen mit erhabenen Laubwerch zu decorieren, sonndern auch die in dem de(re)ntwillen gemachten Riss entworffene fensterpögen, vnnd pfeiller … zuverferttigen …« Es folgen ausführliche, detaillierte Angaben über die gewünschte Ausschmückung des Raumes. Johann Degler schuf die drei Deckenfresken.

Wo das erste von Zimmermann vor 1710 stuckierte Refektorium lag, wann es seine Dekoration verlor, davon ist nichts überliefert. Die Ausstattung des zweiten Refektoriums von 1728 dagegen wurde nach der Säkularisation vernichtet. Es heißt, Königin Caroline – die ja aus dem Hause Baden stammte und evangelisch geblieben war – habe sie entfernen lassen, als sie den Raum zu einem protestantischen Betsaal umwandeln ließ. Der Zeitgeschmack mag dabei eine Rolle gespielt haben.

Ob die von Klenze vorgenommene Umgestaltung der Westfassade des Gebäudekomplexes von Bräuhaus, Kirche und Schloß eine gelungene Lösung ist, darüber läßt sich streiten, vor allem, weil durch sie die Türme der Kirche jetzt unproportioniert niedrig wirken. Ansichten aus der Zeit vor dem Umbau zeigen, daß die Eingangshalle zur Kirche aus der Front der übrigen Gebäude herausragte. Jetzt stehen die Kirchenfassade und die Seitentrakte in einer Flucht. Klenze setzte den Türmen bis zur Höhe der Eingangshalle eine Front vor, und auf das Ganze kam dann eine Balustrade. Durch diese Maßnahmen wirkt der in der alten Position verbliebene, hinter der neuen

Im Jahre 1786 war der Neubau der barocken Klosteranlage zwar endlich abgeschlossen, aber die *geplante Erneuerung der Kirchenfassade* fiel der Ungunst der aufklärerischen Spätzeit des 18. Jahrhunderts zum Opfer: Links die Fassade nach dem von Michael Wening überlieferten Idealplan von 1678 (vergleiche die Abbildung auf den Seiten 136-137), rechts die leicht modernisierte Lösung nach dem zwischen 1782 und 1803 entstandenen Holzmodell von Jakob Staudacher im Heimatmuseum Tegernsee.

Front nun zurücktretende Oberbau der Türme zu kurz geraten. Dies fällt besonders auf, wenn man sich dem Schloß vom See her nähert. In der Literatur wird meistens die Ansicht vertreten, die Türme seien von Klenze »erniedrigt« worden (Pirmin Lindner), sie seien »bis 1817 um ein oder zwei Stockwerke höher« gewesen (Michael Hartig), Klenze habe »den Oberteil abtragen und neu aufbauen lassen« (Georg Hager nach Joseph von Hefner). Aber Sixtus Lampl sagt hierzu: »Vom Standpunkt der Maßanalyse kann man nur sagen, daß die jetzigen Turmhelme hinsichtlich ihres Maßes mit den spätgotischen Turmhelmen völlig identisch sind, das Grollen auf den ›Turm-Erniedriger‹ Klenze also gänzlich unberechtigt ist.«

Der Umbau des Hochaltars und der beiden Seitenaltäre in klassizistischem Geschmack, die Abtrennung des ehemaligen Mönchschors durch eine nicht sehr geglückte Trennwand hinter dem Hochaltar haben störende Elemente in den barocken Kirchenraum gebracht.

In den wenigen Jahren, die er sich seines Besitzes noch erfreuen konnte – er starb 1825 –, lebte der König beschaulich wie ein einfacher Landedelmann in Tegernsee. Auf seinen Spaziergängen rund um Tegernsee ließ er sich mit den Bauern und Handwerkern jovial in Gespräche ein, wovon noch so manche Anekdote erzählt. Gerne kehrte der Bürgerkönig auch bei Bauern ein, die ihn dann samt seiner Familie mit einer herzhaften Brotzeit, wie sie der Bauernhof gerade hergab, bewirteten. Lorenzo Quaglio hat eine solche Szene beim Pflegelbauern 1824 in einem köstlichen Ölbild überliefert, Joseph Petzl ein ähnliches Ereignis beim Leitnerbauern. Nur bei den Besuchen fremder Potentaten, zum Beispiel während der Anwesenheit des Zaren Alexander I. von Rußland und des Kaisers Franz I. von Österreich 1822, wurde höfischer Glanz entfaltet: Beide waren nahe Verwandte, der erste sein Schwager, der zweite sein Schwiegersohn. Sonst liebte er es, sich mit den Landleuten zu unterhalten wie ein guter Hausvater und helfend einzugreifen, wo es ihm angebracht schien. Von Jugend an war er immer großzügig gewesen – früher, als er das flotte Soldatenleben in Straßburg in vollen Zügen genossen hatte, stürzte er sich oft in hohe Schulden –, jetzt im Alter fand er seine Freude darin, anderen Freude zu machen. Vielleicht spielte hier in Tegernsee auch ein bißchen schlechtes Gewissen mit. Denn hier sah er, hier wurde ihm wahrscheinlich erst klar, welch ein schmerzhafter Eingriff in das Leben der Bevölkerung die aus mancherlei staatspolitischen Gründen vielleicht notwendige, von seinem Minister Montgelas aber allzu rigoros durchgeführte Säkularisation gewesen war. Viele hatten mit dem Kloster nicht nur eine Zuflucht in allen Lebensnöten verloren, sondern auch ihre Existenz. Das Wirtschaftsleben des ganzen Tales lag brach. Max Joseph versuchte, hier im kleinen gut zu machen, was er im großen zwar nicht hatte verhindern können, aber doch in der Form, in der es geschehen war, hätte verhindern müssen.

An seinem schönen Besitz muß der König eine geradezu kindliche Freude gehabt haben. Er wurde nicht müde, überall rings um Tegernsee Spazierwege anlegen zu lassen, ja auf der Point, dem Ausläufer des Leebergs gegenüber von Egern, und auf dem Höhenweg am Hang des Leebergs ließ er sogar überdachte kleine Pavillons errichten, damit man sich wettergeschützt der schönen Aussicht auf den See und die Berge erfreuen konnte. Nach ihrer Regenschirmform wurden diese Pavillons ›Paraplui‹ genannt. Sie stehen heute noch, und eine Inschrift am ›Großen Paraplui‹ erinnert daran, daß der König es sich nicht hatte nehmen lassen, seine Gäste, den Kaiser Alexander I. von Rußland und den Kaiser Franz I. von Österreich, am 9. Oktober 1822 hierher zu führen. Natürlich zeigte er ihnen auch voll Stolz den schönsten Aussichtspunkt auf den See und seine Bergkulissen: Kaltenbrunn, das ehemalige Klostergut, das er 1821 ebenfalls erworben hatte. Zu Ehren der hohen Gäste fand dort eine der von Max Joseph ins Leben gerufenen See- und Bergbeleuchtungen statt, die bis zum Ende des 19. Jahrhunderts bei festlichen Anlässen, bei Geburtstagen und Hochzeiten in der königlichen und später herzoglichen Familie traditionell wurden. Einige dieser Festlichkeiten sind in der Vorhalle der ehemaligen Klosterkirche auf großen, die Wandfresken des Hans Georg Asam verdeckenden Tafeln verewigt. Statt der Legende des heiligen Quirinus, die auf Asams Fresken dargestellt ist und von welcher nur noch auf der Decke der Vorhalle einige Szenen zu sehen sind, kann man jetzt von den Tafeln die Namen der Gäste ablesen, die zum Beispiel anläßlich des Besuches der beiden Kaiser anwesend waren oder an der Hochzeit von Ludovika, der Tochter des Königs, am 9. September 1828 teilnahmen.

Ludovika heiratete jenen populären Herzog Max in Bayern, nach welchem die Gmunder Taverne ihren Namen erhielt. Im Volksmund hieß er der ›Zithermaxl‹, denn als begeisterter Zitherspieler und Sammler oberbayerischer Volkslieder liebte er es in jungen Jahren, ungezwungen und möglichst unerkannt mit den Dorfleuten des bayerischen Oberlandes zu musizieren. Damit trug er nicht wenig dazu bei, daß die Volksmusik lebendig blieb, und war sozusagen der Wegbereiter der Pflege des Volksliedes im Tegernseer Tal durch spätere Generationen. Diese Pflege fand in Kiem Pauli und seinem berühmten Sängerfest in Egern 1930 ihren Höhepunkt.

Die Hochzeit dieses jungen Paares muß eines der größten Feste gewesen sein, das Tegernsee erlebt hat; die ganze Bevölkerung nahm an ihm teil. »... Alles flatterte von seidenen Bändern, die Böller knallten, und fidelnd kamen die Miesbacher Musikanten herbei. Alle Armen wurden gespeist und mit reicher Spende bedacht; vierzig Burschen und Mädchen im Sonntagsstaat sollten mit Laubgewinden Spalier bilden.«

König Max I. Joseph erlebte diese Hochzeit nicht mehr, doch war die Ehe noch zwischen ihm und dem Großvater des Bräutigams, dem Herzog Wilhelm in Bayern, vereinbart worden.

Nach dem Tode des Königs wurde Tegernsee der Witwensitz der *Königin Caroline.* Sie liebte Geselligkeit. Meist versammelte sich in den Sommermonaten ihre zahlreiche Familie um

König Max Joseph von Bayern (1756-1825) erwarb auf Betreiben seiner Gemahlin Caroline 1817 den Rest der Klostergebäude, bewahrte sie vor dem weiteren Abbruch und revitalisierte das ehemalige Kloster Tegernsee als Sommerresidenz. Er setzte damit unbeabsichtigt eine Bewegung in Gang, aus der sich alsbald eine beliebte ›Sommerfrische‹ und schließlich der Fremdenverkehr heutigen Stiles entwickelte.

sie. Dann fanden Theatervorstellungen im ehemaligen Rekreationssaal des Klosters mit dem Huldigungsfresko für Abt Gregor Plaichshirn, 1731 von Melchior Bucher geschaffen,

Königin Caroline von Bayern (1776–1841) kannte Tegernsee mindestens seit 1806, als sie in Begleitung des neuen Besitzers, Baron Drechsel, wiederholt das ehemalige Kloster besuchte und dabei die herrliche Gegend in ihr Herz schloß. Auf ihr Betreiben erwarb der König dann 1817 die Klostergebäude und vermachte sie ihr nach seinem Tode als Witwensitz, den Caroline von 1825 bis 1841 in den Sommermonaten regelmäßig bewohnte.

und dem schönem Rocaillestuck Niklas Lichtenfurtners, in der Art Franz Xaver Feichtmayers, statt. Berühmte Künstler wie Paganini konzertierten damals dort, und auch heute gibt dieser Saal den Rahmen für die sommerlichen Konzerte.

Zu den Mahlzeiten versammelten sich die Gäste der Königin im ›Bankettsaal‹, dem ehemaligen Empfangssaal des Abtes. Dort ist jetzt das Heimatmuseum untergebracht. »König Ludwig zählte, ohne die Kinder mitzurechnen, bei Tisch achtzehn Verwandte und registrierte, dieses Essen habe geschlagene zwei Stunden gedauert«, wird von einer dieser Familientafeln berichtet.

Ganz besonders denkwürdig verlief der Sommer 1838, als das russische Kaiserpaar nach Bad Kreuth kam. Offiziell unterzog sich die Kaiserin Charlotte, eine Schwester des Königs Friedrich Wilhelm IV. von Preußen, der seinerseits der Schwiegersohn der Königinwitwe war, dort einer Kur. Inoffiziell aber kam Zar Nikolaus I. als Brautwerber für seine Tochter Maria. Sie heiratete dann auch später Herzog Max von Leuchtenberg, einen Enkel Max I. Josephs aus der Ehe seiner ältesten Tochter Auguste mit dem Stiefsohn Napoleons, Eugène Beauharnais, dem späteren Herzog von Leuchtenberg. In ununterbrochener Folge fanden in Tegernsee anläßlich des Besuches des Kaiserpaares Tanzvergnügen, Komödien, lebende Bilder, Promenaden und Bankette statt. Einer der Teilnehmer, der Marquis de Rezende, berichtet hierüber einem Freund:

Stellen Sie sich ein Kloster vor, in dem außer den Laien 250 Mönche Platz hatten ... und statt dieser Patres eine Versammlung von gekrönten Häuptern, Prinzen und Prinzessinnen von fast allen deutschen Staaten mit ihren Suiten, Oberhofmeistern und Oberhofmeisterinnen, Hofdamen, Kämmerern, Adjutanten, hohen und mittleren Diplomaten, katholische Kapläne, protestantische Kapläne, griechische Kapläne ... eine Unmenge Politiker, eine Spezies Zugvögel. Sie verstreuen sich in die Berge wie eben die Zugvögel im Herbst ... Dazu eine Menge Dienerschaft und sechs Dutzend Tiroler mit wirrem Haar, Apostelfiguren, die wie Furien durch die Korridore laufen. So ähnlich ist das Bild im Innern dieses säkularisierten Klosters.

Nun zum Tageslauf in diesem Turm von Babel ... Ich bin durch das Übermaß an Auswahl so verwirrt, daß ich nicht weiß, wo beginnen. Morgens kann jeder auf seinem Zimmer frühstücken, wann er will. Zu einer bestimmten Stunde vereinigen sich dann alle zivilen Patres und Matres in einem an den Vatikan gemahnenden Saal mit Bibliothek und einigen Spielen, wobei keiner etwas verliert außer die Geduld. Dort erwartet man alle erhabenen Bewohner, die nach einigen nichtssagenden Gesprächen bei Regen und Sonnenschein promenieren. Nach drei Stunden kommt man zurück und es beginnt die Contredance der Tiroler Furien. Um dreieinviertel verkünden Diener in den einzelnen Zellen, daß um viereinviertel neue Contredances stattfinden werden. Man erscheint in Frack mit Stiefeln und schwarzer Kravatte, wenn der König da ist, mit weißer. Man versammelt sich in dem Salon neben dem Refektorium, wo die Kaiserinnen, Königinnen und sonstige Fürstlichkeiten sich einfinden. So um fünf setzt man sich zur Tafel, die bis sechs oder halb sieben dauert. Anschließend wird eine Stunde lang in einem anderen Raum Kaffee getrunken, und daraufhin ist man sich in seinen Zimmern etwas sich selbst überlassen. Es folgen – jeden Tag später – Diner, Komödie und lebende Bilder im Theatersaal. Majestäten und Hoheiten nehmen in dem benachbarten Garten Kaffee, während sich die höher gestellten übrigen Sterblichen um die Tische gruppieren. Majestäten und Hoheiten sehen an Feiertagen Bauerntänzen zu oder Bilder in den Prachtalben an, oder die Darsteller der Komödien stellen Charaden. So verbringt man die Zeit bis zum Souper, woran unsere Herrin nur selten teilnimmt ... Um Mitternacht ist Schluß, um am nächsten Tag wieder von vorn zu beginnen.

Es ist bezeichnend für die damalige Betrachtungsweise, daß die »sechs Dutzend« Gebirgler, die man zur Unterhaltung der illustren Gäste mit einheimischen Tänzen aufgeboten hatte, in diesem Bericht als »Tiroler« bezeichnet werden. So wie heute noch der Tegernsee und seine Umgebung als Inbegriff Oberbayerns oder die Miesbacher Tracht als die genuin oberbayerische Tracht schlechthin angesehen werden, faßte man in jenen

Jahren um 1800 und noch lange danach alles Alpenländische nicht selten unter dem Begriff des »Tirolischen« zusammen, das damit – vor allem in der verkürzten Optik der nur oberflächlich unterrichteten Rheinländer und Norddeutschen, besonders aber auch der reiselustigen Engländer und Franzosen – zu einem viel mißbrauchten und auch heute noch nicht ganz ausgestorbenen Sammelbegriff geworden war.

Eine stattliche Anzahl dieser »sechs Dutzend Tiroler« kann man übrigens heute noch auf einer Darstellung eben dieser von dem redseligen Marquis de Rezende erwähnten »Contredances« sehen, unter deren hochtrabendem Namen sich nichts anderes verbirgt als der gute alte Schuhplattler. Das Blatt (Abbildung Seiten 248-249) entstand in direktem Zusammenhang mit dem Kaiserbesuch in Tegernsee und Bad Kreuth, worüber im Kapitel ›Im Gebirg‹ noch genauer berichtet wird.

Königin Caroline setzte ihren Stiefsohn *Prinz Carl*, den 1795 geborenen jüngeren Bruder König Ludwigs I., zum Erben ihrer Tegernseer Besitzungen ein. Ludwig und Carl waren die einzigen Söhne Max Josephs aus seiner ersten Ehe mit der früh verstorbenen Prinzessin Auguste Wilhelmine von Hessen. Seine zweite Gemahlin Caroline, eine geborene Prinzessin von Baden, hatte ihm neben sechs Töchtern nur einen Sohn geboren, der im Kindesalter starb.

Mit dem Prinzen Carl kehrte Stille in die Mauern Tegernsees ein. Er übernahm den Besitz nach dem Tode Carolines 1841 und lebte von nun an teils in Tegernsee, teils in München in seinem 1803 von Karl von Fischer ursprünglich für den Abbé Salabert gebauten Palais. Dieses ›Prinz-Carl-Palais‹, damals inmitten von Grünflächen und praktisch am Eingang zum Englischen Garten gelegen, gab später mit seiner ausgewogenen klassizistischen Fassade dem Abschluß der Prinzregentenstraße einen ruhige Vornehmheit ausstrahlenden Akzent. Heute braust der Verkehr an zwei Seiten an ihm vorüber und durch ein Tunnel, das sich vor seiner Front in die Tiefe senkt, unter ihm hindurch. Dem Ansturm des technischen Zeitalters ausgeliefert steht das Palais ausgerechnet jenes Mannes, der schon vor mehr als hundert Jahren ein fanatischer ›Umweltschützer‹ war. Nicht selten erwarb er in Tegernsee besonders schöne alte Bäume zu hohen Preisen, um sie vor der drohenden Axt zu bewahren. Und als 1869 eine Telegraphenstation in Tegernsee eingerichtet wurde, mußten die Kabel auf seine Kosten unterseeisch verlegt werden, damit die Landschaft durch die Telegraphenstangen nicht verunstaltet werde.

Prinz Carl ging zeitlebens unbeirrt und unbeeinflußt von Konventionen den Weg, den ihm sein gerader, durch und durch vornehmer Charakter vorschrieb. Der ›beaux prince de Bavière‹, dem auf dem Wiener Kongreß, wohin er seinen Vater begleitet hatte, die Herzen der Damenwelt zugeflogen waren, schloß zweimal bürgerliche Ehen, und zweimal stellte er, dem als Zweitgeborenen traditionsgemäß die militärische Laufbahn bestimmt war, sein militärisches Amt zur Verfügung. Einmal, wie es heißt, wegen Meinungsverschiedenheiten mit dem Feldmarschall Fürsten Wrede, das zweite Mal, nachdem er im Krieg gegen Preußen 1866 den Oberbefehl über die bayerische Armee übernommen hatte und man ihm mangelhafte Koordinierung der Operationen mit den Truppen der verbündeten Staaten vorwerfen wollte, die angeblich den unglücklichen Ausgang des Krieges zur Folge hatte. Auch die Annahme der griechischen Krone hatte er ausgeschlagen, für ihn ging dann sein junger Neffe Otto 1832 nach Griechenland.

1866 zum zweitenmal verwitwet, zog sich Prinz Carl nach Tegernsee zurück. Seine Kinder und Kindeskinder – er hatte aus erster Ehe drei Töchter –, Arme und Kranke, denen schon immer seine besondere Fürsorge gegolten hatte, wurden nun vollends zu seinem Lebensinhalt. Schon bald nachdem ihm zu seinem eigenen sehr beträchtlichen Vermögen die Erbschaft Tegernsee zugefallen war, hatte er zur Bearbeitung von sozialen

Notfällen ein Büro eingerichtet, in dem drei Beamte ausschließlich mit dieser Aufgabe betraut waren. Er ließ sich über jeden einzelnen Fall genau unterrichten, unterstützte großzügig soziale

Prinz Carl von Bayern (1795-1875), jüngerer Bruder König Ludwigs I., hatte Tegernsee von seiner Stiefmutter, Königin Caroline, 1841 geerbt und das Schloß zunächst als Sommersitz, seit 1866 aber, zum zweitenmal verwitwet, als ständigen Wohnsitz gewählt. Mit seinem Namen sind nicht nur ein vielseitiges soziales, wirtschaftspolitisches und heimatpflegerisches Wirken, sondern auch heute noch geltende Bezeichnungen wie ›Prinzenweg‹, ›Prinzenkapelle‹ oder ›Prinzenruhe‹ verbunden.

Einrichtungen, half im kleinen durch finanzielle Zuwendungen, wenn es ihm angezeigt schien, oft auch durch Anweisung von fehlendem Handwerkszeug, von Maschinen oder auch von Kleidung. Ungefähr zwanzigtausend Fälle sollen jährlich von seinen Beamten bearbeitet worden sein. So ist es nicht verwunderlich, daß er in Tegernsee und weit darüber hinaus hochverehrt und geliebt wurde und in manchem Namen – wie dem ›Prinzenweg‹ und der ›Prinzenkapelle‹ in Tegernsee oder der ›Prinzenruhe‹ und dem gleichnamigen Weg in Wiessee – heute noch weiterlebt. Am Vorabend seines 72. Geburtstages, am 6. Juli 1867, der gleichzeitig der fünfzigste Jahrestag der Übernahme Tegernsees durch seinen unvergessenen Vater war, vereinte sich die ganze Bevölkerung des Tales zu einem Dankesfest, in welchem sie ihre ganze Liebe und Verehrung für diese beiden Wohltäter ihres Landes zum Ausdruck brachte. Eine zeitgenössische Zeitungsnotiz berichtet von diesem Fest:

Während am Freitag noch starker Regen niederströmte, heiterte am Samstag sich das Wetter, so daß die Jubelfeier stattfinden konnte.

Da fiel vorerst jede 1/4 Stunde ein Pöllerschuß zum Signal für die Holzknechte und Senner der Almen, daß heute die Bergfeuer anzuzünden seien. Die Schüsse gaben auch insbesonders um 7 Uhr Abends Zeichen zum Beginn des Jubiläums, und massenhaft wogte die Bevölkerung von Tegernsee und seinem Winkel heran und sammelte sich vor dem Kgl. Schloss. Der Gesang der bayerischen Nationalhymne zu Wasser und Land bildete die Einleitung zum längst erwarteten Feste.

Um 8 Uhr sammelten sich auch die Schiffe mit Musikern, Sängern und anderen Mitwirkenden. Eine Bergbeleuchtung, die zehnte seit 8. September 1828, entfaltete sich mit Fülle und Pracht. An den Bergesgipfeln und deren Abhängen zählte man bei 40 Feuer in verschiedenen Farben, und deren 50 umgaben den See ringsum in gleichen Zwischenräumen wie mit einer Kette.

In der Mitte dieses schaute man die Beleuchtung auf dem See, hunderte von Schiffen und Barken mit Laub und Lampions geschmückt, bewegten sich in feierlichem Zuge, unter den Klängen der Musik in stiller Nacht, um 9 Uhr zum Schloss Sr. Kgl. Hoheit. Eben läutete man das Ave von Tegernsees Pfarrkirche, als die Sänger das schöne Marienlied: ›O Sanctissima‹ anstimmten.

So erschienen erst einige Kähne mit den Festrednern, sodann das große eiserne Salinenschiff mit der Festmusik und der Liedertafel.

Auf dem 3. Schiffe strahlte im Brillantfeuer, bei 60 Fuß Höhe, ein ›C‹ und leuchtete weit in die Nacht hinaus, umgeben von vielen und zahlreichen Ballons in den Schiffen.

Der Anblick dieses Prachtbildes war zauberisch und Alles brach, vom Lande her, in Staunen und Bewunderung aus.

Nach dem gefeierten Namen Sr. K. Hoheit funkelte in einem Transparent die Zahl 50 und darüber in bengalischem Feuer eine Königskrone zum frohen Gedächtnis, daß vor 50 Jahren König Max I. höchstsel. Majestät das ehemalige berühmte Kloster Tegernsee als Höchst deren Lustschloß sich ankauften und so gerne dort in der schönen Jahreszeit weilten.

Nach diesen Schiffen erschienen andere mit Feuerwerkskörpern, und Flösse mit hunderten Fässern voll Brennstoffes und diesen über den See ausströmend.

Vor dem Schlosse wechselten dann in 12 Pièces die gelungensten Männerquartette, prächtige Musik und krachende Feuerwerke mit zischenden Raketen ab.

Ein Intermezzo bildete die Anrede an den fürstlichen Schloßherrn, gesprochen von dem Schiffe aus von einem Bürger in Tegernsee. Sie war herzlich, dankend und wünschend, Se. Kgl. Hoheit möchten noch lange, wohl und glücklich, im lieblichen Tegernsee weilen und es, wie seine Umgebung Seiner bekannten Huld auch ferner gnädigst empfohlen haben.

In das mächtige Lebehoch mischten sich lustig die Freudenschüsse der Pöller und widerhallten majestätisch in Berg und Tal.

Gerührt über solche Liebe und Dankbarkeit, dankte Se. K. Hoheit vom Balkon seines Schlosses. Darauf zogen die Schiffe alle, unter Musik, zurück an den Ort, wo sie sich stellten.

In gehobener Stimmung zerstreute sich die Menge nach allen Richtungen und freudige ›Juchhe‹ hörte man noch lange. Nach 11 Uhr wurde es stille am See und im Kgl. Schlosse; desto lebendiger ging es aber in den Gasthäusern zu Tegernsee her, wo sich Festgeber, Ordner und viele Theilnehmer gemüthvoll unterhielten und stärkten.

Eine große Wesensverwandtschaft verband den Prinzen mit seinem Neffen, dem Herzog *Karl Theodor* in Bayern, dem 1839 geborenen zweiten Sohn seiner Schwester Ludovika und des Herzogs Max. Karl Theodor setzte das durch, was für die Generation seines Vaters und Onkels, so unkonventionell beide auch waren, noch ganz indiskutabel gewesen war: Er wählte einen bürgerlichen Beruf. Nach einem Studium an der Münchner Universität erhielt er 1872 anläßlich der 400-Jahrfeier der Universität die Ehrenpromotion zum Doctor medicinae honoris causa, spezialisierte sich auf Augenheilkunde, machte sein Staatsexamen und wurde ein weithin anerkannter, besonders durch seine Staroperationen berühmter Augenarzt. Ebenso wie Prinz Carl von dem Wunsche beseelt, leidenden Menschen zu helfen, behandelte er unbemittelte Patienten stets unentgeltlich. Prinz Carl, sein Patenonkel, selbst ohne männlichen Erben, konnte sich keinen besseren Nachfolger für seine Tegernseer Besitzungen wünschen; er war sicher, daß Karl Theodor sie in seinem Sinne erhalten und verwalten würde. In seinem Testament setzte er Karl Theodors Mutter Ludovika zur Erbin von Tegernsee ein mit der Bestimmung, daß der Besitz nach ihr an ihren zweiten Sohn Karl Theodor fallen sollte. Seine Angestellten und Beamten bedachte Prinz Carl mit reichen Dotationen, außerdem setzte er siebenundzwanzig nicht geringe Posten für wohltätige Stiftungen aus. Von ihnen seien hier nur einige besonders bezeichnende herausgegriffen: das königliche Blindeninstitut, das Centraltaubstummeninstitut, das Spital der Unheilbaren, das Armenversorgungshaus, der Verein zur Obsorge um entlassene Sträflinge, der Verein der Kleinkinderbewahranstalt, sämtlich in München, das Krankenhaus in Tegernsee, verschiedene Augenheilanstalten und weitere Sozialanstalten.

Bis ins hohe Alter hinein unternahm der Prinz täglich Ausritte in sein geliebtes Tegernseer Land. Auf einem dieser Ritte strauchelte sein Pferd am 16. August 1875 auf der Straße zwischen Rottach und Tegernsee, der Prinz stürzte – das Leben dieses im besten Sinne aristokratischen Mannes klang aus in dem Reitertod, den er sich immer gewünscht hatte.

Seinem Wunsche gemäß wurde Prinz Carl in dem Mausoleum auf dem Kahlenberg bei Söcking über dem Starnberger See im Park der Villa seiner ersten Gemahlin beigesetzt. Hier ruhten bereits seine beiden Frauen. An der Unglücksstätte in Tegernsee erinnert eine kleine Gedächtniskapelle in neugotischem Stil an diesen stillen Wohltäter des Tegernseer Tales. Ludovika übergab Tegernsee bald nach dem Tod ihres Bruders ihrem Sohn, dem Herzog Karl Theodor in Bayern.

Es mag um 1876 – dem Jahr der Übernahme Tegernsees durch Karl Theodor – gewesen sein, daß Ludwig Steub auf einem Ausflug dorthin kam. Die amüsante Schilderung seiner Ankunft macht deutlich, was aus dem zu Zeiten Max Josephs noch so stillen Ort inzwischen geworden war. Damals, als der König nach Tegernsee kam, »waren alle Verhältnisse des Orts noch von der primitivsten Art; das schmale Sträßlein, von Vergißmeinnicht umwuchert, lief so direkt am See hin, daß die Räder des Wagens vom Wasser umspült wurden; man sah noch die langen bräunlichen Röcke mit den vielen Knöpfen, wie sie die alten Votivtafeln zeigen; die Weiber trugen die Pelzkappe und den roten Goller und Gewänder von schwarzem Wollenstoff. Im ganzen Dorf gab es nur eine einzige Tafern [Gastwirtschaft], und auch diese war so recht vom alten Schlage.«

1822 hatte sich dann als erster ›Zuagroaster‹ der Staatsrat Ägid von Kobell mit seiner Familie in Egern angesiedelt. 1829 war der Königliche Hofmaler Josef Stieler hinzugekommen. Der König hatte ihm auf der Point unweit des Kleinen Paraplui ein Grundstück geschenkt, und dort baute sich der berühmte

Künstler, heute hauptsächlich durch seine Porträts der Schönheitsgalerie Ludwigs I. bekannt, ein bescheidenes kleines Landhaus. Generationen von Stielerkindern, sein Sohn, der Dichter Karl Stieler, dessen Kinder und Kindeskinder, wuchsen hier heran. Noch heute wird das Haus von Mitgliedern der Familie liebevoll gehütet und verwaltet. Wer das Glück hat, etwa zur Zeit der sommerlichen Veranstaltungen in Tegernsee, einer Lesung aus den hier entstandenen Werken Karl Stielers, womöglich im idyllischen Garten des Hauses, beizuwohnen, wird zurückversetzt in die Atmosphäre eines einfachen, ganz der Welt der Künste hingegebenen Lebensstils. Auch das Landhaus der Kobell blieb lange Zeit das bevorzugte Refugium der Familie. Von dem Akademieprofessor und Hofmaler Wilhelm von Kobell gibt es eine ganze Reihe reizender Aquarelle, die uns das Tegernsee von damals und seine Landschaft veranschaulichen. Und sein Sohn Franz, der Mineralogieprofessor und Mundartdichter aus Passion, dichtete hier seinen ›Brandner Kasper‹, der immer wieder einmal auf dem Münchner Theaterspielplan erscheint und stets ein volles Haus garantiert.

Langsam wurde es Mode, daß prominente Münchner Bürgerfamilien sich Landhäuser an den oberbayerischen Seen, natürlich vor allem am Tegernsee, erbauten oder dort ihre Ferien verlebten, besonders, als 1857 eine Bahnverbindung von München bis Holzkirchen und 1883 diese bis Gmund ausgedehnt worden war. Ludwig Steub kam noch mit dem Stellwagen von Holzkirchen nach Tegernsee. Dort empfing ihn ein turbulentes Leben:

Es war an einem Sonntagmorgen, als ich alpenbedürftig vor der Post ankam. Ach, das sah aus wie ein Jahrmarkt, wo der am dichtesten ist! Ein halbes Dutzend Stellwagen luden ihren mannigfaltigen Inhalt aus, verschiedene Equipagen rollten vor, etliche Sonntagsreiter mischten sich unter die Menge, die von einem Kranz von Schifferinnen, Wildpretschützen, Almerinnen und Landleuten aller Art malerisch umfangen war. Auch etliche Tirolerinnen machten ihre Aufwartung und

Georgenried
Steinberg
Acker
berg
318
Gmund a. Tegernsee
Osterberg
Schwärzenbach
Eck
Gschwendt
Antenloh
Eckart
Rettenbeck
Kaltenbrunn
Ostin
Gasse
Oed
Wallenburger Kogel
Holz
Am
See
Berg
Bayersäge
Gapler Berg
Oder Kogel
Neureut
Grundner
Tegern-
see
Sankt Quirin
Auerberg
Ostiner Berg
Gindelalmschneid
Rohbogen
307
TEGERNSEE
Bad
Wiessee
Mittl. Wasserspiegel
Auereck
Semmelberg
Prinzen
ruhe
Pfliegeleck
Leeberg
Maria Himmelfahrt Kirche
Baumgartenschneid
Abwinkel
Ringsee
Schorn
Zwergelberg
Egern
Staudach
Rottach
318
Weißach
Söllberg
Hagrain
Kalkofen
Brandstatt
Berg
Erlach
Ringspitz
Reitrain
Ellmau
Haslau
Unterwallberg
Ober
ach
hof
Gemeinde
Rottach-Egern
Enterrottach
Pförn
Windberg
Luchseck

Übersichtskarte 1

TEGERNSEE MIT GINDELALM- UND BAUMGARTENSCHNEID

Die in diesem Buch erscheinenden Karten stellen Ausschnitte aus dem Blatt ›Mangfallgebirge‹ der Topographischen Karte von Bayern 1 : 50000 dar, deren Wiedergabe mit freundlicher Genehmigung des Bayerischen Landesvermessungsamtes in München, Nummer 1811/80, erfolgt. Die weiteren Ausschnitte erscheinen bei den Seiten 257 (Kreuther Tal mit Wallberg, Risserkogel und Blaubergen), 368 (Spitzingsee mit Rotwandgebiet zwischen Valepp und Ursprungtal) und 448 (Schliersee, Leitzachtal mit Bayrischzell und Wendelstein), wo jeweils auch auf die historische Entwicklung des bayerischen Kartenwesens und die kartographischen Besonderheiten der hier wiedergegebenen Ausschnitte hingewiesen wird.

waren mit Aprikosen wie anderen Südfrüchten freundlich zur Hand. Die Kellner rannten, die Lakaien schwirrten, die Hausknechte brüllten. Viele Ankömmlinge standen ratlos in dem Wirrsal – kein Zimmer, kein Quartier, kein Bodenloch! hieß es von allen Seiten. Desto sicherer drehte sich da um die eigene Achse ein unzerstörbarer Stock von wohlvermieteten Münchnern, lauter gute Leute, die zum Ausschiffen der Stellwagen herbeisputeten wie die Kinder zur Wachtparade. Es ist so angenehm, sagt der alte Dichter, vom sicheren Ufer aus dem Schiffbruch der anderen zuzusehen. Diese Zuschauer gewährten in der Tat lauter angenehme Gesichter und schienen in der herrlichsten Sonntagslaune.

Als dann 1902 die Eisenbahnlinie bis Tegernsee verlängert wurde, sprossen Hotels und Fremdenpensionen, Zwittergebilde zwischen städtischer Villa und oberbayerischem Bauernhaus, aus der Erde. In einem von ihnen, »mit vielen Balkonen ringsum ganz auf Fremdenbetrieb eingerichtet«, wohnte im Winter von 1909 auf 1910 eine zeitlang das junge Ehepaar August Macke »zwischen Kitschbildern und Etageren mit billigem Nippeskram«. Beide atmeten erleichtert auf, als sie beim Schreiner Staudacher in der Bahnhofstraße in einem richtigen alten Bauernhaus inmitten eines großen Obstgartens eine kleine Wohnung fanden.

Wir hatten den Blick auf den Wallberg, gegenüber auf der anderen Seite der Straße lag das kleine Krankenhaus Tegernsees, ein gelbes, altmodisches Gebäude mit Obst- und Nutzgarten, in dem sich die alten Häusler, die dort ihren Lebensabend verbrachten, mittags in der Sonne wärmten … Das Haus war ein solides Bauernhaus, seit Generationen in der Familie mit Tradition und Kultur erhalten … Unten rechter Hand war eine große Wohnstube mit mehreren Fenstern, einem ungescheuerten schweren Tisch und Bänken, die an der Wand herumführten, einem Schreibtisch und einigen Stühlen, anschließend die Schlafstube der Eltern. Linker Hand ein kleines Stübchen, in dem die alte Großmutter hinter Blumen und Geranienstöcken mit alten Andenken und Heiligenbildern hauste. In der Mitte lag die geräumige Küche mit einem großen Kamin und Windfang, einem Riesenofen in der Mitte. Alle Geräte hingen blankgescheuert an Decke und Wänden und jeden Samstag wurden sie in der Laube vor dem Haus mit Zinnkraut gescheuert und der blanke Boden mit frischem Sand bestreut. Mitten durch die Küche war die Wasserleitung in einem ausgehöhlten Baumstamm geführt. Eine leicht geschwungene Treppe führte zum oberen Stock auf eine geräumige Diele, in der große alte Schränke standen und die Ahnenbilder der Familie aufgehängt waren. Hier waren im ganzen sieben Räume, ein Wohnzimmer und alles andere Schlafräume, weil die Wohnung meist an Sommergäste vermietet wurde. Wir bezogen das vordere Zimmer, das Wohnzimmer, dahinter das Schlafzimmer und richteten uns den kleinsten Raum gemütlich als Küche ein, wozu Staudachers uns bereitwilligst ein kleines Öfchen setzen ließen.

Hier wurde der erste Sohn Mackes geboren, hier »kam August im Grunde zum ersten Mal zu der richtigen Ruhe und zur Entfaltung seiner eigenen Persönlichkeit«, schreibt seine Frau. Es war eine glückliche und fruchtbare Zeit für Macke. Er malte und zeichnete Typen aus dem Dorf, Interieurs, die Landschaft um Tegernsee. In dieser Zeit ergab sich auch bei einem Besuch in München die Bekanntschaft mit Franz Marc, die sich zu einer für die künstlerische Entwicklung Mackes bedeutsamen Freundschaft mit ihm und dem Künstlerkreis um ihn entwickelte. Schon 1911 wurde daraus die Künstlervereinigung ›Der Blaue Reiter‹. Allzu früh beendete der Tod die vielversprechende Laufbahn der beiden jungen Maler. Macke fiel am 26. Dezember 1914 in Frankreich, Marc am 4. März 1916 ebenfalls in Frankreich bei Verdun.

Kurz vor dem Ersten Weltkrieg empfing der letzte russische Botschafter am Bayerischen Hof, Graf Adlerberg, in seiner pompösen Villa unweit des bescheidenen Stielerhauses den französischen Ministerpräsidenten Poincaré und den russischen Botschafter in Paris Iswolski. Ob es sich hierbei um politische Gespräche handelte, ist nicht bekannt; die Annahme liegt aber nahe.

Sir William Gladstone und D. H. Lawrence waren in Tegernsee zu Gast – unzählig sind die Namen derer, die hierher kamen, und sei es auch nur für einen Ferienaufenthalt oder einen kurzen Ausflug. Unzählig auch die Namen derer, die im Tegernseer Bräustüberl einkehrten und nach wie vor heute dort einkehren. Damals, da spielte dort zweimal wöchentlich das Terzett des Reiter Hans, Kiem Pauli und Kiem Edi Schoßgeige, Zither und Gitarre, da saßen Hermann Abendroth, Siegfried Wagner, Felix von Weingartner, Wilhelm Furtwängler mit den Einheimischen dort zusammen, und damals malte der Kunstmaler Toni Aron die Engerl auf das Gewölbe des Bräustüberls, weil er anders seine Zeche nicht bezahlen konnte.

Die urgemütliche Atmosphäre des Bräustüberls verfehlte auch nicht seine Wirkung auf die kühlere Mentalität norddeutscher Besucher, so daß selbst ein so weitgereister und erfahrener Maler wie Adolph Menzel sich verführt sah, zum Zeichenstift zu greifen, um kein geringeres Motiv als die kraftvoll gezimmerten Tische und Stühle in seinem Skizzenbuch festzuhalten. Das war 1889. Und in ebenjenen achtziger Jahren des vorigen Jahrhunderts muß es auch gewesen sein, daß der preußische Historiker Heinrich von Treitschke angesichts der harmonischen Trias von Kirche, Schloß und Brauerei einsichtsvoll räsonierte, hier in Tegernsee habe man eigentlich das ganze Bayern unter einem Dach: das Gotteshaus, das Königshaus und das Bräuhaus. Und heute noch gilt, was einst Eugen Roth hochgestimmt schrieb: »Wer mit einem Kenner in das gewölbte Bräustüberl der einstigen Benediktiner tritt, dem mögen in einer glücklichen Stunde wenigstens die niederen Weihen altbayrischer Lebenskunde gereicht werden.«

Mit dem ›Herzoglich Bayerischen Bräuhaus Tegernsee‹ wurde und wird von den Wittelsbachern eine alte Klostertradition sorgfältig und erfolgreich bis in die Gegenwart weitergeführt. Ob diese Tradition auf ein tausendjähriges Bestehen zurückblicken kann, wie man neuerdings aus Briefen des Mönches Froumund herauslesen will, sei dahingestellt. Sicher ist jedenfalls, daß jener Abt, der den barocken Neubau Tegernsees begann, Bernhard Wenzl, den Holzkirchner Braubetrieb nach Tegernsee verlegte und 1675 die kurfürstliche Konzession zum ›Bierverschleiß‹, wie man damals sagte und übrigens heute noch in Österreich hören kann, erhielt. Seitdem wird in Tegernsee Bier gebraut und ausgeschenkt. Hatte es von dem letzten geistlichen Herrn des Klosters, Abt Gregor Rottenkolber, geheißen, »er strebte als tüchtiger Hausvater neben den wissenschaftlichen Fächern auch alle Zweige der Ökonomie zu heben. Viehzucht, Forstwirtschaft und Kultur sowie Brauerei sind in vortrefflichem Betrieb«, so standen die ihm folgenden weltlichen Herren dem nicht nach. König Max Joseph hatte in Kaltenbrunn einen landwirtschaftlichen Musterbetrieb eingerichtet, unter ihm und seinen Nachfolgern wurde die Land- und Forstwirtschaft in vorbildlicher Ordnung gehalten, die technische Einrichtung der Brauerei stets auf den neuesten Stand gebracht. Im Jahre 1838 begann der Bau eines Sommerkellers zur Einlagerung des Sommerbieres; er wurde unter Prinz Carl und Herzog Karl Theodor erweitert, ein Ausschank kam hinzu. Bei den Bauarbeiten stieß man, wie bereits erwähnt, auf die Fundamente der ersten kleinen Salvatorkirche. Seit 1864 gibt es das berühmte Tegernseer Quirinus-Bockbier. Von Jahr zu Jahr stieg die Biererzeugung. Noch unter Max Joseph war sie von rund 2600 Hektoliter jährlich kurz nach der Säkularisation auf etwa 4500 Hektoliter gestiegen, 1901 betrug sie 30000 Hektoliter, und heute zählt das ›Herzoglich Bayerische Bräuhaus Tegernsee‹ zu den größten bayerischen Brauereibetrieben.

Die besondere Fürsorge und Liebe Herzog Karl Theodors und seines Sohnes Ludwig Wilhelm gehörte der Forstwirtschaft und Jagd. Karl Theodor fand in den weiten Wäldern seines Besitzes Entspannung von seiner ärztlichen Tätigkeit. Er nahm seinen Beruf so ernst, daß seine ohnehin nicht allzu stabile Gesundheit schwer darunter litt und immer wieder Kur- und Erholungsaufenthalte in südlichen Gegenden notwendig wurden. Aber wo immer er auch war, er gönnte sich keine Ruhe. In Meran eröffnete er eine Praxis mit regelmäßigen Sprechstunden; das dortige Krankenhaus stellte ihm Betten für seine Patienten zur Verfügung. An der Riviera, in Tarasp, ja sogar in Biskra in Nordafrika behandelte er Kranke oder setzte mit befreundeten ärztlichen Kapazitäten wie dem russischen Augenarzt Professor Alexander Iwanoff oder dem berühmten Chirurgen Professor von Billroth seine Studien fort.

Am 9. September 1878 war ein großes Familienfest in Tegernsee: die Goldene Hochzeit der Eltern des Herzogs. Eine Münchner Zeitung widmete diesem Ereignis unter dem Titel ›Ein Königsidyll vom Tegernsee‹ einen gefühlvollen Artikel. In ihm kommt so recht die Neigung jeder Generation zum Ausdruck, in der Vergangenheit das Goldene Zeitalter zu sehen. Wir können uns nicht versagen, einige Sätze zu zitieren:

Der Tag, welcher heute am Tegernsee begangen wird, lenkt unser Auge zurück auf eine weite Vergangenheit. Zeitlich gemessen sind es freilich nur fünfzig Jahre; aber wer den Inhalt der Zeit erwägt, die geistige Umgestaltung aller Dinge, der fühlt es erst, wie unermeßlich weit diese fünfzig Jahre von uns abliegen. Nicht nur dem Gedächtniss, sondern selbst dem Verständnis der jetzigen Generation sind sie fremd geworden; denn im Lärm der Gegenwart haben wir das Gehör verloren für den Pulsschlag vergangener Stunden. Heut ist der Grundzug alles Lebens der Kampf: damals war es der Friede; die Welt war ein Idyll ... In dem Antlitz der Gegenwart – wer möchte es leugnen – steht ein gorgonischer Zug, die Erde auf der wir wandeln, glüht, und wenn es das Vorrecht hoher Jahre ist, sich nach dem Bestand der Dinge zu sehnen, so war freilich kaum eine andere Epoche diesem Wunsche feindlicher als die unsrige.

1884 bestand die Gefahr, daß Herzog Karl Theodors rechter Arm durch eine Lymphgefäßentzündung, die er sich als Folge einer kleinen Verletzung während einer Operation zugezogen hatte, bewegungsunfähig bleiben könnte. Mit eiserner Energie übte er alle für seinen Beruf nötigen Handgriffe nun mit der linken Hand, so daß er später, als glücklicherweise die rechte Hand wieder bewegungsfähig wurde, seine Operationen mit gleicher Geschicklichkeit sowohl mit der Rechten wie der Linken durchzuführen vermochte. 1895 wurde er zu dem erkrankten österreichischen Thronfolger Franz Ferdinand nach Schönbrunn gerufen, 1897 zum Deutschen Kaiser Wilhelm II. in die norwegischen Gewässer, wo sich der Monarch bei einer Fahrt mit seiner Yacht ›Hohenzollern‹ eine Augenverletzung zugezogen hatte. Dazwischen hatte Karl Theodor 1890 an dem Zehnten Internationalen Medizinischen Kongreß in Berlin teilgenommen und war dort zum Ehrenpräsidenten einer Abteilung der Chirurgie ernannt worden. Professor Robert Koch, der Entdecker der Tuberkelbazillen, hatte auf diesem Kongreß einen Vortrag über seine Forschungen gehalten. Er vertraute dem Herzog eine Probe seines Serums zu Versuchszwecken an.

Schließlich aber gab Karl Theodor seine Praxis in Meran auf und beschränkte seine Tätigkeit auf Tegernsee und München. 1896 wurde seine neue Klinik in München eingeweiht. Sie besteht heute noch als ›Augenklinik Herzog Karl Theodor‹ in der Nymphenburger Straße 43. Hier wurden zu seiner Zeit jährlich achthundert Kranke stationär und etwa fünftausend ambulant behandelt. Etwa dreihundert Staroperationen im Jahr führte der Herzog selbst durch. 1889 konnte er auf die stolze Zahl von tausend Staroperationen zurückblicken. Schon 1888 war das Tegernseer Distriktskrankenhaus auf Kosten des Herzogs erweitert worden, um seine zahlreichen Patienten aufnehmen zu können.

Die Kraft zu diesem aufopferungsvollen Leben fand Herzog Karl Theodor sicherlich nicht zuletzt in seinem glücklichen Familienkreis, in der verständnisvollen Hilfe seiner Gemahlin, die ihm nicht selten bei seinen Operationen als Assistentin zur Seite stand, in seinen heranwachsenden Kindern, seinen Tegernseer Wäldern. Mehr als in das weiträumige, von inzwischen turbulentem Leben umgebene Tegernseer Schloß zog es ihn nach Wildbad Kreuth. Wann immer er konnte, kam er hierher und wohnte in dem von seinem Großvater Max Joseph erbauten ›Königshaus‹ etwas abseits der ebenfalls von Max Joseph erbauten Badgebäude. Schon immer hatte er sich, wenn irgend möglich, Repräsentationsverpflichtungen entzogen – sie lagen ihm nicht. Hier in Kreuth fand er Muße für seine wissenschaftlichen Studien, für intime Hauskonzerte, für Geselligkeiten in kleinem Kreis, wie er sie liebte. Und für die Jagd.

Prinz Carl, der passionierte Reiter, fand den Reitertod, den er sich gewünscht hatte; für Herzog Karl Theodor gab es sicher keinen schöneren Tod als inmitten seiner Berge und Wälder. Wie in einer Vorahnung lehnte er im Herbst 1909 den Rat seiner Ärzte ab, seiner wieder einmal überforderten Gesundheit wegen ein trockenes, warmes Klima aufzusuchen. Er wollte zur Hirschbrunft in Kreuth sein. Auf einem Pirschgang geriet er in ein Unwetter – Erkältung, Lungenentzündung, Tod waren die Folge.

Seinem Wunsche gemäß wurde der Herzog, nur von seinen nächsten Angehörigen begleitet, in aller Stille in der Gruft des Tegernseer Schlosses beigesetzt. 1895 hatte er die Mönchsgruft der ehemaligen Klosterkirche zur letzten Ruhestätte für sich und seine Angehörigen umbauen lassen. Diese Mönchsgruft ging auf die zur Aufnahme der Gebeine des heiligen Quirinus gebaute Ringkrypta der ersten, nach der Tradition 746 geweihten Peter- und-Pauls-Basilika zurück. Sie wurde 1041 von Abt Ellinger zu einer romanischen Hallenkrypta mit fünf Schiffen, der ersten Hallenkrypta in Oberbayern, erweitert. Unter Abt Kaspar Ayndorffer kam ein Teil der Quirinus-Reliquien in dem von Meister Hanns im Auftrag dieses Abtes gefertigten Brustreliquiar ins Licht des Kirchenraumes, um der Schar der Pilger die Möglichkeit zu geben, ihre Andachts- und Bittgebete vor dem Heiligen zu verrichten und ihm ihre Dankesopfer darzubringen. 1474 holte man die übrigen, noch in der Krypta verbliebenen Gebeine des heiligen Quirinus ebenfalls in den Kirchenraum. Sie wurden vor dem Altar in ein Hochgrab gebettet, die Krypta zur Mönchsgruft umgewandelt.

In der nunmehrigen Herzogsgruft ruhen die Wittelsbacher Herzöge in Bayern aus dem Stamm des Pfalzgrafen Johann Carl von Birkenfeld-Gelnhausen (1638-1704) und seiner Gemahlin Esther Maria von Witzleben. Sie haben mit der königlichen Wittelsbacher Linie ihren gemeinsamen Stammvater in Christian I. von Birkenfeld-Bischweiler (1598-1654). Karl Theodors Vater Max mit seiner Gemahlin Ludovika, sein Großvater Pius mit seiner Gemahlin, einer Prinzessin von Arenberg, und sein Urgroßvater Wilhelm mit seiner Gemahlin Maria Anna, einer Schwester Max Josephs, wurden 1931 aus der Gruft des Schlosses und ehemaligen Klosters Banz im oberen Maintal, gegenüber von Vierzehnheiligen, hierher überführt, als dieser einmalig schöne Besitz des Herzogs Wilhelm in andere Hände überging.

Mit ihnen kam »Alexander Fürst von Wagram. Welch ein Mann er war, die Zeitgenossen wissen es, der Nachwelt wird es überliefert werden«, steht auf einem der Sarkophage zu lesen. Dieser Fürst von Wagram war auch noch Herzog von Neuchâtel und Marschall von Frankreich, alles von Napoleons Gnaden. Denn er war sein vertrautester Freund und Kampfgenosse: Alexandre Berthier, Generalstabschef in allen Feldzügen des Kaisers. Gegen den Willen aller Beteiligten hatte er auf Wunsch Napoleons 1808 die Tochter des Herzogs Wilhelm in Bayern, Marie Elisabeth, geheiratet. Sein Verhalten nach dem Sturz des Kaisers gibt viele Rätsel auf. Kurz gesagt, schwenkte er zu den Bourbonen über, begleitete 1815 den vor dem zurückgekehrten Napoleon flüchtenden Ludwig XVIII. nach Ostende, wollte sich dann, wie es heißt, Napoleon wieder zur Verfügung stellen, wendete sich aber ziemlich rätselhafterweise zunächst nach Bamberg, wo sein Schwiegervater residierte und seine

Frau mit den Kindern sich aufhielt. Hier in Bayern, das bereits 1813 im Vertrag von Ried die französische Partei verlassen hatte, wurde Berthier natürlich festgehalten; er bekam, wie vorauszusehen war, keine Pässe zur Ausreise nach Frankreich. Als am 31. Mai 1815 russische Truppen in Bamberg Quartier nahmen, um am nächsten Morgen gegen Napoleon zu marschieren, stürzte sich der Marschall aus einem Fenster der Bamberger Residenz, im vierten Stock, in die Tiefe. Tragisches Schicksal eines tapferen Soldaten, der, den Winkelzügen des Lebens nicht gewachsen, in eine Sackgasse geraten war, aus der er keinen Ausweg mehr wußte? »Er hatte sein Leben lang nur eine Fähigkeit, diese aber in vollendetem Maße bekundet, die nämlich, die Befehle seines Meisters in musterhafter Weise zum Vollzug zu bringen«, urteilt ein Historiker über ihn.

Auch Karl Theodors Sohn, Herzog *Ludwig Wilhelm*, ruht hier bei seinen Voreltern. Er starb am 5. November 1968.

Noch mehr als sein Vater hatte er sich aus dem öffentlichen Leben in die Wälder und Berge des Kreuther Tales zurückgezogen. Dort bewohnte er »auf der Schanz«, in dem Gebiet, wo einst, wie wir später noch hören werden, die bayerischen Schanzen gegen die Tiroler standen, ein »geräumiges oberbayerisches Chalet ..., ein schlichter, einstöckiger Holzbau unter weit vorspringendem silbergrauen, mit Steinen beschwerten Schindeldach, mit einem breiten Balkon auf der Südseite. Hinter dem Haus steigt der Bergwald steil an, auf der anderen Seite fällt das Gelände jäh ab zur Straße nach Achensee.« Hier war seine Welt, hier schrieb er sein Werk ›Die Jagd im Gebirg‹, hier umgab er sich mit einem Kreis gleichgesinnter Menschen, zu denen Ludwig Thoma, der Kiem Pauli mit seinen Musikanten und der Maler Thomas Baumgartner gehörten. Baumgartner hatte sich schon vor dem Ersten Weltkrieg als ausgezeichneter Porträtist in München einen Namen gemacht. 1932 siedelte er sich in der Point im Kreuther Tal an »als stiller, aber unersetzlicher Hüter des alpenländischen Volkstums«. Eine große Reihe meisterhaft lebendiger Porträts heimischer Typen entstand hier: junge Mädchen, Bäuerinnen, Bauern, Holzknechte, Handwerker. Für den Kiem Pauli schuf er Illustrationen zu seiner oberbayerischen Liedersammlung.

Gelegentlich kam Verwandtenbesuch zum Herzog, einmal auch das Staatsoberhaupt, der greise Generalfeldmarschall von Hindenburg. Von diesem Besuch erzählt man sich die Anekdote, er sei von dem alten Diener des Herzogs zunächst abgewiesen worden, denn in seinem zünftigen Gewand, Bundhose und Lodenjoppe, habe er halt gar nicht so ausgesehen wie nach Meinung des alten Dieners ein Staatsoberhaupt und noch dazu ein Generalfeldmarschall auszusehen habe. »I hob eahm gesagt, des kunt a jeder sogn, daß er der Hindenburg is und hob eahm die Tür wieder zugsperrt«, antwortete der Alte auf die Frage der Herzogin, ob denn noch kein Gast gekommen sei. Die Gastgeber beeilten sich, den alten Herrn hereinzuholen, und baten, die Grobheit des Dieners zu entschuldigen. Hindenburg nahm das nicht weiter übel, und nach einem gemütlichen, anregenden Abend begleitete der Herzog den Gast mit dem Laterndl nach Hause.

Nur einmal mußte Ludwig Wilhelm seine Heimat für längere Zeit verlassen. Das war kurz vor dem Zweiten Weltkrieg, als er einer Festnahme durch die SS nur dadurch entgehen konnte, daß er sich ins Ausland begab. Sie waren bereits bei ihm auf der ›Schanz‹ gewesen, aber er war rechtzeitig gewarnt worden und ihnen in seine Berge ausgewichen. In den USA arbeitete der Herzog als Berater für Landwirtschaft; die Herzogin, eine begabte Malerin, trug durch Verkauf ihrer Bilder zum Lebensunterhalt bei. Den Tegernseer Besitz des als Gegner des Regimes bekannten Herzogs hatten die Machthaber beschlagnahmt.

Sobald es möglich war, kehrte das Herzogspaar nach dem Zusammenbruch des Dritten Reichs in die Heimat zurück, und wieder wurde es zum Mittelpunkt der Pflege oberbayerischen Brauchtums. Ludwig Wilhelm hatte von seinem Großvater Max die Vorliebe für oberbayerische Lieder, Schnaderhüpferln, Jodler und Tänze geerbt. Zwischen den Kriegen war es vor allem diese Volksmusik gewesen, die er mit Hilfe des von ihm großzügig unterstützten Kiem Pauli der Vergessenheit entrissen und weiten Kreisen zugänglich gemacht hatte. Jetzt regte er die Bevölkerung an, sich der Handweberei zu erinnern. Er bastelte selbst einen Handwebstuhl, und die Herzogin begann naturschafwollenen Loden zu weben. Durch Zufall fand sich in Schlemm Hardl ein begeisterter Gefolgsmann dieser wiederbelebten Weberei. Paul Ernst Rattelmüller erzählt darüber:

Anfang der dreißiger Jahre ist der Schlemm Hardl zum Kiem Pauli gegangen, um sich Rat geben zu lassen, wie man ein Geläut von Kuhglocken schön zusammenstimmen kann. Den Kiem Pauli hat er nicht angetroffen, aber den Herzog Albrecht – damals noch Erbprinz – hat er bei dieser Gelegenheit kennengelernt und dessen Onkel, Herzog Ludwig Wilhelm, auch. Dem Herzog Ludwig Wilhelm hat die Joppe nicht recht gefallen wollen, die der Hardl angehabt hat, und da hat er zu ihm gesagt: »Da kannst da selba a schönere machn.« Drauf der Hardl: »Da tat mi jetzt scho interessiern wia?« So ist es gekommen, daß ein Schlemm Hardl das Lodenweben auf dem Webstuhl der Frau Herzogin gelernt hat.

Bald folgten die Bewohner des Tegernseer Tals diesem Beispiel; für sie wurde die Lodenweberei in den folgenden Jahren ein ertragreicher Erwerbszweig. Die Nachkriegswinter waren bitterkalt, und es fehlte an warmer Kleidung. Die praktische bayerische Jägerkluft, wie sie schon vor dem Ersten Weltkrieg von der königlichen und herzoglichen Familie bevorzugt worden war, feierte fröhliche Urständ. Daß Lodenkostüme, -mäntel, -janker in den Nachkriegsjahren immer beliebter wurden und heute fast in der ganzen Welt getragen werden, ist nicht zuletzt der Initiative des Herzogs und der Herzogin zu verdanken.

Im Tegernseer Schloß, während des Krieges Lazarett, stellte der Herzog dem Heimatmuseum und dem Tegernseer Gymnasium Räume zur Verfügung. So wurden die alten Mauern wieder eine Bildungsstätte für die heranwachsende Jugend, wie sie es von jeher zur Klosterzeit gewesen waren. Immer war es ja eines der größten Anliegen des Klosters, seine durch alle Zeitläufte hindurch gepflegte und auf einem außergewöhnlich hohen Niveau stehende geistige Bildung der Jugend, seinen geistlichen und weltlichen Schüler, zu vermitteln.

Als 1961 die Landwirtschaft in Kaltenbrunn aufgegeben wurde, sorgte der Herzog dafür, daß die alten Ställe und Scheunen nicht verödeten, sondern neues Leben in sie einkehrte: sie wurden an den Wiesseer Fahr- und Reitklub verpachtet. Eine der Scheunen wurde zur Reithalle umgebaut, und in den Ställen stand nun zwar kein Simmentaler Vieh mehr, aber dafür eine große Anzahl edler Pferde.

So war der Herzog darauf bedacht, seinen Besitz durch alle Fährnisse der Zeiten in seiner vollen Substanz und in einer seiner Tradition gemäßen Verwendung zu erhalten. Darüber hinaus hat er sich, wie Karl Alexander von Müller es formulierte, »ohne ein Wort darüber zu verlieren, im Tegernseer Tal eine Reihe von Denkmälern gesetzt, die, gleich den Volksliedern des Kiem Pauli, Jahr um Jahr das Herz von vielen Tausenden erfreuen: die unzerstörte Natur von Bad Kreuth und vom Bauern in der Au, von Kaltenbrunn und von der Point bei Tegernsee«.

Selbst kinderlos, adoptierte Herzog Ludwig Wilhelm seinen Großneffen, den Enkel seiner Schwester Gabriele und des Kronprinzen Rupprecht von Bayern, der nunmehr Eigentümer des Tegernseer Besitzes ist.

Vor kurzem erwarb der Bayerische Staat die zwei Schloßflügel, in denen das Gymnasium untergebracht ist. Sie werden gegenwärtig renoviert, und durch Umbau der Räume schafft man die Voraussetzungen für einen neuzeitlichen Schulbetrieb.

Wenn durch diese Maßnahme auch sicherlich große Eingriffe in die alte Bausubstanz unvermeidlich sind, so wird durch sie doch erfreulicherweise die Möglichkeit geschaffen, eine bis in die Ursprünge des Klosters zurückgehende Tradition weiterzuführen.

Tegernsee an einem Palmsonntag

Es ist ein hübsches Bild, wenn nach der morgendlichen feierlichen Messe von den Buben des Ortes geweihte Palmsträußchen angeboten werden, geschmückt mit bunten Bändern, meist im bayerischen Weiß und Blau. Und am Nachmittag ist auf dem Hochaltar der Kirche die seinerzeit von den letzten Mönchen des Klosters vor dem Zugriff der Säkularisation gerettete, 1445 von Kaspar Ayndorffer dem ›Maister Hanns zuo Landsperg‹ in Auftrag gegebene, 127 Zentimeter hohe kupfervergoldeten Monstranz ausgesetzt. Von ihrem sechskantigen Sockel strebt ein mit silbernen Figuren reich geschmückter, einer gotischen Kathedrale mit drei Türmen gleichender Aufbau in die Höhe. »Seine vielen scharfen Ecken und Kanten, getroffen von dem sich verschieden brechenden Licht, scheinen ein geheimnisvolles, vibrierendes Leben zu entfalten« – die richtige Stimmung für einen besinnlichen *Rundgang durch die Kirche*. Dabei sollte man an die Wandlungen dieses Gotteshauses im Laufe der Jahrhunderte denken, an die Schicksale der Männer, die hier gewirkt haben, an die einstige Größe Tegernsees. Und an die Bedeutung Tegernsees für München. München = ›Mönichen‹, ›bei den Mönchen‹, das weist auf eine Gründung durch Mönche hin. Und es waren höchstwahrscheinlich Tegernseer Mönche, die sich dort als erste ansiedelten, denn Tegernsee besaß nachweisbar seit frühester Zeit Grund und Boden im Münchner Angerviertel. Demnach wäre also genaugenommen München eine Gründung Tegernsees. Die Vermutung, es habe an der Stelle der 1181 von Herzog Otto I. (1180-1183), dem ersten Wittelsbacher, begonnenen, von Bischof Otto II. von Freising 1190 geweihten ersten Pfarrkirche Münchens, Sankt Peter, schon ein älterer Bau gestanden, hat sich in neuerer Zeit bestätigt. In den Jahren 1952 und 1953 stieß der Architekt Erwin Schleich bei archäologischen Untersuchungen im Zusammenhang mit den Wiederaufbauarbeiten des im Zweiten Weltkrieg fast restlos zerstörten ›Alten Peter‹ auf die Fundamente einer dreischiffigen, querschifflosen romanischen Basilika von etwa 1050, also aus der Zeit vor Heinrich dem Löwen (1156-1180), der offiziell als der Gründer Münchens gilt.

Die enge Verbindung des Klosters Tegernsee zu München bestand bis zur Säkularisation. Man hört von einem 1300 erworbenen ›Getreidekasten‹ gegenüber dem Angerkloster, in den die Ämter Gößlatshausen und Finsing ihre Getreide-›Gilten‹ abzuliefern hatten, von einem Haus am Anger, das Abt Ludwig Greisbach (1273-1286) umbaute, vom ›Tegernseer Hof‹, der ›Außenstelle‹ der klösterlichen Verwaltung. Noch heute erinnert die Klosterhofstraße zwischen Ober- und Unteranger an diese Tegernseer Besitzungen. Von ihnen selbst existiert nichts mehr. Sicherlich war besonders der ›Tegernseer Hof‹, den Abt Quirin III. Ponschab (1624-1636) zu einem Absteigequartier für den Abt ausbaute, ein dem Rang des Tegernseer Abtes entsprechender Bau mit repräsentativer Innenausstattung. Seit Mitte des 16. Jahrhunderts hatte der Tegernseer Abt zusammen mit drei anderen Prälaten an der alljährlichen Fronleichnamsprozession in München teilzunehmen. Die Verpflichtung zur Repräsentation wuchs, als Abt Bernhard Wenzl 1692 Präses der Benediktinerkongregation Bayerns wurde. Es wäre verlockend, die wechselseitigen Beziehungen zwischen Tegernsee und dem Münchner Hof weiterzuverfolgen, aber das würde hier zu weit führen.

Der Alte Peter ist wiedererstanden. Wer das Maß seiner Zerstörung durch die Bomben des Zweiten Weltkrieges auf den in der Vorhalle ausgestellten Fotos gesehen hat, muß den Opfermut und die Liebe zur Tradition bewundern, die es fertiggebracht haben, aus diesen Trümmern wieder einen dem alten Vorbild gleichenden Raum auferstehen zu lassen. Er konnte glücklicherweise wieder mit einem großen Teil der vor der Zerstörung in Sicherheit gebrachten Kunstwerke ausgestattet werden.

Wenn man das sieht und daran denkt, wie vieles hier in Tegernsee vom einstigen Glanz, von den einstigen Kunstschätzen unwiederbringlich verloren ist – nun, dann sollte man sich um so mehr freuen an dem, was noch vorhanden ist, was wie die Monstranz des Meisters Hanns die Zeitläufte überdauert hat. Zum Beispiel an dem üppigen Barockgewand, das dem gotischen Kirchenraum übergeworfen ist, an den von schwerem Stuck gerahmten Fresken des Hans Georg Asam, den fast vollplastischen Fruchtgehängen und Engelsköpfen, den Blumengewinden und Akanthusblättern in den Gurtbögen und Stichkappen. Fragt man nach den Meistern dieses offensichtlich italienischen Stucks, erhält man die Antwort: »Ihre Namen konnten noch immer nicht identifiziert werden ... Eine Carlone-Ausführung wäre denkbar.« (Sixtus Lampl) Also freue man sich, ohne zu fragen, an den Schöpfungen dieses reichen Zeitalters.

Vier Joche der gotischen Basilika erhielten eine barocke Gliederung mit Quertonnen; den übrigen Raum bis zum Sanktuarium verwandelte der Baumeister in ein Querschiff, dessen Vierung von einer Flachkuppel überwölbt ist.

Kunst- und kulturgeschichtlich von besonderer Bedeutung ist der Freskenzyklus von Hans Georg Asam, des Vaters der Brüder Cosmas Damian und Egid Quirin. Er ist ein Frühwerk des Meisters und ein Initialwerk der bayrischen barocken Deckenmalerei zugleich, bei dem vor allem das italienische System der freskierten Kuppel zum erstenmal folgerichtig übernommen worden ist. »Als erster in seinem Heimatland griff Hans Georg Asam das Problem der Deckenmalerei auf, wie es sich im Laufe des 17. Jahrhunderts in Italien entwickelt hatte. Die bisher übliche Lösung, Tafelbilder einfach an die Decke zu übertragen, war veraltet, – der neue Zeitgeschmack verlangte die Darstellung in der auf den Betrachter bezogenen Untersichtsperspektive.« (Erika Hanfstaengl) Von nun an beginnen auch die einheimischen Kräfte die bis dahin führenden Italiener abzulösen, die illusionistische Kunst des Deckenfreskos selbständig weiterzuentwickeln und zu jener Höhe zu führen, die dann im zweiten Drittel des 18. Jahrhunderts dem süddeutschen Rokokofresko seinen unbestrittenen europäischen Rang verleihen sollte.

Hans Georg Asam wurde 1649 in Rott am Inn geboren und kam in die Lehre des Münchner Hofmalers Nikolaus Prugger, dessen Tochter er 1680 heiratete. Unterbrochen von einem Aufenthalt in Venedig war er zunächst 1681 bis 1688 in Benediktbeuern, anschließend bis 1694 in Tegernsee und das letzte Jahrzehnt seines Lebens, bis 1711, in der Oberpfalz ansässig. Von seinem Spätwerk sind nur vereinzelte Schöpfungen erhalten, so das Deckenbild im Festsaal des Alten Gymnasiums in Freising und die Fresken in der Maria-Hilf-Kirche in Freystadt (Oberpfalz), wo allerdings schon der Sohn Cosmas Damian mitwirkte. Von den entwicklungsgeschichtlich so wichtigen Frühwerken aber sind uns die beiden bedeutendsten und umfangreichsten Zyklen glücklicherweise überkommen: die Ausmalung der Klosterkirchen von Benediktbeuern (1683/84) und Tegernsee (1688-94). In seinem großen Überblick über ›Die barocke Freskomalerei in Deutschland‹ urteilt Hans Tintelnot darüber:

Die erstere ... ging noch ganz vom alten Schema der Stuckdekoration mit engen, ausgesparten Gewölbegemälden aus. Diese nehmen noch keineswegs eine raumbeherrschende Wirkung ein. Weisen die Vorzeichnungen zu diesen Decken einen kleinteiligen zarten Strich, so ist ihre Übertragung in das Großformat des Freskos überaus derb. Das Volkstümliche und Urbajuvarische kommt stark durch, die in robuster Untersicht gegebenen Köpfe sind breit und knorrig. Interessant ist die

Überbetonung der Untersichtseffekte in den engen Rahmen, das Übersteigern der Verkürzungen. Asam bemüht sich schwerfällig um Übernahme des Zeitgemäßen und ›Neuen‹ in die alten Stuckrahmenmotive. Wir sehen gleichsam in den Röhrenfalten des Dargestellten hoch. Der Maler wurde sich mit dieser Übertreibung der Steiluntersicht offenbar erst des Charakters des neuen ›Sotto in su‹ als etwas Raumschaffenden und Raumweitenden voll bewußt, und so neigt er, noch ganz wie seine Lehrergeneration ... zur kompromißlosen Unvermitteltheit.

In den Fresken von Tegernsee ..., Hauptszenen des Lebens Christi, sind Aufgaben und Erfahrungen gewachsen. Die weiten Felder der fast quadratischen Joche der Stiftskirche gaben ergiebigeren Raum für einen Meister, der sich die ersten Übertriebenheiten in der Darlegung des ›Neuen‹ abgewöhnt hatte. Venezianische Schulung zeigt sich in Kolorit und Motivik. Typische Veronesetöne in Kupfer, Mattblau und dem berühmten Grün lassen die Farbskala allein schon aus der bisherigen deutschen Entwicklung fallen. Das Orgeljoch erhielt eine Anbetung der Hirten in italienischer pittoresker Ruinenlandschaft. Die Staffage der Anbetung der Könige im ersten Joch trägt bezeichnenderweise die Tracht der Veronesezeit: Puffärmel, Pluderhosen, geschlitzte Wämse, alles in üppiger Buntheit und urtümlicher Freude am Fabulieren und Kolorieren. Die dritte Szene, der zwölfjährige Jesus im Tempel, zeigt den Meister unter stark theatralischen Einflüssen. Chorisch getrennt, zu beiden Seiten in Riegen geteilt, stehen die Priester und Schriftgelehrten im Tiefenraum eines streng axial gesehenen Tempels – Anklänge an die Regiepraxis des Mauro, dessen Werke Asam am kurfürstlichen Hofe zu München bewundert haben mag, schwingen mit. In der Taufe Christi des nächsten Joches führt Asam die Darstellung eines weiten arkadischen Landschaftsraumes innerhalb einer zwischen rosa und grau raffiniert wechselnden Farbskala durch. Zur Lösung des Raumproblems treten hier koloristische Versuche – doch verrät auch der recht kräftige Akt Christi die bajuvarische Umwelt des Meisters ebenso wie die darauffolgende ›Verklärung‹. Erst bei der Durchführung der Vierung zieht Asam nun alle Register der corregiesken Manier: eine Hängekuppel wird zu einer perspektivisch überhöhten Himmelskuppel. Die strenge ringförmige Anordnung wird durch die kräftige

Bewegtheit der lebhaft disputierenden Päpste, Heiligen und Erzväter gemildert. Ein zartfarbiger Puttenkranz um das ›sigillum dei‹ in der tiefsten Wolkenferne läßt das Gefühl für Abtönungen und Luftperspektive klar erkennen. In diesem anspruchsvollsten aller Fresken zieht der ältere Asam … die Summe der Erfahrungen aus der italienischen Praxis, die deutsche Summe freilich mit all der Urwüchsigkeit und Regellosigkeit, wie sie beispielsweise in dem herkulischen Christophorus kenntlich wird, der mit Weltkugel und Christuskindlein bepackt inmitten der erregten Gesellschaft steht und just rüstig eine Wolke durchsteigt. Für 1690 bedeuten die Tegernseer Fresken eine recht interessante Lösung, die auf die spätere Entwicklung vor allem des sensiblen bayrischen Farbgefühls in der Freskomalerei hindeutet.

Hans Georg Asam arbeitete sechs Jahre, von 1688 bis 1694, in Tegernsee. Von seinen berühmten Söhnen wurde der jüngere Egid Quirin 1692 dort geboren. Abt Quirin IV. Millon (1700 bis 1715) kümmerte sich späterhin persönlich um die Ausbildung der beiden talentierten jungen Leute, schickte sie zum Studium nach Rom und verschaffte ihnen Kontakt zu dem Kloster Michelfeld in der Oberpfalz, dessen Abt ein Tegernseer Mönch war. Dort konnten die Brüder dann 1716 und 1717 frühe Proben ihres Könnens ablegen.

Nur drei von den vierzehn Altären der barocken Kirchenausstattung kamen auf unsere Zeit, das heißt, nur ihre Marmorunterbauten, denn 1820 entfernte man die Aufbauten des Hochaltars und der beiden Seitenaltäre und ersetzte sie durch Neuschöpfungen in klassizistischem Geschmack. Der Hochaltar bekam ein klassizistisch gerahmtes barockes Kreuzigungsbild, eine Kopie des von Karl Loth 1690 gemalten und später in die Wallfahrtskirche Christkindl bei Steyr in Oberösterreich gelangten Originals. Ihm zu seiten stehen die Figuren der beiden Apostelfürsten Peter und Paul von dem 1644 entstandenen ehemaligen Altar des Mönchschores. Unter dem Altartisch ruhen seit 1693 die Gebeine der Stifterbrüder Adalbert und Otkar in einem Sarkophag aus Tuffstein. An seiner Längsseite ist er von einem Seitenteil des Hochgrabes von Hans Haldner aus dem Jahre 1457 verkleidet, dessen Deckplatte, wie früher erwähnt, 1693 an den Aufsatz des Westportals der Kirche versetzt wurde. Das Seitenteil zeigt vier Wappen: an beiden Enden das Tegernseer, in der Mitte rechts das bayerische und links ein möglicherweise auf die burgundische Herkunft der Brüder hinweisendes Wappen mit drei Kronen.

Auf den Seitenaltären mit den klassizistischen Aufbauten und barocken Gemälden von Hans Georg Asam nach Karl Loth stehen schöne Arbeiten: auf dem linken unter einem Rokokobaldachin eine gekrönte Madonna in reich besticktem Gewand, auf dem rechten ein kostbarer vergoldeter Tabernakel. Diese schwungvolle Goldschmiedearbeit des Rokoko hat auch Adolph von Menzel fasziniert, als er 1889 wieder einmal eine seiner zahlreichen Reisen in Bayern unternahm, und in zwei herrlichen Skizzen festgehalten, die seine Begeisterung für die Barockkultur des katholischen Südens so recht zum Ausdruck bringen.

Zu den qualitätvollsten Kunstwerken, welche die Kirche heute birgt, gehören die Figuren der Heiligen Agatha, Florian, Rochus und Sebastian von etwa 1753, von denen die ersten beiden eigenhändige Werke Johann Baptist Straubs, die andern Werkstattarbeiten sind. Man entdeckte sie 1903 auf dem Kirchenspeicher. Vielleicht hatte man sie vor dem Zugriff der Säkularisation in diesem Schlupfwinkel versteckt, vielleicht auch waren sie beim Umbau der drei Altäre, als auch der ehemalige Mönchschor hinter dem Hochaltar von der Kirche abgetrennt und zur königlichen Bibliothek umgebaut wurde, ausgemustert worden. Jedenfalls kehrten sie glücklicherweise in die Kirche zurück und sind heute in der Benediktus- und der Quirinus-Kapelle aufgestellt. Beide Kapellen wurden zwischen 1746 und 1748 von Abt Gregor Plaichshirn (1726-1762) gebaut. Ihre halbrunden Apsiden haben die ursprüngliche Ausstattung bewahrt und gewähren dem Betrachter zusammen mit den durch ihre schwungvolle Expressivität ungeheuer fesselnden Figuren eine reine Freude. Die Wölbung der Quirinuskapelle trägt vergoldeten Rocaillestuck. In ihm schweben Putten über dem in kostbare Stickerei gehüllten, in einem Glasschrein wohlgeborgen ruhenden Haupt des Heiligen. Goldene Strahlen gehen von ihm aus. Ob die Stickereien von der Hand der Maria Theresia Asam, der – wie man damals sagte – ›Hausfrau‹ Hans Georgs, gearbeitet sind? »Sie verstand es gar wohl, die Reliquien der lieben Heiligen fein säuberlich in Gold und Silber zu fassen und lieblich zarte Blümlein aus bunter Seide darum zu winden«, heißt es. Nach einem Rechnungsbuch des Klosters erhielt sie 1692 für eine solche Arbeit 10 Gulden. Seitlich wird die Quirinuskapelle von den schon früher erwähnten Relieffresken mit Darstellungen aus der Legende des Heiligen gerahmt. Die ebenfalls reich ausgestattete Benediktuskapelle birgt eine beeindruckende Silberbüste des Titelheiligen, ein prachtvolles Meisterwerk des Münchner Goldschmieds Johann Reichenzein, um 1750.

Zur Ergänzung sei noch gesagt, daß Kanzel und Weihwasserbecken der ersten Zeit des Kirchenumbaus, 1690, angehören, der spätgotische Taufstein 1804 aus der abgebrochenen Pfarrkirche Sankt Johann Baptist am Burgtor hierher kam, und sich in den Seitenschiffen einige Gemälde von den früheren Seitenaltären befinden.

Aber nun lockt nach so viel Gestrigem das Heute. Vielleicht kehrt man vor Verlassen der Kirche schnell noch einmal zum heiligen Quirinus zurück und schickt ein Stoßgebet zu ihm – nicht wie Wallfahrer früherer Zeiten eine Bitte um Hilfe in eigenen Nöten, sondern die Bitte, Tegernsee vor der, wie schon Heinrich Noë sagte, »geschmacklosen Bauwuth, welche die schönsten Aussichten versperrt und mit Ziegelsteinen überhäuft, aus welchen zinstragende Fremdencabinen geformt werden«, zu schützen.

Und dann geht es hinaus in die zeitlose Landschaft, auf die *Neureuth*, den Hausberg Tegernsees. Viele, fast alle Wege führen dort hinauf. Wählt man die hinter dem Sanatorium Westerhof – das übrigens auf einen Klosterhof von 1007 zurückgeht – beginnenden, mäßig ansteigenden Serpentinen, so sieht man bald Tegernsee unten liegen, den Würfel des Schlosses mit den spitzen Türmen seiner Kirche, rechts davon das mit Bäumen bestandene Platzgeviert, das einst den nach der Säkularisation abgerissenen Trakt des Klosters trug: Es muß die Stelle sein, von der aus Wilhelm von Kobell immer wieder diesen aufs neue bezaubernden Blick gemalt hat. Im Weitergehen durch den Wald öffnen sich immer wieder Durchblicke auf den See, auf das gegenüberliegende Bad Wiesee mit seinem Kirchlein, auf die Ringseebucht, in das Tal der Weißach. Ringberg, Ringspitz beherrschen die Kulisse der Berge. Je höher man kommt, desto mehr Berggipfel tauchen auf, bis man schließlich, oben angelangt, wieder ein großartiges Panorama vor sich hat. Es reicht vom Großvenediger im Osten bis zu den Allgäuer Alpen im Westen. Ein kleines Alpinum führt durch die heimatliche Flora, ein Kapellchen, zu Ehren der im letzten Krieg Gefallenen 1976 geweiht, zeigt, mit wieviel Liebe und Geschmack auch heute noch solche Gedenkstätten, an die alte Tradition anknüpfend, errichtet werden. Im Neureuthhaus wird man gastlich aufgenommen, wo dann die wohlverdiente Brotzeit im Freien vor der begeisternden Bergszenerie doppelt köstlich mundet.

Als wir uns anschickten, wieder talabwärts zu gehen, zog der schon den ganzen Tag dräuend in der Luft gelegene Föhnsturm endgültig auf. Merkwürdige Wolkenformationen bildeten sich am blauen Himmel – weiß Gott, da hing tatsächlich das weißblaue bayerische Rautenbanner am Firmament!

Nostalgie in Rottach-Egern

Die beiden Orte Rottach und Egern – in Urkunden bereits Ende des 11. Jahrhunderts und um 1111 erwähnt – sind zu einer Gemeinde zusammengewachsen. Rottach dehnt sich zum einen landeinwärts dem Lauf des gleichnamigen Flusses entlang gegen Enterrottach zu aus. Zum andern liegt es zusammen mit Egern zwischen den Mündungen der Rottach und der Weißach auf dem sich in den See vorschiebenden Schwemmland dieser beiden Flüsse jenseits der 1821 gebauten Straße, die hier den See für eine Weile verläßt. Sie führt durch das bezeichnenderweise ›Stachus‹ genannte Zentrum der Gemeinde mit dem alten, 1959 umgebauten Rathaus, der Post, den zahlreichen Restaurants, Hotels und mondänen Läden, in denen zur Hochsaison geschäftiges Treiben herrscht.

Wendet man sich jedoch in Richtung See, breitet sich bald wohltuende Weite und Stille. Durch ruhige Straßen mit Villen und Gärten kommt man auf dem Weg zur alten Kirche von Egern an der evangelischen *Auferstehungskirche* vorüber. Olaf Andreas Gulbransson hat sie gebaut, der Sohn des berühmten Zeichners, ein begabter Architekt, dessen vielversprechende Laufbahn am 18. Juli 1961 durch einen tödlichen Unglücksfall ein allzu frühes jähes Ende nahm. Hell, weiträumig wie der Platz auf dem sie steht, ist auch das Innere der 1955 geweihten schlichten Kirche, bei deren Formgebung die Idee vom ›Zelt Gottes‹ Pate gestanden hat. Ihr einfacher Innenraum erhält durch bullaugenartige Rundfenster Licht, durch eigenwillig eingefügte bunte Glasscheiben Farbigkeit. Eindrucksvoll,

Mit dieser reizvollen Lithographie verewigte Egid von Kobell als einer der ersten, der sich eine ›Zweitwohnung‹ am Tegernsee errichtete,

seine Wahlheimat *Egern*. Kobell war bayerischer Staatsrat und hatte für Max Joseph die Kaufsverhandlungen für Kloster Tegernsee geführt.

lebendig leuchtet ihr Farbenspiel im wechselnden Licht der Tageszeiten.

Um die alte traditionsreiche Egerner *Pfarrkirche Sankt Laurentius* mit ihrem Friedhof wird es lebhafter und enger. Sie wurde 1466 unter Abt Ayrinschmalz von Tegernsee (1461-1492) an der Stelle einer demselben Patron geweihten ersten Kirche von 1111 gebaut. Das einschiffige kleine Gotteshaus mit seinem 51 Meter hohen Turm an der Nordseite des halbrund geschlossenen Chors blieb bis heute unverändert. Lediglich das Langhaus wurde 1707 und 1708 durch den Anbau einer Orgelempore verlängert. 1671-1672 erhielt der vierjochige gotische Innenraum barocke Stukkaturen durch zwei Schlierseer Maurer-Stukkateure der Miesbacher Schule: Weinranken auf den Wandsäulen und im Chorbogen, ornamentalen Schmuck in den Stichkappen. Fruchtgehänge umgeben die Wappen von Tegernsee, das Monogramm Mariens usw. in den Feldern des nördlichen, fensterlosen Langhauses. Zur kostbarsten Ausstattung der Kirche gehören das Hochaltarbild von Hans Georg Asam aus dem Jahre 1690, das den Titelheiligen darstellt, wie er für die armen Seelen bittet, und das Gnadenbild ›Unsere Liebe Frau von Egern‹ aus dem 15. Jahrhundert im rechten Seitenaltar. Ihm wurden wunderbare Gebetserhörungen zugeschrieben. Rechts und links stehen Joachim und Anna, darüber Sankt Josef. Eine Plastik der heiligen Magdalena ziert den linken Seitenaltar, beiderseits Johannes der Täufer und Aloisius, im Auszug die heilige Barbara. Die Altaraufbauten schuf Ende des 17. Jahrhunderts der einheimische Schreinermeister Gregor Höß. Eine hübsche Arbeit ist die ebenfalls von einheimischen Meistern, dem Miesbacher Michael Hagn und dem Maler Melchior Rixner aus Alpbach bei Tegernsee, geschaffene Kanzel. Unter den an den Längswänden der Kirche auf Konsolen stehenden Plastiken fallen ein Hochrelief mit dem ›Tod Mariens‹ und eine ›Pietà‹ auf. Votivbilder von der Sendlinger Bauernschlacht 1705, vom Spanischen Erbfolgekrieg 1701-1714, von den Napoleonischen Kriegen 1800-1814, vom Deutschen Krieg 1866 und vom Deutsch-Französischen Krieg 1870/71, sämtlich mit den Namen der Gefallenen und Heimgekehrten aus den Pfarreien Egern und Kreuth, vervollständigen die Ausstattung der hübschen kleinen Kirche.

Ihr kleiner Ableger, die *Taufkapelle*, steht an ihrer Nordseite zur Seestraße hin. Abt Maurus von Tegernsee hat sie 1508 zu Ehren der Pestpatrone Sebastian und Rochus erbaut. Ursprünglich hieß das Kapellchen der ›Totensakrer‹, da hier die Toten aufgebahrt und die Gebeine aus den aufgelassenen Gräbern verwahrt wurden. Die Renovierung von 1966 legte den sparsamen alten Freskenschmuck der Gewölbe frei und machte den anziehend ausgestatteten Raum zur Taufkapelle. Ein weit geschwungener Rundbogen deutet eine Teilung in Vor- und Hauptraum an. In der Mitte des ersteren steht der einfache Taufstein aus rotem Untersberger Marmor, auf seinem Aufsatz die übliche kleine Figurengruppe ›Johannes tauft Christus‹. In einer tiefen, durch ein schönes Bronzegitter abgeschlossenen Seitennische, dem ehemaligen Chor, steht eine eindrucksvolle Kreuzigungsgruppe. Im Gegensatz zur schlichten Einfachheit dieses Raumes wirkt der große Barockaltar, der die Nordwand des zweiten Raumes einnimmt, besonders reich und festlich. Im Altarbild sind lebendig bewegt die beiden Heiligen Sebastian und Rochus dargestellt, darüber schwebt Gottvater im Strahlenkranz. Zu seiten des Altarbildes sieht man zwischen reichen, goldverzierten Säulen auf Podesten kleine Figuren der Heiligen Michael und Leonhard; lebensgroße Plastiken des Franz von Assisi und des Johannes Nepomuk unter reich geschwungenen goldenen Baldachinen bilden rechts und links den Abschluß. Links vom Altar ist ein kleines altes Steinrelief in die Wand eingelassen. Ehemals war es auf dem Wallberg an der Stelle angebracht gewesen, wo ein Mönch des Klosters, als er zur Buße von großer Schuld ein schweres Kreuz den Berg hinauf schleppte, zu Tode erschöpft zusammenbrach. An den letzten Mönch von Tegernsee, Pater Egid Hellensteiner, erinnert eine Grabplatte. Hellensteiner war bei der Säkularisation erst vierundzwanzig Jahre alt. Er wirkte zehn Jahre als Hilfspriester, fünfundvierzig Jahre als Pfarrer in Egern. Zuletzt war er Geistlicher Rat, Jubelpriester und Päpstlicher Kämmerer. 1861 starb er im Alter von zweiundachtzig Jahren.

Das kleine Viertel um die Kirche ist der gastliche Mittelpunkt Egerns. Hier findet der anspruchsvolle Gast alles, was sein Herz begehrt. Im fashionablen Bachmeier am See lockt ›Top-Music‹ in ›Multisound‹, die letzten ›Top-Modelle‹ zu ›Top-Preisen‹ sind in den Schaufenstern eleganter ›Mode-Shops‹ ausgestellt. Die Atmosphäre alter Tradition bleibt trotzdem gewahrt, zum Beispiel durch das seit 1111 nachweisbare Mesnergütl, das 1700 Schankrechte erhielt und diese Tradition bis heute fortführt. Freilich – etwas eng ist es geworden; die alten Häuser haben sich zumeist zu Gästehäusern oder Hotels ausgewachsen und beanspruchen Platz für ihre Zu-, Um- und Anbauten.

Ein Stück weiter am See entlang läßt der Betrieb nach, allmählich wird es wieder ruhig und still. Die Egerner Bucht ist idyllisch geblieben. Drüben hinter dem in den See vorspringenden Ausläufer des Leebergs mit dem Kleinen Paraplui tauchen die beiden Türme der Schloßkirche von Tegernsee auf, tönt der Klang ihrer Glocken herüber. »Seit Kindertagen höre ich das gerne«, schrieb Ludwig Thoma einmal vom abendlichen Gebetläuten. »In diesem Augenblick sagen uns die verstorbenen lieben Menschen gute Nacht!, sagte meine Mutter oft und gläubig«, setzte er hinzu.

Und hinter Bäumen versteckt liegen drüben dicht beieinander die Häuser von Josef Stieler, dem Hofmaler König Ludwigs I. von Bayern, der die Porträts seiner Schönheitsgalerie malte, und Ludwig Ganghofers, des Volksdichters und Freundes von Ludwig Thoma. Von dort ruderte der Sohn den Sarg mit der sterblichen Hülle seines Vaters herüber zum Egerner Friedhof. »Um 6 Uhr früh fuhren wir Ludwig mit dem Kahn nach Egern hinüber. Horstmann, Polch und ich im Kahn voraus, dann Gustl allein mit dem Sarge im schwarzausgeschlagenen Schiff. Es war traurig und doch schön und feierlich«, erinnert sich Thoma. Dort drüben liegt auch die Villa des russischen Botschafters am Bayerischen Hof, des Grafen Adlerberg, und die kleine Kapelle, die zum Gedächtnis an den Prinzen Carl von Bayern errichtet wurde, der an dieser Stelle im August 1875 kurz vor Vollendung seines 80. Lebensjahres bei einem Ausritt von seinem scheuenden Pferd stürzte und den Tod fand.

Und dann kommt man zum ›Seehotel zur Überfahrt‹. Dicht neben ihm findet sich das *Slezak-Haus.* Wie das manchmal geht – man hatte es sich vorgestellt in einem großen Garten inmitten blühender Blumenbeete und Wiesen, so wie Slezak – in seiner Jugend gelernter Gärtner, ehe er der weltberühmte Sänger wurde – von ihm schwärmt:

Wenn du mit der Fähre den See übersetzt hast und gehst einige Meter, so stehst du vor einem kleinen Holzhause, das mit Blumen derart übersät ist, daß es dir wie ein Blumenstrauß erscheint. Das ist mein Häuserl, mein Blumenschloß, das ich nicht gegen alle Paläste der Welt eintauschen wollte ... Vor dem Hause ein Bauerngarten mit einem Durcheinander von perennierenden Blumen in allen Farben und Arten, eine die andere ablösend, so daß der Flor niemals ausgeht. Anschließend ein großer Garten, den ich mir aus einer Wiese schuf, mit all den lieben Freunden, den Bäumen und Sträuchern, die ich mir selbst setzte.

Karl Alexander von Müller erinnert sich, wie er einmal Slezak mit Max Pallenberg und Fritzi Massary »durch diesen köstlichen Bauerngarten mit den altmodischen farbigen Glaskugeln und einer verschwenderischen Pracht bunter Blumen wie kein anderer im Tal« wandeln sah.

Aber heute: nichts dergleichen. Nur das von dem Künstler im Jahre 1910 gekaufte Haus entspricht dem Traumbild, das man sich von ihm gemacht hatte. Es ist ein zweihundert Jahre altes Bauernhaus. Slezak ließ es äußerlich im wesentlichen unverändert, im Innern baute er es nach seinen Bedürfnissen um, und »aus allen Gegenden haben wir uns Hausrat zusammengetragen und allerlei Altertümer von Ausflügen mitgebracht. Jedes Stückel ist mit unschilderbarer Freude ausgesucht, besprochen und beraten worden.« Von dieser mit so viel Liebe zusammengetragenen Einrichtung ist freilich in dem jetzigen ›Café Höß‹ kaum noch etwas zu finden, und die große, mit Steinplatten belegte Terrasse, die man vor dem Haus für die Gäste gebaut hat, nimmt fast den ganzen Vorgarten ein. Die betonierte Uferstraße führt unmittelbar an ihm vorüber und trennt den jetzt öffentlichen Uferstreifen von dem Grundstück ab. Neben und hinter dem Haus ist der ehemals »große Garten« parzelliert, verbaut, verbetoniert. Im ganzen nicht häßlich, aber eben anders, als man es sich vorgestellt hatte und bestimmt anders, als es zu Lebzeiten Slezaks gewesen ist.

Vom Seeufer vor dem Slezak-Haus hat man den Blick auf die idyllische Egerner Bucht, auf die malerische Gruppe der Kirche mit dem Friedhof und den alten Häusern vor der mächtigen Kulisse des breit ausladenden Wallbergs. Man denkt an den kleinen *Friedhof*, dessen Gräber sich dicht um die Kirche drängen.

Welch ein weltweites Spektrum von Namen aus aller Herren Länder, aus allen Bereichen menschlichen Lebens umschließt dieses kleine Fleckchen Erde! Zwischen alteingesessenen Geschlechtern die Glaserfamilie des Nanga-Parbat-Besteigers Müllritter, der auszog, um im ewigen Eis den Tod zu finden. Zwischen den Gräbern der internationalen Aristokratie, der Wittgenstein, Henckel-Donnersmarck und anderer, die hier heimisch wurden und zum Teil noch sind, ein auf vier Löwenpranken ruhender Steinsarkophag eines Honourable William Lord Ponsonby und ein mit einer großen weißen Marmorplatte bedecktes Doppelgrab. Hier ruht mit seiner Gattin der letzte russische Botschafter am Bayerischen Hof, Graf Adlerberg, dessen schön ziselierter Degen im Tegernseer Heimatmuseum zu bewundern ist. Als das kleine Mausoleum, in welchem das Ehepaar ursprünglich bestattet war, baufällig wurde, bettete man es hierher um. Nicht weit davon findet sich das Grab Franz Seldtes, des Stahlhelmführers und Reichsarbeitsministers im ›Tausendjährigen Reich‹. Er starb 1947 in amerikanischer Haft und wurde hierher überführt. Noch ein anderes Grab weckt Erinnerungen an diese unselige Zeit. In ihm ruht Karl Friedrich Scheid, Arzt des Tegernseer Lazaretts, den eine deutsche Kugel traf, als er mit weißer Fahne zu Übergabeverhandlungen auf dem Wege war, um das Tegernseer Tal vor gewaltsamer Einnahme durch die Amerikaner zu bewahren. Ludwig Ganghofer, Ludwig Thoma, sein Bruder Peter, seine Schwester Berta, Maidi von Liebermann, Leo Slezak und seine Frau, unweit von ihm seine Tochter, Karl Alexander von Müller, der Bäckermeister und hervorragende Zitherspieler Karl Holl, der zum Trio des Kiem Pauli kam, als der Kiem Edi ausgefallen war – Namen über Namen. Es ist unmöglich, sie alle aufzuzählen, immer wieder wird man bei Rundgängen auf diesem oberbayrischen Camposanto bekannte Namen entdeckten. Alle ruhen sie hier im Tode vereint, die ehemals die Egerner Bucht mit ihrem Leben erfüllten.

Hier am Seeufer vor dem Slezak-Haus und der ›Überfahrt‹ locken Ruhebänke zum Verweilen, und hier ist der richtige Ort, um dieses Leben von einst an sich vorüberziehen zu lassen.

Man glaubt die mächtige Gestalt Slezaks zu sehen, des unvergessenen Sängers, der das Publikum aller Opernhäuser der Welt mit seinem Lohengrin, seinem Radames, Tannhäuser oder Bajazzo zu Begeisterungsstürmen hinriß. Man glaubt zu hören, wie er vom Balkon seines Hauses Partien aus seinen Glanzrollen über den See schmettert. Fast noch mehr als mit seiner Sangeskunst eroberte er sich mit seinem unverwüstlichen Humor die Herzen seiner Mitmenschen. Er war ein Original, von dem man sich unzählige Anekdoten erzählt. 1934 nahm er von der Opernbühne Abschied und wurde, wie er sich selbst kari-

Der Blick von der berühmten ›Überfahrt‹ auf das Dorf *Egern* und die Baumgartenschneid im Hintergrund hat auch heute noch viel von seiner einstigen Biedermeier-Romantik, wie sie diese 1825 in München erschienene anonyme Lithographie ausstrahlt, behalten.

kierte, »Chefkomiker für alte Trotteln, gallige Kracher, Einspänner und Fiaker« beim Film. Seine überdimensionale Größe und Leibesfülle gaben Anlaß zu manchen Gerüchten, die im Freundeskreis über seinen unstillbaren Appetit kursierten. Er hat sie selbst sicherlich mit vergnügtem Schmunzeln quittiert. So hieß es zum Beispiel, er pflege sich gelegentlich heimlich vor dem Mittagessen im benachbarten Gasthaus ›Zur Überfahrt‹ zwanzig Weißwürste und ebensoviele Eier einzuverleiben.

Woher kommt der Name ›Zur Überfahrt‹? Die Überfahrt an der schmalsten Stelle des Sees war seit frühester Zeit die kürzeste und bequemste Verbindung zwischen Tegernsee und Egern. Denn eine befestigte und gut ausgebaute Fahrstraße gab es bis weit in die Zeit des Königs Max Joseph hinein noch nicht. Ehemals wurden hohen Gästen des Klosters, die nach Italien weiterreisen wollten, Schiffe zur Überfahrt nach Egern zur Verfügung gestellt. Eine ganze Armada bewegte sich wahrscheinlich über den See, wenn zum Beispiel 1598 der Erzherzog Albrecht von Österreich oder der Bischof zu Adria, Hieronymus Graf Portia, 1607 mit Gefolge, Dienern und Pferden übergesetzt wurden. Für den gewöhnlichen Personen- und Gütertransport war ein Pendelverkehr eingerichtet, den ein ›Überführer‹ mit ›Schiffziehern‹ besorgte. Früher wurden die Boote nämlich an einem über den See gespannten Seil von der einen zur anderen Anlegestelle gezogen, später, als es Straßen und schnellere Verkehrsmittel gab, nur noch bei Bedarf vom ›Überführer‹ hin und her gerudert. Man erzählt sich, die jungen Töchter König Max Josephs seien auf ihren Spaziergängen oft zur Anlegestelle der ›Überfahrt‹ in Tegernsee beim Kleinen Paraplui gekommen, um sich nach Egern übersetzen zu lassen.

Mit beiden Händen vor dem Munde riefen sie dann jodelnd hinüber: »Überfahren, überfahren!« Ja, als Elisabeth, die spätere Königin von Preußen, nach Jahren wieder in ihr heimathliches Tegernsee kam und denselben Weg ging, erbat sie sich von ihrem hohen Gemahl die Gunst, daß sie wieder wie damals selber nach dem Schiff rufen dürfe. Friedrich Wilhelm IV. fand an diesem zwanglosen Gebahren so viel Reiz, daß er es gern teilte.

Es ist kaum zu glauben, diese Überfahrt gibt es wirklich heute noch! Beide Anlegestellen, drüben in Tegernsee beim Kleinen Paraplui und hier in Egern beim Gasthaus – pardon: jetzt Seehotel – ›Zur Überfahrt‹, existieren noch, und sogar die Glocke mit dem Schild ›Bei Bedarf zu läuten‹ ist noch da und – welch nostalgisches Relikt! – erfüllt ihre Bestimmung. Wirklich und wahrhaftig kann man sich für ein mäßiges Entgelt in einem richtigen schweren altmodischen Kahn von dem Überführer an die Anlegestelle in Tegernsee oder umgekehrt nach Egern rudern lassen.

Dieses zur Zeit von Slezak noch Gasthaus ›*Zur Überfahrt*‹ war der Mittelpunkt des, wie uns heute scheinen will, in den Jahren vor dem Ersten Weltkrieg noch so unbeschwert harmlos-fröhlichen Lebens. Seitdem hat es sich zum ›Seehotel‹ ausgewachsen, und es spielen dort »international bekannte Musicbands« zu Tanz und Unterhaltung. Damals sorgte ein einheimisches Trio von Schoßgeige, Zither, Gitarre mit bodenständigen Volksweisen für die Unterhaltung der Gäste: das Terzett der Brüder Kiem Pauli und Kiem Edi mit dem Reiter Hans. Den Kiem Edi ersetzte später der hervorragende Karl Holl. »Unvergeßliche Abende waren das damals für jeden einzelnen, ein Familienfest für alle. Eine Freundschaft herrschte, eine Einigkeit, wie man sie heute kaum mehr findet. Gegen zwei Uhr früh wurden die Tische beiseite geschoben und dann kam die Jugend zu ihrem Recht. Bis in den frühen Morgen hinein wurde getanzt, denn Polizeistunde gab es keine«, schreibt Bertl Schultes in seinen ›Ein Komödiant blickt zurück‹ genannten Erinnerungen.

›Ein Komödiant‹, das heißt, einer der besten, erfolgreichsten Volksschauspieler und später Leiter des Tegernseer Bauerntheaters, das war Bertl Schultes. Der Sohn vom Occamhof in München-Schwabing und gelernte Metzger kam 1903 als jugendlicher Liebhaber zu dem im selben Jahr von Wilhelm Köhler, dem Besitzer des Rubin-Verlags, gegründeten ›Köhlers Tegernseer Bauerntheater‹, dessen Direktion er 1907 übernahm als Köhler ausschied. 1909 ging er als Charakterdarsteller zu Michl Dengg, der sein ›Großes Oberbayerisches Bauerntheater‹ ebenfalls 1903 gegründet hatte. In den Jahren 1910 bis 1912 unternahm Schultes eine teils sehr erfolgreiche Tournee durch Amerika; 1913, als Dengg bereits durch Krankheit gezeichnet war, wurde er Oberspielleiter bei ihm und 1914 nach Denggs Tod Leiter der Truppe. Gespielt wurden zunächst

Stücke von Anzengruber (›Der G'wissenswurm‹, ›Fleck auf der Ehr‹, ›Die Kreuzelschreiber‹) und Ganghofer (›Der Prozeßhansel‹).

Michl Dengg und Bertl Schultes, diese beiden Männer haben den Ruhm des Bauerntheaters von Tegernsee begründet und weit über ihre engere Heimat hinausgetragen. Und sie hatten das Glück, in Ludwig Thoma einen freundschaftlich verbundenen Förderer ihrer Kunst in unmittelbarer Nähe zu haben.

Bertl Schultes erzählt, auf welch amüsante Weise er den ihm vom Sehen längst bekannten Dichter persönlich kennenge-

Der Volksschauspieler *Bertl Schultes* (1891-1964) begründete zusammen mit Michl Dengg den Ruhm des Tegernseer Bauerntheaters. Die enge Freundschaft, die ihn von 1907 bis zu des Dichters Tod 1921 mit Ludwig Thoma verband, ließ ihn zum idealen Interpreten von Thomas Stücken werden.

lernt hat. Eines Morgens, im Juli 1907, saß er an der Anlegestelle der Überfahrt in Tegernsee, als er hinter sich eilige Schritte kommen hörte. Eine Stimme fragte die Schiffersfrau nach Sepp, dem Überfahrer. Der aber war erst in einer halben Stunde zu erwarten. »So lang hab' i net Zeit. Is denn koaner da?« hörte Schultes die Stimme ungeduldig rufen. Er bot sich an, den Eiligen, den er als Thoma erkannt hatte, hinüber nach Abwinkel zu rudern. Wortlos auf beiden Seiten verlief die Fahrt. Thoma blickte unverwandt, tief in Gedanken, zum Ende des Sees, zur Tuften am Fuße der Baumgartenschneid.

Dort hatte er sich 1906 ein Grundstück gekauft, dort war bereits sein Haus im Bau, dort wollte er mit der Frau seiner Träume leben und eine Familie gründen. Er stand auf der Höhe seines Lebens. Hinter ihm lagen die Schuljahre bei Verwandten in der Pfalz, in Landstuhl und Neuburg an der Donau – die Mutter, eine Tochter vom Schwabenwirt in Oberammergau, hatte ihn nach dem frühen Tod seines Vaters 1874 aus dem Haus geben müssen, um ihm als dem begabtesten ihrer sieben Kinder den Besuch höherer Schulen zu ermöglichen. Hinter ihm lag die Studienzeit in München und Erlangen, der 1890 begonnene mühselige Aufbau einer Existenz als Rechtsanwalt in Dachau, von dem er 1894 in einem Brief an einen Freund erzählt: »Gestern und heute ist das Glück, oder doch ein Schimmer davon, bei mir eingekehrt. Ich habe in diesen zwei Tagen ca. 110 Mark verdient, allerdings nicht bar erhalten. Es ist mir aber doch ein Beweis, daß die Sache schon geht. Du kannst Dir denken, daß ich arge Zweifel hegte, nachdem die ganze Woche keine Katze zu mir kam und ich am Mittwoch acht Münchner Deppen bzw. Anwälte hier bei Ziegler sehen mußte, von denen sich vier sehr mitleidig um mein dasiges Befinden erkundigten ...«

Dann waren die ersten Jahre in München als freier Mitarbeiter der 1896 von Albert Langen gegründeten satirischen Zeitschrift ›Simplicissimus‹ gekommen. Mit jugendlichem Elan hatte er sich in diese Arbeit gestürzt, hatte 1899 seine 1897 nach München verlegte ungeliebte Anwaltspraxis aufgegeben, 1900 ein sicheres Einkommen errungen, als Korfiz Holm die Redaktion des Simpl an ihn und Reinhold Geheeb abgab. Durch sein erstes Buch, den noch in Dachau begonnenen ›Agricola‹, für dessen Illustration er den Simpl-Zeichner Bruno Paul interessiert hatte, war er in den Kreis der Simpl-Leute aufgenommen worden – dieser Generation streitbarer junger Männer, die ihre Aggressionen noch mit den relativ harmlosen Satiren des Simpl abreagierte. Witze, die jedoch von der Obrigkeit damals so ernst genommen wurden, daß sie ihm 1906 eine sechswöchige Haft in Stadelheim »wegen Beleidigung der Sittlichkeitsvereine« eingetragen hatten, und Albert Langen sich schon 1898 einem ähnlichen Schicksal nur dadurch hatte entziehen können, daß er sich ins Ausland, nach Paris, absetzte, um von dort sein Unternehmen weiterzuleiten.

Der erste größere schriftstellerische Erfolg hatte sich 1901 mit dem Einakter ›Die Medaille‹ eingestellt; 1902 war das Lustspiel ›Die Lokalbahn‹ gefolgt, 1904 die ›Lausbubengeschichten‹, 1905 der Roman ›Andreas Vöst‹ – es ging bergauf. Die Komödien waren Zugstücke in München, Berlin und anderen Städten geworden; für den Vorabdruck des ›Andreas Vöst‹ in den ›Münchner Neuesten Nachrichten‹ hatte er zwölftausend Goldmark erhalten. Und jetzt – davon ist er überzeugt – wird ihm mit seiner neuen, während der Haft in Stadelheim begonnenen Komödie ›Moral‹ der ganz große Durchbruch gelingen. Langen, mit dem er nun nach einem anfangs eher frostigen Verhältnis in herzlicher Freundschaft verbunden ist, hat ihm im Vertrauen auf den Erfolg dieses Stückes einen Vorschuß von achtzigtausend Goldmark gegeben. Sein Haus auf der Tuften ist im Bau, er wird seine Schulden bezahlen können, finanziell unabhängig werden, sich sein Leben ganz nach seinem Geschmack einrichten können und – er glaubt, die Frau seines Lebens gefunden zu haben. Die Zukunft liegt in rosigstem Licht vor ihm.

Erst kurz vor Abwinkel besann sich Thoma und warf einen Blick auf Schultes. Der hatte sich inzwischen seinerseits in den Anblick der Schönheit dieses Sommermorgens vertieft und machte seinem vor Freude und Entzücken über die Wunder der Natur überquellenden Herzen Luft mit dem Ausruf: »Is des a schön's Wetter«, was Thoma mit einem kurzen, aus tiefstem Herzensgrund kommenden »'s is« bestätigte. Eiligst verließ er dann beim Anlegen mit seinem Korb voll frischer Kirschen den Kahn. Er wohnte damals bereits mit seiner künftigen Frau in Abwinkel. Die Vermutung liegt nahe, daß er schon im frühen Morgengrauen herübergefahren war, um die ersten Früchte vom eigenen Grund als Morgengruß für sie zu holen. ImForteilen fiel ihm ein, daß er die Entlohnung für den ›Überfahrer‹ vergessen hatte. Er kehrte um und drückte Schultes, den er nicht kannte, ein paar Zehnerl in die Hand, die dieser schmunzelnd einsteckte. Dann fragte Thoma: »Ham S' Zeit zum Warten? I sollt' glei wieder z'ruck. I muß in d' Stadt eini fahr'n.« Schultes wartete und nach einer halben Stunde kam Thoma wieder. Die Rückfahrt verlief ebenfalls stumm, bis Thoma plötzlich bemerkte, daß er diesen Überfahrer noch nie gesehen hatte, und ihn fragte, ob er von hier sei. »Naa«, antwortete dieser und ließ nach einer Kunstpause schmunzelnd die Katze aus dem Sack: »I hab' nur 's Bauerntheater da in Egern.« Ein erstauntes, gedehntes »Soo ...« war die Antwort. Und nach einer verlegenen Pause: »Was gebt's denn da alles?« – »Volksstück' halt. – Kemma S' amoi zu uns ins Theater!« – »Ja, wenn's Anzengruber gebt's, nacha bin i da«, versprach Thoma. Zum Abschied schüttelte er Schultes die Hand, und dieser rief ihm lachend nach: »Pfüa Good, Herr Dokta! Und die Zehnerl, di heb' i mir auf zum Andenk'n.«

Thoma wurde ein eifriger Besucher der Vorstellungen im Theatersaal der Überfahrt. Für ihn, seinen Bruder Peter und seine Freunde, Leo Slezak und den schon seit 1895 in Tegernsee ansäßigen Emil Ganghofer – den Bruder von Ludwig, der erst 1919 dorthin kam –, war immer die sogenannte ›Ganghofer-Loge‹ im ›Salettl‹ reserviert, einem kleinen Verbindungsbau vom alten zum neuen Haus, durch den man den Theatersaal betrat. Abgeschirmt durch einen riesigen Kachelofen saßen die Freunde in ihrer Nische, die nur vier Stühlen Raum bot, und verfolgten das Spiel auf der Bühne.

Das größte Ereignis in der Geschichte des Tegernseer Bauerntheaters war die Uraufführung von Thomas Schwank ›I. Klasse‹ in der ›Überfahrt‹. Thoma hatte dieses Stück eigens für die Bühne Michl Denggs geschrieben, mit dem ihn eine besonders herzliche Freundschaft verband. Dengg war sein einziger Duzfreund in diesem Kreis.

Eines Abends im Herbst 1909 beim Tarockspiel hatte Thoma spontan zu Dengg gesagt: »Michi, i schreib' Dir a Stück.« »Die Freude darüber ließ uns alle verstummen«, schreibt Bertl Schultes, der mit dabei war. »Thoma, der damals im Zenith seines Ruhmes stand, schreibt für seinen Freund Michl ein Stück!« Im Winter ging die Truppe auf Tournee; sie war inzwischen so berühmt geworden, daß die besten Bühnen des Reichs sie für Gastspiele verpflichteten. Als sie im Juni 1910 zurückkamen, erfuhren sie, daß es tatsächlich wahr werden sollte; Thoma teilte Dengg mit: »Michi, das Stück is fertig. I glaab, daß ma 's guat g'raten is. Im August führ'n ma 's dann auf.« Und bald begannen unter der Regie von Thoma die Proben in seinem Haus auf der Tuften. Jede Geste, jeder Ton wurden sorgfältig erprobt, an jeder Nuance mit größtem Eifer

Michl Dengg (1864-1914) war – gleich seinem Freund Bertl Schultes – Volksschauspieler und zeitweise Leiter des von ihm gegründeten Tegernseer Bauerntheaters. Sein Duzfreund Ludwig Thoma schrieb ihm sein Stück ›Erster Klasse‹ sozusagen auf den Leib – und die großartige Darstellungskunst Denggs verhalf dem 1910 in Egern uraufgeführten Lustspiel zu einem triumphalen Erfolg.

herumgefeilt. Und am 12. August 1910 war es dann tatsächlich so weit. Der ganze Umkreis von Egern geriet in Aufregung. Zusätzliche Telefonleitungen mußten gelegt werden, damit die aus dem Reich zu erwartenden Theaterkritiker ihre Berichte sofort an die Redaktionen geben konnten. Intendanten und Direktoren aller großen Bühnen kamen angereist. In dem Bericht der ›Münchner Neuesten Nachrichten‹ vom 14. August 1910 steht über dieses Ereignis zu lesen:

Im Rottacher Seewinkel ging's gestern hoch her. Die Sonne schien, und warmes, abendliches Grün leuchtete ringsum von den Hängen der sanft ansteigenden Tegernseer Berge. Der wohligste Friede lag über dem Wasserspiegel ausgegossen. Am Ufer gingen fröhliche Menschen spa-

zieren, und oft kehrte das kleine Motorboot an den Landungssteg zurück, um schwere Fracht nach Egern abzuholen. Tief lag es im Wasser, denn viel Volk wollte hinüber »ins Theater«, wo ein neues Stück »vom Thoma« gespielt werden sollte. Wie vorher am Land, hörte man auch am Schiff von den Vertretern unterschiedlicher Nationen nähere Erkundigungen einziehen. »Sagen Se mal, fröhlicher Landbewohner, 'ne richtje Premiere also mittenmang de Berje, wie?« fragte einer. Und der fröhliche Landbewohner erläuterte das Phänomen dahin, daß es sich um ein Stück handle, welches »noch gar nie nicht gewesen« sei.

Im Gasthaus ›Zur Überfahrt‹, wo Michael Dengg den Tempel der ländlichen Muse aufgeschlagen, empfing Kirchweihtrubel die Gäste, die aus München gekommen sind, von allen Orten und aus allen Villen rings um den schönen blauen See. Zahlreiche Damen trugen die bunte, anschmiegsame Tegernseer Tracht. Von den Herren sind viele in kurzer Wichs erschienen. Das gibt ein farbiges Bild und dem Theatersaal, dessen Pforten von den Einlaßfordernden auf das heftigste bestürmt werden, das Gepräge echter Ländlichkeit. Wie sich um 8 Uhr der Vorhang auftat, schloß sich alles zu einer Einheit zusammen, in der gut bayerisch und gut bäurisch Trumpf war …

Inszenierung und Darstellung verdienten jedes Lob. Meister Dengg und Hans Werner haben in den Ökonomen Filser und Gsottmeier zwei Typen geschaffen, deren kraftvolle Derbheit und urwüchsige Echtheit städtischen Darstellern wohl kaum in dieser Vollendung erreichbar wäre.

Und Bertl Schultes erzählt:

Michl Dengg, der den Filser spielte, wurde noch nie so gefeiert. Es war der schönste Tag seines Lebens und auch für Thoma war es ein unvergeßlicher Abend. Ich sah ihm seine große Freude an, die Freude darüber, daß sein Michl Dengg so gefeiert wurde. Ich weiß nicht mehr, wie lange er an seinem Platz noch sitzen blieb; ich weiß nur, daß die Zuschauer tobten und den Dichter auf der Bühne sehen wollten.

Endlich, nach langer Zeit, stand er auf, ging ganz langsam in die Garderobe, dann hinaus auf die Bühne, die geliebte Pfeife in der Hand, verneigte sich ein wenig, kaum merklich, und schaute ganz ungerührt drein, so als ob ihn der Erfolg gar nichts anginge.

Langsam leerte sich der Saal. Die Kritiker hatten es allerdings eilig gehabt, den großen Erfolg ihren Zeitungen zu berichten. Die Bauernstuben des Gasthauses füllten sich beängstigend. Wir setzten uns im Salettl zusammen. Alle Darsteller bekamen zwei Paar Wiener Würstl mit Kraut und eine Maß Bier, und das freute uns mehr als Sekt und Kaviar.

Thoma blieb mit seiner Marion bis um 12 Uhr. Er brauchte sich um nichts zu kümmern; seine Freunde, die ja alle da waren, besorgten das Feiern, und das war ihm gerade recht so.

Ehe er wegging, drückte er seinem Freund Michl nochmals fest die Hand, wortlos, dann war für ihn das Fest zu Ende. Für uns aber ging es weiter. Reiter und die Brüder Kiem spielten fleißig auf. Wir brauchten lange, bis der Durst gelöscht war, und die Sonne stand schon hoch, als wir endlich gingen.

Die ›I. Klasse‹ aber bot Michl Dengg und seinem Theater auf Jahre hinaus eine sichere Existenz. Hatte er doch u. a. für München das alleinige Aufführungsrecht, und im Jahre 1911 war dieser Einakter im Deutschen Theater das zweitbeste Geschäft seit Bestehen des Hauses.

Die Theaterabende brachten im Sommer viel Leben nach Egern. Wohl kaum einer der vielen Sommergäste oder der rund um den Tegernsee ansäßig Gewordenen kam nicht, wenn das berühmte Bauerntheater in der ›Überfahrt‹ gastierte oder das beliebte Terzett des Kiem Pauli dort spielte. Illustre Gäste waren darunter, Namen ohne Zahl. Aber im Winter wurde es still, da waren die Einheimischen unter sich. Dann saßen Thoma und seine Freunde – meist sein Bruder Peter, Emil Ganghofer und Bertl Schultes – an ihrem Stammtisch im Herrgottswinkel beim geliebten Tarock, vor allem in den Jahren, als Thoma »der einsame Herr auf der Tuften«, wie er sich nannte, geworden war.

Und schließlich kam das Ende, die letzte Begegnung von Schultes mit Thoma in der Überfahrt:

Es war an einem Abend nach der Vorstellung ... Die Gäste beeilten sich wie immer, einen Platz in der Bauernstube zu bekommen. Der Tisch im

Herrgottswinkel war für uns reserviert; Thoma hatte zugesagt, an diesem Abend, wie so oft, noch eine gemütliche Stunde mit uns zu verleben. Diese ›gemütliche Stunde‹ bestand zumeist darin, daß kaum ein Wort gesprochen wurde.

Fragen und Antworten fielen sparsam. Je weniger man sagte, desto lieber war es Thoma. Wir wußten das, und es genügte uns schon, daß er bei uns saß. Denn es war ein Beweis dafür, daß die Vorstellung ihm gefallen hatte.

An diesem Abend bestand unsere Tischgesellschaft aus fünf Personen. Ludwig Thoma, ein Ehepaar von Klitzing, mein Bruder Maxl und ich. Es herrschte großes Schweigen an unserem Tisch, während es rings um uns in der Stube sehr laut zuging. Ich hatte das Gefühl, daß Thoma unter dem Lärm litt. Ein Schoppen Wein stand vor ihm, an dem er nur nippte. Seine geliebte Pfeife rauchte er kalt.

»I woaß net«, sagte er, »mir schmeckt nix mehr, net amal da Kaffee. G'eß'n hab' i heut aa so viel wie nix.«

Worte dieser Art aus seinem Mund waren mir fremd.

Ich ging in die Küche und bestellte seine Lieblingsspeise: Preßsack in Essig und Öl mit viel Zwiebeln.

Thoma zeigte sich sichtlich erfreut, als die Kellnerin das Essen auf den Tisch stellte, aber er aß nur zwei winzige Stückchen, dann schob er mir den Teller hin.

»I woaß, mir fehlt des gleiche wia an Kiem Pauli. I hab' koane Schmerzen, bloß allaweil so an faden Druck im Mag'n. Die nächste Woch' fahr i nach München und laß mi operier'n.«

Es kam an diesem Abend mit bestem Willen keine freudige Stimmung auf.

»I fahr hoam«, sagte Thoma bald und stand auf.

Ich begleitete ihn hinaus und holte sein Rad, das er immer in der Schreinerwerkstatt unterstellte.

»Nächste Woch' fahr i nei, nach Minka«, wiederholte er. »In vierzehn Tag bin i wieda da.« …

Er kam wieder, aber nur zum Sterben. Als sie ihn zur Letzten Ruhe geleitet hatten, saßen Schultes, Gulbransson und Thöny an seinem Lieblingsplatz im Herrgottswinkel in der ›Überfahrt‹

und keiner sprach ein Wort. Auf der Heimfahrt im Boot dachte Schultes an den Tag vor vierzehn Jahren, als er Thoma zum erstenmal übergesetzt hatte ...

Eine ganz große Zeit erlebte das Tegernseer Bauerntheater noch einmal nach der Inflation, nun als ›Ganghofer-Thoma-Bühne‹ 1927 von Bertl Schultes und seinen zwei Brüdern neu gegründet. Besonders eine Aufführung von Thomas ›Magdalena‹ in Egern wurde zu einem triumphalen Erfolg. Carl Zuckmayer schrieb über sie in der ›B. Z. am Mittag‹ vom 18. August 1930:

Mitten im Sommer, fern von Berlin, sah ich eine Aufführung, die zum Stärksten und Haftendsten gehört, was mir je vom Theater kam. Es war Ludwig Thomas ›Magdalena‹, am Tegernsee von der Schultes-Truppe gespielt ...

Das Stück, vielleicht ist es Thomas bleibendste Hinterlassenschaft, gehört zu den besten Werken des deutschen Vorkriegstheaters ... Es hat den Bau, die einfache Gewalt, die Gültigkeit einer klassischen Tragödie. Es ist so lebendig, als wäre es heute geschrieben.

Und wie wird es dort gespielt! Das hat nichts mit ›Bauerntheater‹ im landläufigen Sinn, nichts mit Spezialitätenbühne zu tun. Das ist beste deutsche Schauspielkunst von großem Format. Prachtvoll verhaltene, klare Führung des Spiels, kein Schnörkel, keine Verzierung, keine Künstlichkeit, die vom Gehalt des Stückes ab- oder zugunsten seiner Theaterwirkung aufträgt. Dabei eine ungewöhnliche Fülle seelischer Nuancierung, darstellerischen Reichtums, menschlicher Zartheit und Noblesse, ein schlichtes, fast geniehaftes Spiel ohne jede Manier, auch ohne die des ›Holzschnitts‹, die man so gern in eine oberdeutsche Bauerndichtung hineinfälscht. Da stehen Kerle auf der Bühne von einer natürlichen Kraft und Männlichkeit, daß man gleich mehrere Stücke für sie schreiben möchte, ich nenne nur die Brüder Schultes, Hermann Erhardt, Franz Fröhlich! Und zwei Frauen allerersten Ranges, Maria Schwaighofer, eine kostbare Mütterspielerin, und Loni Schultes, die Magdalena selbst. Die schafft eine Gestalt von ergreifen-

der Einfalt und Echtheit, ganz aus ihrer Natur gewachsen, mit sparsamsten, leisesten Mitteln, unter völligem Verzicht auf jede gängige Effektspielerei, aber von tiefster Wirkung: man hört wenig Geschnäuze im Theater, aber man könnte nachher heulen ...

Jetzt sollte man das Stück für Berlin gar nicht erst neu einstudieren, sondern die Tegernseer Schultes-Truppe zu einem Gastspiel einladen.

Was auch tatsächlich geschah. Der Direktor des ›Deutschen Künstlertheaters‹, Dr. Robert Klein, kam mit Max Pallenberg und Fritzi Massary nach Egern, sah sich die Aufführung an und engagierte die Truppe sofort für ein Gastspiel. Vierundvierzig Vorhänge gab es am ersten Abend; selbst als der Eiserne Vorhang bereits gefallen war, wurden die Darsteller noch einmal hervorgerufen. Nach diesem Erfolg häuften sich Gastspielangebote von allen Bühnen des Reichs: Bertl Schultes gastierte mit seinem Ensemble vierzehn Tage in den Berliner Kammerspielen bei Max Reinhardt, in Düsseldorf bei Luise DuMont, in Hamburg, Frankfurt, Darmstadt und vielen anderen Städten, darunter natürlich auch in München. Bis 1951 konnte die Truppe die stolze Zahl von etwa 3500 Thoma-Aufführungen aufweisen. »Jeder einzelne Mensch in dieser Aufführung ist lebenswahr (so lebenswahr, daß man sich scheut von ›Rollen‹ zu sprechen)«, schrieb eine andere Zeitung.

Die große Zeit der Bauerntheater ist längst vorbei. Das heutige, alles mit dem Intellekt sezierende Theater will in uralte Menschheitsprobleme neue Deutungen legen und hat wenig mehr übrig für eine in einfacher und natürlicher Weise sich mit den darzustellenden Menschen identifizierende Schauspielkunst.

Ein anderes Ereignis, das bis in unsere Tage fortwirkt, hatte im selben Jahr 1930, bereits am 29. und 30. März, in der Egerner ›Überfahrt‹ stattgefunden: das erste ›Große Oberbayerische Preissingen‹. Es war der Beginn eines in der Folge weite Kreise ziehenden Bemühens um die Lebendigerhaltung des echten, aus der Tiefe des Volksempfindens kommenden unverfälschten Volksliedes. Allzu oft drohte bereits ein Abgleiten in Postkartenromantik. Dies zu verhindern, war der Kiem Pauli ausgezogen in die Dörfer, in die Berge, um dort halbvergessene Schätze zu heben, denn sie und »die Werke der großen Dichter sind zwar sehr verschiedenen geistigen Ranges, aber in der Tiefe berühren sich unsichtbar ihre Wurzeln. Wer dies weiß, wird dem Volkslied nicht mit lächelnder Herablassung begegnen«.

Der Kiem Pauli war der richtige Mann für die mühevolle Arbeit. Hochmusikalisch, hochintelligent und zäh, hatte er sich schon früh für diese Idee begeistert und mit dem Sammeln alter Volkslieder begonnen. Als junger Mann war der 1882 geborene Münchner zu dem ›Rottacher Terzett‹ gekommen. Eines Tages im Sommer 1910 spielten sie beim Scheibenschießen in Weißach. »Einer war dabei, a ganz a magerer mit Brillen, mit am hellblauen Seidencravattl und mit a mordsgroßen Baßgitarr«, schreibt Herzog Ludwig Wilhelm in Bayern über den Kiem Pauli und fährt dann fort:

Ludwig Thoma sagt zu mir: »Setz ma uns a bißl zamm, die müssn jetzt was spieln.« Die fangen an, der Holl Carl von Rottach mit der Zither, der mir schon bekannt war, der andere, der Reiter Hans mit der Schoßgeign auch, aber mehr als Schwarzfischer wie als Musiker, und der dritte, der Kiem Pauli, überhaupt nicht.

Gspielt hams gut und der Pauli auf seiner Gitarr ist mit die Händ und Finger auf dem Instrument umanandergwuzelt, daß ma alle Finger doppelt gsehn hat. Nach a Zeit sagt der Doktor Thoma: »Geh Pauli, spieln ma a Solo!« Der fangt an, er wird immer schneller, er glangt nunter bis ans Schalloch und nauf bis an die Schrauben, spielt nach der alten Münchner Schul mit fünf Finger am Griffbrett und fahrt mitn linken Ellbogen rund um und um, daß mir ganz schwindli worn is und daß i schnell weggruckt bin, daß er mei Nasn net derwischt. Aber gspielt hat er wunderschön und keiner von uns hat je an Gitarristen was anders spieln hörn als Baß und Begleitung. Der Doktor war stolz auf sein Pauli und hat uns alle immer angschaut was mir für Gsichter machen und hat a bißl glacht, weil mir so dumm gschaut haben.

Von da an warn mir zwei oft beinand. Im Krieg habn mir uns einmal troffen, in Vimy beim großen Armee-Volksfest auf am großen Feld. Mitten drin kommen feindliche Flieger und alles is ausanandergstobn. Ich geh nauf auf die Bühn' zum Pauli, der net gwußt hat, daß i da bin. Mir habn uns fast umarmt und da sag i: »Bleibn ma da stehn, da geht's zu die Unterständ, und schaun ma, wem's am meisten pressiert.« Da war's no lustiger als beim Theaterstück vom Weiß Ferdl, was grad hätt gspielt werden solln. Später hat der Pauli beim Luftangriff sei Gitarr übern Kopf ghaltn, weil er gmerkt hat, daß das ein ausgezeichneter Schutz gegen Bomben ist.

Ausm Krieg is er glücklich heimkommen, aber im April 1921 hat er seinen Magen, der vom Krieg her verdorben war, in München im Josefinum operieren lassen. Der Doktor Thoma und ich habn ihn dort miteinander bsucht.

Am 26. August 1921 ist der Doktor gstorbn, was für uns alle ganz arg war. Der Pauli war noch bis 1924 mit dem Holl Carl und dem Reiter Hansl beisammen und dann ist er ins Bad Kreuth kommen und da bliebn. Dann hat er das Volksliedersammeln angfangen und im Jahr 1930 war das erste Preissingen in Egern. Das war der Anfang von einer langen, mühsamen Arbeit, die immer weitergeht und der wir verdanken, daß wir überhaupt noch bayrisch leben ...

Wir alle müssen dem Pauli helfen in seiner Arbeit fürs Boarlandl, für uns ist er ein Vorbild, nie hat er sich gedreht, immer hat er seine gleiche Ansicht überall offen vertreten und ausgesprochen. Die meisten haben in den Zeiten ihre Farben geändert vom Schwarz über Braun zum Rot und durch alle Regenbogenfarben wieder zurück, der Pauli ist und bleibt immer unverändert wie sein hellblaues Cravattl, ganz gleich, wen er vor sich hat.

Hilfe ist dem Kiem Pauli vor allem von vier Männern zuteil geworden: Ludwig Thoma interessierte sich für ihn und bestärkte ihn in seiner Sammlerleidenschaft, der Münchner Musikologe und Philosoph Professor Kurt Huber wurde sein Mitarbeiter und begleitete ihn oft auf seinen Entdeckungsfahrten. Die entscheidendste Hilfe aber kam von zwei Wittelsbachern, dem Herzog Ludwig Wilhelm in Bayern und dem Herzog Albrecht von Bayern. Sie ermöglichten dem Kiem Pauli 1924 eine sorgenfreie Existenz und gaben ihm ein Zuhause in Wildbad Kreuth. So konnte er sich ganz seiner ›Schatzgräberei‹ widmen. 1927 begab er sich, wie er erzählt, bei strömendem Regen per Rad mit einer zusammenlegbaren Zither im Rucksack auf seine erste Forschungsreise. 1930 dann organisierte er das Preissingen in Egern. Es fand ein Echo in allen Gauen des Landes und darüber hinaus. Vom Allgäu bis Berchtesgaden, von der Donau bis Tirol kamen Sängergruppen mit Jodlern, Trutzgesängen, Liebes- und Naturliedern, Wildschützen- und Fuhrmanns-, Bauern-, Handwerker- und Almgesängen. Erstmals übertrug der Rundfunk dieses Treffen, und seitdem ist die Pflege des Volksgesangs ein bleibendes Anliegen von Rundfunk und Fernsehen geworden. Wer kennt sie nicht, die Sendungen ›Unter unserem Himmel‹, ›Volksmusik in Stadt und Land‹, ›Boarischer Hoagascht‹, und wie sie alle heißen oder im Laufe der Jahre geheißen haben.

Der ersten Sammlung ›Oberbayerische Volkslieder‹, 1930 vom Kiem Pauli mit Professor Huber herausgegeben, folgte 1934 eine von Thomas Baumgartner illustrierte ›Sammlung oberbayerischer Volkslieder‹ und 1936 ein mit Professor Huber herausgegebenes ›Altbayerisches Liederbuch für jung und alt‹.

Zu seinem 75. Geburtstag wurde der Kiem Pauli mit einem Geburtstagssingen der besten oberbayerischen Volkslieder- und Volksmusikgruppen im Barocksaal des Tegernseer Schlosses, mit ihm gewidmeten Sendungen des Bayerischen Rundfunks und einer Feierstunde in der Bayerischen Akademie der Schönen Künste in München geehrt. Sie wurde eingeleitet mit einer Festrede des Präsidenten der Akademie, Professor Emil Preetorius, abgeschlossen von den Waakirchner Sängern und Fischbachauer Dirndln.

1960 ist der Kiem Pauli gestorben. Die Früchte seiner Lebensarbeit werden ihn hoffentlich noch lange überleben.

Gedankenverloren sitzt man immer noch auf der Bank am See. Plötzlich schreckt man jäh auf – das Motorboot der Tegernseer Motorschiffahrt legt an, lachende, schwatzende Menschen steigen aus und ein. Man steht auf, wendet sich um, und jetzt erst – noch gefangen von den Gedanken an das Leben in der ›Überfahrt‹ von gestern – sieht man sich die ›Überfahrt‹ von heute etwas genauer an. Man möchte ergründen, was von dem ehemaligen ›Gasthaus‹ im heutigen ›Seehotel‹ übriggeblieben ist, kommt in die mit gepolsterten Sitz-Arrangements ausgestattete große Halle, der Rezeption eines modernen First-class-Hotels, wirft einen Blick in den mit Teppich ausgelegten Speisesaal, läßt sich einen Prospekt geben und erfährt, daß es in dem 280-Betten-Hotel außer einem Hallenbad, einer Damen- und Herrensauna, einem Fitnessraum, einer Kosmetikabteilung, außer einer Badeabteilung mit physiotherapeutischen Anwendungen und Massagen auch eine Schönheitsfarm gibt.

Ein Tribut an die neue Zeit, gewiß, und wohl im Einklang mit den Erfordernissen des Fremdenverkehrs und den Ansprüchen des Urlaubers und Kurgastes von heute. Doch was Ludwig Thoma und der Kiem Pauli, Leo Slezak und Olaf Gulbransson zu dieser neuen Zeit gesagt hätten, ist nicht schwer zu erraten. Unwiderstehlich ist man versucht, sich eine Konfrontation dieser Männer von gestern mit dem Heute auszumalen.

Es ist ein einsamer Weg, den man weiter am Seeufer entlang zur Ringsee-Bucht geht. Er gönnt betonmüden Füßen Erholung auf elastischer Erde. Links liegen alte Villen in großen Parks, man kommt beim Reiter Hansl vorbei, rechts am See finden sich Schiffs- und Bootshütten aus Großmutters Zeiten.

Die Egerner Bucht verschwindet, der See öffnet sich dem

Blick, die Wiesseer Kirche erscheint, in der Ferne, im Norden, sieht man Kaltenbrunn, eines der traditionsträchtigsten und in seiner Existenz bedrohtesten Wahrzeichen des Tegernsees. Immer bleibt das Schloß im Blickfeld. Jetzt bietet es die ganze Breite seiner Westfront. Auf dem Damm dann zum schilfbestandenen Ringsee erscheint der ganze Ort Wiessee, in der Ferne taucht Gmund auf. Entlang der in den See mündenden, 1828 regulierten Weißach kommt man dann wieder zurück zur Hauptstraße. Von hier aus kann man ein Stück bis zur Riedersteinstraße zurückfahren oder -gehen und das Haus Ludwig Thomas auf der Tuften besuchen. Man kann auch die Seestraße rechts weiterfahren, dann kommt man bald nach Wiessee, oder bei Weißach abbiegen und durch das Weißachtal einen Ausflug nach dem Achensee unternehmen.

Bei Ludwig Thoma auf der Tuften

Tuften, so heißt eine Flur am Fuß der Baumgartenschneid, zu der wir – in Rottach nach Süden abbiegend – von der Straße nach Enterrottach aus hinaufgelangen, und so heißt auch der Hof, den sich Ludwig Thoma hier erbaute. Er ist unseres Wissens der einzige annähernd in seinem ursprünglichen Zustand erhaltene und der Öffentlichkeit zugängliche der vielen einstigen Prominentenwohnsitze rings um den Tegernsee.

Auf den ersten Blick ein großer, behäbiger oberbayerischer Bauernhof mit Erker und umlaufendem Balkon, wie es sich gehört, aber entgegen dem Brauch dieser Gegend kein sogenannter ›Einfirsthof‹, der Wohnteil, Stall und Tenne unter einem First vereinigt. Die Wirtschaftsgebäude stehen etwas abseits.

Mir tut es damisch wohl, darüber nachdenken zu müssen, welche Kühe ich anschaffe, wo ich heuer Kunstdünger streue oder welche Hühner die meisten Eier legen. Darin liegt eine Unendlichkeit von Ruhe und Vernunft und Natur. Es ist etwas Positives. Was bemerkenswert wohltut im problematischen Arbeiten und Spintisieren.

Ich kann Dir nicht beschreiben, wie sich sogleich meine Seele breit und behaglich rekelt, wenn ich mit dem Bauern Heiß oder Huber über Interessen rede, die ich mit ihm nun endlich gemeinsam habe.

O du allein selig machender Misthaufen, wenn dich nur erst die Kühe pfundweise vermehren, und wenn nur endlich die Hühner auf dir herumkratzen! An seinem Duft will ich gesund mich baden …

So schrieb Thoma am 21. Januar 1908 an seinen Freund, den Rechtsanwalt Konrad Haußmann nach Stuttgart.

Behaglich, von keiner Seite einsehbar, liegt das Wohnhaus in einer kleinen Mulde inmitten des großen Grundstücks. Während seiner Haft in Stadelheim hatte es Thoma im Briefwechsel und Austausch von Skizzen zusammen mit seinem besten Freund, dem Bildhauer Ignatz Taschner, entworfen. Mit einfühlsamem Verständnis war Taschner auf die Wunschträume seines Freundes eingegangen. »Fertig! der letzte Nagel ist eingeschlagen, und wie es jetzt so unglaublich nett und sauber aussieht, muß ich Dir, lieber Natzi, den herzlichsten Dank sagen für Deine Hülfe, durch die mein Häusel so geworden ist.« Und weiter schildert Thoma in diesem Brief an Taschner voller Begeisterung die Einrichtung seines ›Häusels‹:

Die Perle ist das Eckzimmer. Nudelsauber. Wie die alten Biedermeier drinstehen, das ist schon eine Pracht.

Dazu der pompöse Luster. Es sieht so vornehm aus, daß ich mich ab und zu frage, ob es eigentlich wahr ist, daß mir das alles gehört.

Die Diele ist für sich ein Schmuckstück, aber dann die Bauernstube oder Jagerstube! So was von lieber Gemütlichkeit. Die Geweihe und Krucken machen einen Spektakel in dem niedern Raum, wirken ganz anders wie in München. Und das blitzt so hell und weiß in die Fenster und die Decke liegt breit und behaglich über der Stube, und im Riesenofen kracht es.

Denn wir haben nach vier herrlichen Frühlingstagen heute am Ostersonntag wieder Schnee.

Das Schlafzimmer Marions, das große Fremdenzimmer, der Flötz im ersten Stock, hell und breit. Dann oben mein Arbeitszimmer. Sehr schlicht gehalten sieht es aus, wie eine alte Tübinger Professorenstube. Wundervoll!

Im Stall stehen drei Kühe und ein Kalbl.

So wie er es hier beschreibt, ist das Haus bis heute erhalten, trotz Zwangseinquartierung im Zweiten Weltkrieg, trotz Beschlagnahme durch die Amerikaner nach dem Zusammenbruch und Umwandlung in eine Pension in den schweren Zeiten danach.

Die in der Mitte der Längsfront liegende geräumige Diele empfängt den Besucher mit reichgeschnitzten dunklen Möbeln (von Bernheimer); links in der zünftigen Bauernstube mit der Durchreiche zur großen, mit riesigem Herd sowie Messing- und Kupfergeschirren ausgestatteten Küche gibt es noch die Eckbank mit dem massigen Ahorntisch davor; die Wände hängen voller Jagdtrophäen, dazwischen der große Fotodruck mit dem Porträt Ludwigs II. Und beim Anblick des riesigen Kachelofens spürt man richtig die gemütliche Wärme, die er an langen kalten Winterabenden ausstrahlte, wenn die Freunde um den großen Tisch herum beim geliebten Tarock saßen oder wenn Thoma im Ersten Weltkrieg von seinen Erlebnissen als Sanitäter draußen in Rußland erzählte. Dann saßen sie alle bis tief in die Nacht hinein um den Tisch und lauschten atemlos seinen Erzählungen.

Rechts von der Diele liegt die »Perle«, das kleine Erkerzimmer mit den zierlichen Biedermeiermöbeln, dem »vornehmen, pompösen Luster«. Diese drei Räume nehmen die Längsfront des Hauses ein.

Von der Diele führt die Treppe nach oben zum ›Flötz‹. Dort stehen Bauernschränke und -truhen; ein riesiger Wäscheschrank in bäuerlichem Stil ist geschickt in die Wand eingebaut. Und ganz oben dann wieder ein heller, geräumiger Vorraum und Thomas Arbeitszimmer, sein eigenstes, persönlichstes Reich.

Das Ganze ist eine Mischung von Ländlichem und Städtischem, von bäuerlicher Einfachheit und wohlhabender Bürgerlichkeit. Nach der Anspruchslosigkeit seines Elternhauses hat sich Thoma zeitlebens zurückgesehnt, aber im Laufe seines Lebens wuchs er über sie hinaus. Der gehobene bürgerliche Wohlstand zog ihn zwar eine Zeitlang an, aber er war nie ›zu Hause‹ in ihm. Daran hinderte ihn sein wacher kritischer Verstand. In seiner Sturm- und Drang-Zeit bespöttelte und kritisierte er scharf die ganze bürgerliche Welt. In späteren Jahren, als er selbst sozusagen zu dieser ›Wohlstandsgesellschaft‹ von damals gehörte, kam wohl noch ein gewisses Ressentiment hinzu; er fühlte sich ihr ebenso über- wie unterlegen.

Am wohlsten hatte er sich in dem Kreis der geistreichen Männer um den ›Simpl‹ gefühlt, in den Jahren, als er unter dem Pseudonym ›Peter Schlemihl‹ die ersten Beiträge für den ›Simplicissimus‹ schrieb und es ihm, dem armen, unbekannten Rechtsanwalt aus Dachau, gelungen war, ihr Freund zu werden. Das reizte ihn, das spornte ihn an, da wurde er wer! Immer wenn es galt, ein Ziel zu erreichen, Widerstände zu überwinden, da lebte er auf. Das ist freilich in fast jedem Menschenleben so, war aber vielleicht bei ihm besonders ausgeprägt.

»Richtig ans Herz wuchs Thoma uns Simpl-Leuten ... erst bei einem Festmahl (Hauptgang: Rehragout und Knödel), zu dem er uns in seine Wohnung lud, um das Erscheinen des ›Agricola‹ (1897) zu feiern«, schreibt Korfiz Holm, damals Schriftleiter im ›Simpl‹. Und er fährt fort:

Es ist für jeden jungen Schriftsteller ein großer Augenblick, der so nie wiederkommt, wenn er sein erstes Buch fertig gedruckt und schön gebunden in der Hand hält. Thoma aber strahlte wieder einmal so, daß alle mit ihm strahlen mußten. Ihm schien das schwerste Stück von seinem Lebenswerk geschafft und hing der Himmel voller Geigen. Was sonst noch fehlte und nicht ganz in Ordnung war, ließ sich ohne weiteres mit der linken Hand erledigen – glaubte er wohl.

Sprühend von Lustigkeit machte er in ein klein wenig altväterischer Art, die aber stilvoll wirkte, den Wirt und steckte den ganzen Kreis mit seiner guten Laune an. Die Stimmung stieg sehr schnell, und als der Morgen graute, hatte er mit fast uns allen Bruderschaft gemacht und jedem einen Band ›Agricola‹ verehrt.

In den ersten Jahren des neuen Säkulums lernte Thoma die Welt kennen. Zuerst, im Frühjahr 1901, kam er nach einer Radtour durch das Neckartal mit den Zeichnern und Malern des ›Simpl‹, Eduard Thöny und Rudolf Wilcke, nach Berlin. »Im Frühjahr 1901 war ich zu kurzem Aufenthalt in Berlin und verlebte in fröhlicher Künstlerschaft ein paar genußreiche Wochen. Die Reichshauptstadt, die ich zum ersten Male sah, gefiel mir außerordentlich, und es schien mir hier alles ins Große und Bedeutende zu gehen.« Von seinem längeren Aufenthalt im Herbst desselben Jahres, als unter seiner Regie in Wolzogens ›Überbrettl‹ seine ›Medaille‹ aufgeführt wurde – nach großem Erfolg in München übrigens mit mäßigem in Berlin –, heißt es aber schon in seinen ›Erinnerungen‹:

Von meiner Freude an der lauten Großstadt kam ich bald zurück.

Zwar das Berlin, wie es geschäftig war, arbeitete und bei aller Hast und Hetze Ordnung hielt, imponierte mir noch immer; erst in späteren Jahren wurde ich mißtrauisch gegen die fixen Leute, die so viel Spektakel mit ihrer Arbeit machten und immer neue, unmögliche Pläne und Ideen am Telefon hatten und sich in der Pose der unter fürchterlicher Arbeitslast Zusammenbrechenden wohl fühlten.

Aber auch schon damals sah ich Berlin, wie es sich unterhielt, mit kritischen Augen an, und es gefiel mir nicht mehr.

Selbst in Abendgesellschaften merkte ich bei den geladenen Gästen, daß sie einander weder Ernst noch Heiterkeit glaubten und sich kühl beobachteten.

Diese Leute waren einander fremd, kaum aneinander gewöhnt und ganz und gar nicht miteinander verwachsen; sie konnten nur nach Äußerlichkeiten urteilen und waren veranlaßt, ihre Art nach außen zu wenden, da sie keinen innerlichen Zusammenhang hatten. Vom Berliner Nachtbetrieb wurde oft mit einem gewissen Stolze gesprochen, als wäre in ihm der weltstädtische Charakter sichergestellt und deutlich in Erscheinung gebracht.

Ich weiß nicht, ob dieses Ziel erreicht wurde, noch weniger, ob es irgend einen Wert hatte.

Ich sah nur dichtgedrängte Haufen von Menschen, die das eine gemeinsam hatten, daß sie sich fröhlicher gaben, als sie waren.

Im Frühling 1902 unternahm Thoma wieder eine Radtour, teils auch per Bahn, denn das Ziel war weit gesteckt: Gardasee, Vicenza und Padua. Thöny, Wilcke, Bruno Paul, Ferdinand von

Reznicek, Wagner und Reinhold Geheeb waren diesmal mit dabei. Nach dem anschließenden Treffen mit Albert Langen in Zürich zu der zweimal im Jahr unter seinem Vorsitz stattfindenden Redaktionssitzung (er lebte ja noch in der ›Verbannung‹ im Ausland) war Thoma Langens Gast in Paris. Es ist interessant, seine Pariser Eindrücke mit denen von Berlin zu vergleichen, offenbaren sie doch seine kluge Beobachtungsgabe, sein Gespür für das, was in der Luft liegt:

Hier, wo jede Einzelheit zum Ganzen gehörte, wo zwischen allen Menschen unsichtbare und doch starke Zusammenhänge bestanden, begriff ich erst recht, wie erkältend gerade der Mangel daran in Berlin auf mich gewirkt hatte.

Mein Weg führte mich fast täglich ins nahe Bois de Boulogne.

Ich wußte nichts Schöneres, als ein paar Stunden unter den grünenden Bäumen zu sitzen, in dieser Mischung von lauen Frühlingslüften und zartem Parfüm.

Die große Welt und die Halbwelt rollten in eleganten Equipagen an mir vorüber, Wagen an Wagen, aber man sah nichts gewollt Auffälliges, hörte keinen Aufsehen erregenden Lärm, es war überall wirkliche Heiterkeit, die nicht auf Zuschauer berechnet war, und wie Geläute von kleinen silbernen Glocken drang aus den Kaffeegärten das Lachen der Frauen herüber.

Aber wenn ich an stillen Frühlingsabenden auf den gepflegten Wegen spazierenging und die Amseln pfeifen hörte, überkam mich doch das Heimweh.

Es war mir erst recht wohl, als ich etliche Wochen später in Finsterwald vor dem Sixbauernhause saß. Und roch es auch nicht nach zartem Parfüm und klang es auch nicht nach silbernen Glöckchen, die Frühlingsluft wehte stärker, derber und gesünder um mich.

Ein ihn tief beeindruckendes Erlebnis war 1903 die Aufführung seiner ›Lokalbahn‹ im Burgtheater in Wien:

... so stand ich eines Abends im Januar 1903 vor dem Wiener Prachtbau, sah Equipagen heranrollen, geputzte Damen und festlich gekleidete

Herren aussteigen und ins Theater eilen, um meiner Premiere beizuwohnen.

Ich stand hinter einer Säule und schaute ihnen zu.

Ein in diesem Augenblick vielleicht seltsames Gefühl von Gleichgültigkeit und Verlassenheit kam über mich ...

Ich dachte daran, wie es wohl meiner Mutter zumut gewesen wäre, wenn sie mich vor dem berühmten Theater der alten Kaiserstadt unmittelbar vor der Aufführung meines Stückes gesehen hätte.

Wie ein unglaubwürdiges Glück wär's ihr vorgekommen, wie eine märchenhafte Fügung des Schicksals, das den Buben aus der Vorder-Riß in dieses marmorne Prachtschloß geführt hatte. Und war's auch nicht ganz so wundersam, wie sie es empfunden hätte, merkwürdig war es doch, und das Erreichen eines Zieles war es doch, und darum zog es mir das Herz zusammen, daß ich mich nicht darüber freuen konnte.

Immer wieder während seines ganzen Lebens erinnerte er sich voller Dankbarkeit und Wehmut an seine sehr geliebte Mutter. Sie war 1894, dem Jahr seiner Niederlassung als Rechtsanwalt in Dachau, gestorben.

Ihr Leben ist Mühe und Arbeit und Freude daran gewesen. Als ihr nach dem Tode meines Vaters die Sorge für sieben unmündige Kinder überlassen blieb, bei einer Witwenpension von nicht ganz hundert Mark im Monat, griff sie tapfer zu und pachtete den Gasthof ›Zur Kampenwand‹ in Prien.

Zu unserer Erziehung hatte sie kein anderes Mittel als ihre Herzensgüte; Schärfe lag nicht ihrem Wesen, aber ebensowenig blinde Liebe, die sich an Fehlern ergötzt oder darüber wegsieht.

Ihr überlegener, ganz auf Tüchtigkeit gerichteter Verstand ließ sie manches heitere, treffende Wort finden, das einen jungen Menschen von verstiegenen Ansichten heilen mußte. Wie wertvoll ihr gesundes Urteil war, und was es bedeutete, daß sie nie landläufige Meinungen nachsprach und nie Redensarten gebrauchte, das lehrte mich erst das Leben verstehen.

Ich habe späterhin zuweilen gehört, wie dieser und jener Wunsch nach Zerstreuung und Vergnügen berechtigt sei, ich habe erfahren, daß eine gewisse Bildung verschiedene Ansprüche erfüllt sehen müsse, um fortdauern zu können; meine Mutter hat nie Ansprüche gestellt, und doch besaß sie eine Herzensbildung, die ihr Leben wie das ihrer Kinder verschönte. Ich durfte in meiner Jugend das hohe und bleibende Glück genießen, an ihrem Beispiele den Segen eines bescheidenen Sinnes kennenzulernen.

Diese Worte widmete Thoma dem Andenken seiner Mutter in seinen ›Erinnerungen‹, als sich sein Leben dem Ende zuneigte.

Aber 1904 hing der Himmel noch voller Geigen. In diesem Jahr wurde eine ganz kühne Unternehmung gestartet: Wieder mit Thöny und Wilcke und wieder teils per Rad, teils per Bahn, diesmal aber auch teils per Schiff ging es im Frühjahr über Marseille nach Algier, Tunis und weiter über Sizilien nach Neapel, Paestum und Rom.

Korfiz Holm schildert Thomas verschmitzten Übermut in diesen Jahren:

Man mußte ihn ganz einfach lieben. Bei guter Laune war er schlechthin unwiderstehlich. Wer konnte das Erfreuliche, das ihm die Stunde bot, tiefinnerlich gleich ihm genießen, mochte es nun ein Stück der heimatlichen Landschaft, ein bäuerliches Original, ein Werk schlicht bodenständiger Kunst, ein Sechserbock, der schußgerecht auf einer Waldblöße seiner Jagd herausgezogen kam, ein guter Mokka oder eine Pfeife Latakia sein; wer konnte so herzlich lachen wie er, wenn ihm ein Blick durchs Fenster komische Menschlichkeiten zeigte, so etwa ein paar Pflasterer, die ihren ganzen Fleiß und Scharfsinn gewissenhaft darauf verwendeten, beschäftigt auszusehen, ohne die Arbeit in unwürdiger Art zu überhasten, oder wenn er – die Korrekturen einer von ihm verfaßten Humoreske oder eines seiner Schlemihlgedichte las!

Es gibt sehr viele Porträts und Fotos von Thoma, aber unseres Wissens nur zwei, aus denen der Charme und die Fröhlichkeit sprechen, die Holm so fasziniert haben. Das eine ist ein Juxfoto, wahrscheinlich aus der ersten Münchner Zeit. Mit dem Zwicker auf der Nase, der unvermeidlichen Zigarre im Mundwinkel, einen Zylinder verwegen auf den Kopf gestülpt schaut er übermütig und verschmitzt lächelnd in die Welt. Vor und neben ihm sieht man zwei ernst und etwas fragend blickende junge Männer mit Trachtenhut. Auf den Knien des einen sitzt ein etwas unglücklich dreinschauender Dackel. Das andere Foto zeigt Thoma als jungen Ehemann in weißem Tennisdreß, diesmal mit feschem Strohhut, in der einen Hand hält er das Rakett, die andere steckt in der Hosentasche. So steht er voller Unternehmungsgeist auf eigenem Grund und Boden. Wenn man nicht wüßte, daß es Thoma ist, so würde man ihn auf beiden Fotos nicht erkennen. Alle anderen bekannten Porträts oder Fotos zeigen ein ernstes, fast mürrisches Gesicht; manch einer, der Thomas Werke nicht kennt, würde ihm beim Anblick dieser Bilder jeden Humor absprechen. Sie stammen aus späterer Zeit, als er arrivierter Schriftsteller und Leiter der ›Simpl‹-Redaktion geworden war und etwas darzustellen hatte, als er »wer war« – und sein Leben einen anderen Verlauf genommen hatte, als er es sich 1908 im Jahr des Einzugs in sein Haus auf der Tuften erhofft hatte.

Mit diesem Haus und in der Ehe mit der ihn unwiderstehlich anziehenden Marion glaubte er das Glück seines Lebens gefunden zu haben. Oben in seinem Arbeitszimmer mit dem Blick auf sein großes Jagdrevier in Baumgarten- und Bodenschneid fühlte er sich dem Paradies seiner Kindheit – der Vorderriß – nahe, hier zwischen seinen Büchern, den Erinnerungsbildern an Eltern und Geschwister würde er sich ungestört ganz seiner eigenen schriftstellerischen Arbeit widmen können, finanziell unabhängig werden, denn »ich verplempere bloß die Zeit mit lauter dummen Politisieren«. Und unten im Haus würde die Hausfrau werkeln, würden – vielleicht – ein paar Buben herumtoben.

Von diesen Träumen ging nur einer in Erfüllung: Mit den Einkünften aus seiner offiziell am 21. November 1908 im Münchner Schauspielhaus uraufgeführten Komödie ›Moral‹ –

einen Tag vorher hatte bereits eine Aufführung in Berlin bei Barnowsky stattgefunden – konnte er sämtliche Schulden und Vorschüsse für sein Haus bezahlen; bis zu seinem Tod wird ihm allein dieses Stück weit mehr als eine Million einbringen. Das Politisieren konnte er aber trotzdem nicht lassen, wenn er auch nur noch mehr oder weniger sporadisch zu den Redaktionssitzungen nach München kam und immer spärlicher Beiträge für den ›Simpl‹ lieferte.

Und sonst? Die Frau seines Lebens, Maria Trinidad de la Rosa, mit Künstlernamen genannt Marietta di Rigardo (sie war Tänzerin), Tochter eines Schweizers und einer Inderin, verheiratet mit dem Begründer des Berliner Kabaretts ›Poetenbänkel im siebten Himmel‹, Georg David Schultz, hatte Albert Langen zu einem Fest mitgebracht, das Thoma im Winter 1905/06 zur Feier des Erscheinens seines ›Andreas Vöst‹ in seiner Münchner Wohnung in der Franz-Joseph-Straße gab. Sie gehörte mit Leib und Seele in die Welt, von der Thoma damals am meisten angezogen war, sie konnte sich aber niemals in ein Leben einfügen, wie er es sich vorstellte, wenn sie auch den guten Willen dazu hatte. Vorläufig machte es ihr Spaß, an der Seite des gefeierten Schriftstellers in der Münchner Gesellschaft eine Rolle zu spielen, und Thoma fühlte sich als Mordskerl, er war stolz auf diese Superfrau, er phantasierte alles in sie hinein, was er sich wünschte: Verständnis für seine Arbeit, hausfrauliche Tüchtigkeit, Wißbegier, Heiterkeit, Anschmiegsamkeit und was sonst noch alles. Und die Hauptsache: eine langweilige bürgerliche Ehe würde es nicht werden. Damit hatte er allerdings recht. Vorerst ließ er sich in den Strudel der von Marion, wie er sie nannte, inszenierten Vergnügungen hineinziehen. Noch vor ihrer Scheidung und Legalisierung seiner Ehe mit ihr wurde in der Münchner Leopoldstraße eine luxuriöse Wohnung eingerichtet, wurden Faschingsfeste gefeiert, Reisen unternommen.

Aber im Sommer 1907 zog es ihn an seinen Tegernsee, nach

Abwinkel, und im Herbst nach Tirol zur Jagd bei seinem Freund Ludwig Ganghofer. Die Beendigung seiner ›Moral‹ bereitete ihm Kopfzerbrechen – vielleicht auch, weil er mitten im Hausbau und seinem Glück mit Marion nicht die nötige Ruhe und Konzentration zur Arbeit fand. Jedenfalls schrieb er am 20. Juli 1907 (also aus Abwinkel) an Ganghofer: »Die Luderarbeit ist schwer ... Manchmal schwitze ich große Tropfen ...« Dagegen konnte er am 22. September aus Tirol Marion mitteilen: »... ich habe meine Kumedi fertig und feile sie noch durch. Ungefähr 5.–6. Oktober ist sie fix und fertig. Dann wird ein Monat gekraxelt und gejagt.«

In der Zeit zwischen diesen beiden Briefen, im September 1907, wurde geheiratet. Nach einem Winter neuer Vergnügungen, nach der Uraufführung der ›Moral‹, gab das Ehepaar am 1. Mai 1908 ein Fest zur Einweihung des Hauses in der Tuften. Von einem anderen Fest am 25. August 1909, zu dem auch Michl Dengg mit seinem Ensemble geladen war, berichtet Bertl Schultes:

An diesem Abend hatten wir Vorstellung in Tegernsee, konnten es aber kaum erwarten, bis sie zu Ende war. Endlich fiel der Vorhang. Vor dem Theater stand ein Leiterwagen, bespannt mit zwei feurigen Bauernpferden ... Die Fahrt haben wir nie vergessen! Wir saßen auf nackten Brettern, die Zeit war schon vorgerückt, der Kutscher gab den Pferden etwas die Peitsche und dann klammerten wir uns mit allen Kräften an die Sitzbretter, damit wir nicht aus dem Wagen hinausflogen ... Zur Hauptfeier kamen wir gerade noch zurecht ...

Der ganze Kreis der Münchner Gesellschaft war gekommen; Kiem Pauli, Kiem Edi und der Reiter Hansl spielten auf. Um Mitternacht zogen alle mit bunten Lampions durch das Haus und das Grundstück, angeführt von Gustl Waldau, dem Liebling des Münchner Theaterpublikums und Schwiegersohn des Herausgebers der ›Münchner Neusten Nachrichten‹: Georg Hirth, der in Sankt Quirin seinen Besitz hatte. Gustl Waldau hielt die Festrede. Sein Name ist unvergessen, er ist aus dem damaligen Münchner Gesellschafts- und Theaterleben nicht wegzudenken. Überall war er dabei. ›Urviech‹ nannten ihn die Münchner liebevoll. Ein ›Urviech‹, das bei aller umwerfenden Komik seiner Einfälle – oft improvisierte er auch auf der Bühne – immer der Grandseigneur blieb, der er war.

Thoma hatte zu dieser Zeit schon keine rechte Freude mehr an solchen Festen. Er war ihrer überdrüssig geworden, sie störten ihn. »Wenn ich in Gesellschaft bin ... sehe ich wie auf fremde Vögel, die so ganz anders pfeifen. Ich höre hinter der Unterhaltung noch mehr wie in den gesprochenen Worten. Was ist das alles leer und konventionell! Über was reden die Leute, lachen und machen wieder ernste Gesichter? Lauter dummes Zeug ...«

Er war nun der wohlsituierte Ehemann, der nach Herzenslust seinen Neigungen leben wollte: in seinen großen Revieren am Tegernsee und in Weikertshofen jagen, in der großen Bauernstube mit seinen Freunden beim Tarock sitzen, im Winter Eisstockschießen und vor allem oben in seinem Arbeitszimmer neue Werke schaffen. Bei allem wollte er von der treusorgenden Liebe seiner Hausfrau umgeben sein, von ihrer taktvollen Rücksichtnahme, ihrer immer guten Laune und Munterkeit, ihren lustigen Einfällen zu neuen schriftstellerischen Erfolgen beflügelt werden.

Thoma, der in seinen Werken eine so außerordentlich gute Menschenkenntnis bewies, versagte hier vollkommen. Er wollte es nicht sehen, daß es Marions Naturell ganz unmöglich war, ihm das zu geben, was er von ihr erwartete. Vielleicht ließ er sich auch täuschen, denn anfänglich versuchte sie ja wirklich ernsthaft, ihm das Idealbild vorzuspielen, das er sich von ihr gemacht hatte. Sicher tat sie das mit gutem Willen, aber die Vergnügungen des mondänen Lebens waren nun einmal ihr Lebenselixier; sie konnte nicht auf sie verzichten, wie Thoma es mehr und mehr von ihr erwartete.

Beide waren, jeder in seiner Art, viel zu ausgeprägte Persönlichkeiten, als daß sie bei aller Liebe füreinander, die sicherlich auch auf ihrer Seite vorhanden war, mit Kompromissen hätten leben können.

Im Bereich seines persönlichen Lebens hatte Thoma nicht die Souveränität, in allen Welten ›zu Hause‹ sein zu können. Er blieb letzten Endes in allem, was er tat, schrieb, dachte – auch in seinen Umwegen und Irrtümern – das, was er zeitlebens war, aber nicht sein wollte: Kleinbürger. Es zeigte sich bald, daß es ihm auf die Dauer unmöglich war, Konzessionen an Marions Lebensstil zu machen. Am Ende seines Lebens wird ein ähnlicher Konflikt noch einmal tragisch anklingen.

Es kam, wie es kommen mußte. Schon 1910 schrieb Thoma vom Wintersport am Rissersee an Haussmann:

... *In Wahrheit hocke ich nur Marion zuliebe hier, denn ich entwickle mich immer mehr zum Einsiedler und lebe im Zwiespalt, der sich zwischen Neigung und Entgegenkommen auftut. Ende Januar kratze ich aber ab nach Tegernsee und lebe allein mit meinen Büchern, indes Marion in Kitzbühel Ski fährt.*

Marion wird immer öfter »Ski fahren« und – flirten. Und Thoma muß immer mehr einsehen, daß seine Ehe ein Irrtum war. Er versucht, seiner Frau das Leben auf der Tuften schmackhaft zu machen; ein Tennisplatz wurde angelegt, ein Segelboot stand bereit, »wenn Du kommst, brauchst Dich bloß hineinsetzen«. Und er meint, wenn er ihr schildert, wie die Rosen blühen möchten, die Erdbeeren rot hinter den Blättern hervorschauen, fünf kleine Schwalben im Nest die Schnäbel aufsperren und die Amseln am Tennisplatz flügge geworden sind, so könnte dieses Idyll ihr vielleicht ein bißchen Heimweh nach dem ›Häusel‹ machen. Immer wieder in vielen langen Jahren, als sie längst geschieden sind, Marion in die Münchner Wohnung gezogen, aber meist auf Reisen war, wird er ihr Briefe solchen und ähnlichen Inhalts schreiben, in denen sich seine Bitte um ihren

Besuch ausdrückt, denn: »Wir gehen in herzlicher Freundschaft auseinander«, schrieb er an Taschner, als die Scheidung beschlossen war, und:

Ich bin weit davon entfernt, die Schuld auf Marion zu schieben. Ich, das heißt, mein Naturell, meine Arbeit, meine Unlust an allem, was Gesellschaft heißt, meine Launen haben nie gepaßt für eine kinderlose Ehe und ein lebenslustiges Frauenzimmerchen. Alles andere, was man mit sittlicher Gehobenheit sagt, ist Schmarrn.

Ich bitte Euch, wo und wann sich's trifft, freundlich gegen die arme kleine Marion zu sein. Sie läuft den Sonnenstrahlen nach, weil sie nun einmal so ist, und wird viel zu spät sehen, daß sie nichts in den Händen hat ...

Selbstredend ist für sie sehr gut gesorgt, selbstredend bleibe ich ihr ein Freund und will meine Hand über sie halten, wo ich kann ...

Am 30. Juni 1911 wurde die Ehe geschieden. Aber noch anderes verschattet Thomas Leben in dieser Zeit: der Kreis der immer anregenden und fröhlichen ›Simpl‹-Freunde ist kleiner geworden. Rudolf Wilcke starb im November 1908, Ferdinand von Reznicek im Mai 1909. Am schwersten hatte Thoma jedoch der Tod Albert Langens getroffen, der ihm im Laufe der Jahre ein immer anregender, großzügiger Freund geworden war. Er starb, erst 39 Jahre alt, am 30. April 1909 an einer verschleppten Mittelohrentzündung. »... Dieser famose Kerl, den nie etwas beugte, und in die Knie zwang, der keine Phrasen kannte, immer klar gewesen ist, war eine Potenz, von deren Stärke nicht viel Leute wissen«, schrieb Thoma an Ganghofer. »... Wie verstand er es, anzutreiben, anzuregen. Es war wirklich eine Freude, was Lustiges zu machen, nur um sein glockenhelles Lachen zu hören. Mir wird viel fehlen, weil er nicht mehr da ist und mir durch ehrliche Anerkennung und kühne Hoffnungen die Schwere der Entschlüsse nimmt.«

Einige Zeit später meinte er zwar: »Die Lähmung nach Langens Abgehen, die Unzufriedenheiten mit den jetzigen Zuständen im Simplicissimus sind überwunden und ich hoffe wieder das alte Viech zu werden mit einiger Abklärung.« Aber so recht will ihm das nicht mehr gelingen; er verlor die Freude an seinen ›Simpl‹-Witzen: »Ich weiß nie mehr so recht, auf was ich schimpfen soll, weil mir alles wurst ist.«

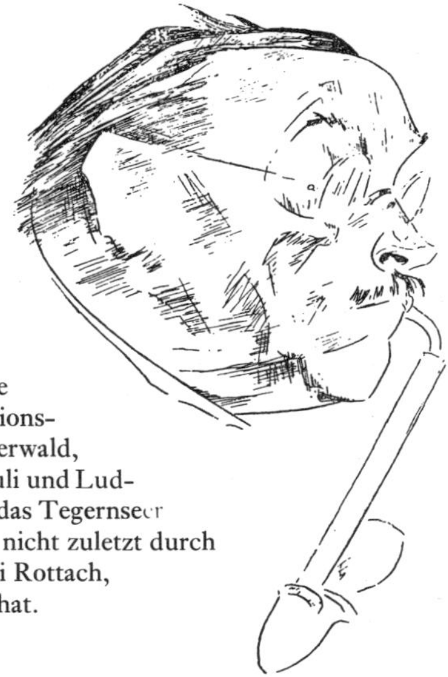

Ludwig Thoma (1867–1921) war mit dem Tegernsee und seinem Tal auf vielfache Weise verbunden: Durch die Redaktionssitzungen des ›Simpl‹ in Finsterwald, die Freundschaft mit Kiem Pauli und Ludwig Ganghofer, die Arbeit für das Tegernseer Bauerntheater in Egern – und nicht zuletzt durch sein ›Haus auf der Tuften‹, bei Rottach, das er im Jahre 1908 bezogen hat.

Als 1912 nach den Reichstagswahlen die Sozialdemokraten zur größten Fraktion geworden waren, schrieb Thoma an Haussmann:

Mein Tegernsee hat 53 Zentrumsleute, 112 Liberale, 180 Sozialdemokraten in die Urne geschmissen. Also auch wir haben Eures Geistes einen Hauch gespürt.

... Mein Gemüt ist im Gleichmaß geblieben, und wenn ich an 1907 denke, so finde ich, daß ich seither einige Bleigewichte an meine politische Schwingkraft hingehängt habe. Und ein merkwürdig fester

Glaube an ernste Tage, die uns bevorstehen, hält mich davon ab, diese Wahlen als das wichtigste Ereignis zu betrachten …

»Bleigewichte« hingen nicht nur an seiner »politischen Schwingkraft«, sondern an seinem Leben überhaupt. Gelegentliche Auslandsreisen halfen nicht und auch nicht schriftstellerische Erfolge. 1911 war sein Bauernroman ›Der Wittiber‹ erschienen, 1912 das zweite Buch der ›Filser-Briefe‹ und seine erste und einzige Bauerntragödie ›Magdalena‹. Taschner, nach wie vor sein liebster, verständnisvollster Freund und Briefpartner, hatte das Bühnenbild für die Erstaufführung am 12. Oktober 1912 im Berliner ›Kleinen Theater‹ entworfen. Marion war auch zu dieser wie zu allen Thoma-Premieren gekommen; sie besuchte ihn zwar gelegentlich auf der Tuften, aber von der Ruhe, die eines Tages in sie kommen würde, wie er einmal in einem Brief an sie meinte, war sie noch weit entfernt. Es liegt nahe, aus seinen Worten die Hoffnung herauszulesen, Marion würde eines Tages doch noch auf die Tuften zurückkehren und dort ihre Heimat finden – und damit auch er selbst.

Thoma war auf dem besten Wege, die Freude an seinem ›Häusel‹ zu verlieren. Die Hoffnungen, die mit seinem Bau verknüpft waren, hatten sich nicht erfüllt; die ländlich-städtische Mischung behagte ihm nicht. »Ich sehne mich nach kleinen Verhältnissen, nach Bescheidenheit, wie ich sie von jung auf hatte. Hier oben komme ich mir so großkopfet vor«, vertraute er einer Verwandten an. 1913 trug er sich ernstlich mit dem Gedanken, sein Anwesen zu verkaufen.

Im selben Jahr verlor er Ignatz Taschner, den Freund, der ihm, wie er sagt, Mensch gewordene Heimat war »in seinem unfehlbaren Urteil über alles, die Zuflucht in jedem Zweifel. Was mir das Zusammensein mit ihm an Behagen, Sicherheit und herzhafter Freude geschenkt hat, kann und möchte ich nicht schildern. Das Leben hat recht, natürlich, und ich bin nicht wehleidig, aber es war doch der Abschied von Jugend und schönsten Jahren, als er begraben wurde.«

Im Januar 1914 stirbt auch noch Michl Dengg. »Die lieben Abende in Egern. Wenn er Kreuzelschreiber oder Gwissenswurm spielte. Das muß und kann man nicht vergessen ...« Thoma konnte sich lange nicht mehr zu einem Besuch der Egerner Vorstellungen entschließen.

Langsam kam eine große Müdigkeit und Resignation über ihn. Damals begannen wohl die »gemütlichen Stunden« in der ›Überfahrt‹ oder der Bauernstube auf der Tuften, von denen Bertl Schultes erzählt. Im Kreis der Freunde wurde kaum ein Wort gesprochen, »'s Reden waar scho recht, bal ma 's Mäu dazua net aufmacha müaßt«, meint Schultes analog dem Valentin-Witz »I fahr sehr gern, nur soll' i selber net dabei sei' müaß'n«. Die Einsamkeit seiner Wälder und Berge wird Thoma mehr und mehr zur ›Heimat‹; in der stillen Zwiesprache mit der Natur kehrt Ruhe und Gelassenheit in ihn ein, sie führt ihn weg von den Gedanken und Problemen, die ihn bedrängen.

Die schönste Frucht dieser Einkehr in die Natur wird seine Dichtung ›Heilige Nacht‹ sein, »es ließ sich mühelos und von Herzen herunter dichten und war angeregt von Schnee und stillen, sternenhellen Winternächten«:

Im Wald is' so stad,
Alle Weg' san verwaht,
Alle Weg' san verschnieb'n,
Is koa Steigerl net blieb'n.

Unweit vom Schererhof, als Thoma in einer verschneiten Winternacht mit seinem Jäger zum Dorf hinunterging, sollen diese Verse im Advent 1916 entstanden sein.

1916! Der Ausbruch des Krieges 1914 hatte Thoma gründlich aus seiner Lethargie herausgerissen. Da gab es wieder etwas, wofür es sich lohnte zu leben, da erwachte sein altes Temperament, seine Einsatzfreudigkeit – nur setzte er sich jetzt für etwas ein, was in Schlemihl-Zeiten das Ziel seiner übermütigen, angriffslustigen Satiren gewesen war. Zeitgenossen und Nachwelt haben das nicht verstanden und ihm sehr verübelt. Korfiz Holm sah tiefer:

Leute, die sich scharfsichtig dünkten, ohne daß ihr Blick je durch die Oberfläche drang, haben ihm mit tadelnd hochgehobenem Finger angekreidet, daß er seine Überzeugung mindestens zweimal im Laufe der Jahre geändert hätte. Wer das behaupten kann, hat seines Wesens auch nicht einen Hauch verspürt.

Vom ersten Tag, da er in die politische Arena sprang, bis zu dem Tag, an dem er starb, hat ihn nur eins geleitet: Liebe zu seinem Vaterland, zum ganzen Deutschland, denn trotz festester Verwurzelung in den Boden seiner engeren Heimat war er nie ein Partikularist.

Die Liebe zum Vaterland verlangte jetzt Einsatz und Mobilisierung aller Kräfte für den Sieg. Jede Kritik hatte zu verstummen. Am liebsten hätte Thoma das Erscheinen des ›Simpl‹ ganz eingestellt. Mit Rücksicht auf seine Kollegen, deren Existenz zum großen Teil von den Einkünften aus dem ›Simpl‹ abhing, einigte man sich aber schließlich auf Beschränkung der Satiren gegen die äußeren Feinde. Die große Zeit des ›Simpl‹ war vorbei. Übrigens war der Zeitschriftenverlag schon 1906 in eine GmbH umgewandelt worden. Die Mitarbeiter Langens verlangten damals von ihm eine Gewinnbeteiligung und drohten, andernfalls selbst ein Konkurrenz-Blatt gründen zu wollen. Langen gab nach; Thoma und Th. Th. Heine bekamen je zwei, die anderen Mitarbeiter je einen Anteil; Langen behielt knapp die Hälfte.

Thoma selbst meldete sich mit seinen 47 Jahren sofort freiwillig ins Feld. Aber erst im März 1915 kam er als Sanitätsmann zu der Autotransportkolonne des Roten Kreuzes beim 41. Reserve-Armeekorps ›General von François‹ nach Frankreich. Dort lernte er Männer kennen, die in Schlemihl-Zeiten so oft die Zielscheibe seines Spottes gewesen waren: »Vorgestern war ich Gast beim Generalstab. Ein eigenartiger und sehr anregender Abend, in dessen Verlauf mir unser Generalarzt (ehemals Marine) einen besonders starken Eindruck machte. Die Humanität des wissenschaftlich gebildeten Mannes, gepaart mit dem bestimmten Wort des hohen Offiziers, das gibt eine glückliche Mischung, die übrigens schon Goethe als die beste bezeichnete.«

Und er schwärmte vom Soldatenleben: »Schön ist's auch, in der hübschen Landschaft marschierende singende Soldaten zu sehen. Da klingen die Lieder doch anders als auf dem Promenadeplatz.«

Im Mai kam er nach Rußland. Dort ging es turbulenter zu, aber das steigerte seine Begeisterung:

Jetzt fahren gerade an mir die riesigen 21 cm Mörser vorbei. Sie werden bald Tod speien auf die Russen, und wir hoffen, es wird wieder wie bei Gorlice am unvergeßlichen 2. Mai. Da habe ich auch die deutschen Siegesengel fliegen sehen und das Herz ist mir voll Stolz geworden über die Gewißheit, daß wir auf der Welt die Besten sind.

Ist er mit dieser und in vielen anderen Briefen sich überschlagenden Begeisterung nicht derselbe »Bierbankpolitiker«, als den er sich selbst wenig später in einem Brief an Haußmann bezeichnen wird?

Ich bin stumm geworden. Das ist nicht Bequemlichkeit, vielmehr die Überzeugung, daß ich in vergangenen Tagen über alles und noch einiges leichtfertig und falsch urteilte ...

Das unbekümmerte Maulaufreißen aus Schlemihlzeiten kommt mir heute recht klein und jämmerlich vor ... Ich war Bierbankpolitiker mit Tinte.

Thoma verlor immer mehr das Interesse am ›Simpl‹. In den Jahren 1915 und 1916 konnte er sich nur zu drei Beiträgen aufraffen, und 1920 zog er sich ganz aus der Redaktion zurück.

Das Soldatenleben fand schon 1915 im September ein Ende. Thoma wurde wegen einer schweren Ruhrerkrankung in die

Heimat zurückgeschickt. Seine Gesundheit hatte einen Bruch erlitten, von dem er sich nie mehr ganz erholte. Dazu kam in den nächsten Jahren noch ein Rheumaleiden.

Draußen an der Front konnte er nicht mehr aktiv sein, aber in der Heimat wollte er wenigstens sein Scherflein zum Sieg beitragen. Er zeichnete Kriegsanleihe, und als die Lebensmittel knapp wurden, ging er, sooft seine Gesundheit es ihm erlaubte, auf die Jagd. Das erlegte Wild und die Milch aus seinem Stall ließ er an Kriegermütter und -frauen des Dorfes verteilen.

Als die Flügel der deutschen »Siegesengel« immer mehr erlahmten, zog sich Thoma vor der bedrückenden Gegenwart wieder in seine Wälder, in die Vergangenheit, zurück. Die ›Heilige Nacht‹ entstand, 1917 begann er seine ›Erinnerungen‹. »Beim Zusammenbruch 1918 habe ich keinen Menschen so erschüttert, so seelisch gebrochen gesehen, wie ihn«, schrieb Bertl Schultes.

Das Schicksalsjahr 1918 brachte aber auch ein in Thomas persönliches Leben tief eingreifendes Ereignis: die Wiederbegegnung mit Maidi von Liebermann. »Ich bin so jung geworden in zwei Wochen, die Resignation ist weg, ich kämpfe um mein Glück, keine Stunde bin ich mehr müde, und ist unser Herrgott gerecht und klug, dann segnet er meine Arbeit, die unendlich wertvoller sein soll als das bißchen, was ich seither getan habe«, schrieb er ihr am 22. August 1918 kurz nach dem Wiedersehen. Und in der darauffolgenden Nacht läßt er an diesem glückverheißenden Beginn eines neuen Lebensabschnittes aus übervollem Herzen sein bisheriges Leben in einem zweiten wunderschönen Brief an sich vorüberziehen. Diese Zeilen offenbaren, wie sehr ihm die stille Zwiesprache mit der Natur zur Gewohnheit geworden war.

... Ich bin vor einer Stunde vom Baumgarten heruntergekommen. Es war ein Tag wie Seide, doch hält er nicht. Da oben lag ich Stunden lang mit dem Blick auf die fernsten Berge. Da liegt für mich im Umkreis,

den mein Auge sieht, mein ganzes Leben beschlossen. Anfang, Mitte und – Ende, Herrgott zum besten wende.

Drüben ganz duftig der Karwendel. Überm Juifen rechts liegt die Vorder-Riß. Dort strampelte der kleine Bub mit dem Herrn Oberförster ins Revier hinaus und hörte auf die Stimmen im Walde, die damals alle so geheimnisvoll waren, der Spechtruf, Vogelstimmen, das Schrecken vom Hochwild. Selige, lange Kinderjahre. Wie der Ernst an die Familie herantrat und die Mutter Witwe wurde, ging sie dort weit links vom Wendelstein hinüber an den Chiemsee.

Der Gymnasiast war selig in dem Vergnügen, das er auf dem großen Wasser fand und ließ sich auch die Poesie der alten Klöster Fraueninsel, Herreninsel, Seeon, ins Herz eingehen. Dann kam die Übersiedlung nach Traunstein, dort hinüber, wo der Hochgern herüberschaut. Hier gabs die ersten Studentenjahre, die ersten Dummheiten, und so viel Fröhliches; dazwischen auch die innere Stimme, die einem sagte, so ganz eben und gewöhnlich könne der Lebensweg nicht verlaufen. Er steige erst einmal an und führe ein wenig in die Höhe.

Wieder zurück an den Chiemsee, wo meine liebe alte Mutter in Seebruck ein Anwesen kaufte. Ein paar bittere Jahre, und ein Sterben, über das ich lange nicht hinauskam.

Anwalt in Dachau – aber so weit reicht der Blick nicht, die Ebene liegt im Dunst. München, Entschluß, frei zu sein. Die Künstlerlaufbahn, froh, stolz, erfolgreich, manchmal wie ein Rausch, manchmal wie ein Märchen. Und gleich Rückkehr in die Berge. Dort hinunter an den lieben See.

Aber – dann?

Und jetzt? Es schaut sich heute doch ganz anders herum vom Baumgarten, als eine lange Reihe von Jahren.

Und wenn ich recht viel Phantasie hätte, könnte ich mir einbilden, daß der Juifen lachend herüber grüßt. Waldbub, noch kann ein lustiger Vogel pfeifen. Laß nur nicht aus. Wir Berge halten zu Dir und es täte sich wohl schicken, wenn noch einmal was Lebendiges vom alten Oberförster in der Riß durch den Bergwald laufen würde.

Und jetzt geh ich ins Bett und träume was Gutes und träum was Liebes. Gute Nacht, Du liebes Mädel!

Noch 1918 fand diese Hochstimmung Thomas Ausdruck in der heiteren Sommergeschichte ›Altaich‹.

Nun mußte alles gut werden, mit Maidi würde sein Leben doch noch die Erfüllung finden, die es ihm bisher vorenthalten hatte, meinte er – er steigerte sich in der nächsten Zeit in einen blinden Überschwang hinein, der ahnen läßt, wie sehr er unter der seelischen Einsamkeit gelitten hat, die dem Scheitern seiner Ehe gefolgt war. Seine Briefe an Maidi sind eine einzige Anklage gegen sich selbst, sein durch seine Schuld verpfuschtes Leben, versäumtes Glück, und eine einzige Versicherung: »Ich kämpfe um Dich, jeder Wunsch, jeder Gedanke ist nur auf das eine gerichtet: Du mußt die meine werden, die liebe stolze Frau, der ich die Arbeit meines Lebens zu Füßen legen darf, die Herrin hier, mein einziger Kamerad.« Und er versteigt sich zu der Behauptung: »Es hätte geschehen können, daß ich schweigend daran zu Grunde gegangen wäre, daß Du's nie gewußt hättest, wie Du immer, immer die Königin warst.« Ja, er geht so weit, von »quälenden Stunden« zu sprechen, in denen er die Fesseln »verachtete, verabscheute«, die ihn einmal banden.

Zum ersten Male war Thoma Maidi, dem reichen Mädchen aus dem jüdischen Hause der Frankfurter Sekt-Firma Feist-Belmont, im Jahre 1904 begegnet. Mag sein, daß er damals von der jungen Schönheit mit den großen dunklen Augen beeindruckt war, mag auch sein, daß sie einer Verbindung mit ihm nicht abgeneigt gewesen wäre, wie ihm nachträglich zugetragen wurde. Aber daß sie »immer, immer die Königin« gewesen sei, wie er jetzt behauptet, dürfte doch wohl starke Übertreibung sein. Wahrscheinlicher klingt, wenn er Ganghofer erklärt, warum er, der verschuldete, noch ziemlich unbekannte Schriftsteller damals schwieg: »Wie's halt ist, wenn man in kleinen Verhältnissen schon tief in die Dreißig gewachsen ist und glaubt, auf der anderen Seite sei die andere Welt, die auf Geld sieht, weil sie für's Geld lebt.«

Nun, inzwischen hatte Maidi Herrn von Liebermann geheiratet, der in kurzer Zeit ihre Mitgift durchbrachte, und Thoma war der berühmte, gefeierte, vermögende Mann geworden. Maidi war mit ihrem Kind mehrere Sommer in Egern gewesen, ohne daß es zu einem Kontakt mit Thoma gekommen wäre. 1916, als er gehört hatte, daß sie in Berlin in schlechten Verhältnissen lebte, hatte er ihr seine ›Heilige Nacht‹ gesandt. Und im Sommer 1918 – so erzählt er –, als er sie unter der Tür im Egerner Theater stehen sah und sie zu ihm herüber grüßte, da schlug dann sozusagen der Blitz ein. In einer bald darauf folgenden Aussprache »mußten wir beide weinen um ein versäumtes Glück«. Noch im selben Jahr unternahm Maidi Schritte zur Einleitung der Scheidung.

Aber die Zeit verging, ohne daß der Weg zur Ehe mit Maidi frei wurde. Thoma begann nervös zu werden, er fürchtete, daß ihm auch diese letzte Hoffnung auf ein spätes Glück wieder entgleiten würde. Allmählich klingen in seinen Briefen Töne an, die fatal an Probleme vergangener Zeiten erinnern:

... Nein, Mädle, gutes, ich bin kein trockener Liebhaber, aber Du mußt Dich schon daran gewöhnen, mich ein bissel verträumt zu lassen. Wir können nicht bloß mit der Feder in der Hand arbeiten und Bürostunden einhalten. Wenn's was werden soll, sind vorher viele stille Stunden notwendig ...

Ach, gutes Möppche, schau, Du mußt schon so gescheit sein und verstehen, daß man Dichter ganz und gar ist – oder überhaupt nicht. Unser Beruf ist Nachsinnen. An hundert Sachen denken kann ein Geschäftsmann, aber nicht einer, der in seiner eigenen, selbstgeschaffenen Welt leben muß ... Ich bin kein Pedant, der Dir Vergnügungen mißgönnt – aber mir erlaube ich nicht mehr, über inhaltlosen Vergnügungen mein Werk zu versäumen ...

Ich kann nicht mehr tun, als Dir ein sorgenloses Leben sichern. Die Fröhlichkeit wirst Du nicht vermissen. Aber die richtige kommt von innen, nicht von außen, die Dir selber, mein Möppche, in 3, 4, 5 Jahren recht schal und problematisch erscheinen wird. Versteh mich nur recht, wie ich Dich verstehen will, dann fehlt nichts ...

Der verlorene Krieg, die Sorge um die ungewisse Zukunft seines Vaterlandes, die Ungewißheit seines eigenen Schicksals zermürben ihn. Das eine machte ihn zum Stammtischstrategen, der unablässig darüber nachgrübelt, warum manche der entscheidenden Schlachten verloren wurden, wie man es hätte besser machen können. Vor den sich abzeichnenden persönlichen Problemen versucht er, sich in seine Arbeit zu retten. Er steckte voller Ideen, begann vieles, verwarf das meiste nach kurzem wieder. Von den Arbeiten dieser Zeit beendete er 1921 nur den Bauernroman ›Der Ruepp‹; der 1919 begonnene Roman ›Münchnerinnen‹ blieb Fragment, ebenso 1920 ›Kaspar Lorinser‹. Eine große Unruhe war über ihn gekommen, nichts wollte ihm mehr gelingen.

Im Mai 1921 dann, als die Ruhrbesetzung durch die Franzosen ihn in eine besonders desolate Stimmung versetzt hatte und Maidi ihm mitteilte, sie könne nicht wie beabsichtigt Pfingsten bei ihm verleben, sondern müsse bei ihrer Mutter und ihrem Kind bleiben, er solle dorthin nach Heidelberg kommen, bricht es aus ihm heraus:

Auf zwei Tage Heidelberg, noch dazu mit Mama und Bubi, und in dieser traurigen, niedergeschmetterten Stimmung, das wäre eine Qual für Dich und mich. Ich kann mir das Herz nicht aus dem Leib schneiden und gedankenlos heiter sein. Wenn's andere können, ich bin unfähig dazu. Ich bin nicht hart, Maidi, ich tue, was ich kann, um Dir zu zeigen, daß ich Dich lieb habe. Tust Du es? An Ostern sagtest Du so bestimmt, Du wolltest Pfingsten hier sein. Nun ist wieder Heidelberg die Losung – und doch fährst Du danach nach Frankfurt und hast Mama und Bubi. Bloß der äußerliche Grund, an Pfingsten mit ihnen zu sein, ist viel stärker wie Dein Wunsch, endlich einmal an einem Feste mit mir zu sein …

Glaubst Du ich bleibe aus Laune und zu meinem Vergnügen hier? Ich habe hier auch keine Freude, gar keine; nicht die allermindeste. Ich suche Vergessen, muß es suchen, weil das, was jetzt geschieht, so an mir zehrt wie eine Krankheit … Ich bin in München geflohen, weil ich lachende und schwätzende Menschen nicht ertrage ... Warum Du mich so wenig darin verstehst, weiß ich nicht. Vielleicht habt Ihr in Frankfurt das Motto »Grübeln hilft nichts«. Ich möchte die Kunst verstehen, Gedanken zu vertreiben, die so schmerzen – oder ich möchte es nicht einmal. Sonst wäre ich nie gewesen, was ich am Ende doch bin und war. Lacht Ihr und redet von morgen, ich kann nicht mittun, ich kann nicht. Glaubst Du, es ist schön, mutterseelenallein am Pfingstsonntag hier zu hocken, den Frühling sehen und das fühlen, was ich fühle? Ob es wichtiger war, mit Bubi in Kümmelbach zu sein, oder mir doch zu zeigen, daß ich nicht ganz allein stehe und am Ende doch noch eine Aufgabe habe, das mußt Du wissen. Ausflüge machen! Und wissen, daß in der gleichen Stunde Deutsche wie herrenlose Hunde niedergeschossen werden. Sich freuen! Und vor sich selber erschrecken, wenn man lacht ...

Warum verstehen wir uns darin nicht? Ich weiß es nicht, aber ich kann mich nicht ändern.

Und am Tag darauf, am 13. Mai 1921:

... Ich hab Dir ... gestern recht aufgeregt geschrieben ... Hab ein bißchen Geduld mit mir, Mädel, es ist alles andere eher wahr, als daß ich gegen Dich hart oder Egoist sein könnte. Verstört bin ich, krank, und es war auch alles ein wenig ungeschickt ... Es ist eine solche Ruhelosigkeit in mir, daß ich mich vor mir selber verstecken möchte. Du bist der einzige Mensch, der mir ein bißchen helfen könnte; wenn ich für Dich, das heißt für uns, ein wenig klarer in die Zukunft sehen könnte, wäre dieses Ziel ein Mittel, mich aus den quälenden Sorgen um die Gesamtheit zu bringen. Aber auch das ist alles so ungewiß, so schwankend. Ich sehe bloß Jahr um Jahr vergehen und nichts besser werden.

Wenn ich das tun wollte, was Du oft sagst, an eine ganz große Arbeit gehen und mich selber geben – ach liebste, liebste Mädie, wie müßte ich mich da in Arbeiten und Träumen und gute Stimmung und Ruhe vergraben! Wie müßtest Du mir dabei helfen und alles von mir fern halten, was mich in die scheußliche Gegenwart zurückrufen kann. So wirds halt bloß Stückwerk ...

Ich will ganz gewiß, ich will nicht verzagen, jammern, verzweifeln, aber schau ... ich zapple mich ja auch in unserm persönlichen Schicksal umsonst ab. Reden wir denn noch von unserer Zukunft? Ich horche oft ganz ängstlich, ob ein Wort von Dir kommt ... es ist schon sehr lange keines mehr zwischen uns gesprochen worden ...

Glaubst Du, daß es ein Mittel gegen diese Gedanken gibt? Nicht darüber nachdenken, von Woche zu Woche, von Monat zu Monat leben. Darüber vergeht aber die Zeit und ich fürchte meine Kraft und Lust, die zum Erfolg und zur Arbeit für uns beide nötig sind, brechen auch zusammen. Nun komm' aber, Du liebes gutes Möppche, eins wollen wir nicht tun, trotzen miteinander ...

Diese Zeilen klingen wie der Hilferuf eines todkranken Mannes, und das war er auch, als er sie schrieb. Das Schicksal ersparte ihm eine weitere Auseinandersetzung mit allen sich anbahnenden Konflikten, es ersparte ihm auch die Jahre der Geldentwertung, des wirtschaftlichen Niedergangs, der Arbeitslosigkeit, das ›Tausendjährige Reich‹, und hat es damit bestimmt gut mit ihm gemeint. Seinem Alter nach hätte er das alles durchaus noch erleben können.

Im Juli 1921 ließ sich Thoma von Professor Böhm in München untersuchen. Er litt seit langem an »Magendrücken«, »Kaffeepott« und »Sudelpfeif« schmeckten ihm nicht mehr. Eine Operation erwies sich als notwendig, sie wurde für den 5. August festgesetzt. Am 4. August schrieb Thoma einen kurzen Brief an Maidi, der mit den Worten endet: »Jetzt, mein Mädel, nehm' ich kurzen Abschied und sag' Dir noch ..., daß ich mich freue, freue, freue, wenn ich Dein liebes Gesichtl klar und deutlich vor mir sehe. Ich hab' Dich lieb, lieb, lieb.«

Thoma starb in seinem Haus auf der Tuften am 26. August 1921. Man hatte ihn am 24. August auf seinen Wunsch dorthin zurückgebracht. Seine Umgebung wußte, daß es keine Hoffnung mehr gab; die Operation hatte nicht helfen können, der Magenkrebs war zu weit vorgeschritten. Er selbst war optimistisch; noch am 25. August schrieb er an einen Freund, es gehe ihm schon viel besser, seit er wieder zu Hause sei, nur der Magen müsse »aufgepäppelt« werden.

Sechs Jäger trugen den einfachen schlichten Sarg den schmalen Gartenweg hinunter, an den kleinen Obstbäumen vorbei, die er so liebte. Zum letzten Mal ging es durch das kleine Gartentürl, das wir so oft durchschritten hatten. (Schultes)

Herzog Ludwig Wilhelm in Bayern führte die Pferde des mit Latschen geschmückten Leiterwagens, auf dem der Sarg ruhte. Ein langer Trauerzug begleitete Thoma auf seinem letzten Weg über die heutige Ludwig-Thoma-Straße zum Egerner Friedhof, eine unübersehbare Menge Verwandter, Freunde, Einheimischer stand an seinem Grab, als man den Sarg in die Erde senkte. Slezak sang ›Es ist bestimmt in Gottes Rat‹.

Auf der Heimfahrt vom Krankenhaus hatte der Todkranke die Heimat mit erhobener Hand gegrüßt, als bei Gmund die Sonne durch den Herbstnebel brach und der See in ihrem Licht aufglitzerte. Das Schicksal hatte ihm seinen Wunsch, hier leben und schaffen zu dürfen, erfüllt. »Je enger sich der Kreis von Ausgang und Ende schließt, desto stärker empfinde ich es, wie darin das beste Glück enthalten ist«, hatte er in seinen ›Erinnerungen‹ geschrieben. »Um mich ist Heimat. Und ihre Erde kann einmal den, der sie herzlich liebte, nicht drücken«, was man allerdings versucht ist zu bezweifeln, wenn man vor der riesigen, glatt polierten, kalten und schweren Marmorplatte steht, die die Erde seines Grabes bedeckt.

Drei Menschen, die ihm im Leben am nächsten standen, sind im Tode um ihn: Ludwig Ganghofer und Maidi von Liebermann ruhen ihm zu Seiten; ihm zu Häupten ist in die Wandnische seines Grabes ein Werk seines besten Freundes Ignatz Taschner, ein ergreifender Christus am Kreuz, eingelassen.

Thomas Haupterbin war Maidi von Liebermann, aber auch für Marion und seine Geschwister hatte er in seinem Testament gut gesorgt. Thomas Besitz auf der Tuften durch alle Fährnisse der Zeiten zu erhalten, wurde Maidi von Liebermanns Lebensaufgabe. Sie hat dafür gesorgt, daß er auch nach ihrem Tode als eine Stiftung an die Stadt München in seinem ursprünglichen Zustand erhalten bleibt.

»... Denn nicht, daß es einer so gegangen ist, interessiert, sondern daß es einer so gehen muß, ist künstlerisch zu beweisen ...«, hat Thoma einmal gesagt. Die Worte kann man nicht nur über alle seine Werke stellen, sondern – so möchte man meinen – auch über sein Leben.

›Im Gebirg‹

Im Osten umschließen der Riederstein mit der kleinen, hell ins Tal leuchtenden Kapelle auf seinem schroffen Gipfel, Baumgartenschneid und Stümpfling bis zum Schinder an der österreichischen Grenze, im Süden die Kette der Blauberge mit ihren Gipfeln Halserspitz und Schildenstein und die Grenze nach Österreich bis zum Pittenbach, von dort im Westen über den Schönberg bis zum Fockenstein hinauf ein Gebiet, das im Laufe der Jahrhunderte die Vielfalt des Lebens vieler Generationen in buntestem Wechsel gesehen hat. Auf seinen Pfaden gingen Warentransporte zwischen Bayern und Tirol hin und her, fahrendes Volk und Händler benutzten sie, Schmuggler und Wilderer versteckten sich in seinen fast undurchdringlichen Wäldern, seinen Schluchten und Höhlen. Herzöge und Könige zogen mit großem Gefolge über die Berge oder vergnügten sich auf der Jagd in dem wildreichen Revier. Seine reißenden Gewässer beförderten die von Holzarbeitern und Pferden in schwerer Arbeit herangeschafften Stämme ins Tal, sein Heilwasser schenkte jahrhundertelang Arm und Reich Linderung der verschiedensten Leiden, Dichter und Denker priesen die Majestät seiner Bergwelt. Und heute sind es die lärm- und streßgeplagten Städter, die hier, jeweils nach Geschmack oder Können, beim Wintersport und im Sommer bei größeren oder kleineren Wanderungen Entspannung und Erholung suchen.

Man vermag sich kaum vorzustellen, daß diese Bergwelt einst ein etwas unheimliches Grenzgebiet zwischen Tirol und

Bayern war. Erst 1320 wurde die erste Fahrstraße durch das Weißachtal gebaut; bis dahin stellten lediglich Saumpfade über die Berge die Verbindung zwischen Tirol und dem Tegernseer Tal her. 1184 war die erste Siedlung ›Im Winkel‹ entstanden, das heutige Kreuth, aber erst 1690 drang die Besiedlung das Weißachtal hinauf in den ›Wald‹ vor, als das Kloster Tegernsee dort eine Glasbrennerei gründete. Noch bis 1808 hieß diese Gegend ›Im Wald‹.

Heute sind Wanderungen im Landschaftsschutzgebiet der Weißach, wo eine Fülle seltener Blumen vom ersten Frühlings-

Zu den von König Max Joseph in und um Tegernsee erworbenen Ländereien gehörte auch das Gebiet um das ›Alte Badhaus‹ und die ›Badkapelle‹ (im Bild links) zu Füßen des Hohlensteins, die schon das Kloster Tegernsee errichtet und genutzt hatte. Der König erweckte den Badebetrieb zu neuem Leben, gründete die ›Molken- und Badanstalt Kreuth‹ und ließ 1820 bis 1826 die neuen Badgebäude errichten.

tag bis in den späten Herbst hinein den Naturfreund entzückt, oder ein winterlicher Spaziergang über die Schwaigeralm zur Wildfutterstelle in der unendlichen Stille des tief verschneiten Waldes Labsale für lärmgeplagte, der unverbildeten Natur entwöhnte Städter. Die Schwaigeralm, Wildbad Kreuth, Siebenhütten und Königsalm gehören denn auch zu den Ausflugszielen, die vom Weißachtal aus oft besucht werden.

Der langgezogene repräsentative Gebäudekomplex der ehemaligen ›Molken- und Badanstalt‹ von *Wildbad Kreuth* mit der »großen Säulenhalle, zu welcher man auf sechs langen Marmorstufen hinauf tritt«, wie es in einer zeitgenössischen Beschreibung heißt, blieb seit seiner Erbauung durch König Max Joseph in den Jahren 1820 bis 1826 äußerlich praktisch unverändert. Doch die »zwey geräumigen Speisesääle«, der »Conversations- und für die Rauchenden der Billardsaal«, ebenso der »herrliche Kursaal« und die »115 Zimmer zu ungefähr 216 Betten, von der geschmackvollsten und zweckdienlichsten Einrichtung bis herab zu den gewöhnlichsten Erfordernissen des Landvolks« wurden 1975 mit allen für ein modernes Kommunikationszentrum notwendigen technischen Einrichtungen versehen und sämtliche Räume den neuzeitlichen Erfordernissen angepaßt. Seitdem sind die Gebäude von ihrem jetzigen Besitzer, dem Herzog Max in Bayern, an die Hanns-Seidl-Stiftung verpachtet und von dieser in eine Tagungsstätte für politische Bildung umgewandelt, wo sich Menschen aus aller Welt zu Meinungsaustausch, Diskussionen und Vorträgen treffen.

Hinter dem Hauptbau befinden sich drei kleinere Gebäude; eines davon ist das sogenannte ›Königshaus‹, in dem die königliche oder herzogliche Familie während ihres Aufenthaltes in Kreuth wohnte. Im Rücken dieses Gebäudekomplexes fällt die weite Hochebene, auf der er steht, steil zur Weißach hinunter ab, die Vorderfront des Hauptbaus blickt über einen weiten Wiesenplan auf den gegenüber liegenden Hohlenstein, im Volksmund ›Frackl-Peter‹ genannt, nach einem ehemals berüchtigten Schmuggler namens Peter, der immer einen Frack getragen und in einer Höhle des Berges seine Schmuggelware versteckt gehalten haben soll. Der Schlupfwinkel wurde von Grenzern entdeckt, als sie der in diese Höhle führenden Spur eines Bären folgten.

Am Fuße des Hohlensteins, den Bauten Max Josephs schräg gegenüber, liegt das ›Alte Badhaus‹. Die von dem Berg herunterkommende Heilquelle ›Zum Heiligen Kreuz‹, ein schwefelwasserstoffhaltiges Wasser, war von alters her bekannt. Es gibt kaum ein Leiden, gegen welches die Klosterherren und die Landbevölkerung hier nicht Hilfe suchten – in früheren Zeiten natürlich unter denkbar primitiven Umständen. Etwas besser wurde es, als Abt Heinrich V. von Tegernsee (1500-1512) ein ›Badhaus‹ errichten ließ. Hundertfünfzig Jahre später wurde es durch den Bau eines neuen Hauses in oberbayerischem Bauernstil ersetzt, der heute noch hier steht. Abt Quirin Millon (1700 bis 1715) fügte eine kleine Kapelle an, eine ganz besondere Kostbarkeit. In der Apsis des stimmungsvollen kleinen Raumes ziert ein frühbarocker Christus den Altar, umgeben von drei Figuren aus der Erbauungszeit: Maria, Magdalena und Johannes. In einer grottenartigen Nische hinter dem Altar ist ein Heiliges Grab zu sehen und ein ›Heiland an der Geißelsäule‹. Eine weitere Besonderheit ist der Einbau des Oratoriums in den ins ›Alte Badhaus‹ hineinreichenden Teil der sehenswerten kleinen Kapelle. Zum Kirchenraum hin wird dieses Oratorium durch eine reich geschnitzte hölzerne Brüstung geschützt. Sie weist die Initialen Q. A. (Quirinus Abbas) des Erbauers auf. Die Wände der Kapelle zieren ein kostbares gotisches Holzrelief, gestiftet 1887 von einem Bremer Gast der ›Molken- und Badanstalt‹, und eine Lanzenspitze in reicher barocker Fassung. Sie soll zwar eine sogenannte ›Heilige Lanze‹ sein, aber eine Legende erzählt, ein Jäger sei in große Lebensgefahr geraten, als er eines Sonntag vormittags auf der Jagd diese Lanze einem Eber in den Leib gestoßen habe. Dabei sei die Lanze abgebrochen, und in seiner Todesangst habe der Jäger gelobt, niemals mehr an einem Sonntagvormittag zu jagen. Darauf wurde er gerettet und stiftete zum Dank die Lanzenspitze der Kapelle ›Zum Heiligen Kreuz‹ in Kreuth.

Die überaus reizvoll zu einem Ganzen sich zusammenfügende Gruppe des ›Alten Badhauses‹ mit der von einem Zwiebeltürmchen als Dachreiter gekrönten Kapelle, deren Choranbau ebenfalls ein Zwiebeltürmchen in Miniaturausgabe trägt, dazu das sich an die Kapelle anschmiegende Brünnlein aus der Zeit Max Josephs und die Bauten des Königs gegenüber liegen auf dem weiten Wiesenplan in der stillen Einsamkeit der Bergwelt. Nur das leise Rauschen der Weißach und das Plätschern des von Forellenweihern umgebenen Springbrunnens unten im Tal sind zu hören. Heinrich Noë kam auf einer langen Wanderung hierher und meinte sehr unfreundlich, ein »trübseligerer Sommer- und Curaufenthalt im Gebirge, in diesem trostlosen Bergwinkel ohne Abwechslung, ohne Aussicht« sei nicht denkbar. Noch dazu höre man »das Rauschen der seichten Weißach, die im Rücken der Badgebäude am Fuße des Hügels fließt, kaum vor dem Hüsteln der vielen Patienten, welche hier ihre Lungenschwindsucht heilen wollen«. Er muß sehr schlechter Laune und erschöpft von der langen anstrengenden Wanderung gewesen sein, die er hinter sich hatte. Vom Achensee kommend, hatte er bei Achenkirch den scheinbar kürzesten Weg über das Gebirge nehmen wollen, einen Saumpfad, der einst die Verbindung von Tirol über den Achensee, den Schildenstein und Kreuth zum Tegernsee hergestellt hatte, ehe es die Straße durch das Weißachtal gab. Aber dabei hatte Noë schlechte Erfahrungen gemacht. Er warnt den Wanderer, der

durch einen Blick auf die Karte getäuscht – meint, auf jenen [Fußwegen] *schneller an Ort und Stelle zu kommen ..., denn das ›Wegabschneiden‹ über die Berge rentiert sich bei solchen, welche nicht gute Steiger sind, durchaus nicht ... Auch die Aussicht da oben verlohnt eine besondere Anstrengung nicht, wenn der Reisende im Sinne hat, später eines der Gebirge am Tegernsee zu erklimmen. Sie ist dort vom Hirschberg z. B. wegen seiner freieren Berge viel lohnender als hier auf dem Schildenstein, über den der nächste Bergsteig geht. Von diesen siehst Du zwar mit manchen Seen Baierns auch noch den Achensee unter Dir liegen – auf beiden entzückt die Fernsicht auf die Eiswelt der Centralkette, aber für den Beschauer auf jenem Gipfel sind auch noch die fernen Spitzen Salzburgs und die weite Fläche des südöstlichen Baierns sichtbar und vom Großen Venediger bis zum Säntis wird es nur wenige hervorragende Häupter geben, welche dort hinter den Vorbergen verdeckt liegen bleiben.*

Wer es dennoch unternehmen will, über den Schildenstein und die Königsalpe nach Kreuth hinüberzusteigen, der versäume nicht, sich einen Führer mitzunehmen. Sonst läuft er Gefahr, auf Geröll, versumpften Alpen, zwischen Wasserfällen und Blöcken umher zu irren, so daß ihm vielleicht am Ende nichts anderes übrig bleibt, als wieder auf die breite Straße herabzusteigen und ermattet auf dieser weiter zu traben, was er frisch vor einem halben Tage gekonnt hätte.

1817 hatte König Max Joseph das alte, noch während der Klosterzeit in Vergessenheit geratene und nach der Säkularisation in Privathände gelangte Bad mit den umliegenden Grundstücken gekauft und zu neuem Leben erweckt. Er ließ das alte Gebäude und seine Badeinrichtungen renovieren und 1820 gegenüber ein neues geräumiges Badhaus errichten. Ein Jahr nach der Einführung der Molkenkur 1822 erwarb der König die restlichen Gründe des Hochtals, und 1824 führte der königliche Hofbauinspektor Simon Mayr ein zweites Badgebäude auf, das sich in Größe und Aussehen an das vier Jahre zuvor entstandene hielt und mit diesem durch einen Korridor verbunden wurde. Im selben Jahr errichtete der König auch eine Stiftung, die er mit einem Kapital von 50000 Gulden ausstattete, um unbemittelten Heilungsuchenden den kostenlosen Gebrauch der Kur zu ermöglichen. Nach seinem Willen sollte die ›Molken- und Badanstalt Kreuth‹, wie sie nun offiziell hieß,

Seit 1828 erinnert das inmitten eines wildromantischen Haines bei Bad Kreuth über einer Quelle errichtete ›*Monument*‹ an den Gründer der ›Molken- und Badanstalt‹, König Max Joseph von Bayern. Der Architekt Jean-Baptiste Métivier hat es entworfen und der bekannte Erzgießer Johann Baptist Stiglmayer die Büste modelliert und gegossen.

jetzt »für immer eine Wohltat der leidenden Menschheit sein«. Der große Andrang erzwang 1825 bereits wieder eine Erweiterung durch einen Kursaal mit Nebengebäude und eine Vergrößerung des Gartens. Die Bauarbeiten waren noch nicht beendet, da starb der König am 13. Oktober 1825. Er hat die Glanzzeit seiner Schöpfung, das rege gesellschaftliche Leben, das sich nach Vollendung der Neubauten im Jahre 1827 hier alsbald entfaltete, nicht mehr erlebt, wie auch sein Wille nicht in Erfüllung gegangen ist, diese Stätte »für immer« der leidenden Menschheit gewidmet zu haben: Der Kurbetrieb wurde 1973 eingestellt, zwei Jahre später wurden die Kuranlagen, wie erwähnt, in eine Tagungsstätte umgewandelt. Rein äußerlich freilich hat sich nichts gewandelt. Immer noch steht, von keinen verunstaltenden Erweiterungen beeinträchtigt, die bei aller Bewegtheit unaufdringliche und wohlproportionierte Baugruppe behaglich hingelagert am Rande des weiten Wiesenplanes inmitten dunkler Wälder vor den Blaubergen – ein romantisches Idyll geradezu, mit dem uns zugleich auch das anheimelnde Aussehen eines richtigen Biedermeier-Kurbades in all seiner Liebenswürdigkeit und ländlichen Noblesse überliefert ist. Und man bewundert das Feingefühl und die Sicherheit, mit denen die Architekten der damaligen Zeit diesen Eingriff des Menschen in die Natur so zu gestalten wußten, daß er nicht als störend oder gar zerstörend wirkt, sondern als Steigerung und Krönung der Landschaft empfunden wird.

An den königlichen Schöpfer des Bades aber erinnert heute noch das sogenannte ›Monument‹, das in einem malerisch verwilderten Buchenhain nahebei, in Richtung auf den Planberg zu, über einer munter sprudelnden Quelle steht. Der Architekt Jean-Baptiste Métivier, von dem auch das edle Palais Almeida in München stammt, hat die Anlage entworfen, und der Erzgießer Johann Baptist Stiglmayer die Büste des Königs modelliert. Am 27. Mai 1828 war unter Anwesenheit König Ludwigs I. und seines Bruders, Prinz Carl, der Grundstein gelegt worden, und am 13. Juli, dem Geburtstag der Königinwitwe Caroline, hatte die feierliche Enthüllung stattgefunden.

Das größte Ereignis im Laufe des Bestehens der ›Molken- und Badanstalt‹ war wohl im Juli 1838 eine hohe Verwandtenvisite: Der Besuch der russischen Zarin Alexandra, einer Tochter der preußischen Königin Luise und des Königs Friedrich Wilhelm III., und ihres Gemahls, des Zaren Nikolaus I. Schon Monate vor ihrer Ankunft verursachte die Organisation dieser Reise den bayerischen Behörden nicht geringes Kopfzerbrechen. Die Probleme, die der Besuch eines Staatsoberhauptes mit sich bringt, waren zwar damals in der Hauptsache andere als heute, aber einst wie jetzt war die bedeutendste Aufgabe der verantwortlichen Stellen, für die Sicherheit der Gäste zu sorgen. Schon im April 1838 hatten alle Distriktspolizeibehörden vom Präsidium der königlichen Regierung von Oberbayern eine Verfügung erhalten, »auf die Rückwanderung politischer Emissäre aus der Schweiz, Frankreich, Belgien und England besonders zu achten, da es nicht unmöglich sei, daß die bekannten, dort immer verzweigt bestehenden verbrecherischen Verbindungen die Reise I. I. K. K. Majestäten zu dem Versuche benutzen würden, ihre gegen das Leben S. M. des Kaisers von Rußland gerichteten verruchten Pläne auszuführen ...« Für die Dauer des Aufenthalts der Kaiserin wurde ein königlicher Regierungsassessor nach Kreuth beordert, um als Regierungsbeauftragter die Sicherheitsmaßnahmen der Ortspolizei zu leiten. Mag der Sprachstil auch einer vergangenen Zeit angehören, Art und Umfang des observierten Personenkreises klingen in unseren Ohren nicht ganz fremd:

Folgende Seiten: Zu den berühmtesten Gästen des Wildbades Kreuth gehörte das russische Zarenpaar, das 1838 hier weilte. Zur Unterhaltung der hohen Herrschaften wurde unter anderem eine *Volkstanzgruppe* aufgeboten, die vor Zar Nikolaus I. (in der Mitte stehend), Zarin Alexandra (halblinks sitzend) und ihrem Gefolge alpenländische Tänze und Schuhplattler vorführten.

Es war erwünscht, während dieser Periode in hiesiger Gegend alles überflüssige und vagierende Gesindel sowie bestimmungslose Personen, welche den geringsten Verdacht erregen, möglichst fernzuhalten … keinem Handwerksburschen sein Wanderbuch zu visieren. Dabei sollte auch auf Maler, Künstler, Studenten, Commis-voyageurs, Operateurs usw. ein besonderes Augenmerk gerichtet werden, ob Verkleidung oder dergleichen stattfindet [gedacht war an Männer in Frauenkleidung], *auch die in Landestracht vorübergehenden sollten scharf ins Auge gefaßt werden. Almhütten sollten besonders beobachtet werden, am Wallberg wurde Feuer und Licht gesehen, der Revierförster von Rottach wurde mit der Untersuchung beauftragt.*

Die Polizei von ganz Bayern hatte, wie man heute sagen würde, Bereitschaftsdienst mit höchster Alarmstufe. Das Staatsministerium forderte ferner von dem Oberpostmeister einen täglichen Bericht über den Verlauf der Reise. Die Postdirektion hatte dafür zu sorgen, daß auf den für einen Pferdewechsel vorgesehenen Stationen des Reiseweges pünktlich die für die neun Wagen der Reisekolonne der Zarin und die sie begleitenden Reiter benötigten 46 Pferde bereitstanden. Noch ein anderes, hochwichtiges Problem hatte die Postdirektion zu lösen, die Frage, ob die hohen Gäste für ihre Postsendungen Porto entrichten müßten. Sie wurde nach verschiedenem Hin und Her schließlich dahin entschieden, daß für die Gäste die gleiche Regelung gelten sollte wie für die bayerische königliche Familie. Und schließlich darf nicht unerwähnt bleiben, daß der Posthalter in Tegernsee die Anweisung erhielt, dafür zu sorgen, daß seine Postillione im Umkreis von Bad Kreuth nicht mehr mit der Peitsche knallten!

Die Zarin war nach dem Gebrauch einer Kur in Bad Salzbrunn in Schlesien auf dem im Regierungsbezirk Breslau gelegenen Schloß Fürstenstein des Grafen von Hochberg, späteren Fürsten Pleß, zu Gast gewesen und von dort am 14. Juli 1838 abgefahren. Nach einer fünftägigen Unterbrechung ihrer Reise in München, wo sie vom bayerischen Königspaar empfangen wurde und in der Residenz wohnte, traf sie am 28. Juli – wie es hieß: zur Nachkur – in Bad Kreuth ein. Zar Nikolaus I. kam wenige Tage später aus Teplitz. Er war dort mit dem österreichischen Kaiser zusammengetroffen.

Wie jeden Sommer, waren in Tegernsee zahlreiche Mitglieder der weitverzweigten bayrischen Königsfamilie um die sehr gastliche und gesellige Königinwitwe Caroline versammelt. Unter anderen waren der preußische Kronprinz Friedrich Wilhelm, der spätere Friedrich Wilhelm IV., ein Bruder der Zarin, mit seiner Gemahlin Elise, einer Tochter der Königin Caroline, anwesend. Auch die verwitwete Kaiserin Charlotte von Österreich, eine Stiefschwester von Elise, und der Bruder bzw. Stiefbruder beider, König Ludwig I. von Bayern, mit seiner Gemahlin, weilten in Tegernsee. Nun gingen Besuche zwischen Kreuth und Tegernsee hin und her. Zur Unterhaltung der russischen Gäste wurden Liebhaberaufführungen im Tegernseer Schloß veranstaltet. Hierzu bemerkte Theodolinde von Leuchtenberg, eine Enkelin Max Josephs, bei der Vorstellung seien »die hohen Herrschaften in ihrer Pracht so steif dagesessen, daß man sich nicht zu applaudieren traute, was die Darsteller hemmte. Die Zarin zog sich für das Theater in Tegernsee um: eine Tunika aus weißem Crêpe mit Goldborten und darüber drei Reihen Perlen bis zu den Knien hinunter. Auf dem Kopf ein Turban.« Sie fand die Zarin »eher streng, elegant von Gestalt, aber zu mager, mit leidendem Ausdruck, mehr nervös als lebhaft«. Vom Zaren dagegen war sie begeistert: »Ein herrlicher Mann. Seine Haltung ist vornehm, imposant ...«

In Kreuth fanden mehrmals Wettschießen und anschließend Vorführungen einheimischer Tänze statt, zu denen zwanzig bis dreißig Tanzpaare aus den umliegenden Gemeinden ausgewählt wurden. Dazwischen – und dies war der eigentliche Grund für den Besuch des russischen Paares – verhandelte man über ein Heiratsprojekt. Der Zar wünschte die Heirat seiner Tochter Maria mit dem Herzog Maximilian von Leuchtenberg.

Diese Heirat kam dann 1839 wirklich zustande – sehr zum Leidwesen von dessen Mutter Auguste, der ältesten Tochter Max Josephs, die ihren jüngsten Sohn nur ungern so weit weg, nach Rußland, ziehen ließ.

Natürlich wurden auch Ausflüge rund um den Tegernsee, nach Kaltenbrunn oder in die Berge hinein zum ›Bauern in der Au‹ oder nach Siebenhütten, unternommen. Meist ritt die Zarin auf einem Esel oder ließ sich beschwerliche Wege in einer Sänfte oder einem Tragsessel hinauftragen. Wir haben von diesem Besuch schon im Kapitel ›Tegernsee‹ (S. 151 ff.) berichtet.

Von Kaltenbrunn und vom ›Bauer in der Au‹ ist an anderen Stellen dieses Buches die Rede. *Siebenhütten*, unweit von Bad Kreuth, hat seinen Namen von den sieben Almhütten, die ehemals hier standen. Schon zur Zeit Max Josephs waren nur noch drei von ihnen vorhanden. Eine davon diente als Wohn- und Wirtschaftsgebäude, eine andere als ›Goasstall‹. Hier wurden nämlich die etwa 500 Ziegen gehalten, aus deren Milch die Molke für die Molkenkuren der Gäste von Bad Kreuth gewonnen wurde – darum auch der Name ›Molken- und Badanstalt‹! Diese Trinkkuren waren damals Mode; man versprach sich von ihnen Heilung der weit verbreiteten Lungenleiden. – Die Ziegenherde ist auf einige wenige Tiere zusammengeschrumpft, die drei Hütten aber haben überlebt und sind ein beliebtes Ausflugsziel geworden, wo im Laufe der Jahre eine große Anzahl prominenter Gäste einkehrte. Der Kiem Pauli musizierte oft dort oben oder half auch beim Auftragen der Speisen, wenn der Andrang der Gäste von den Wirtsleuten nicht mehr zu bewältigen war. Es war ein Stück echtes Altbaiern. Und diese Atmosphäre ist auch heute noch dort oben erhalten, selbst wenn der Ansturm der Ausflügler und Bergwanderer heutzutage an schönen Tagen noch beträchtlich zugenommen hat. Aber nicht weit von Siebenhütten sind Individualisten, die abseits vom Strom der Masse ihre Wege suchen, bald allein mit sich und der Natur. Genußvolle Wanderungen

Auf die *Königsalm*, heute beliebtes Wanderziel in den Blaubergen, wurde einst das Vieh des am Nordende des Tegernsees gelegenen königlichen Mustergutes Kaltenbrunn zur Sommerweide getrieben.

führen hinauf zur Königshütte und am Ufer der Felsweißach entlang zur Klause und weiter in die Felseneinsamkeit der Großen und Kleinen Wolfsschlucht vor der breiten Wand der Blauberge. Ein Wasserfall vervollständigt die Romantik, und der Felsentobel, in dem sich die kristallklaren Wasser unter unablässigem Getöse sammeln, bietet im Sommer dem zünftigen Wanderer ein köstlich frisches Bad samt kräftiger Rückenmassage, für die der Wasserfall bestens sorgt. Noch weiter hinauf erreicht man über der Großen Wolfsschlucht den Schildensteinsattel, hinter dem sich der Weg gabelt. Links geht es über den Kamm der Blauberge, genau entlang der Grenze nach Tirol, über vier Gipfel zum Halserspitz (1861 m) und dann über den Weißenbachkopf wieder zurück nach Siebenhütten; rechts gelangt man auf gemächlichere Weise hinter dem Schildenstein (1611 m) entlang über Schildensteinalm und Königsalm hinunter nach Wildbad Kreuth.

Kleinere Wanderungen führen überall in eine nicht minder beeindruckende stille Natur: etwa am Ufer eines kleinen Weihers im Vorfrühling, wenn unten schon die Obstbäume in voller Blüte stehen und hier oben auf den Berghängen der Schnee noch nicht abgeschmolzen ist, aus dem ersten lichten Grün des Laubwaldes die dunklen Spitzen der Fichten ragen und die Wiesen übersät sind mit weißen Berganemonen, gelben Butterblumen und Bergprimeln. Über diesem Aufbruch der Natur zu neuem Leben liegt hier oben ein tiefer Ernst, eine würdevolle Größe wie eine Mahnung an das Gesetz vom Werden und Vergehen, das unsere Welt im Gleichgewicht hält – und das der Mensch im Begriff ist zu zerstören.

Hier in der Stille dieser Wälder fand auch Ludwig Thoma Abstand zu den ihn bedrängenden Problemen seines Lebens, sie wurde ihm zu der inneren Heimat, die er draußen in der Welt nicht gefunden hatte. Und hier waren seine und des ihm freundschaftlich verbundenen Herzogs Ludwig Wilhelm in Bayern geliebte Jagdreviere. Beide waren sorgfältige Heger und Pfleger ihrer Reviere. »In früheren Zeiten waren die Begriffe ›Jäger‹ und ›Weidmann‹ unzertrennlich«, schreibt Herzog Ludwig Wilhelm in dem Vorwort zu seinem Standardwerk ›Die Jagd im Gebirg‹, das jeder lesen sollte, der ein seriöser Weidmann im Gebirg sein will:

Als Jäger wurde derjenige bezeichnet, der die Jägerei vollkommen fertig gelernt hatte. Ein Weidmann war der Jäger, der sein Handwerk vollkommen beherrscht hat und der zugleich ein guter Heger war ... Jetzt halten sich Leute für Jäger, die mit der Büchse und mit einem unbrauchbaren Hund im Revier herumlaufen, das Wild angehen, die meisten Fährten übersehen und kaum eine einzige richtig ansprechen können.

Wenn im 15. oder 16. Jahrhundert die baierischen Herzöge zur ›Jagd im Gebirg‹ kamen, war das freilich noch viel schlimmer. Da fanden meistens die damals üblichen Treibjagden statt, das heißt, das Wild wurde von Jägern eingekreist und über den See gegen Tegernsee den hohen Herren entgegengetrieben. Die Herzöge Albrecht V. (1550-1579) und Wilhelm V. (1579-1594) fanden, wie man liest, großen Gefallen an der Jagd auf dem Ringberg. Auch hier wird wahrscheinlich ziemlich alles, was der Jagdgesellschaft über den Weg lief, erlegt worden sein.

Eigentümer des ganzen Gebietes war das Kloster Tegernsee; es mußte zeitweise das Jagdpersonal der Herzöge unterhalten, zum Beispiel 1418 sechs Wochen lang drei Jäger, zehn Jägerknechte, fünf Pferde und 42 Hunde. Häufig ließen die Herzöge ihre Jagdhunde im Kloster aufziehen und abrichten. Hierüber gibt es eine von Peter Zaler, der viele Jahre mit dieser Aufgabe betraut war, hinterlassene Regel, aus der hervorgeht, daß die Hunde mit großer Sorgfalt nach einem genauen Plan dressiert wurden. An der Jagd selbst hatte das Kloster jedoch kein Interesse, zum mindesten bis 1573, denn bis zu jenem Jahr waren den Mönchen nur Fastenspeisen erlaubt gewesen. So gab es in den Wäldern Wild im Überfluß.

Kein Wunder, wenn unter diesen Umständen der Wildfrevel gang und gäbe wurde. Wahrscheinlich hatten die Wilderer damals goldene Zeiten, um so mehr als sie in der Regel nur mit Einzug des Gewehrs und Jagdzeugs bestraft wurden, wenn man sie ertappte. Kein Wunder auch, wenn sie später, als die Gesetze gegen Wildfrevel immer strenger wurden, nicht davon lassen konnten. Das Abenteuer, das freie Schweifen in den Bergen, das gefährliche Versteckspiel in ihren Wäldern, Höhlen und Schluchten locken immer wieder bis in unsere Tage hinein. Unzählige Geschichten erzählt man sich davon in den Tegernseer und Schlierseer Tälern. Wer sie durchstreift, wird manches Marterl finden, das daran erinnert, daß an dieser Stelle ein Wildschütz durch den Schuß eines Jägers den Tod fand oder umgekehrt. Die bekannteste Geschichte ist wohl die von dem Wildschützen Jennerwein, der am 6. November 1877 im Gebiet der Bodenschneid hinterrücks von dem Jäger Pföderl erschossen wurde – weniger wegen seiner Wildfrevel als aus persönlicher Eifersucht – so heißt es. Und auch nicht so sehr die harte Strafe für das Jagdvergehen war es, die die Zeitgenossen an diesem Fall so sehr entsetzte und sie so entschieden die Partei für den Toten ergreifen ließ, sondern der feige Mord durch einen ›Schuß von hinten‹. Dieser Aspekt kommt auch ganz deutlich in dem bekannten, bald nach des Wildschützen Tod entstandenen ›Jennerwein-Lied‹ zum Ausdruck, das in acht Strophen die grausige Tat schildert. Es beginnt:

»Es war ein Schütz in seinen besten Jahren,
der wurde weggeputzt von dieser Erd',
man fand ihn erst am neunten Tage
bei Tegernsee am Peißenberg«

und weist gleich in der dritten Strophe auf die empörende Ungleichheit in dieser Auseinandersetzung hin:

»Du feiger Jäger, das ist eine Schande
und bringet dir gewiß kein Ehrenkreuz:
er fiel gar nicht im offenen Kampfe,
der Schuß von hinten her beweist 's!«

Jennerwein ist zum Symbol eines romantischen Wildererlebens geworden. Sein Grabkreuz im Friedhof Westenhofen in Schliersee, seinem Heimatort – wir werden später darauf noch zurückkommen –, wurde an seinem 100. Todestag mit einem sachgemäß erlegten Gamsbock geschmückt. Den Täter – natürlich einen Wilderer – hat man bis heute nicht ausfindig gemacht.

Aus der Romantik ist heute vielfach ein Geschäft geworden – das Wild wird mit Schnellfeuergewehren aus fahrenden Autos im Lichtkegel der Scheinwerfer abgeknallt – so liest man.

Doch zurück zu den Zeiten der romantischen Moritaten, als es noch ein gewagtes Unternehmen war, die von Bären, Wölfen, Wildschweinen und anderen gefährlichen Tieren bevölkerten, fast undurchdringlichen Wälder auf der Jagd nach einem

Ich steig den Gerlosbach hinauf und bin um 6 Uhr auf der Gaisalm. Jetzt geh ich noch hinüber auf den Sattel und schief hinauf durch die Latschen bis zum Plattenkopf. Es liegt ein leichter Schnee und man kann alle Fährten und Spuren deutlich ausmachen. – Ich spür viel Gams, – ein paar Stückl Hochwild mit einem bessern Hirsch, weiße Hasen, Füchs und einen Edelmarder. – Plötzlich seh ich eine nagelfrische Spur, die ich noch nie gesehen hab. Zuerst hab ich gedacht, es ist ein barfüßiger Mensch. Wie ich genau hinschau, seh ich aber Krallen, außerdem war der Fuß für einen Menschen fast zu kurz und viel zu breit. – Was kann's sein? –

Ich knie am Boden, untersuch die Spur und nehm Länge und Breite auf mit einem Spagatschnürl, ein Knopf für die Länge und ein Knopf für die Breite. Nach langem Überlegen komm ich zu dem Schluß, daß es ein Bär sein muß, nachdem es bestimmt kein Wolf und sicherlich kein Luchs war. Vorsichtshalber schieb ich noch eine Patrone in den Lauf und geh ganz langsam auf der Spur weiter.

Ich denk an nichts anders mehr als an den Bär und an die Spur, da hör ich plötzlich die Glocken von Achenkirch, die zum Hochamt läuten. Eine Uhr hab ich, aber die geht nicht, doch ich weiß, daß die Achenkirchener um 9 Uhr zammläuten und daß es also jetzt 9 Uhr ist und daß ich jetzt in der Badkirch in der Meß sein sollte und daß ich auf der Schneid von der Plattn bin und daß ich 2 Stunden brauch zum Hinunterlaufen. Außerdem hab ich den Bären irgendwo vor mir und ich muß wissen, wo er hinwechselt. Wegen der Kirch war mir alles klar: Der liebe Gott hat mir entweder den Bären geschickt oder er hat mich auf die Bärenspur geschickt. In beiden Fällen ist es klar, daß der liebe Gott will, daß ich der Spur nachgeh und daß ich infolgedessen nicht in die Kirch gehen brauch.

Also geh ich weiter. Wie ich aus den Latschen für ein paar hundert Meter herauskomm, liegt unter mir der blitzblaue Achensee in der Sonne und der Himmel ist dunkelblau und man sieht überhaupt keine Wolke. Ich schau mit dem Perspektiv hinunter nach Achenkirch. Dort stehen die Leut um die Kirch herum am Friedhof und die schönen Glocken läuten wieder.

Jetzt geht's wieder in die Latschen gegen den zweiten hohen Kopf.

Ich kann die Spur gut halten. Ich bin grad unterm Kopf, da steigt oben, vielleicht 50 Meter vor mir, ein Adler auf. Wie ich hinkomm, wo der Adler aufgestiegen ist, liegt da ein starker Hirsch mit einem Blattschuß, Geweih und ein Schlegel fehlen. – Wilderer? – Aber der Bär ist mir die Hauptsach. Die Spur biegt nach rechts, geht von einem Köpfl aufs andere, durch die Gräben, über die Wandl, unter die Wandl, manchmal undeutlich im Geröll, aber doch immer so, daß man folgen kann. Es geht abwärts in den Plattengraben und allmählich wird's so dunkel, daß ich nicht mehr nachgehn kann.

Auf der ganzen Strecke sind mir überall die flüchtigen Gamsfährten aufgefallen. Die Gams sind wahrscheinlich flüchtig geworden, wenn sie den Bär in den Wind bekommen haben oder vielleicht sogar gesehen haben. Also ich sitz jetzt im Plattengrabn und es ist schon ziemlich dunkel, meiner Schätzung nach ist's ungefähr 6 Uhr abends. Ich geh weiter, komm in etwa 1/2 Stunde auf die Königsalm, und wie ich in die Hüttn komm, überleg ich mir, ob ich nicht über Nacht bleiben und morgen weitersuchen soll. Aber es ist doch besser heimgehn, damit ich Meldung machen und vielleicht am andern Tag ein paar Leut heraufführen kann um die Spuren anzuschauen. So zünd ich mein Hahnfalzlaterndl an und geh weiter. Es war eine schöne klare Nacht, sternklar und eher kalt, der große Bär war immer vor mir. Je näher ich nach Haus komm, desto genauer muß ich mir's überlegen, wie ich da am besten durchkomm. Also zuerst zum Vater, der versteht mich am besten. Ich muß gleich mit dem Bären heraus, dann sagt er nichts mehr wegen der Kirch und fragt gleich alles mögliche wegen der Spur. Er weiß, daß ich die Spuren und Fährten genau kenn und daß er sich da auf mich verlassen kann. Ich drück mich also ganz staad ins Haus hinein, hinauf über die Stieg und ans Zimmer vom Vater. Ich horch ein bissl, hör nichts reden und mach die Tür auf.

Er sitzt drin und liest, ich bleib stehn und wart. Da schaut er auf und sagt: »Bist endlich da, wo warst denn wieder du Lausbub?« Ich sag: »Auf der Platten, ich hab an Bärn gspürt.« – »Den kannst an andern aufbinden!« Jetzt sag ich nix und wart wieder. Da fragt er: »Wie schaut denn die Spur aus, war's im Schnee, wo war's denn genau?« So erklär ich alles und geb ihm mein Spagatschnürl mit den Knöpfen, damit er Länge und Breite eines Tritts sehen kann. Er fragt mich aus – von der Kirch sagt er nix mehr.

Aber jetzt geht die Tür auf und meine Mutter kommt herein. Sie geht auf mich los und sagt was von Davonlaufen und von der Kirch. Ich will grad von meinem Abkommen mit dem lieben Gott wegen dem Bären etwas sagen, weil das doch für alles eine klare Erklärung gewesen wär. Derweil aber sagt mein Vater: »Ist schon gut, der Bub hat wahrscheinlich einen Bären gespürt!«

Jetzt natürlich war die Mutter auch interessiert und hat die Gschicht wegen der Kirch vergessen und hat nur mehr gefragt über die Spur, wie sie ausschaut, wo's war und wo ich sie zuletzt verlassen hab.

Mein Vater hat gleich einen von den Jägern kommen lassen und hat alles bestimmt, was am nächsten Tag zu machen war: Es sollten mitgehen Sennhofer Vater und Sohn, Schoettl, Hollaus Hans und der Willibald. Ich muß sie hinführen, wo ich zuerst die Spur gefunden hab und dann dahin, wo ich zu suchen aufgehört hab. Außerdem hat mein Vater uns aufgetragen, die Almhütten auf der Plattenalm aufzusuchen, weil er gemeint hat, daß es möglich wäre, daß wir dort etwas von dem oder von den Wilderern, die den Hirsch geschossen haben, finden könnten.

Um ½ 5 Uhr sollten wir weggehen von zu Haus. Leider hat mein Vater selbst nicht mitgehen können, weil er wo anders hingemußt hat.

Den nächsten Früh sind wir also zu sechst pünktlich um ½ 5 weggegangen und waren um 7 Uhr am Plattenkopf bei der Bärenspur.

Alle haben bestätigt, daß es bestimmt ein Bär ist. – Von da geht's zum Hirsch, von dem der Adler wieder abreitet, dann haben wir die Almhütten durchgesucht und haben dabei festgestellt, daß sich der Wilderer ein paar Tage da aufgehalten hat.

Den Hirschschlegel hat er ganz oder teilweise am offenen Feuer im Pfandl gebraten. Er selbst war leider nicht mehr da.

Dann sind wir hinunter zu dem Platz im Plattengraben, wo ich meine Nachsuche abgebrochen hab. Wir suchen weiter, kommen nach ein paar Stunden auf die Reitsteiner Sunk und in den Tiroler Reitberg, wo wir abbrechen wegen der Finsternis. Am Bodiberg bleiben wir über Nacht und kommen am nächsten Tag nach Haus. Hier sind mittler-

weile Meldungen eingelaufen vom Forstamt Achenkirch und vom Forstamt Pertisau, wo der Bär zuletzt gespürt worden ist. Unterwegs hat er noch ein paar Schafe mitgenommen.

Bald darauf hat es geschneit, der Bär hat irgendwo sein Winterquartier bezogen, um zu schlafen. Er war spurlos verschwunden.

Anfang Mai ist er plötzlich am Stanser Joch wieder aufgetaucht. Am 14. Mai 1898 war der Bär am Stanser Joch in den Latschen oberhalb St. Georgenberg eingekreist und man hat auf ihn geriegelt. Gekommen ist er dem damals siebzehnjährigen Grafen Constantin Thun, der ihn mit seinem ›Kaiserstutzen‹ erlegt hat. Der Stutzen heißt so, weil ihn der Großvater des Grafen Constantin bei einem großen Landesschießen in den siebziger Jahren in Innsbruck dem Kaiser Franz Josef zur Verfügung gestellt hat, um den Ehrenschuß auf der Hauptscheibe damit abzugeben. Der Schuß war ein Blattl.

Jetzt heißt der Stutzen auch ›Bärenstutzen‹. Die Kugel, die den Bären getötet hat, ist in einer silbernen Kapsel verschraubt und hängt an der Uhrkette des Grafen Constantin. Wenn wir uns treffen, darf ich sie anschauen, weil ich ja an der Bärengeschichte auch ein bißl beteiligt war.

Neben der Jagd spielte und spielt natürlich die Forst- und Almwirtschaft ›im Gebirg‹ eine große Rolle. Der karge Boden, das bergige Gelände eignete sich wenig zum Anbau von Feldfrüchten, dagegen hervorragend für die Viehwirtschaft. Und so wurde von Beginn der ersten Rodungen an das gewonnene Land hauptsächlich zur Viehhaltung genutzt. Das Kloster bewirtschaftete es teils selbst, teils vergab es gegen einen gewissen Zins Grund an die Siedler. Alles war genau geregelt: jeder Hof bekam einen kleinen Garten, einige Wiesen und Felder, einen Holzanteil, das Anrecht auf die Gemeindeweide und eine Alm. Die Größe der dem einzelnen Hof zustehenden Weidefläche wurde nach der Zahl seiner Kühe, Jungrinder, Kälber und Pferde bemessen. Beim Almauftrieb im frühesten Frühjahr kam das Vieh zunächst auf eine niedrig gelegene sogenannte Voralm, bei fortgeschrittenerer Jahreszeit wurde es höher hinauf in die mittlere Region der Mitteralmen getrieben, und im Hochsommer oder Herbst, wenn sich auch die Wiesen in höheren Höhen begrünt hatten, folgten die Hochalmen. August von Platen kehrte auf seinen Bergwanderungen oft in einer der zahlreichen Almen ein und ließ sich von der Sennerin, wie er sich ausdrückt, »den erquickenden Trank der Alpenkräuter« kredenzen. Und er phantasiert voller Begeisterung: »Glaubt man sich nicht beim Anblick dieser Sennhütten in das früheste Alter der Menschenbildung zurückversetzt? Kein unnützer Hausrat, kein Überfluß der Bedürfnisse! So lebten die ersten Hirtinnen, nachdem sie ein gütiger Geist gelehrt hatte, die Hand an die Euter zu legen.« Nun, inzwischen hat ein ›gütiger Geist‹ in unserem Zeitalter der Mechanisierung die Sennerinnen und Senner gelehrt, mit elektrischen Melk-, Butter- und Käsemaschinen umzugehen; die schweren Milchkübel werden von Seilbahnen zu Talstationen befördert und von dort mit Lastwagen abgeholt. Das Leben ›auf der Alm‹ ist bedeutend leichter geworden, aber trotzdem für die Landjugend wenig attraktiv. Sie scheut die Einsamkeit, das Ausgeliefertsein an Unwetter, Kälte und Nässe in den Bergen und träumt von den Zerstreuungen, dem vermeintlich ›freien‹ Leben in den Städten. Während umgekehrt zahlreiche Städter von dem freien Leben in einsamer Natur auf dem Land träumen! Aber noch werden viele Almen vom Familienbetrieb bewirtschaftet, noch ist die für die gesamte Viehhaltung in diesem Gebiet so wichtige, wahrscheinlich unentbehrliche Almwirtschaft zwar nicht mehr in ihrem früheren Umfang, aber mit Hilfe der neuen Rationalisierungsmethoden in ausreichendem Maße erhalten. Im Landkreis Miesbach, zu dem das hier behandelte Gebiet ja gehört, befinden sich heute noch 158 Almen mit einer Weidefläche von insgesamt mehr als 5000 Hektar, das sind allein 25 Prozent aller oberbayerischen Almen.

Im selben Landkreis Miesbach stehen heute 45000 Hektar Wald, davon 75 Prozent im Gebirge, 25 Prozent vor den Ber-

Die Schönheit des Hochtals von *Wildbad Kreuth*, das schon den Gründer König Max Joseph ebenso entzückt hat wie die vielen gekrönten und ungekrönten Gäste, die hier Erholung und Heilung suchten, ist bis heute unbeeinträchtigt erhalten geblieben. Wenn auch der Badebetrieb

seit 1973 eingestellt ist, so vermittelt das reizende Architekturensemble – links das ›Alte Badhaus‹ mit der ›Badkapelle‹, rechts die ›Neuen Badgebäude‹ mit der Wandelhalle – immer noch den anheimelnden Eindruck eines idyllischen Biedermeier-Bades aus Urgroßväter Zeiten.

gen; 46 Prozent der Wälder sind in Privatbesitz, 48 Prozent Eigentum des Bayerischen Staates. Der riesige, dem Kloster Tegernsee gehörende Wald ging nach der Säkularisation in Staatsbesitz über. Der Staat war jedoch nicht in der Lage, ihn forstwirtschaftlich rationell zu nutzen, und verschleuderte manche Gründe, gelegentlich sogar umsonst, an die Bauern, um wenigstens Steuern davon erheben zu können. Eine wirtschaftlich vorteilhafte Nutzung der Forsten war schon von jeher ein Problem gewesen. Zur Klosterzeit wurde sie zum Teil den kaiserlichen Hüttenwerken im tirolischen Unterinntal, zu einem anderen Teil dem bayerischen Staat gegen geringes Entgelt überlassen. Wer heute für seine Bergtouren eine Wanderkarte zu Rate zieht, wird auf ihr oft die Bezeichnung ›Klause‹ vermerkt finden. Diese ›Klausen‹ – das heißt: Schleusen – wurden gebaut, um mit ihrer Hilfe die Wasserkräfte des Gebirges dem Transport von Holz nutzbar zu machen. Zum Beispiel wurde im Jahre 1504 von den Tirolern eine große Holztrift im Gebiet der Valepp gebaut. Diese ›Kaiserklause‹ genannte Anlage besuchte August von Platen zu Anfang des 19. Jahrhunderts. Er kam vom Spitzingsee die Rote Valepp entlang herauf:

Bald hatten wir nun die Kaiserklause im Angesicht. Der Ort ist wunderbar einsam und abgelegen. Zur Linken auf der Höhe dehnt sich eine Alpentrift, die den Elbachern zugehört, mit einer Sennhütte; etwas tiefer steht eine Holzhauerhütte und eine Kapelle mit weißen Mauern. Am Bachufer endlich das Häuschen des Klausenhüters, erhaben über der Flut, mit freundlichem Vordache, wo wir uns niederließen, denn die Hütte war voll Rauch, da sie keinen Schornstein hat ... Nun besah ich die Klause, ein Meisterwerk ihrer Art. Leider ward jetzt kein Holz getrieben. Sie hat drei hohe Tore übereinander; nur durch das unterste stürzt jetzt das Wasser und vereinigt sich schäumend wieder mit seinem gewohnten Bette. Zu beiden Seiten ist das riesenhafte Holzgebäude in die Felsen eingeklammert; noch 15 Ringe gehen unter die Erde. Oben führt eine bedeckte Galerie darüber, in der sich die Hebel der Maschine befinden.

Von dieser Klause wurde das Holz nach Tirol getriftet. Wenn sich genügend Holz angesammelt hatte, wurde die Klause geschlagen, ein großartiges Schauspiel, das Joseph von Obernberg ausführlich beschreibt:

Das oberste Gesperre, ein Tor, aus mächtigen Baumstämmen zusammengesetzt, wird mit Gabeln aufgezogen, von den beiden unteren Toren (Schloßtoren), werden die großen hölzernen Riegel abgestoßen; der mächtige Druck des Wassers vollendet das Geschäft. Die Tore fliegen auf und nun stürzen die wilden Fluten wütend und donnernd hernieder, daß die Schleuse wankt und zusammenzubrechen droht, Felsgründe und Berge beben und das furchtbare Krachen in vielfältigem Echo wiederkehrt. Eine Art Wasserhose hat sich erhoben, welche nun wie Regen niederfällt, fortdauerndes Brausen, Donnern und Tosen erfüllt das Ohr, welches keines Menschen Stimme mehr vernimmt.

Die von den Höhen herniedergerollte und gesammelte Holzmasse wälzt der stürmische Strom heftig durch die Tore der Schleuse; er schleudert sie tief in den Abgrund und hebt sie dann hoch auf seinen Wogen wieder empor, bis sie, von Felswand zu Felswand geworfen, endlich zu der ruhig sich fortbewegenden Trift gelangt. Bevor ›geschlagen‹ wird, stellt der durch Waldströme und Gießbäche gebildete See die höchste Ruhe dar. Allein ein Moment und es scheint, die entsetzlichste Wut aller höllischen Geister ledig zu sein. Niemand wird die Sperre verlassen, ohne von seltsamen, nie wieder erlöschenden Eindrücken ergriffen worden zu sein.

1833 wurde die Kaiserklause durch die weiter südlich auf österreichischem Boden gelegene *Erzherzog-Johann-Klause* ersetzt. Beide Klausen sind nicht mehr in Betrieb, die Trift wurde in unserem Jahrhundert aufgegeben. Wohl aber kann man bei der Erzherzog-Johann-Klause noch die Wildbach-Verbauungen der Grundache und einige Schleusenanlagen sehen. Der Spaziergang von der Valepp – die auf einer Mautstraße von Spitzingsee aus auch mit dem Auto erreichbar ist – hinüber auf die Tiroler Seite und hinunter zur Erzherzog-Johann-Klause ist eine immer wieder schöne Wanderung und wird bei der Wirtschaft an der Klause nicht allein mit einer guten Vesper honoriert, sondern auch mit einem schönen Blick in das gegenüberliegende Zillertal.

Auf einer anderen Trift wurden – nach Noë, der ebenso wie Platen ›im Gebirg‹ wanderte – die Holzscheite »in die Achen, oder, wie sie von der baierischen Grenze an heißt, Walchen, geworfen, die sich bei Fall in die Isar ergießt«. Auf diesem Wege kamen sie nach München, wo sie am Triftrechen aufgefangen wurden.

Auch die Salzsiedereien in Rosenheim erhielten Holz aus dem Gebirge, und zwar über die Weißach, den Tegernsee und die Mangfall. Auf diesem langen Weg ging kein geringer Teil der Scheite verloren. Noë beschreibt besonders ausführlich den schwierigen Transport über den Tegernsee:

Im Frühjahr, wenn die Wellen vom geschmolzenen Schnee und den rasenden Achen am höchsten gehen, hat dieser Fluß [die Weißach] *seinen besonderen Zweck. Ihm wird nämlich der größte Teil der zweiundzwanzig tausend fünfhundert Klafter Brennholz anvertraut, welche in den Bergwäldern zusammengeschlagen werden, um ihren Beitrag zur Feuerung in den Salzsiedereien Rosenheims zu liefern. Im See angekommen, werden je mehrere hundert solcher Scheiter durch aneinandergehängte Balken, zwischen denen man sie schwimmen läßt, eingeschlossen. Diese Balken, die Ränder der schwimmenden Scheiterinseln, nennt man ›Scheeren‹. Der Südwind treibt dann die Vorrichtung, welche einige Ähnlichkeit mit einem Floße hat, dem Nordende des Sees zu, wo die Mangfall ausfließt. Auch mag der unverkennbare Zug der Wasser, die nach Norden strömen, jenen Wind, der sich meist am Abend von den Bergen her erhebt, den Flößen nachhelfen. Unten werden die Balken abgenommen und das Holz treibt, seines Zwanges entledigt, eilig die vielgewundene Mangfall hinab.*

Doch erreichen nicht alle Scheiter jenen Fluß. Es ist meist Fichtenholz, welches die Eigenschaft hat, im Wellenschlag sich sein Harz her-

ausspülen und die Poren mit Wasser ausfüllen zu lassen. Das geschieht besonders, wenn in starkem Winde eine solche Scheere auseinander reißt und das Holz hierauf, der ganzen Gewalt der Wasser preisgegeben, auf dem See herumtreibt. Dann ›senkt‹ es sich. Zuerst neigt es sich in das Wasser, daß nur mehr die Hälfte herausschaut. Dann steigt auch an dieser die Flut scheinbar in die Höhe; zuletzt stellt es sich und ragt noch mit der einen Spitze über das Wasser, dann geht es langsam gegen den tiefen Grund. Man rechnet, daß zwei bis drei vom Hundert auf diese Weise zu Verlust gehen. Seit Einführung der ›Salinentrift‹ mögen wohl an dreißig Tausend Klafter sich so in den Seeboden eingebettet haben.

Auch erlebte Noë, wie mühselig das Leben der Holzknechte im Wald sein konnte:

Die Holzarbeit, welche wegen der Ermöglichung der Herbeischaffung des Holzes im schneeigen Winter vorgenommen wird, gibt das Forstamt Tegernsee in Akkord. Dabei beteiligen sich, des schönen klingenden Geldes wegen, auch viele Tiroler, welche Knechte und Pferde besitzen, die sonst der winterlichen Ruhe pflegen könnten. Diese Knechte und Pferde wohnen dann die ganze Zeit der Arbeit über, welche drei bis vier Wochen dauern kann, in einer aus Blöcken zusammengezimmerten Hütte, einer sogenannten Holzstube. Solche Holzstuben, welche die nächste Ähnlichkeit mit Sennhütten haben, siehst Du häufig an der Straße stehen. Wenn nun gleich die Zeit, in welcher sie da bewohnt wird, in den Dezember, Januar und Februar fällt, so ist der Aufenthalt in ihnen doch nicht so frostig, als es aussieht. Sie sind alle zum Heizen eingerichtet, die Risse werden gut verstopft und das freie ungebundene Leben in der eisigen Einöde wird von den Knechten zu allerhand Schnurren benützt. Mehr Grund zur Klage hätten die stummen Pferde, denn diese müssen sich in dem tiefen Schnee, an ungeheure Baumstämme angespannt, oft über Gebühr abplagen. Hier erst lernt man die Mühseligkeiten des Lebens in diesen Tälern kennen. Ich schlief in einer Winternacht, in welcher es schien, als ob die Welt in Schneewehen untergehen wollte, in einem Bauernhaus. Drei Knechte und zwei Pferde waren seit Wochen draußen in der ›Holzarbeit‹. Die Holzhütte war vier Stunden entfernt. Mitten in der Nacht klopfte es an der Tür.

Ein Knecht des Hauses stand draußen und berichtete, daß ein Pferd von dem andern schwer am Fuße beschädigt worden war ... Der Knecht hatte, um diese Nachricht zu bringen, viele Stunden sich durch den ungeheuren Schnee kämpfen müssen und wäre fast umgekommen. Die Nachricht war ein Donnerschlag für die armen Leute, denn ein Teil ihres Vermögens steckte in diesem Tier – abgesehen von der Gefahr des Verlustes in der Akkordarbeit. Aber was war zu tun? Der Mann stand in der rabenschwarzen Januar-Sturmnacht auf und holte den Tierarzt – erst gegen Mittag des nächsten Tages gelang es ihnen nach zwölfstündigem Ringen im eisigen Sturm, den Ort des Unglücks zu erreichen.

August von Platen dagegen hatte ein eher amüsantes Erlebnis, als er bei einem Klausenhüter einkehrte:

Bei uns saß ein alter Tiroler, Peter geheißen, der sich mit Haftenmachen ernährt, die er verkaufend in der ganzen Gegend herumträgt. Er mochte seit zehn Jahren keinem Barbier mehr unter die Hände geraten sein; seine Jacke war zerrissen, sein Hut war mit farbigen Federn und vielen anderen Zieraten noch bunter geschmückt, als es hierzulande der Brauch ist. In seiner Jugend mußte er besonders wohlgebildete Züge gehabt haben. Jetzt hat er 71 Jahre zurückgelegt, ein Greis von beständiger Tätigkeit, eine jener freien Naturen, die auch im Alter noch keine Heimat wünschen und sich an die kleinlichen Ordnungen der bürgerlichen Welt noch nicht gewöhnt haben. Er wechselte mir Geld, und ich schenkte ihm etwas.

Seit 1320 ging zwar der Handelsverkehr über die Straße durch das Weißachtal. Auf ihr wurde aber allein auf der Strecke zwischen Glashütte und Gmund zweimal Wegezoll erhoben. Dazu kam, daß das Kloster Tegernsee das Vorkaufsrecht für alle zum Handel angebotenen Waren beanspruchte. Kein Wunder, daß der Schwarzhandel blühte – das unwegsame Grenzgebiet ›im Gebirg‹ bot mit seinen Höhlen und Schluchten geradezu ideale Schlupfwinkel für Schmuggler. 1585 sah sich das Kloster zu folgender Verordnung veranlaßt:

Zu diesem ist bisher in Schwung, daß etliche aus guetem Wahn und ohne Geld mit Kaufen und Verkaufen hantiert, dadurch einer mit dem andern in Verderben und alle Pfennwert verteuert werden. Zur Verhütung dies soll dergleichen hiemit ernstlich abgeschafft sein. Deshalb soll sich niemand ohne Vorwissen der Obrigkeit mit Verkaufen und Kaufen zu paktieren unterfangen. Wer oder welcher darüber ergriffen, sollen die feilen Waren genommen und darzu Käufer und Verkäufer nach billigen Dingen gestraft werden.

Trotzdem sollen bis in die jüngste Zeit hinein von Schmugglern wahre Meisterstücke an bäuerlicher Schlauheit vollbracht worden sein. Das ›Schwirtzen‹ (Schmuggeln) hat eben zu allen Zeiten für manche einen fast ebenso großen Reiz wie das Wildern!

Daß in dem Grenzgebiet zwischen Tirol und Bayern die Nachbarn sich einander nicht immer freundlich gesinnt gegenüberstanden, davon ist auf der Fahrt durch das Weißachtal zum Achensee im nächsten Kapitel noch die Rede.

Durch das Weißachtal zum Achensee

Lange gab es durch das Weißachtal nur eine primitive Straße, jenen Knüppelweg, der 1320 durch dieses einst unwegsame Gebiet angelegt worden ist. Der Straßenbelag bestand meist aus Holzprügeln von der Länge einer Wegesbreite. Ausweichstellen gab es nicht, kleinere Bäche mußten durchfahren werden. Bedenkt man die Mühsal einer Fahrt auf einer solchen Straße, noch dazu mit den damals natürlich ungefederten Fahrzeugen, dann lernt man die so selbstverständlich hingenommenen Annehmlichkeiten unserer Zivilisation und Technik schätzen, die es uns ermöglichen, auf die bequemste Weise durch das Weißachtal zum Achensee zu fahren.

Gleich hinter Rottach-Egern ist das Tal zunächst noch freundlich, hell und offen. Links liegt der Wallberg im Blickfeld, rechts taucht bald Schloß Ringberg auf einem Absatz des Ringberges auf, dahinter der Ringspitz, nach altem Volksaberglauben ein Haupttummelplatz der Hexen.

Schloß Ringberg ist das Lebenswerk des Herzogs Luitpold in Bayern (1890–1973), eines Vetters von Herzog Karl Theodor. Der reisefreudige und kunstinteressierte Herzog, der 1926 eine Doktorarbeit über ›Die fränkische Bildwirkerei‹ schrieb, schuf sich dort oben ein Traumschloß, eine Manifestation der vielfältigen Eindrücke, die er aus aller Welt mit nach Hause brachte. Der Bau und seine Ausstattung ist nie fertig geworden; immer wieder fügte der Herzog neue Gebäude, Hallen, Terrassen oder Gartenanlagen hinzu. Er selbst entwarf mit seinem Studienfreund, dem Innenarchitekten Friedrich Attenhuber, die Pläne zu diesen Anlagen, in denen sich Stilmerkmale aus verschiedenen Epochen und aus aller Herren Länder zusammenfinden. Es ist, als ob er, ähnlich wie seiner Zeit König Ludwig II., über diesem Bauen die ganze übrige Welt vergessen hätte. In seinem Testament vermachte der Herzog sein Lebenswerk der Max-Planck-Gesellschaft.

Wir sind von Weißach kommend auf der ›Deutschen Alpenstraße‹ gefahren. Kurz vor der Auffahrt zu Schloß Ringberg (sie ist übrigens gesperrt, das Schloß kann nicht besichtigt werden) haben wir sie verlassen und den älteren, durch *Enterbach* führenden Weg eingeschlagen. Beide Straßen vereinigen sich nach etwa zwei Kilometern wieder.

Enterbacher Marmor war lange Zeit berühmt; vom 17. Jahrhundert an wurde er bei der Ausstattung vieler bedeutender Bauwerke verwendet.

1683 brachte der Klosterjäger Albert Bierbichler eines Tages aus den Wiesen des Sebastian Bertl zu Enterbach ein von der daselbst sich befindlichen Steinwand abgehauenes Stück seinem Abt Bernhard [Bernhard Wenzl, 1673-1700]. *Obgemelter Abt ließ hierauf einen zu Kloster Schlehdorf in Arbeit gestandenen Steinmetz namens Georg Dietschi kommen, der gedachte Steinwand in Augenschein nahm und nach vollendeter Arbeit in Schlehdorf mit diesem Bruch den Anfang machte, und zwar zuerst am Fuß des Berges mit so glücklichem Erfolg, daß von diesem bis zur Stunde noch fortdauernden Bruche die großen prächtigen Säulen außer und inner der hiesigen Klosterkirche nebst einigen Altären verfertigt, auch viele Stück an den Kaiserhof nach Wien und an die Kurhäuser München und Köln geliefert worden sind ...*

So lesen wir in den Aufzeichnungen des Paters Emilian Steer von 1792. 1706 wurden zwei ›marmorsteinerne‹ Säulen und Pilaster nach Landshut geschickt, und ein ganzes Jahr lang arbeitete der Enterbacher Steinmetzmeister mit vier Schleifern und zwei Gesellen an zwei Choraltarsäulen ›acht Schuh lang‹, vier gewundenen Weihbrunnmuscheln, Altarsteinen und Platten für die Kirche in Kreuzpullach bei München. Sie wurden in den Jahren 1709 und 1712 auf sechsundzwanzig teils vierspännigen, teils dreispännigen Fuhrwerken dorthin transportiert.

Mit der Französischen Revolution und den Wirren der Napoleonischen Kriege erlahmte die allgemeine Bautätigkeit und mit ihr die Nachfrage nach Enterbacher Marmor. Es ist König Max Joseph zu danken, daß der Betrieb in dem Marmorbruch wieder aufgenommen wurde, als er 1817 das ehemalige Kloster Tegernsee erworben hatte und von Klenze zu seinem Sommersitz umgestalten ließ. Er erkannte die wirtschaftliche Bedeutung, welche die Gewinnung dieses Materials für all jene haben würde, die für das Kloster gearbeitet und durch die Säkularisation ihre Existenz verloren hatten. Mit der Wiedereröffnung des Marmorbruchs erschlossen sich ihnen neue Verdienstmöglichkeiten. Zunächst wurde eine Straße zum Steinbruch angelegt, die verfallenen Anlagen instand gesetzt und mit den neuesten technischen Einrichtungen, einer Schleiferei, Poliermaschine und Marmorsägerei, ausgestattet. Klenze verwendete den Marmor zur Ausstattung des Schlosses Tegernsee, und in kurzer Zeit war er wieder weithin begehrt: in München für die Stufen des neuen Hoftheaters, den Bau der Glyptothek und des neuen Trakts der Residenz, in Kelheim für die Befreiungshalle, in Baden-Baden für den Boden der Griechischen Kapelle, und vom verwandten Berliner Hof wurden Kamine für die dortige Hofhaltung bestellt. Daneben wurden die verschiedensten Gegenstände gefertigt, vom Grabstein über Tischplatten, Blumenvasen, Briefbeschwerer bis zu den damals bei der Jugend so beliebten Murmeln, für deren Herstellung eine eigene Werkstatt eingerichtet worden war. In München sorgten zwei Niederlassungen für Werbung und Absatz.

Marmor war damals die große Mode – aber wie alle Moden war auch diese kurzlebig. Die Beliebtheit ließ nach, abermals verfielen die Enterbacher Anlagen. Eine 1905 gegründete Aktiengesellschaft ›Marmorwerke Tegernsee‹ versuchte eine Wiederbelebung des Bruchs. Sie baute eine Bremsbergbahn zum Transport der Blöcke, einen Kalkofen zur Verarbeitung des Abraumgesteins. Aber ihren Bemühungen war wenig Erfolg beschieden. Nach dem Zweiten Weltkrieg war dann endgültig Schluß; 1948 wurden die letzten Blöcke gebrochen. Schienen und Apparaturen sind heute verschwunden; nur einige Rudimente der alten Anlagen, Fundamente der ehemaligen Schussermühle, Aufschüttungen von Marmorschutt sind vielleicht noch zu finden.

Vor *Kreuth* beginnt das Weißachtal sich zu verengen. Der schroffe Fels des Leonhardsteins taucht rechts auf, an seinem Fuß der spitze Turm der kleinen Sankt-Leonhards-Kirche am Rande einer Terrasse.

Von den vielen Wilderergeschichten, die man sich rings im Tegernseer Tal erzählt, ist die des ›Lampl-Sprungs‹ vom Leonhardstein die erstaunlichste. Sie ereignete sich Ende des vorigen Jahrhunderts, also vor noch nicht allzu ferner Zeit, so daß man sie eigentlich glauben müßte, wenn sie nicht gar so unglaublich wäre. Eines Tages nämlich war der Hans Burger aus Reichersbeuern, bekannt als ›Wildschütz Lampl‹, gerade dabei, seine am Leonhardstein erlegte Beute, eine Gams, in den Rucksack zu packen, da sah er sich von Jägern eingekreist. Es gab keine andere Rettung, als schleunigst Rucksack und Gewehr eine Steilwand hinunterzuwerfen und selbst den Sprung in die Tiefe zu wagen. Er hatte Glück. In den Ästen einer Fichte blieb er hängen und konnte, unerheblich verletzt, Reichersbeuern in einer Geschwindigkeit erreichen, mit der er wahrscheinlich alle heutigen Weltrekordler geschlagen hätte. Nach eineinhalb Stunden soll er in dem südwestlich von Waakirchen gelegenen Reichersbeuern bereits gesehen worden sein. Das wurde jedenfalls von seinen Getreuen bezeugt, als es darum ging, vor dem Gericht sein Alibi nachzuweisen. Die Richter erklärten es für ausgeschlossen, daß man in eineinhalb Stunden vom Leonhardstein nach Reichersbeuern gelangen könne, und Lampl wurde freigesprochen. Hochbetagt starb der Held dieser Geschichte bei Verwandten auf dem Mühltaler Hof in Louisenthal bei Gmund. Auf dem dortigen Friedhof ist er auch begraben.

Die 1184 errichtete Dorfkirche Sankt Leonhard in Kreuth war das erste diesem Heiligen geweihte Gotteshaus in Bayern. Ihr Bauherr, Abt Rupert I., Graf von Neuburg (1155-1186), wollte damit offensichtlich die zur gleichen Zeit hier ›Im Winkel‹, dem unsicheren Grenzgebiet, entstehende erste Siedlung dem besonderen Schutz dieses Patrons der Landwirtschaft und des Viehs anvertrauen. Vor allem die Pferde bedurften des Schutzes dieses Heiligen. Sie mußten, schwer beladen, die Warentransporte über die Berge tragen. Denn damals gab es ja noch keine Straße durch das Weißachtal; lediglich schmale, unsichere Saumpfade stellten die Verbindung zwischen Tegernsee und Tirol her. Sie kamen vom Inntal herauf über Eben, das Hochtal des Achensees, die Leiten, den Klambachwald zum Schildensteinsattel, über die spätere Königsalpe nach Kreuth hinunter und gingen von dort über den Leeberg nach Tegernsee. Sicherlich sandten die Knechte, welche die Saumpferde zu führen hatten, vor Antritt oder nach glücklicher Rückkehr von ihrem mühsamen und gefährlichen Unternehmen Bitt- und Dankgebete zum heiligen Leonhard in Kreuth.

Die jetzige Leonhardskirche ist 1489 von Abt Konrad Ayrinschmalz (1461-1492) erbaut worden. Sie ist ein bescheidener einschiffiger Bau mit steilem Dach und seitlich angefügtem hohen, sehr spitzen Turm, der fast wie ein kleiner Bruder des schroff abfallenden Gipfels des Leonhardsteins wirkt, der das kurze Kreuther Tal nach Westen abschließt. Die Vorhalle mit Empore wurde der Kirche später vorgesetzt. Der gotisch gewölbte Innenraum empfängt sein Licht durch die Fenster des dreiseitigen Chorabschlusses. In dem neugotischen Hochaltar stehen die Figuren des heiligen Leonhard in der Mitte, ihm zu seiten Joachim und Anna. Die schmalen Felder des sechsjochigen Langhauses zieren wahrscheinlich bei einer Restaurierung 1776 vom gotischen Gewölbe abgenommene Schlußsteine, eine hübsche ›Mater dolorosa‹, ein Kruzifix und eine reizende ›Madonna mit Kind‹.

Hinter Kreuth wird das Tal wieder enger. Hier wurden um 1703 im Spanischen Erbfolgekrieg Fortifikationswerke angelegt, Wegsperren und Schanzwerke, die sich über Glashütte auf der Paßhöhe von Stuben und am Pittenbach entlangzogen. Der bayerische Kurfürst Max Emanuel hatte sich damals ja mit Frankreich gegen das Reich verbündet; Bayern und Österreicher lagen sich deshalb wieder einmal feindlich gegenüber. Schon 1702 war die Tuftenmühle ausgeplündert worden. Während des Baus der Befestigungen tauchten am 22. Juli 1703 einige Bauern aus Tirol in Glashütte auf und richteten dort großen Schaden an. Kurz darauf, am 31. August, bedrohten 700 Mann Tiroler das ganze Tegernseer Tal. Sie forderten von dem Abt Quirin Millon 30000 Gulden Brandschatzung. Tölz, Miesbach und Schliersee waren nicht in der Lage, dem Kloster zu Hilfe zu eilen, und so blieb dem Abt nichts anderes übrig, als klein beizugeben und zu bezahlen. Doch erreichte er durch Verhandlungen eine Stundung der Hälfte der geforderten Summe. Daraufhin nahmen die Tiroler einen Pater als Geisel für die vom Kloster schuldig gebliebenen 15000 Gulden fest und zogen nach Plünderungen in Kreuth, Staudach, Rottach, Abwinkel, Tuften und im Gebiet des Wallbergs ab. Mit Nachdruck wurde daraufhin die Fertigstellung der Fortifikationswerke betrieben, aber es war zu spät: Max Emanuel verlor 1704 die Schlacht bei Höchstädt, ganz Bayern wurde von den Österreichern besetzt, und die Befestigungen mußten, kaum fertiggestellt, wieder geschleift werden.

An dieser Stelle sei auch ein kurzer Exkurs über die ›Sendlinger Bauernschlacht‹ eingefügt. Sie interessiert in diesem Zusammenhang nicht nur deshalb, weil sie in direkter Verbindung mit diesen Auswirkungen des Spanischen Erbfolgekrieges steht, sondern insbesondere auch, weil an ihr Aufgebote aller Gemeinden der Umgegend von Tegernsee teilnahmen und sich in fast allen Kirchen des Umkreises Votivtafeln über wunderbare Errettungen aus dem mörderischen Gemetzel, mit welchem sie endete, oder mit den Namen der Gefallenen finden.

Nach der Besetzung Bayerns durch die Österreicher bildeten sich überall im Land Widerstandsgruppen gegen die kaiserliche Administration, welche die Bayern mit immer neuen Steuerzahlungen bedrängte und die Bauernsöhne oft mit Gewalt zum verhaßten Militärdienst auf feindlicher Seite zwang. Tölz war das Zentrum des Volksaufstandes der Oberländer. Von hier erging am 19. Dezember 1705 ein Aufruf an die ›Landesdefensionen‹ des Oberlandes, sich mit den Landfahnen der Gerichte am 22. Dezember in Hohenschäftlarn zum Marsch auf München zu versammeln. Insgesamt kamen 2769 Mann zusammen, ungefähr 900 waren mit Feuerwaffen ausgerüstet, knapp 300 beritten, der Rest mit nichts anderem als mit Spießen, Hellebarden, Sensen, Mistgabeln oder spitzigen Stecken bewaffnet. Nicht mehr als sechs kleine Kanonen und fünf Munitionswagen kamen dazu. Obwohl dieses Ergebnis weit hinter den Erwartungen der Anführer zurück blieb, zog man zunächst siegessicher nach Sendling und richtete beim dortigen Wirt das Hauptquartier ein. Am 24. Dezember begann der Vormarsch zur ›Befreiung‹ Münchens. Einer Schar von 45 Mann gelang es, ohne Widerstand bei den Kaiserlichen zu finden, den die Isarbrücke beherrschenden und etwa 250 Meter außerhalb der Isartorbefestigung gelegenen ›Roten Turm‹ zu besetzen; die anderen verschanzten sich gegenüber dem Isar- und Kosttor hinter Holzstößen, Baumstämmen und Zäunen und eröffneten das Feuer auf München. Eine zweite Abteilung nahm in der Gegend des heutigen Südfriedhofs am Glockenbach Stellung, eine dritte blieb als Reserve in Sendling. Man wartete auf die zugesagte Unterstützung der Münchner Bevölkerung, vor allem auf die Öffnung des Kosttors, doch nichts geschah. Dagegen rückte ein kaiserliches Korps von Anzing her unter Führung des Generalwachtmeisters Kriechbaum an, beschoß den ›Roten Turm‹ und schnitt den

Die urtümliche Landschaft bei Kreuth, die bis zum Wegebau durchs Weißachtal 1320 unwegsamer Urwald gewesen ist, hat schon zu Beginn des 19. Jahrhunderts Künstler angelockt, die der damals vielzitierten Erhabenheit der Natur nachspürten und dabei als typisches ›Versatz-

stück‹ der biedermeierlichen Alpenmalerei vor allem Wasserfälle in ihre Komposition einbezogen: Hier der *Sagenbachfall bei Bad Kreuth*, den Joseph Karl Ettinger nach einem 1815 entstandenen Gemälde von Johann Jakob Dorner d. J. für ein Souveniralbum lithographiert hat.

Aufständischen den Übergang über die Isarbrücke ab. Ein Ausfall der Kaiserlichen aus dem Isartor warf die Rebellen aus ihren Stellungen und aus dem ›Roten Turm‹ – ihr Schicksal war besiegelt. In wilder Flucht versuchten sie, sich zu retten. Im Egerner Mirakelbuch mit dem Titel ›Marianischer Wunderbaum‹ steht unter vielen anderen wunderbaren Erhörungen die des »Michael Püechl, sonst Egerer Pfarr, anjetzo aber in Tegernseeischer Pfarr zu Diensten« aufgezeichnet. »... da er sich samt andern in die Flucht begab, wurde er in die Isar gesprengt, allwo er nit ohne größter Lebensgefahr durchsetzte, aber in Mitte des reißenden Wassers zweimal um und um getrieben. Er ruefte in dieser seiner augenscheinlichen Todsgefahr Mariam zu Egern an, verlobte mit kindlichem Vertrauen allhero eine hl. Messe und wurde augenblicklich zu dem Gestade hinaus getrieben, hat sich auch nochmals unter einer Stauden solange verborgen gehalten, bis er nachmals durch den Schutz Mariä durch sichere Flucht dervon kommen.« Nur wenige hatten das Glück, so glimpflich davon zu kommen, die meisten wurden von ihren Verfolgern rücksichtslos niedergeschossen.

In Sendling hatten sich derweilen die meisten der Anführer noch rechtzeitig aus dem Staube gemacht. Den zurückgebliebenen Mannschaften erging es am schlimmsten. Ihnen blieb nichts anderes übrig, als sich auf Gnade und Barmherzigkeit zu ergeben, nachdem sie von den Kaiserlichen eingekreist waren. Ob ihnen tatsächlich Pardon versprochen worden war, ist ungeklärt, auf jeden Fall endete der sogenannte ›Sendlinger Bauernaufstand‹ mit einem grauenvollen Gemetzel, dem nur wenige entrinnen konnten. Etwa 1100 Mann mußten ihn mit dem Tode bezahlen; von den 609 Verwundeten starb etwa der zehnte Teil, 400 bis 500 Mann entkamen.

Übrigens sei noch angemerkt, daß der berühmte ›Schmied von Kochel‹, welcher der Held des Aufstandes gewesen sein soll, eine sagenhafte Gestalt ist. Die Mär geht vielleicht zurück auf einen im Sterbebuch der Pfarrei Neukirchen unter den Gefallenen des Weihnachtstages 1705 eingetragenen Balthasar Riesenberger, Schmied in der Grafschaft Valley, der sich möglicherweise in den Kämpfen durch besondere Tapferkeit ausgezeichnet hat.

Aber kehren wir nun zurück ins Weißachtal und zu den Fortifikationswerken. Sie wurden unter großen Kosten 1741 noch einmal errichtet, diesmal im Österreichischen Erbfolgekrieg Kurfürst Karl Albrechts, des Sohnes Max Emanuels, gegen Maria Theresia. Aber sie konnten nicht verhindern, daß 1743 ungarische Panduren das Wirts- und Zollhaus in Kreuth überfielen und anzündeten. Karl Albrecht – inzwischen Kaiser geworden – starb 1745, und sein Sohn Maximilian III. Josef schloß im selben Jahr Frieden mit den Österreichern. Die Schanzen wurden wieder abgebrochen, doch die Gegend, wo sie einst standen, heißt heute noch ›Auf der Schanz‹.

Bald hinter Kreuth biegt eine Straße nach links ab. Sie überquert die Weißach und teilt sich dann in die Wege zur Schwaigeralm und nach Wildbad Kreuth, von denen bereits ›Im Gebirg‹ die Rede war. Auf der Fahrt zum Achensee kommt man nun am Grüneck und am Roßstein vorbei und ist kurz vor dem Achenpaß in *Glashütte.* Die Geschichte dieses kleinen Ortes ist wieder eng mit dem Kloster Tegernsee verbunden. Wie bereits erwähnt, errichtete es 1690 hier eine Glasbrennerei, und damit kamen die ersten Siedler in das obere Weißachtal. Obwohl seit 1320 durch einen Fahrweg erschlossen, war es immer noch eine ziemlich unwirtliche Gegend geblieben. Die Postritte von Innsbruck nach München waren zwar eine Zeitlang über diese Route gegangen und von Kreuth weiter am Westufer des Sees entlang, aber sie hatten wenig Interesse gefunden und waren bald wieder eingestellt worden. Vielleicht auch wegen der Gefährlichkeit dieser einsamen Gegend, in der räuberische Überfälle wahrscheinlich keine Seltenheit waren. Die Straße durch das Weißachtal wurde dann lediglich für den Transport von Holz und vor allem der fünfzig Fuder Salz benutzt, die das Kloster Tegernsee von 1498 bis 1617 jährlich von der Salzpfanne Hall in Tirol bezog. Erst mit den Arbeitern der Glashütte begann die Besiedlung. Der Betrieb bestand jedoch nur acht Jahre. Das Kloster gab ihn nach vielerlei Fehlschlägen wieder auf, als 1698 die mit großen Kosten errichteten Anlagen durch einen Brand zerstört wurden. Es vergab an die zurückgebliebenen Arbeiter Grund zur Rodung und Kultivierung, und im selben Jahr erteilte es dem letzten Glashüttenschreiber Bierzapfrechte für das von ihm erbaute Gasthaus. Das älteste Haus des kleinen Ortes steht seit 1700. Die kleine sehenswerte, schon 1698 erbaute Kirche birgt einen schönen Barockaltar mit einer kostbaren gotischen Madonna.

Nach dem Überschreiten des Achenpasses (940 m) folgt die Straße eine Zeitlang der österreichischen Grenze und kommt an der *Kaiserwacht* vorüber, einem Jagd- und Forsthaus. Früher nannte man es ›Das Wachtl‹; es war sozusagen der Vorposten des dreigestaffelten Verteidigungssystems, das auch die Österreicher ihrerseits gegen das seinerzeit ›feindliche Ausland‹ Bayern angelegt hatten. Von diesem ›Wachtl‹ sind noch teilweise die ehemaligen Mannschaftsunterkünfte und das Offiziershaus erhalten. Das letztere bekam seinen heutigen Namen ›Kaiserwacht‹, als friedlichere Zeiten angebrochen waren und Kaiser Franz Josef von Österreich hier oftmals Quartier nahm, wenn er zur Jagd in dieser Gegend weilte. Die Wehrmauer mit doppelten Eisentoren und Schießscharten ebenso wie die zweite Befestigung im Achenwald und in Achenkirch oberhalb des ›Gasthauses Marie‹ fielen, als Tirol 1806 nach dem Frieden von Preßburg unter bayerische Herrschaft kam. Auch die dritte Befestigung, ein südlich von dem heutigen ›Hotel Seehof‹ angelegtes System von mehreren auf Lärchenholzgerüsten über dem Abgrund zwischen Berg und See ruhenden Zugbrücken, im Volksmund ›Mehrerer-Bruggn‹ genannt, wurde damals von den Bayern gesprengt.

Ein kurzes Stück noch, dann wendet sich die Straße, die hier zwar schon auf österreichischem Boden liegt, aber zur Vereinfachung des Durchgangsverkehrs vom Tegernsee ins Isartal sozusagen neutralisiert ist, endgültig ins Innere Tirols, während eine Abzweigung scharf rechts zum Sylvenstein-Stausee führt, in dem das Dorf Fall versunken ist. Hier hat sich im Zuge der modernen Technik eine alte Volkssage erfüllt, nach welcher unter den Fluten der Alpenseen oft ganze Dörfer begraben liegen sollen. Ob freilich auch die Glocken der Kirche von Fall am Ostermorgen »dumpf emportönen«, wie es sich nach der Sage gehört, vermögen wir nicht zu sagen.

Wir können uns der Versuchung nicht entziehen und biegen rechts ab. Am Sylvensteinspeicher, der bis zu achtzig Millionen Kubikmeter Wasser fassen kann, vorbei kommen wir nach *Vorderriß*, der so sehr geliebten Heimat Ludwig Thomas, von dort links ab nach Hinterriß, dem ehemaligen Jagdschloß der Herzöge von Sachsen-Coburg und Gotha, und auf der einzigen Autostraße, die in das Karwendelgebirge führt, zu dem 1200 Meter hoch gelegenen Ahornboden, einer Hochebene mit einzigartigem, viele Jahrhunderte altem Ahornbestand, der besonders im Herbst viele Besucher anlockt. Fährt man die vom Sylvenstein kommende Straße über Vorderriß geradeaus weiter, so erreicht man Mittenwald.

In seinen Erinnerungen erzählt Ludwig Thoma, daß beim sonntäglichen Gottesdienst in der Kapelle von Vorderriß oftmals »vorne auf einem mit Samt ausgeschlagenen Betstuhle ein hochgewachsener Mann kniete, der sein Kreuz schlug und der Zeremonie andächtig folgte wie der Sagknecht oder Kohlenbrenner, der durch ein paar Bänke von ihm getrennt war.« Und er fährt fort:

Wenn der Mann aufstand und die Kapelle verließ, ragte er über alle hinweg, auch über den langen Herrn Oberförster, der doch sechs Schuh und etliche Zoll maß.

Sein reiches, gewelltes Haar und ein Paar merkwürdige, schöne Augen fielen so auf, daß sie dem kleinen Buben, den man zu einem ehrerbietigen Gruß anhielt, in Erinnerung blieben.

Der Mann war König Ludwig II.

Der König kam damals jedes Jahr zu längerem Aufenthalt nach Vorderriß und wohnte dort in dem sogenannten ›Königshaus‹, das noch aus den Tagen seines Vaters stammte. Er kannte alle Jäger mit Namen, sprach oft freundlich mit ihnen und ging keineswegs einer Begegnung mit den Leuten des Waldes aus dem Wege. Während seiner Anwesenheit durfte kein Schuß in seiner Hörweite fallen. Keinem Menschen fiel es jedoch ein, darin etwas Krankhaftes zu sehen, vielmehr galten seine Vorliebe für Stille, seine Freude an der friedlichen Natur als Beweise eines edlen Charakters.

Im Försterhaus löste eine bevorstehende Ankunft des Königs jedesmal große Geschäftigkeit aus. Meistens ließ er sich erst wenige Stunden vorher durch einen Vorreiter ansagen:

Die Vorbereitungen mußten dann schnell geschehen. Der mit Kies belegte Platz vor dem Königshaus wurde gesäubert, Girlanden und Kränze wurden gebunden, alles lief hin und her, war emsig und in Aufregung.

Es gab für uns Kinder viel zu schauen, wenn Küchen- und Proviantwagen und Hofequipagen voraus kamen, wenn Reiter, Köche, Lakaien diensteifrig und lärmend herumeilten, Befehle riefen und entgegennahmen, wenn so plötzlich ein fremdartiges Treiben die gewohnte Stille unterbrach.

Die Forstgehilfen und Jäger mit meinem Vater an der Spitze stellten sich auf; meine Mutter kam festtäglich gekleidet mit ihrem weiblichen Gefolge, und auch wir Kinder durften an dem Ereignis teilnehmen.

Das Gattertor flog auf, Vorreiter sprengten aus dem Walde heran, und dann kam in rascher Fahrt der Wagen, in dem der König saß, der freundlich grüßte und seine mit Bändern verzierte schottische Mütze abnahm.

Meine Mutter überreichte ihm einen Strauß Gartenblumen oder Alpenrosen, mein Vater trat neben sie, und in der lautlosen Stille hörte man ein leise geführtes Gespräch, kurze Fragen, kurze Antworten.

Dann fuhr der Wagen im Schritt am Hause vor, der König stieg aus und war bald, gefolgt von diensteifrigen Männern in blauen Uniformen, verschwunden ...

Etliche Male wurden wir aufgeweckt und durften im dunklen Zimmer am Fenster stehen und schauen, wie drüben Fackeln aufloderten, ein Wagen vorfuhr und bald wie ein geheimnisvoller Spuk im Walde verschwand.

Nach dieser kleinen Abschweifung setzen wir unsere Fahrt zum Achensee fort. Man fühlt sofort, daß man nun in einem anderen Land ist. Wenn man es auch kaum definieren kann, irgendwie scheint plötzlich alles anders – selbst die Wiesen und Wälder. Vielleicht sind sie nicht so ordentlich geradeaus gerichtet wie im Bayerischen, vielleicht drückt sich schon hier das ›österreichische Laisser-faire‹ aus – vielleicht ist es aber auch nur Einbildung. Bald zeigen sich jedoch deutlichere Merkmale: das Vieh auf der Weide ist plötzlich nicht mehr braun-weiß, sondern schwarz-weiß gefleckt, die Bauernhöfe sind anders, auch die Kirchtürme haben ihren eigenen Tiroler Charakter.

Und nun kommt man zum Nordende des Achensees. *Achenkirch*, das freundliche Dorf, von Wäldern und Bergen umgeben, abgeschirmt im Süden vom Achensee, hat trotz dieser geschützten Lage nicht immer nur freundliche Zeiten erlebt. Konnte es noch im Dreißigjährigen Krieg dem Tegernseer Abt und dem Egerner Kirchenschatz zeitweilig sicheren Schutz vor den schwedischen Reitern bieten, so war es selbst aufs äußerste bedroht, als im zweiten Koalitionskrieg Napoleons Truppen bereits bis Tegernsee vorgedrungen waren und sich anschickten, das Weißachtal hinauf über die Grenze nach Österreich zu marschieren. Die österreichischen Verteidigungslinien im Achental und am Achensee waren in Erwartung des Feindes mit einem großen Kontingent österreichischer Truppen besetzt. Die Bevölkerung von Achenkirch war in das Karwendel und den Rofan geflüchtet. Da ereignete sich das ›Weihnachtswunder‹ von Achenkirch. Eine Aufzeichnung aus dem Jahre 1800 berichtet davon. Man fand sie 1909 bei Reparaturarbeiten unter den Lärchenschindeln der Kirche:

11

DORF KREUTH UND DER LEONHARDSTEIN

Joseph Steingrübel
(Augsburg 1804-1838 Augsburg)

Aquarell, um 1833
Privatbesitz

Im Gegensatz zu Wildbad Kreuth, das die Künstler immer wieder zu neuen Darstellungen reizen konnte, hat das Dorf Kreuth in seiner damaligen unscheinbaren Gestalt nur wenige Maler angezogen. Dies ist umso verwunderlicher, als seine abgeschiedene Lage im Weißachtal und die spektakuläre Form des nahen Leonhardsteins dem Zeitgeschmack des ›Malerischen‹ eigentlich sehr entgegenkommen mußten. Vielleicht die schönste Ansicht des Dorfes, das jeder Kurgast des Wildbades immer wieder passieren mußte, verdanken wir dem Augsburger Landschafter und Lithographen Joseph Steingrübel, der dieses Blatt um 1833 geschaffen haben dürfte.

Im Jahre 1800 haben die Franzosen das ganze Bau(y)ernland besetzt gehabt und auch in Tegernsee ist eine große Macht gestanden von ihnen. Sie haben mit aller Gewalt in das Achental herein wollen, daher sind auch hier im Achental von Pfingsten bis an Neujahr allezeit 2000 und oft mehr Soldaten und Landesschützen gestanden und haben das Tal fast aufgefressen wegen den Franzosen. Die Franzosen sind nicht weiter als bis Glashütte gekommen und dies haben wir dem großen Gott zur Weihnachtsmesse zu verdanken gehabt.

Als nämlich die geflüchtete Bevölkerung auf der Falkenmoosalm zur Christmette versammelt war, hörte man vom Dorf herauf die Kirchenglocke läuten zum Zeichen, daß die Truppen abrückten. Es kam zu keinen Kampfhandlungen mehr, die Friedensverhandlungen, die bekanntlich mit dem Frieden von Lunéville endeten, hatten begonnen.

Die berühmte ›Scholastika‹ und der ›Seehof‹ sind die letzten Häuser auf der am östlichen Ufer des Achensees entlangführenden Straße. Nur einen Kilometer breit zieht er sich von Norden nach Süden gut neun Kilometer lang hin, an seinen Ost- und Westufern eingeschlossen von den unmittelbar aus seinen Fluten hochstrebenden Bergen, deren dichte schwarzgrüne Nadelwälder sich in dem dunklen Wasser spiegeln. Ein schmaler Kiesstreifen unten am Wasser hellt dieses düstere Bild etwas auf, zu schmal, um einen Weg freizulassen. Nur dort, wo die von den Bergen herunterstürzenden Bäche oder winterliche Lawinen Sand und Kies angeschwemmt haben, konnten ein paar helle grüne Oasen entstehen mit einigen wenigen Häusern. Einzig, wo Dristenau-, Falzturn- und Gerntal sich treffen und zum Westufer des Sees öffnen, war Platz für eine größere Siedlung: *Pertisau*, die beliebte Sommerfrische, von der noch die Rede sein wird.

Die Fahrstraße, die am Ostufer des Sees entlangführt, bestand bis weit ins 19. Jahrhundert hinein an den steilsten Stellen nur aus einem Bohlenweg, der sich an die Felsen klammerte. Zum neuzeitlichen Ausbau der Straße mußten zahlreiche Sprengungen durchgeführt werden, und erst 1955 konnte ein erster Abschnitt, der vom Inntal bis Buchau führte und dem modernen Verkehr einigermaßen gerecht wurde, eröffnet werden. Um dem stetig steigenden Touristenverkehr gewachsen zu sein, wurde die Achenseestraße 1963 auf den neuesten Stand der Technik gebracht und verbreitert. An der unwegsamsten Strecke wurde ein 570 Meter langer Tunnel in den Fels gesprengt, an einer anderen Stelle eine Betonüberdachung zum Schutz gegen die gefürchtete Lawine ›Haselbacherin‹ gebaut, die allwinterlich oben in den Felsen haust, bis sie sich plötzlich mit ihren ungeheuren Schneemassen unter großem Getöse in den See stürzt. Und weiter, vorbei an Maurach und Eben im grünen Tal am Südende des Sees, wo die Berge etwas zurücktreten, hat man auf der Strecke nach Jenbach hinunter die sogenannte ›*Kanzelkehre*‹ gebaut, zugleich einen Aussichtspunkt, dem an Schönheit nicht leicht ein anderer gleichkommt. Aus einer Höhe von 896 Metern sieht man unten das über 300 Meter tiefer gelegene weite Inntal liegen, gegenüber begrenzt von den allmählich ansteigenden Zillertaler Alpen. Am Westufer gibt es auch heute noch nur von Süden her bis Pertisau eine befahrbare Straße.

Doch versetzen wir uns wieder einmal zurück in jene Zeit, da Heinrich Noë hier wanderte. Er kam vor mehr als hundert Jahren auf einem Fußmarsch von Jenbach zum Achensee und weiter nach dem Tegernsee hier herauf:

Der Ein- oder vielmehr Aufgang zum Achensee ist durch eng zusammenhängende Berge versteckt, welche bei Jenbach den Nordwall des Inntales darstellen. Niemand denkt daran, daß jenseits dieser Schlucht ein weites Alpental mit einem der schönsten Seen der deutschen Berglande sich auftut. Nur die Bäche, welche zwischen Steinblöcken und über triefende Holzrinnen durch das weit zerstreute Dorf [Jenbach] *rauschen, lassen eine Fülle der Wasser hinter den Bergen ahnen …*

Immer lauter wird das Rauschen, je weiter wir auf der Straße, die sich steil in die Schlucht hinauf hebt, uns von der Sohle des Inntales entfernen. Es ist der Kasbach, der links über die Steinabsätze niedersprudelt. Es kommt uns vor, als sollten wir auf der emporklimmenden Straße eine Paßhöhe überschreiten, so ununterbrochen steil und abschüssig geht sie bergauf. Wer sie im Winter begeht, muß auch jeden Augenblick den Holz- und Kohlenschlitten ausweichen, welche ohne Zugtier mit rasender Geschwindigkeit herabschießen. Auch der Postillon ..., der die Post von Achenkirch nach Jenbach fährt, läßt dann auf der Berghöhe Pferd und Fuhrwerk stehen, nimmt die Briefschaften zu sich, besteigt einen kleinen Handschlitten und saust mit diesem die schiefe Ebene hinab. Zu dem Drei Viertel Stunden langen Weg braucht er dann acht Minuten.

Etwa auf der Höhe der heutigen Kanzelkehre angelangt, schreibt Noë dann weiter:

Die Aussicht auf das Inntal ... ist entzückend ... Hier siehst du, was das baierische Hochland nicht kennt: ein breites Flußtal in Mitten der Hochalpen. Es ist dies die mächtige Rinne, welche das Kalkgebirge von dem später aus dem Erdinnern heraufgehobenen Zentralstock trennt. Als dieser die damaligen liegenden Kalkschichten durch seinen aufstrebenden Druck mit sich herauftrieb und zu Gebirgen emporstemmte, kam es, daß die ihm zunächst liegende Seite der Kalkschichten jäh abgebrochen, die von ihm entfernte, jetzige Nordseite der Kalkalpen dagegen, weil sie den heraufbrechenden Urmassen ferner stand, mehr in Wellenlinien aufgebäht wurde. Deshalb sehen wir den Norden der Kalkalpen in anmutigen Terrassen, von Hügeln und Seen landschaftlich schön geziert, nach und nach sich bis zu größeren Höhen erheben, dieselbe Kette aber da, wo sie dem Zentralstock im Süden gegenübersteht, steil gegen diesen abstürzen. Das Inntal von Landeck bis Wörgel ist ein schönes Beispiel. Im Norden begrenzen es durchgehends nackte himmelhohe Wände, im Süden, da, wo die Kuppenbildung der Zentralalpen beginnt, weiden- und triftreiche Berge ...

Endlich – wo die ersten ärmlichen Häuser des Weilers Maurach stehen – haben wir die Höhe erreicht, nicht aber, um auf der andern Seite wieder herabzusteigen, sondern der Boden bleibt eben. Vor uns blinkt die südöstliche Bucht des Achensees. Wir sind von Jenbach fünfzehnhundert Fuß heraufgestiegen ...

Und sogleich stellt Noë fest:

Der Achensee wird von zwei Winden bewegt, dem Nord- und dem Südwind. Ein anderer kann wegen der Felswände im Osten und Westen seine Ufer nicht berühren. Der erste heißt der baierische, der zweite, der warme, auch der Landwind, weil er vom ›Land‹ [Tirol] *hereinweht.*

Nach Pertisau kann man nicht nur zu Fuß wie Noë oder per Auto wie der Reisende von heute gelangen, man kann auch von Jenbach aus mit der Dampfzahnradbahn, der ältesten Zahnradbahn Österreichs aus der Jahrhundertwende, nach Großväterart gemächlich über Eben und Maurach bis Seespitz herauffahren und von dort die etwa zwei Kilometer bis Pertisau mit einem Taxi oder – noch genußvoller – zu Fuß bewältigen.

In *Eben* sollte man die Notburgakirche besuchen. Die Zeit des Barock stattete sie mit reichem Stuck und lebendigen Fresken aus, die vom Leben der heiligen Notburga erzählen. Und im Hochaltar steht sie selbst, gekleidet in eine reich bestickte, kostbare weiße Brokatrobe.

Geboren 1265 in Rattenberg am Inn, also sozusagen unterhalb von Eben, hat Notburga mit ihrem Leben ein Beispiel dafür gegeben, daß vor Gott alle Stände, alle Arbeiten, welcher Art auch immer, gleichberechtigt sind. Mit achtzehn Jahren kam sie als Magd zu den Herren von Rottenburg, deren Sitz oberhalb von Rattenberg heute nur als Ruine erhalten ist. Die fromme Herrschaft unterstützte das der Wohltätigkeit und Hilfe für Arme und Kranke gewidmete Leben der Notburga und gab ihr die Freiheit, zu helfen, wo sie konnte. Später arbeitete sie bei einem Bauern in Eben, und hier ereignete sich nach der Legende das Wunder, das zum Symbol des Segens Gottes wurde, der über der Heiligen lag. Sie hatte den Dienst in Eben unter der Bedingung angenommen, daß sie am Vorabend eines jeden Sonn- und Feiertags beim Gebetläuten die Arbeit niederlegen dürfe, um sich im nahen Rupertikirchlein durch Beichte und stilles Gebet auf den Empfang der heiligen Eucharistie vorzubereiten. Als der Bauer ihr aber eines Samstagsabends trotz des gerade beginnenden Aveläutens befahl, die Arbeit fortzusetzen, da bat Notburga Gott um Beistand. Sie warf ihre Sichel zum Himmel und rief aus: »Diese Sichel soll bezeugen, daß mein Verlangen zu recht besteht.« Und die Sichel blieb zum Staunen aller in der Luft schweben.

Nach einem reicherfüllten Leben im Dienste guter Taten starb Notburga am 14. September 1313 und wurde in der von ihr so sehr geliebten Rupertikapelle in Eben zur letzten Ruhe gebettet. Hochverehrt als Patronin aller Dienenden und der Arbeitsruhe, als Wohltäterin der Armen und Kranken spendete ganz Tirol später die Mittel zum Bau einer größeren Kirche; ihr Grab ließ Kaiser Maximilian mit reichem Schmuck ausstatten. Aber nicht genug damit:

Die Grafen von Tannenberg, so berichtet Hugo Rahner aus alten Akten des Tratzberger Archivs, *betrachteten sich in ihrer Eigenschaft als Inhaber der Lehensherrschaft Rottenburg auch als die Erben der frommen Verehrung zur heiligen Magd Notburga. Im Jahre 1735 entschloß sich die Familie, die alte Kirche in Eben zu verschönern und die Gebeine der Heiligen im Geschmack des barocken Reliquienkultes zu schmücken. Am 19. September 1735 wurden die Reliquien erhoben und in feierlichem Zug in den Tannenbergischen Palast zu Schwaz übertragen ... Tausende von Betern säumten alle Straßen. Die Reliquien wurden den frommen Damen aus dem Hause Tannenberg übergeben, die sie nun in Goldfäden und Wachsperlen köstlich zu fassen hatten ... Nun hob eine Arbeit von drei Jahren an, in Eben stieg die neue Kirche empor*, *und die Gräfinnen gaben sich eine fast anatomische Mühe*, *den Leib der Jungfrau Notburga so echt und sichtbarlich als möglich zusammenzusetzen und zu schmücken. Im September 1738 wurde das glanzvolle Fest der Heimführung nach Eben gefeiert.*

So steht die heilige Notburga nun, von den Tannenberger Damen kunstvoll zusammengesetzt und in ein kostbares Brokatkleid gewandet, im Hochaltar der Ebener Kirche. Der Schrein der Notburga lockte aber nicht nur andächtige Pilger an, sondern auch Kirchenräuber, die es im vorigen Jahrhundert schon gab. Im Juli 1878 meldete eine Tiroler Zeitung: »Heute circuliert hier das Gerücht, es wäre in verwichener Nacht in der Wallfahrtskirche zu Eben die heilige Notburga ihres kostbaren Schmuckes buchstäblich bis auf's Hemd beraubt worden. Nähere Details fehlen bis zur Stunde.« Über die Einzelheiten des Frevels berichtet Wolfgang Pfaundler, der verdienstvolle Forscher des Notburga-Kultes:

Wie sich später herausstellte, hatten sich am Abend ein Mann und eine Frau im Turm einschließen lassen, die dann das Schloß am Turmtor wegschlugen und in der Nacht die Türe zum Hochaltar aufbrachen. Hinter ihr befindet sich eine Vorrichtung, mit der man das Eisenblech, das den Reliquienschrein umschließt, aufziehen kann. Sie raubten Perlenschnüre, Diamanten, das von Gold und Silber durchwirkte Seidenkleid, den Hauptkranz, die silberne Schüssel und die Sichel, den goldenen Ährenbund, das goldene Herz und beide Hände, weil es ihnen zu umständlich war, die wertvollen Ringe von den Fingern zu ziehen. Dann durchschnitten sie die Glockenstränge, seilten sich an ihnen durch das Dachfenster der Kirche, neben der Sakristei, in den Friedhof ab. Schon im August wurden die Verbrecher in München beim Verkauf des Diebsgutes aufgegriffen und im Oktober in Innsbruck zu acht Jahren Kerker verurteilt.

Notburga wurde nicht nur zu einer Patronin Tirols, sondern weit darüber hinaus im katholischen Süddeutschland und Österreich zu einer beliebten Bauernheiligen, die nun oft neben die älteren Helfer in bäuerlichen Nöten trat, neben Sankt Leonhard und Sankt Isidor, und mit ihren Attributen von Sichel, Ährengarbe und Weinflasche (in der historischen Form der zinnernen Schraubflasche) viele Künstler des Barock und Rokoko zu immer neuen Gestaltungen inspirierte. Eine der schönsten und erfühltesten Verkörperungen verdanken wir dabei Ignaz Günther, der in seiner Notburga in Rott am Inn die richtige Mitte zwischen der höfischen Attitüde seiner Zeit und dem volkstümlichen Charakter der Bauernheiligen fand.

Höhepunkt eines Ausfluges von Kreuth durchs Weißachtal ins nahe Tirol ist der *Achensee:* Bei Scholastika öffnet sich der Ausblick auf den fjordartig zwischen die steilen Felswände des Rofan (links) und des Karwendel (rechts) eingebetteten Alpensees.

Das Achental gehörte samt seinem See von etwa 1100 bis ins 18. Jahrhundert dem Kloster Sankt Georgenberg über Fiecht im Inntal, das

die Jagd- und Fischereirechte jeweils an die Tiroler Landesherren verpachtete. Berühmt ist die Vorliebe Kaiser Maximilians für den Achensee, den er in sein 1504 angelegtes ›Fischereibuch‹ aufnehmen ließ, und des Erzherzogs Ferdinand II., unter dessen Regierung ein venezianisches Prunkschiff inmitten einer Flottille von elf Beibooten und Rennschiffen die stillen Fluten des Sees durchmaßen.

Sehr volkstümlichen Ausdruck tragen die farbsatten Fresken, die Christoph Anton Mayr im Jahre 1754, also geraume Zeit nach der Vollendung der Ebener Kirche durch Jakob Singer 1738, in die von vorzüglichem Stuck gerahmten Bildfelder malte. In breiter Erzählerfreude und unbekümmerter Frische berichten sie nicht nur von wichtigen Begebenheiten aus dem Leben der Heiligen und ihrem Nachwirken, sondern zeigen auch die Berglandschaft um Achensee und Inntal in bewundernswerter Wirklichkeitsnähe und topographischer Treue, wie sie die kirchliche Freskenmalerei des Rokoko selbst unter den Meistern ihres Faches – die freilich nach dieser Realistik nicht so sehr strebten – kaum sonst erreichte. Und man ist zu der Annahme geneigt, hier in Eben gewissermaßen an der Wiege der alpinen Landschaftsmalerei zu stehen, wie sie sich dann ein halbes Jahrhundert später in den Werken der Spätklassizisten und Romantiker sowie des Biedermeier in so reichem Maße entfalten sollte.

In Maurach bietet sich uns eine geradezu ideale Gelegenheit, die großartige Bergwelt um den Achensee näher kennenzulernen, indem wir von hier aus die ›Rofanseilbahn‹ zu einem Ausflug in das ›Rofan‹ – wie dieses früher unter dem Begriff des Sonnwendgebirgs bekannte Gebiet heute allgemein genannt wird – benützen. In sieben Minuten befördert uns die Seilschwebebahn hinauf auf eine Höhe von 1840 Meter. Von der Bergstation bei der Erfurter Hütte aus, die an sich schon einen herrlichen Blick ins Achental und die umliegenden Bergketten eröffnet, bieten sich dann verschiedene Wandermöglichkeiten zu lohnenden Aussichtsbergen an: die mit einer knappen Stunde kürzeste und leichteste auf den Gschöllkopf (2039 m) links, die mit drei Stunden längste auf das – von hier aus noch nicht sichtbare – Vordere Sonnwendjoch (2224 m), eine mit knapp zwei Stunden Gehzeit auf die Rofanspitze (2260 m) und schließlich die etwa anderthalb bis zwei Stunden erfordernde Besteigung des Hochiß (2299 m). Dieser höchste Gipfel des Rofan bietet schon durch seinen – an sich ungefährlichen – Aufstieg, der aber zum Teil durch urweltliche Geröllhalden und vorbei an steil aufragenden

Felswänden führt, ein fast hochalpines Erlebnis, dann aber vor allem durch seinen großartigen Ausblick eine hinreißende Überraschung, sieht man sich doch geradezu im Mittelpunkt eines unwahrscheinlich weiten Bergpanoramas und Gipfelmeeres. Im Westen, gleich gegenüber, der Karwendelstock, dahinter die Mieminger Kette, die Lechtaler Alpen und das Wettersteinmassiv mit der von dieser Seite aus ungewohnten Form der Zugspitze, gegen Norden drehend dann die Walchenseeberge, die Tegernseer und Schlierseer Berge, im Osten der Zunahme und Wilde Kaiser, dahinter die Loferer und Leoganger Steinberge, schließlich im Süden die Kitzbühler, Zillertaler und Stubaier Alpen. An Föhntagen und bei klarer Sicht treten am Horizont Watzmann, Dachstein und Großglockner, Wildspitze und Parseierspitze mit ihren Eishängen und Firnfeldern deutlich hervor. Aber auch die näher gelegenen Gipfel erregen unser Interesse, vor allem jene Berge im Norden, die wir sonst nur von der anderen Seite aus kennen und die nun für unsere Augen merkwürdig verfremdet erscheinen: Juifen und Guffert, Brauneck und Benediktenwand, Wallberg, Schinder und der altvertraute Wendelstein. Und beim Abstieg – den man durch eine Variante über das Streichkopfgatterl und den Dalfazer Hochleger noch bereichern kann – wundern wir uns, daß dieser begeisternde Rundblick dem Hochiß nicht schon längst den allgemeinen Ruf eines der schönsten Aussichtsberge zwischen München und Innsbruck eingetragen hat.

Und nun *Pertisau!* Die drei Täler, die sich hier treffen – wir nannten sie schon: das Dristenau-, Falzturn- und Gerntal –, geben Raum für einen stattlichen Ort. Hier wurden Landhäuser und Hotels gebaut, als das alte Dorf, dessen ältester Hof die Jahreszahl 1697 trägt, im vorigen Jahrhundert eine beliebte Sommerfrische wurde. Gäste aus aller Welt trafen und treffen sich noch heute hier. Das erste Hotel am Platz war wohl der ›Fürstenhof‹, ein riesiges, langgestrecktes Gebäude unmittelbar unten am Ufer des Sees. Von hier aus bieten sich sowohl zum Nordende des Sees wie zu seinem Südende Ausblicke, die Maleraugen faszinieren und immer wieder zahllose Scharen von Sommergästen und Ausflüglern anziehen. Am schönsten ist wohl die Sicht nach Süden über den dunklen See auf das grüne Tal von Eben. Zu beiden Seiten wird diese Vedute, in der gerade an der richtigen malerischen Stelle sich der spitze Turm der Ebener Kirche erhebt, gerahmt von den elegant aufsteigenden Silhouetten des Ebner Jochs links und des Bärenkopfs rechts. Ganz in der Ferne bilden die Zillertaler Alpen eine abschließende Linie.

Ohne Zweifel haben sich die Landesherren von Tirol, die in früherer Zeit im Achental jagten und fischten, für ihr 1469 erbautes Jagdschloß die schönste Stelle am ganzen See ausgesucht. Auf der berühmten Ansicht des Achensees im ›Jagd- und Fischereibuch‹ Kaiser Maximilians ist dieser Jagdsitz – unter Berücksichtigung der künstlerischen Freiheit, die sich ein Buchmaler damals nehmen mußte – sehr schön überliefert. In Erinnerung an jene Zeiten hat das Anwesen, nachdem es in den Besitz des zwischen Jenbach und Schwaz liegenden Klosters Fiecht übergegangen war und von diesem als Hotel verpachtet wurde, den Namen ›Fürstenhaus‹ erhalten. Es muß zuzeiten eines der vornehmsten Hotels in weitem Umkreis gewesen sein. Jetzt ist es geschlossen, baufällig und vom Untergang bedroht. Es macht heute wohl auf den Besucher einen ähnlich trostlosen Eindruck wie seinerzeit auf Noë. Er kam, wie wir wissen, im Winter hierher und fand es ebenfalls geschlossen. Zum Trost erinnerte er sich an schöne Sommertage im ›Fürstenhaus‹ und erzählte vom Leben seiner Gäste von einst:

Vom 1.11. bis Mitte Mai halten die frommen Väter ihr Fürstenhaus geschlossen, und es ist dann ein fast trauriger Anblick, das Asyl der schönsten Sommerfreuden stumm und unbelebt aus den dichten Schneewehen ragen zu sehen, welche die Stürme der sich hier kreuzenden Täler zusammentragen. Es schüttelt einen vor Frost, wenn man sich dann auf dem frostknarrenden Pfade weiter eilend einen warmen Sommerabend dabei vorstellt, an welchem die Wohlgerüche der Wälder und Matten in den geöffneten Saal eindringen, dessen lange Tische von herrlichen

Blumensträußen geschmückt sind und worin schöne Damen ländliche Musik machen. Die Männer sitzen beisammen und beratschlagen Bergpartien, jugendliche Fußreisende mustern ihre Reisekarte und schlagen im roten Buch [also wohl im ›Baedeker‹] *hin und her – andere Gruppen stehen am offenen Fenster und spähen, wie die Alpen von jenseits des Inntales noch durch die duftige Dämmerung hereinschauen oder an einem der hohen Grate des Seeufers noch ein blutroter Streifen des späten Lichtes hängt.*

Städtische Damen machen von hier aus gemächliche Spaziergänge nach Alpenhütten, die in der Nähe und recht weit herunten am See liegen. Eine der am meisten besuchten liegt nicht sehr weit von Pertisau am Abhang des Rabenspitz in den See. Es wird dort Tee, Chocolade und Kaffee gekocht, die begleitenden Herren greifen zu Cigarren und Wein – dann wird gestrickt und über die kleinen Abenteuer geplaudert, die man vielleicht beim Überhüpfen einiger kleiner in den Weg gelagerten Bächlein auszustehen gehabt hat, und eine fröhliche Nachenfahrt heimwärts beschließt den Tag.

Schöne stille Fußwege finden sich auch heute noch am Seeufer entlang oder ein wenig die Höhen hinauf, und Rund- oder Spazierfahrten auf dem See zu den wenigen an seinen Ufern liegenden Almen und Gasthäusern lassen sich ebenfalls unternehmen – freilich nicht mehr mit den Prunkschiffen der Landesfürsten, deren erstes Erzherzog Ferdinand II. 1568 in Hall erbauen ließ, sondern mit modernen Motorbooten. Um den Achensee in seiner ganzen Länge und Ausdehnung übersehen zu können, sollte man von Pertisau per Schiff nach Norden weiterfahren, meint Noë.

Denn wer auf der Straße drüben geht, verliert die Gesamtwirkung, welche Wasser und Gebirg im Verein miteinander hervorbringen. Da er hart am Felsgestade geht, sieht er nur das andere. Wer aber auf dem See schwimmt, hat den Anblick der beiden Mauern.

Die Straße, auf der Noë seine Fußwanderung nach Norden fortsetzte, war dieselbe, auf der wir in entgegengesetzter Richtung nach Süden gefahren sind. Zur Zeit Noës war sie wahrscheinlich schon etwas komfortabler als zur Zeit ihrer Erbauung unter Kaiser Maximilian, aber natürlich schützten noch kein Tunnel und keine Überdachung vor Steinschlag und Lawinen – und zum Glück für Noë war sie noch nicht betoniert. Welche vielfältigen Eindrücke und Naturbetrachtungen aber eine gemächliche Fußwanderung im Gegensatz zur heutigen schnellen Fahrt vermitteln kann, wenn man freilich die offenen Augen und die Phantasie Noës hat, erfährt man, wenn man sich ihm auf seinem Weg anschließt:

Von einem hart am Ufer stehenden Hause, das auf den ersten Blick das ehemalige Jägerhaus verrät, zieht sich dieser Weg gegen das Nordende des Sees fort. Links der See, der sofort in die Tiefe von drei bis vierhundert Fuß [tiefste Stelle: 133 m] *abfällt und die größten Abgründe noch mit unheimlicher Klarheit zeigt – rechts die Legföhren und die Alpenrosen der Felswand, die in dichten Büschen bis an die Straße herabreichen.*

Man erinnere sich, daß wir uns mehr als dreitausend dreihundert Fuß über der Meeresfläche befinden. Oben auf diesen Wänden, die sich vom Spieljoch und der Kotalpe herabziehen, bemerkt man nicht selten Terrassen und Absätze, welche mit Festungsmauern und zinnentragenden Schutzwällen viele Ähnlichkeit haben. Auf einem dieser Felsenabsätze hockt in manchem März die gefürchtetste Lawine des Achentales, die sogenannte Haselbacherin. Es ist dort eine jähe Wand und unter ihr eine tief in den Fels eingeschnittene Furche, welche im Sommer von herabgeschlemmtem Gries bedeckt ist. Durch diese Furche kommt die Haselbacherin herab, wenn ihre Zeit erfüllt ist und der rasende Föhn die erstarrte Welt auflöst. Es versteht sich von selbst, daß sie dabei alle Wurzeln und Keime, welche etwa vom vorigen Herbst her noch unter dem Geröll stecken, vertilgt oder mit sich in die Tiefe des Sees reißt. Darum ist auch an dieser Stelle alles öde und kahl. Wenn diese Lawine mit ihren herabgerollten Blöcken und Baumstämmen in den See schlägt, dann geraten seine Wellen bis an die äußersten Ufer in Wallung und noch viele Tage nachher schwimmen Schneebänke auf ihm herum, welche von diesem Sturze herrühren …

Der Reisende, welcher die Nordspitze des Sees fortwährend vor Augen hat, wundert sich über die Länge des Weges, der sich neben den Wänden herzieht. Oft meint er, die nächste der häufigen Biegungen um die vorspringenden Felsgrate müsse ihn dem längst erblickten Ziele um ein Beträchtliches näher gebracht haben – aber es ist Täuschung, die durchsichtige Luft nur über den Wassern hat ihm das Entfernte nahe gerückt.

Auf der Westseite des Sees fallen die Wände noch steiler, und deshalb noch kahler und unfruchtbarer in den See. Viele Streifen, herabgeschossene Gießbäche und Steinrutschungen bezeichnend, sind in den Rücken des Seekar eingegraben, welcher den See von seinem Nordende bis Pertisau begrenzt. An manchen Stellen hat der Kalkschutt an seinem Fuße ganze Hügel gebildet; einem solchen Hügel entspricht immer eine besonders tiefe Furche, die sich von der Jochhöhe gegen sie herabzieht. Solche Furchen sind die Rinnsale für die Wasser der sommerlichen Gewitterstürme und die Rutschbahnen der Frühlingslawinen. An den gerade über dem Wasser auf den untersten Felsenplatten aufgehäuften Geröllhügeln sammeln sich diese dann, bis sie, aus turmähnlicher Höhe sich überstürzend, den Schaum der kalten Wasser aufpeitschen. An einer der engsten Stellen unseres Ufers stand noch im Jahre 1809, um welche Zeit die Grenzen Tirols allenthalben mit Brandstätten und Ruinen bedeckt wurden, ein Mautturm. Man muß gestehen, daß sich eine passendere Lage für ein Gebäude, das solchen Zwecken dient, gar nicht denken läßt. Hier gibt es kein Entrinnen ...

Bald wird nun die Felswand so steil, daß die Straße auf einer Brücke fortgeführt werden muß, die auf dicken Pfählen ruht, welche in den Felsgrund des Seeufers eingerammt sind, hart am Rand, wo dieses in ein tiefes, tiefes, von der dunklen Flut bedecktes Tal abbricht. Von dieser Brücke, welche immer wieder durch felsige Vorsprünge unterbrochen wird, sieht man am besten in die Tiefen, in denen versenkte Föhrenstämme, Blöcke und fein zerriebene Kiesel liegen ...

Jetzt tritt die Ostkette der Felswände etwas vom See zurück, die Straße gewinnt Raum, und nach wenigen Schritten stehen wir vor der Schwelle des weitbekannten Gasthauses ›Zur Scholastika‹. Begeben wir uns in den Sommerpavillon, gegen dessen Mauern die Wellen des

Sees unsere Tafelmusik machen und ruhen aus. Unsere Tischgenossen bilden eine bunte Gesellschaft. K.K. Offiziere, Professoren aus Innsbruck, norddeutsche Touristen, Münchener Vergnüglinge, Studenten und Maler und einige vom unermüdlichen Wandervolk der Vereinigten Königreiche besetzen die langen Tafeln. Die Kaiserlichen Offiziere, die sich heute einmal einen lustigen Tag machen, gefallen mir am besten von der ganzen Gesellschaft. Da ist nichts Schwächliches, Hochnäsiges, Geschminktes. Unter sich sind sie herzlich, gegen andere leutselig und zuvorkommend. Wir befinden uns unter einem Dach, welches einem der berühmtesten, vielleicht dem berühmtesten Gasthause Tirols angehört ...

Die Wirtin, eine noch hübsche Frau in rüstigem Alter ..., stellt einen fast untergegangenen Typus dar, in welchem die Wirtin und die Hausfrau mit gleicher Auszeichnung vertreten sind. Die Geschäfte des Waldes, Feldes, Gartens, der Viehzucht, des Bienen- und Fischhegens versteht sie nicht minder, als das Amt der Küche, welches der ausgezeichnete Ruf ihres Hauses und die Anwesenheit vieler vornehmer Fremder oft zu einem schwierigen macht ...

Der Achensee hat etwas Düsteres, ja Unheimliches. Es ist als ob dunkle Urkräfte darauf lauerten, sich mit vernichtender Gewalt auf alles Lebende zu stürzen oder es zu sich in die Tiefe hinabzuziehen. Man wundert sich gar nicht, daß während des Erdbebens von Friaul 1976 ein großes rätselhaftes Fischsterben im Achensee ebenso wie das ganz plötzliche Absinken des Wasserspiegels des Sees um vier Fuß während des Erdbebens von Lissabon am 1. November 1755 mit diesen gewaltigen Naturkatastrophen in Zusammenhang gebracht werden.

Auch Noë hat die düstere Aura des Achensees empfunden. In seiner Beschreibung eines Weihnachtsfestes, das er bei der ›Scholastika‹ verlebte, vermischt sich die Schilderung frommer christlicher Bräuche mit Visionen dräuender heidnischer Urgewalten:

Als ich am Morgen jenes Vorabends des großen Festes, das man den heiligen Abend nennt, den Hauch von meinem Fensterchen wegwischte, sah ich gerade auf den dunkeln Seekar, der mit seinen beschneiten Fichten aussah, wie ein zottiger Überrock, der in den Schnee gefallen ist. Über dem in den Flocken vergrabenen Zaun, der neben der schmalen Straße herläuft, erblickte ich den finstern See. Sein Südende war in Wolken verschwommen und dichte Nebelstreifen flossen von den weißen Höhen in die Flut. Diese warf in Taktschlägen ihre niedrigen Wellen auf den Strand, dessen zermahlene Kiesel sie von Schnee befreite …

Die Kirche, deren Feste sonstwo belebend und erheiternd auf das Volksleben einwirken, hat hier einen kargen, fast asketischen Geist unter die Leute gebracht … So sieht man den Hausvater … hier schweigend im dumpfen Zimmer sitzen und große Rosinen aus kleinen ausklauben, zur Bereitung des ›Kletzenbrodes‹, des einzigen Luxus, welchen er zur Feier des herrlichen Festes kennt … Nur das strenge Fasten und die Mitternachtsmesse in der kalten Kirche machen hier die Weihnacht. Statt des liebelächelnden Christkindes, das sich unsichtbar in geschmückte Häuser niederläßt und Geschenke spendet, sieht das Tiroler Kind bloß den goldbedeckten Priester am Altar und hört in der Finsternis die Glocke, welche sonst um diese Stunde der Nacht nur erschallt, wenn Fluten und Lawinen Verderben und Tod drohen …

Bald däuchte mich die Stille im Zimmer so drückend, daß ich wieder an den Strand hinausging.

Schwarz, wie im Fluß der Unterwelt, kommen die Wellen des Sees an die morsche Schiffhütte heran; es ist ein unheimliches, feindseliges Klucksen. Drüben auf der Kante des hohen Spieljochs liegt, wie auf dem Berg des Märchens, ein funkelnder Rubin; es ist die rötliche Scheibe des Mars, der ober dem scharfen Grate schwebt. Er zittert zornig in der frostklaren Luft, der grimme Gott. Es ist, als ob er heute, in der heiligen Nacht, wieder besondere Wut verspürte, daß sein und seiner Genossen Reich von dem Unbekannten aus Judäa zerstört worden ist.

Bei diesem heidnischen Gebahren fallen mir die ›Verbannten Götter‹ unseres armen Heinrich Heine ein, von denen einer, der schöne Dionysos, hier an unserm See ein sonderbares Abenteuer unternimmt …

Dionysos kam Nachts, sie mag so finster und undurchsichtig gewesen sein, wie diese Frostnacht, zu einem jungen Fischer am Strande und entlehnte sich einen Kahn, den er in wenigen Stunden zurückzubringen versprach. Der Fischer schlich sich dem Unbekannten nach und sah ihn, während er sich versteckt hielt, an einer wenig besuchten Uferstelle auf einen Triumphwagen steigen, und mit Satyrn, Faunen und Bacchanten jene seltsame Orgie feiern, die uns Mythologiekundigen als Bacchuszug bekannt ist. Der Sohn der Berge hielt die Erscheinung für höllisches Blendwerk und beichtete sie, um sein Gewissen zu erleichtern, dem Prior eines Franziskanerklosters, der in der ganzen Umgegend den Ruf eines großen Geisterbanners genoß. Wie groß aber war sein Erstaunen, als jener nach einer salbungsvollen Bußermahnung die Kapuze zurückschlug und er nun in ihm den nächtlichen Gast erkannte! Sein Anliegen wurde sehr ungnädig aufgenommen, in dem ihn der Priester für einen betrunkenen Knecht erklärte, der nicht wisse, was er sage und die Fuchtel verdiene. Darauf drohte er ihm, für den Fall, daß er nicht reinen Mund halte, fünfundzwanzig Hiebe durch das Brachium seculare an.

Man muß diese Geschichte in der ebenso schlichten als geheimnisvollen Sprache des Dichters hören: sie ist wie alle Erzählungen jenes wenig gekannten Werkes ›Les Dieux en Exil‹ ein unbegreifliches Gewebe von süßem Zauber und bitterer Ironie …

Noch ein wenig von dem duftigen Rotwein Tirols und es wäre auch für uns kein Ding der Unmöglichkeit, seltsame Gestalten von den glasigen Wänden wiedergespiegelt zu sehen. Denn im Scheine einer der Fackeln, die bereits zum Christnachtgange vorbereitet dastanden und von uns mit in die Nacht hinausgetragen worden sind, schneidet der Fels, an den der grasgrüne Eiszug eines Gießbaches angeklebt ist, mit seinen Ritzen, Spalten und Vertiefungen wunderbare Gesichter. Unten steht er auf unförmlichen Klumpfüßen, denn das klare Eis ist ihm mächtig und bauschig über die Sohle angeschwollen, die glitzernden Sträucher hängen ihm wirr über den Kopf und ein sonderbarer Geifer, halb Schnee, luftig schwebend, wie die Fäden des alten Weibersommers, hängt an seinem grauen Bart, den Latschen …

Endlich ward zur Christmette aufgebrochen. Draußen hallen von der fernen Kirche die Glocken durch die Finsternis. Die Polizei, welche die Fackeln nicht liebt – es könnte durch das Wehen der Funken der Schnee

Feuer fangen – hat die Laternen doch nicht einzubürgern vermocht und so geht es denn durch die rabenschwarze Nacht, in welche unsere Kienhölzer ovale Lücken reißen, auf dem knarrend festgefrorenen Boden vorwärts. Hier und dort eilen Funken von den Bergen herab; es sind die Fackeln, die von den Bauern hochliegender Höfe getragen werden. So mag einst der einsam lebende Germane zum Opfer des Jul gewandelt sein; es war für ihn ein nicht minder freudiges Fest, wie für den Christen die Weihnacht. Freute er sich doch der Wiederkehr der Sonne, die sich seinen verschneiten Wäldern näherte, um sie langsam und unter unendlichen Kämpfen mit dem Frost unserer harten Erde, aber doch endlich sicher aus dem erdrückenden Schlaf zu wecken ...

Dumpf dröhnte die Ache vom Berg herüber und mischte das Rauschen der Wasser in die immer näher und stärker hergetragenen Orgelklänge der Kirche, aus deren hell erleuchteten Fenstern breite, gelbe Lichtstreifen die gegenüberliegenden Häuser hinanklommen. Bald schauten die Kerzen, welche ihr Licht auf den Hochaltar werfen, durch die geöffnete Kirchentür und der davon erglänzende Schnee vor der Tür erscheint wie der lichte Antrittschemel zum Heiligtum. Der Lehrer ... dirigiert auf dem Chor die bescheidene Musik, welche dem rauhen Achentale die Geburt auch seines Heilandes ankündigt. Die Einfachheit der Szene in der bescheidenen Kirche, die aber von Lichtern taghell erleuchtet ist, vermöchte ein gläubiges Gemüt wohl an jene Vision der Hirten zu gemahnen, welche in der finstern Mitternacht die Glorie eines ungeahnten Himmels umfloß und deren Armut die Gewißheit eines seligen Bundes wurde.

Das feierliche Amt war bald zu Ende; vor dem gegenwärtigen Gott heben sich die Knie dieser Mühseligen und nun erinnern die einfallenden Akkorde der Orgel an die Heimkehr nach den kalten Tälern, aus denen erst eine neue Weihnacht die Andächtigen wieder zur Mitternachtstunde in das Haus ihres Herrn rufen wird ...

Eine laue Luft schlägt uns entgegen und ein Schwirren und Klingen geht über den Himmel und die Alpen, als wenn die Bande, welche die feste Erde halten, sich lösen wollten. Das ›wilde Gejaid‹, Wodans Gefolge, durchjagt den starren Raum und das Knacken und Knarren auf den hohen Firsten rührt von den Hufen der Rosse her, welche über die eistragenden Giebel dahineilen. Es sind Töne, als ob der See unten, der vorhin im Froste seine braunen Nebel nach oben gesendet, die Bergwand durchbrochen hätte und sich anschickte, die Äonen lang in dem unergründlich tiefen, aber engen Gefängnisse eingezwängten Gewalten in die erzitternde Ebene hinab zu wühlen; auch von den Wänden berstet und kracht es herüber, als wähnten die Riesen, welche drinnen wohnen, die Götterdämmerung sei gekommen, daß sie heraustoben könnten. Die Ache heult, als wären ihre Wasser aufgestaut und als müßte sie den alten Kalk durchbohren, daß er darüber in zerwühlte Trümmer zusammenstürzt – aber dies alles ist es nicht.

Der welsche Wind, der Scirocco, ist ins Land gekommen, bindet das Gefesselte los und schlägt den Frost in die tieferen Klüfte nieder, über die er warm und lebenerweckend als Sieger dahinjagt.

Ehe ich einschlief, sann ich über den Scirocco nach, wie lange wohl seine erlösende Herrschaft dauern werde; ich sah im Geiste schon wieder das in neuem Eis und Schnee vergrabene Tal. Ich sann nach, wie oft es schon so durch die Menschheit geklirrt und gestürmt hat und wie doch – Dann schlief ich ein.

Wir verlassen den Achensee, kehren an die Ufer des Tegernsees zurück – und atmen fast befreit auf: in strahlendem Sonnenschein öffnet sich das weite Rottacher Tal mit seinen blühenden Wiesen und Obstbäumen, »den weitspähenden Blick erquickt überall die Farbe des Lebens«. (Noë) »Es liegt eine Eintracht und Heiterkeit in diesen Fernen, die das Herz erlöst, eine Schönheit, die uns nicht erschöpft, sondern labt und dauernd entzückt, weil wir sie dauernd ertragen können. Ringsum hat das Auge einen weiten Blick und dennoch findet es überall wohltätige Grenzen.« (Karl Stieler)

Bad Wiessee und die Wunder des heiligen Quirinus

Ich suchte das Kapellchen über jener Stelle, an der einstens die Ölquelle gefunden wurde, die man dem heiligen Quirinus weihte. In dem Kapitel über diesen Schutzpatron des Tegernseer Tales war bereits von ihr die Rede. Eine kleine Schrift mit dem umständlichen Titel ›Ursprung, Wirkung und Gebrauch des sogenannten hl. Quirin-Oels, welches bey Kloster Tegernsee in Ober-Bayern aus der Erde hervor fließt‹ kündet von der wundertätigen Heilkraft, die der Volksglaube diesem Öl zuschrieb. Sie wurde von den Mönchen des Klosters im 18. Jahrhundert zusammen mit dem heiligen Öl an die zum heiligen Quirinus pilgernden Gläubigen verkauft. Unter anderem steht in ihr zu lesen:

Dieses wunderbare Oel fließt nicht weit vom See jenseits des am östlichen Ufer stehenden St.-Quirinus-Brunnkirchleins aus der Erde auf einer kleinen Wasserquell hervor. Und wir rufen uns ins Gedächtnis zurück: *Die erste Erfindung geschah um das Jahr 1430 unter dem frommen und gottseligen Abt Kaspar. Es ergoß sich nämlich dieses Oel bei der Urquell durch ein kleines Gräblein mit dem herabfließenden Wasser in den See, und floß in einer geraden und glänzenden Straße gemeldetem Kirchlein als gleichsam ihrem Urheber dem hl. Quirinus zu: absonderlich, da die über 300 Jahre gemachten Curen die Kräfte eines pur natürlichen Petrolei weit übersteigen. Ueber die Urquell wurde ein Behältnis gebauet, wo es noch beständig fließt und andächtig gesammelt wird. Die wunderliche Kraft dieses Oels wurde gleich anfangs in Heilung der Lahmen und Gichtbrüchigen, besonders aber durch Feuer Beschädigten an den Tag gelegt. Mit der Zeit hat man erfahren, daß es auch in folgenden Umständen nicht so fast aus ihrer natürlichen Kraft als absonderlich aus dem kräftigen Vertrauen auf Gott und den heiligen Quirinus geholfen hat.*

Man hatte mir gesagt, das Kapellchen – 1803 war anstelle des ursprünglich hölzernen »Behältnisses« ein kleiner steinerner Bau errichtet worden – befinde sich beim heutigen Golfplatz von Wiessee. Ich ging also ein Stück auf der Straße von Wiessee nach Gmund bis zu einer Abzweigung, wo ein Schild ›Golfplatz‹ mir links, landeinwärts, den Weg wies. Nein, beileibe kein Weg – eine breite, wohlgeteerte, in beiden Richtungen recht lebhaft von noblen Straßenkreuzern frequentierte Straße führt allmählich bergauf. Dann tauchte links inmitten traumhaft gepflegter, gar nicht bäuerlicher Wiesen ein Bauernhof auf. Bei näherem Zusehen erwies er sich als Klubhaus des Tegernseer Golfklubs, der seinen Sitz in Wiessee hat. Und da waren sie dann auch, die Jünger des Golfs. Rechts und links der Straße, auf einem geradezu englischen Rasen, schlugen sie ihre Bälle und ließen sich motorisiert von einem Loch zum andern fahren. Eine seltsame Atmosphäre, das mondäne Leben von heute in dieser urtümlichen Landschaft mit dem behäbigen Bauernhaus, dem ehemaligen Robognerhof, der trotz seiner Umwandlung zum Klubhaus erfreulicherweise sein bodenständiges Gesicht bewahrt hat. Es ist jene Atmosphäre, die man auch in Bad Wiessee selbst überall findet, in der sich Urbanität und Tradition harmonisch ineinander fügen und den Ort so anziehend machen.

Ich ging weiter, irrte umher auf der Suche nach der kleinen Kapelle, fand schließlich einen schmalen Fußweg, der links von der Straße abbog und etwas hinunter führte zu einer Linde und einem Ahorn. Und da entdeckte ich es, geduckt, ja versteckt im Schatten der mächtigen alten Bäume stand es, armselig, verwittert, altersschwach, das Kapellchen über der Quelle des heilspendenden Quirinusöls, die jahrhundertelang dem Tegernseer Tal Glück und Wohlstand geschenkt hatte, ja man kann sogar ruhig sagen, heute noch schenkt. Denn schließlich verdankt ihr das heutige Weltbad Wiessee seine Existenz. Und das kam so:

Als vor mehr als hundert Jahren im Wandel der Zeiten die Glaubenskraft erlahmt war und der heilige Quirinus der leidenden Menschheit mit seinem Öl keine Wunder mehr schenken konnte, da kamen geschäftstüchtige Leute auf die Idee, daß in der Nähe der Quirinusölquelle vielleicht noch mehr Öl zu finden sei. Und sie begannen, in der Gegend ringsherum danach zu bohren. Aber so einfach war das nicht. Der heilige Quirinus dachte nicht daran, sich beiseite schieben zu lassen. Sein Tegernseer Tal sollte keine Erdöl-Industrie-Landschaft mit Bohrtürmen und Raffinerien werden. Einige Jahre sah er seelenruhig dem frevlerischen Tun zu, ja, er ermunterte es sogar dadurch, daß er Öl zutage treten ließ, gerade genug, um die Hoffnungen der Unternehmer auf geschäftlichen Erfolg zu nähren, aber so wenig, daß ihren eifrigen Bemühungen immer wieder Enttäuschungen folgten. Der heilige Quirinus lachte sich ins Fäustchen. Je mehr Scheinerfolge sich zeigten, je mehr Pleiten, um so hartnäckiger und tiefer wurde gebohrt. Das war gerade das, was der Heilige wollte. Und eines Tages war es dann so weit, er hatte die Frevler überlistet, es kam etwas ganz anderes zutage, als das, was sie suchten. Und er konnte der Menschheit beweisen, daß er tatsächlich wie eh und je der Schutzpatron des Tegernseer Tals geblieben war, und zwar ein ganz fortschrittlicher und moderner, einer, der mit der Zeit ging.

Begonnen hatte es 1838, als man Stollen und Schächte zur Erschließung größerer Mengen von Erdöl anlegte. Die Arbeiten mußten 1840 eingestellt werden, weil die aus der Erde ausströmenden Gase gefährliche Explosionen verursachten. Das nächste Mal, 1881, brachten Bohrungen durch ein Münchner Konsortium in der Nähe des Finnerhofes keine zufriedenstellenden Resultate, und der Betrieb wurde 1888 wegen Mangel an Betriebskapital an die ›Chemische Fabrik-Aktiengesellschaft Hamburg‹ verkauft. Aber auch sie hatte kein Glück. 1897 nahm sie als ›Erdölwerk Tegernsee‹ die Arbeiten auf Robogn, wie die Gegend heißt, und dreihundert Meter weiter südlich mit drei Bohrungen wieder auf, die zwar fündig wurden, aber ebenfalls – teils wegen Mangel an Betriebskapital, teils wegen Unergiebigkeit – wieder abgebrochen werden mußten. Robogn mit den dazugehörigen Gründen und Höfen wurde verkauft. Damit schien die Gefahr einer Industrialisierung des Tegernseer Tals abgewendet. Aber der größte Angriff stand ihm noch bevor.

Inzwischen hatte nämlich ein Herr Siegmund, der Leiter der in den achtziger Jahren durchgeführten Bohrungen, sich Bohrrechte auf südlich von Robogn gelegenen Gründen und im Tegernsee selbst gesichert, und es war ihm 1902 gelungen, den Gründer und Direktor der ›Dordtschen Petroleum Maatschappy‹, die die außerordentlich erfolgreiche Petroleum-Industrie auf Java ins Leben gerufen hatte, Adrian Stoop, für das Tegernseer Erdölvorkommen zu interessieren. Persönliche Besuche in Tegernsee und das Studium einschlägiger Literatur veranlaßten Herrn Stoop, ein Engagement seiner Firma in Tegernsee in Erwägung zu ziehen. Zum Beispiel hatte der Oberbergdirektor Professor Dr. Karl Wilhelm von Gümbel in seinem Gutachten über das Erdölvorkommen im Tegernsee geschrieben:

Das natürliche Hervorquellen von Öl beschränkt sich nicht bloß auf die vorgenannte Quirinusquelle bei dem Finner- und Robogner-Hof. Dasselbe steigt auch in zahlreichen Stellen im Tegernsee selbst aus der Tiefe auf. In der dem genannten Quellpunkte zunächst liegenden Bucht des Sees bemerkt man schon vom Ufer aus, besser, wenn man sich eines Kahnes bedient, daß in rascher Aufeinanderfolge an sehr vielen Stellen Gasblasen aus der Tiefe aufsteigen, welche, an die Oberfläche gelangt, mit einem gewissen Geräusch platzen. Sie bestehen, wie Versuche lehrten, aus Kohlenwasserstoff. Gleichzeitig breitet sich an solchen Punkten, wo Gasblasen aufsteigen, auf der Oberfläche des Wassers ein dünnes, in irisierenden Farben spielendes Häutchen aus, welches von Petroleum gebildet wird. Zu einer prachtvollen Erscheinung gestaltet sich dieses Hervorquellen von Öl und Gas, sobald der See sich mit einer Eisrinde bedeckt. In solchen Fällen läßt sich die Erscheinung auf einer Länge von mehr als 1000 m in den See hinein verfolgen. Das Eis ist auf diesem Zuge voll von Gasblasen, welche wie Uhrgläser übereinander geschachtelt, einen sehr eigentümlichen Anblick gewähren. Die Blasen sind mit Kohlenwasserstoff gefüllt und die Wände mit erstarrtem, gelbem Petroleum überkleidet. An einzelnen Orten, wo der Erguß von Öl und Gas besonders reichlich stattfindet, zeigt das Eis offene, trichterförmige Stellen, an welchen wegen der höheren Temperatur der aufsteigenden Stoffe das Wasser nicht in gefrorenen Zustand übergegangen ist. Aus der Mitte solcher Löcher steigen, wie aus einem Krater, fortwährend Öl und Gase empor und die Wandungen sind meist mit erstarrtem Öl bedeckt.

Über den Ursprung des Tegernseer Öls aber schrieb Karl Wilhelm von Gümbel weiter:

In dem oberen Isartale war unfern des Dorfes Krün in einem Graben das Ausschwitzen von stark riechendem Erdöl schon von alters her bekannt. Man nannte diesen Graben deshalb geradezu Ölgraben. Es fand sich dann beim weiteren Nachgraben, daß das Öl aus einem bis zu Tag ausstreichendem Lager eines schwarzen, bituminösen, an Fischüberresten reichen Schiefers stammt, der mitten in dem mächtigen Hauptdolomit eingebettet ist. Spätere Nachforschungen haben erwiesen, daß solche bituminösen Schiefer in dem Hauptdolomitgebirge der Umgegend von Garmisch, Mittenwald und Seefeld eine großartige Verbreitung besitzen und bis weit nach Tirol hinüberstreichen. Hier wurde nun auch an einer günstigen Stelle bei Seefeld das Lager bergmännisch weiter aufgeschlossen und in einer großartig angelegten Fabrik auf Asphalt verarbeitet. Die bei der Asphaltfabrikation sich ergebenden Produkte haben nun eine so große Ähnlichkeit mit den Bestandteilen des Tegernseer Öls, daß man den Ursprung des letzteren wohl mit allem Grunde von dem Vorkommen dieses sogenannten Asphaltschiefers und von seinem reichen Gehalt an bituminösen Stoffen, die gegen die Oberfläche zu oxydiert und verharzt sind, ableiten darf. Wir stellen uns vor, daß das Gebiet des Hauptdolomits, das ja vielfach bis zum äußersten Rande des Alpengebirges vorreicht, auch in der Tegernseer Gegend bis unter den Flyschzug in die Tiefe vordringt und, wie bei Garmisch und Seefeld, auch hier reiche tierische (Fisch) Überreste enthält. Diese Lagerstätte kann nur in großer Tiefe gedacht werden, wo bereits hohe Grade der Erdwärme herrschen, zureichend, um eine Art von Destillationsprozeß wachzurufen. Bei dieser unterirdisch herrschenden Wärme entwickeln sich aus dem, wegen Abschluß der atmosphärischen Luft weniger verharzten und an Asphalt ärmeren bituminösen Schiefer die Produkte, welche wir im Tegernseer Öl vorfinden, und welche auf einzelnen bis in die größte Tiefe hinabreichenden Klüften den Weg gebahnt finden, um an bestimmten Stellen zur Oberfläche aufzusteigen. Ist diese Annahme richtig, so läßt sich mit einiger Wahrscheinlichkeit darauf rechnen, erst durch eine bis unter die Flyschablagerungen reichende Tiefbohrung die eigentliche Vorratskammer, aus welcher das Tegernseer Rohöl gleichsam nur tropfenweise zur Oberfläche dringt, direkt zu erschließen.

Stoop gewann von seiner Gesellschaft die Einwilligung zur Vornahme von Explorationsbohrungen, nachdem er sich bereit erklärt hatte, die Hälfte der vorläufig mit 200000 Gulden veranschlagten Kosten auf eigene Rechnung zu nehmen. Das Tegernseer Tal war in höchster Gefahr. Inzwischen war auch die Bevölkerung alarmiert und erkannte die Bedrohung ihres traditionsbewußten Lebens (und des zwar noch sehr bescheidenen Fremdenverkehrs, der ihr aber zu ihrem Haupterwerbszweig, der Landwirtschaft, doch schon ein recht beachtliches zusätzliches Einkommen sicherte), wenn es dieser großen, kapitalkräftigen, erfahrenen Gesellschaft gelang, die Erdölindustrie am Tegernsee anzusiedeln. Als dann gar bekannt wurde, daß auch im See selbst, vom Steinbachgraben bis zur Söllbachmündung, gebohrt werden sollte, stieg die Erregung. Sie äußerte sich beispielsweise humorvoll-bitter in einer Zeitungsnotiz vom Juni 1904:

Der Tegernsee in Gefahr? Unwillkürlich denkt man, daß die Hundstage heuer schon Mitte Juni anfangen, wenn man diese Frage schwarz auf weiß zu Gesicht bekommt. Begegnet man gar dem Versuch, diese Frage ernsthaft in die Diskussion des Tages zu bringen, so wird einem ganz hundstagsmäßig zumute. Ein solcher Versuch liegt im jüngsten Vorabendblatt der Münchner Neuesten Nachrichten vor, welche zur eingangs gestellten Frage folgende Enthüllungen macht:

»Wie wir hören, will nunmehr bei Wiessee am Tegernsee eine holländische Gesellschaft, die dritte nach ihren Vorgängerinnen, die Suche nach Petroleum wieder aufnehmen. Die beiden früheren Gesellschaften förderten ja, wie bekannt und von anderer Seite vorhergesehen, nur ganz geringe Petroleummengen, die im Verhältnis zu den Kosten, verschwindend waren, zutage. Die jetzige Unternehmerin will frischen Mutes ihr Glück auf ganz anderem Wege erproben. Da die Bohrungen auf dem Lande sich nicht lohnten, gedenkt sie, Bohrungen auf dem Seegrunde vorzunehmen, indem sie mittels Flößen eiserne Zylinder in den Grund des Sees treibt. Alle Anzeichen sollen für einen günstigen Erfolg sprechen, und, wie ein Gerücht wissen will, soll schon das Hofmarschallamt seine Genehmigung für solche Versuche erteilt haben.«

Das ist gewiß interessant genug, in die Lethargie der Hundstage einiges Leben zu bringen. Vielleicht wird bei den Bohrungen auf dem Seegrund am Ende gar die berühmte Seeschlange an die Oberfläche getrieben? Wie ein weiteres Gerücht wissen will, beabsichtigt in diesem Falle das Hofmarschallamt, das Fett des Ungeheuers in einer großen Tranfabrik zu verwerten und den Tran quartelweise im Tegernseer Bräustübl zum Ausschank zu bringen. Nach einem dritten Gerücht soll im Hofmarschallamt auch das Projekt erörtert werden, in riesigen Destillationsapparaten das erdölhaltige Wasser des Tegernsees zu verdampfen und mit den Rückständen, die hauptsächlich aus Petroleum bestehen, den Wucherern des Petroleumringes eine mörderische Konkurrenz zu bereiten. Wenn auch nur ein einziges dieser Projekte realisiert werden kann, wird man gerne einverstanden sein, daß Bayern um die landschaftlichen Reize des Tegernsees ärmer wird, besonders wenn die Villenbesitzer im Umkreis des Sees entsprechend entschädigt werden.

In den Jahren 1904 bis 1912 wurde nun eifrigst und immer tiefer und tiefer gebohrt. Die neuesten Bohranlagen wurden von der nächstgelegenen Bahnstation Gmund herangeschafft; und Tag und Nacht mit nur einer Sonntagspause von vierundzwanzig Stunden erdröhnten die Ufer des Sees unter den wuchtigen Schlägen der Bohrhämmer. Die Arbeiten erwiesen sich als äußerst schwierig, denn die harten Gesteinsschichten, auf die man stieß, verursachten immer wieder neue Pannen. Vielerlei Rückschläge mußten in Kauf genommen, immer mehr Kapital mußte investiert werden. Aber der Erfolg schien doch den der früheren Jahre bei weitem zu übertreffen. Mehrmals traten Gas und Erdöl in solchen Mengen zutage, daß das Gas zu Heizzwecken und für den Betrieb der Gasmotoren verwendet werden, das Öl in einer fünf Kilometer langen, in den Straßenkörper der Distriktsstraße nach Gmund verlegten Pipeline zur dortigen Bahnstation zum Weitertransport gepumpt werden konnte. Aber die Ergiebigkeit der drei fündig gewordenen (von insgesamt elf!) Bohrungen ließ nach kurzer Zeit jeweils derart nach, daß die Ausbeutung nicht mehr rentabel war. Der ganze Aufwand schien schon vergeblich gewesen zu sein.

Da begann sich zudem 1909, als man bei Bohrung Nummer 3 eine Tiefe von 662 Metern erreicht hatte, ein höchst unangenehmer übler Geruch in der Umgebung zu verbreiten, der die Bevölkerung wieder zu scharfen Protesten gegen dieses Unternehmen veranlaßte. Aber Herr Stoop ließ nicht nach. Es wurde weiter gebohrt, und siehe da, als man in einer Tiefe von 676,6 Metern angelangt war, da sprudelte etwas ganz anderes aus der Erde, als man erwartet hatte. Der heilige Quirinus hatte sein Ziel erreicht. Der Weg war frei für die Fortführung der alten Tradition in einem der Gegenwart angepaßten Sinn.

Adrian Stoop ließ das stinkende Wasser nun nicht wie Abt Kaspar seinerzeit das damals entdeckte Öl vom Apotheker auf seine Heilkraft untersuchen, sondern er schickte es zur Analyse dem Institut Fresenius nach Wiesbaden ein. Die von diesem

Institut vorgenommene Untersuchung ergab, daß es sich um ein ganz hervorragend für therapeutische Zwecke geeignetes jod- und schwefelhaltiges Natriumchloridwasser handelte, einen in Mitteleuropa einmaligen Quelltyp.

Sofort wurde der erste behelfsmäßige Badebetrieb eingerichtet. Schon 1910 konnten dreihundert Bäder verabreicht werden. In den folgenden Jahren entwickelte sich Wiessee schnell zum vielbesuchten Heilbad. Von 351 Einwohnern im Jahre 1871 war es 1924 auf 540 Seelen angewachsen, der Zustrom von Kurgästen nahm mit jedem Jahr rapide zu.

Das 1913 als ›Heilquelle‹ anerkannte Wasser erhielt den Namen ›König-Ludwig-III-Quelle‹; eine zweite, etwa 200 Meter von ihr entfernte, 1936 in einer Tiefe von 632 Metern erbohrte Quelle wurde nach der holländischen Königin ›Wilhelmina-Quelle‹ getauft. Die holländische Eigentümergesellschaft, die die Bohrungen finanziert und geleitet hatte und der auch heute noch die Einrichtungen des Bades gehören, erhielt den Namen ›Jod- und Schwefelbad Wiessee GmbH‹.

Wiessee verfügt durch den glücklichen Umstand seiner Lage auf dem weiten Schwemmland dreier in den Tegernsee mündender Bäche – des Söllbachs, des Zeiselbachs und des Breitenbachs – über einen zur Anlage der erforderlichen Kureinrichtungen und zum Bau von Hotels, Gästehäusern, Restaurants hervorragend geeigneten, weitausgedehnten ebenen Raum. Er wurde von Anfang an in großzügiger und geschmackvoller Weise genutzt. Bis zum Jahr 1956 leitete die Erschließungsarbeiten des Bades ein Mitarbeiter Adrian Stoops, André Driessen. Das alte provisorische Badehaus wurde 1922 umgebaut, im selben Jahr für die Trinkkur eine 62 Meter lange Wandelhalle geschaffen. 1928 waren 125 Badekabinen verfügbar, 122000 Bäder konnten verabreicht werden. Neben diesen ersten Aufbauarbeiten der ›Jod- und Schwefelbad Wiessee GmbH‹ blieben aber auch die Einheimischen nicht müßig. Hotels und Gaststätten entstanden oder wurden ausgebaut, und nicht zuletzt dank einer ›Bürgerinitiative‹ von damals steht heute das Wiesseer Kirchlein Maria Himmelfahrt auf dem Kirchbichl, dem ehemaligen Wasserpointhügel. Sein von fast allen Ufern rings um den See sichtbarer, kühner spitzer Turm ist ein Wahrzeichen Wiessees geworden.

Schon 1904 hatte man einen Kirchenbauverein gegründet und die Errichtung einer Expositur in dem zur Pfarrei Tegernsee gehörenden Ort angestrebt. Denn noch immer mußten die Wiesseer zum sonntäglichen Gottesdienst nach Tegernsee fahren und ihre Toten auf dem Tegernseer Friedhof bestatten. Die kürzeste Verbindung nach Tegernsee war bis ins 19. Jahrhundert der Wasserweg. Die Kirchfahrten und die meist langen feierlichen, von Angehörigen und Freunden begleiteten Leichenzüge gingen in Kähnen übers Wasser zum anderen Ufer nach Tegernsee. Auf dem Merian-Stich von 1644 sieht man die Anlegestellen von Abwinkel, Wiessee-Dorf und die ›Tegernseer Länd‹ genau eingezeichnet. Im Winter, wenn der See zugefroren war, ging es zu Fuß, später auf Schlittschuhen oder im ›Beinschlitten‹ hinüber. Oft genug mußte der Weg über das Eis mit Schneereifen freigebahnt werden. Oder es brach plötzlich Tauwetter aus und das Eis begann zu schmelzen. Dann blieb für die Rückkehrer vom Gottesdienst oder von einer Leichenfeier nur der weite Landweg zu Fuß über Egern.

Nunmehr, nachdem Wiessee im Begriff war, sich zum vielbesuchten Heilbad zu entwickeln, wurde der Plan des Kirchenbaus mit Nachdruck vorangetrieben. Prominente Bürger halfen und organisierten Veranstaltungen zu Gunsten des Baus. Denn in dem weltverlorenen stillen Ort mit seinen wenigen Höfen hatte sich, angezogen von seiner ländlichen Atmosphäre und Naturschönheit, schon Ende des vorigen Jahrhunderts Prominenz angesiedelt: Ferdinand Miller d. Ä. (1813-1929), der berühmte Erzgießer, in dessen Werkstatt unter vielen anderen Monumenten die Münchner ›Bavaria‹ in den Jahren von 1843 bis 1850 gegossen worden war, hatte sich 1871 den alten Bayerhof in Holz zwischen Wiessee und Gmund gekauft, und einer seiner acht Söhne, Fritz, war seit 1894 Besitzer des Kainzenhofes in Alt-Wiessee. Auch Adolf Furtwängler, Archäologe, Professor der Münchner Universität und Direktor der Münchner Antikensammlung, wohnte in Wiessee. Der begeisterte Bergwanderer war eines Tages auf einer seiner Wanderungen in ein Unwetter geraten. Er verirrte sich, übernachtete in einem Heuschober und verliebte sich so in den Ort seines Mißgeschicks, daß er dieses Fleckchen Erde 1898 erwarb. Es war die kleine Halbinsel am Ausfluß des Breitenbachs mit dem einzigartig schönen Blick auf das gegenüberliegende Schloß Tegernsee. Hier errichtete er zunächst ein Blockhaus, das später, ausgebaut und vergrößert, von seinem zweiten Sohn Walther als ›Haus Tanneck‹ betreut wurde. Etwas unterhalb des Anwesens befindet sich der heutige Yachthafen. Walther und sein Bruder Wilhelm, der große Dirigent und berühmte Sohn seines berühmten Vaters, verlebten mit den Millerschen Kindern schöne Jugendjahre in Wiessee.

Fritz von Miller nun setzte sich besonders für den Kirchenbau ein. Er kaufte den als Bauplatz auserwählten Wasserpointhügel und schenkte ihn dem Kirchenbauverein. Außerdem organisierte er auf dem Altwiesseer Dorfplatz beim Wendelinsbrunnen richtige kleine Volksfeste zum Besten des Kirchenbaus, an denen die Bevölkerung und viele befreundete Münchner Familien, meist Künstler, natürlich auch die Furtwänglers, mit Begeisterung teilnahmen. Da gab es Lanzenstechen und Taubenschießen; im Kasperltheater machte Larifari zum Vergnügen von Jung und Alt lustige Späße, im Glückshafen wurden allerhand schöne Dinge verlost und auf dem Tanzboden beim Sterneggerhof spielte eine Blasmusikkapelle zum Tanz. 1921 fand ein Dorffest im Sapplkeller von Abwinkel statt. Bis 1923 war eine Summe von 80000 Mark zusammengekommen, da verschlang die Inflation das zusammengesparte Geld. Aber Bürger und Gemeinde ließen sich nicht entmutigen, sie verdoppelten ihre Opferbereitschaft. Namhafte Spenden von Geld oder Baumaterial, Zuschüsse der Gemeinde und des Diözesankirchensteuerverbandes ermöglichten schließlich die Grundsteinlegung der Kirche am 13. April 1925. Besondere Verdienste um das Zustandekommen des Baus erwarben sich damals der erste Expositus der 1924 errichteten Expositur Wiessee, Johann Nepomuk Gansler, und der Bürgermeister von Wiessee, Leonhard Sanktjohanser. Gansler, von dem man sich unzählige Anekdoten erzählt, erfand immer neue Wege zur Auffüllung der im Laufe der Bauarbeiten mehrmals bedenklich leer gewordenen Kasse. So stieg er beim Richtfest selbst auf den First und rief den versammelten Festgästen zu: »Höher geht's nimmer, aber weiter geht's auch nimmer, weil's Geld aus ist.« Und vom Dachfirst herab versteigerte er Ziegelsteine, die einen Erlös von siebentausend Mark brachten. Schon am 11. Oktober 1926 konnte die *Kirche Maria Himmelfahrt* von Kardinal Michael Faulhaber feierlich eingeweiht werden. Professor Rupert von Miller, ein Sohn Fritz von Millers, war ihr Architekt. Und die Familie von Miller stiftete 1952 die aus der Millerschen Gießerei stammende, mächtige bronzene Kriegerglocke, die in dem hölzernen, ehemals als Aufzugsturm für das Baumaterial dienenden, jetzigen Glockenturm jeden Sonntag mit ihrem Klang die Heimat zum Gedenken an ihre in ferner Erde ruhenden Söhne mahnt. Im grünen Rasen rechts vor dem westlichen Kirchenportal befinden sich die Gedenkstätten, zahlreiche überdachte einfache Holzkreuze, ein jedes von ihnen versehen mit dem Eisernen Kreuz und Inschriften wie »Gestorben in russischer Gefangenschaft, 20 Jahre alt«, »Gefallen in Rußland mit 22 Jahren«, »Gestorben in Sibirien, 20 Jahre alt«, hinter deren lapidarer Kargheit sich beklemmende Schicksale verbergen. Vor jeder dieser Gedenkstätten Blumen über Blumen.

Andächtig betritt man die Kirche. Schon das von Professor Karl Killer geschaffene Westportal, flankiert von den Figuren der heiligen Notburga mit der Sichel, als Patronin der Bauern, und des heiligen Leonhard mit einer ihr Kälbchen säugenden Kuh an seiner Seite, als Helfer der Bauern, stimmt auf die sehr geglückte bäuerliche Note ein, die den Besucher beim Betreten des Innenraums erwartet. Ihn empfängt eine einschiffige, fünfeinhalbjochige Halle von überraschender Farbigkeit. Sie wird von einer hohen spitzbogigen Holzdecke überdacht, deren Flächen in sorgfältig abgestuften Blautönen gehalten sind, während die auf Konsolen ruhenden roten Balken mit vergoldeten Mustern geziert wurden. Killer ist auch maßgeblich an der Ausstattung dieses Raumes, einer erstaunlichen Synthese von bäuerlichem wie von altem und neuem Formengut, beteiligt. Er schuf die achteckige marmorne Kanzel mit den Hochrelieffiguren der vier Evangelisten und die inneren Reliefs der vier die Westempore tragenden Marmorsäulen: ›Adam und Eva‹, ›Kain und Abel‹ rechts, ›Noah‹, ›Die Arche und die Tiere‹ links. Die Westempore selbst mit der um das mittlere Rundfenster angeordneten Orgel ist aus Holz; farbige Balkenschnitzerei ziert ihre Unteransicht. Farbigkeit erhalten die weißgetünchten Wände dieser Hallenkirche durch die Kreuzwegbilder in Hinterglasmalerei von August Willy und durch das große Fresko von N. Hotter-Allgäu über dem Westportal, eine in der Tegernseer Landschaft sitzende ›Maria mit Kind‹. Die sie umgebenden Bauern sollen Stifterporträts ein. Den bronzenen Taufstein und das Weihwasserbecken schuf Rupert von Miller. Als einziges nicht der neueren Zeit angehörendes Werk hängt gegenüber der Kanzel ein gotischer Kruzifixus. Im Verhältnis zu dem ganz auf betonte Farbigkeit abgestimmten Langhaus zeigt sich der Hochaltar im eingezogenen Chor mit gotisierender Gewölbekonstruktion überreich in Gold. Er wurde 1956-57 von dem Münchner Bildhauer Franz Lorch geschaffen. Von Engeln und Heiligen umgeben schwebt Maria zum Himmel auf, wo Vater, Sohn und Heiliger Geist die Krone für sie bereithalten. Alle Figuren sind in goldene Gewänder von üppigem Faltenwurf gekleidet.

Seit 1940 breitet sich der Wiesseer *Friedhof* vom Westportal der Kirche zum Hang hin. Was für ein fröhlicher Friedhof in seiner lichten, überschaubaren Weite, mit seinen in gebührendem Abstand voneinander aus dem grünen Rasen in allen Farben des Spektrums aufleuchtenden ›geräumigen‹ Grabhügeln! Sie haben Luft zum atmen und sie blühen der Sonne entgegen, die Rosen, Begonien, Fuchsien, Edelweiß, dazwischen leuchtendes Blau kleiner Lobelienbüschel – alles, was die Jahreszeit an Blühendem schenkt, ist hier in buntestem, lebendigstem Farbenspiel vereint. Und mitten zwischen den schmiedeeisernen oder Natursteingrabmälern entdeckt man plötzlich etwas verblüfft, urwüchsig derb in Erz gegossen, ein Grabmal: Adam und Eva unter dem Apfelbaum, an dessen Stamm sich die Schlange emporringelt. Es muß gut ruhen sein dort oben in diesem Garten Eden innerhalb seiner die Natur nicht vergewaltigenden, sondern sich ihr anpassenden Umfriedung, beschützt ringsum von Eichen und Linden. Über ihren Kronen wölben sich zur einen Seite hin die Bergrücken – keine grandiosen, steilen, dramatischen, nein, breite, kräftige, ›gemütliche‹ Rücken, die abschirmen gegen alle Unbill der Welt. Zur anderen Seite schimmert durch das Laub der Bäume unten das Auge des Sees, in dem sich das Blau des Himmels spiegelt.

Der erste Expositus und ab 1942 erster Pfarrer von Wiessee, Johann Nepomuk Gansler (gestorben 1969), Professor Rupert von Miller (gestorben 1951), Bürgermeister Leonhard Sanktjohanser (gestorben 1952), André Driessen (gestorben 1956) – sie, die Wiessees Anfänge erlebt und die Grundlagen für seine Entwicklung zum Weltbad geschaffen haben, ruhen hier. Weitere bekannte Namen finden sich (in Klammern die Todesjahre): Geheimrat Dr. Heinrich Zenker, Leiter der Münchner ›Augenklinik Herzog Karl Theodor‹ (1952); Dr. August Ganghofer, ein Sohn Ludwig Ganghofers (1968), seine Frau (1975) und sein Sohn (1971); dann Walther Furtwängler (1967) und Kammersängerin Berta Morena (1952); Toni Kinshofer, der

Erstbezwinger der Eiger-Nordwand 1961 und 1962 Bezwinger des Nanga Parbat (1964); die Generalfeldmarschälle Albert Kesselring (1960) und Werner von Blomberg (1946).

Unten am See pulsiert das Leben in dem weiträumigen *Kurzentrum.* Es liegt inmitten gepflegter, blumengeschmückter Anlagen, in die sich die mit Geschmack konzipierten modernen Kurgebäude harmonisch einfügen. Sie konzentrieren sich in der Hauptsache um die beiden Pavillons der Pumphäuser der ›König-Ludwig-III-Quelle‹ und der ›Wilhelmina-Quelle‹. Trink- und Wandelhalle, Kuramt, Theater, Badehäuser, Kurhallenbad, Musikpavillon, nicht zu vergessen, das Spielkasino, die ›Modernste Spielbank Europas‹, wurden hier im Laufe der Jahre gebaut. Begünstigt durch die einmalig schöne Lage Wiessees auf dem weiten, sich in den See vorschiebenden Plateau, das vom Breitenbach bis zu den Idyllen von Altwiessee und Abwinkel am Söllbach reicht, ist es gelungen, dem Kurzentrum eine ruhige Atmosphäre zu erhalten, weitab von der lebhaften Durchgangsstraße.

Wiessee, das erstmals 1017 mit drei Höfen erwähnte ›Wesses‹, soll noch im Jahre 1300 nicht mehr als fünf zum Klostergut gehörende Häuser mit vierzig oder fünfzig Einwohnern gehabt haben. Noch 1871 ein Dorf mit 351 Einwohnern – wie wir schon gehört haben –, war es hundert Jahre später auf deren 5000 angewachsen, während die Zahl der Gästebetten 6500 erreicht hatte. Diese Zahlen nehmen jedes Jahr noch zu. Die Kurmitteleinrichtungen werden ständig auf dem neuesten Stand der balneologischen Technik gehalten, und für die Zukunft hat man neue große Pläne. Kurhaus und Spielbank sollen neu gestaltet werden, auch ein ›Grünordnungsplan‹ ist nicht vergessen. Dem Wohlbefinden und der Unterhaltung der Gäste wird alles geboten, was heute von einem modernen Kurort erwartet wird.

Neben den zahlreichen Wanderungen und Touren, die man von hier aus unternehmen kann, ist ein Spaziergang durch die Anlagen der Seepromenade mit dem Blick auf das gegenüberliegende Ufer sicherlich eines der schönsten Erlebnisse. Diese mit zahlreichen Ruhebänken ausgestattete Promenade – sie ist übrigens dreieinhalb Kilometer lang – geleitet zu den Idyllen von Altwiessee und Abwinkel. Zu den ›Freilichtmuseen‹ könnte man fast sagen, denn hier scheint die Zeit stillgestanden zu sein. Zum mindesten sind die Gästequartiere, die es natürlich auch hier gibt, unauffällig gebaut und oft auch in den alten Bauernhäusern zu finden, so daß man sie kaum bemerkt. Die großen alten Bauernhöfe gibt es noch, es gibt auch noch den Dorfplatz mit dem Wendelinsbrunnen in Alt-Wiessee, wo seinerzeit die Volksfeste zugunsten des Kirchenbaus stattgefunden haben. In Abwinkel, das Ludwig Thoma – bevor er in sein Haus auf der Tuften einzog – mehrere Jahre zu seinem Sommerquartier erkoren hatte, gibt es zahlreiche meist von den Hofeigentümern als Hauskapellen errichtete kleine Kapellen. Es lohnt sich, sie auf einem Rundgang durch den Ort etwas näher zu betrachten, wenn auch ihre ursprünglich oft kostbare Ausstattung meist entfernt wurde, um sie vor den ungünstigen Wettereinflüssen, denen sie ausgesetzt war, zu bewahren.

Das beliebteste Ausflugsziel der Gäste Wiessees ist der ›*Bauer in der Au*‹, ehemals ein stattlicher Einödhof, zu dem man auf bequemem Weg am Söllbach entlang hinaufgelangt. An heißen Sommertagen empfiehlt sich dieser Weg, denn bald nimmt den Wanderer ein schattiger kühler Wald auf, dessen hohes Blätterdach im Strahl der einfallenden Sonne hell aufleuchtet. Unzählige Wässerchen rinnen von den Höhen herab und plätschern leise in den Söllbach. Allmählich steigt die Straße an, hebt sich hoch über den Bach, und plötzlich ist man auf dem weiten Hochplateau des ›Bauern in der Au‹.

1825 hatte König Max Joseph diesen reichen Hof mit fünfzig Stück Großvieh im Stall und den zu ihm gehörenden 688 Tagwerk Wiesen, Äcker und Waldbesitz von der Witwe des letzten Eigentümers gekauft und einen Waldpfad hinauf anlegen lassen. Eine hübsche Anekdote erzählt, er habe, als er zum erstenmal

Der heute legendäre ›*Bauer in der Au*‹ – im Bild die Schauseite des stattlichen Hofs, den König Max Joseph noch in seinem Todesjahr 1825 erworben hat – war bis zu seiner Zerstörung bei einem Brand 1971 eine beliebte Einkehr im Söllbachtal über Bad Wiessee.

diesen Weg beging, plötzlich mitten im Wald einen blanken eichenen Tisch vorgefunden, auf dem Butter und Milch, Erdbeeren und Kirschen sorgsam zugerichtet waren. Davor stand ein stattlicher Großvaterstuhl, aber weit und breit war niemand zu sehen. Der König ließ sich nieder und griff zu, während die in den Gebüschen versteckten Bauern zusahen und sich über die gelungene Überraschung und den Appetit, mit welchem der König der ländlichen Brotzeit zusprach, freuten. Erst als sich Max Joseph zum Weitergehen anschickte, kamen sie zum Vorschein, und der Seppl von Abwinkel hielt eine Begrüßungsansprache.

Wie Kaltenbrunn und Siebenhütten wurde der ›Bauer in der Au‹ ein beliebtes Ausflugsziel des Königs und seiner Familie. Mit Vorliebe zeigte er auch seinen Gästen dieses ländliche Idyll inmitten seiner bayerischen Berge. Doch nur kurze Zeit konnte er sich seines Besitzes erfreuen, denn schon im Herbst desselben Jahres 1825 starb er. Seine Witwe, Königin Caroline, hielt an dem von ihm eingeführten Brauch fest. So wurde gelegentlich des Aufenthalts des russischen Kaiserpaares in Wildbad Kreuth 1838 ein Ausflug zum ›Bauern in der Au‹ veranstaltet. Von Tegernsee aus setzte man über den See, dann fuhr man bis zum Anstieg. Den Berg hinauf wurde die Zarin in einem Tragsessel von zwei Männern getragen, die andere Gesellschaft ging zu Fuß. Oben war aus Brettern und Fichten eine Art Gloriette zusammengezimmert worden, wo die Gäste mit heimischen Erzeugnissen bewirtet wurden.

Und heute kommen die Gäste Wiessees, und ist es auch nicht mehr die stille Oase von einst, und ist es auch leider nicht mehr der alte großartige Hof, der 1971 vollständig abgebrannt ist, so bemüht sich das kleine Häuschen in bäuerlichem Stil, das man an seine Stelle gesetzt hat, die alte Tradition gastlicher Bewirtung fortzusetzen. Wenn es erst einmal so alt ist wie der alte Hof war, wird es auch die Atmosphäre des Alten, Gewachsenen besitzen, die es heute noch nicht haben kann. Auch der alte Hof war ja einmal ein neuer, dem ein älterer und diesem vielleicht ein oder mehrere noch ältere hatten weichen müssen. So versucht man sich über den Verlust des an sich unersetzlichen, weil aus einer Periode beispielhafter handwerklicher und künstlerischer Meisterschaft der ländlichen Zimmerleute hervorgegangenen, zweihundertjährigen alten Hofes zu trösten. Im

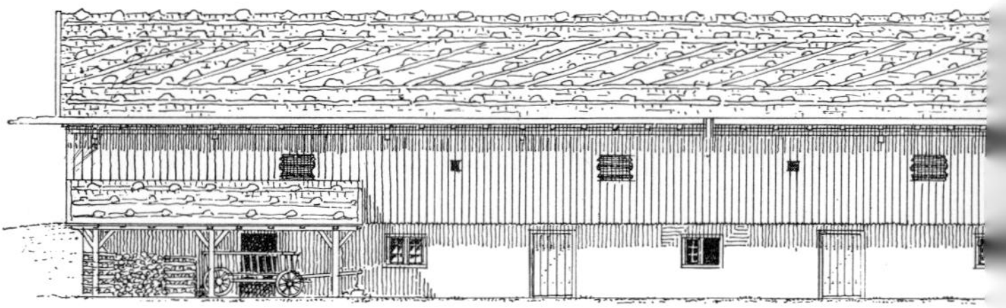

Bei dem Brand von 1971, in dem der ›*Bauer in der Au*‹ zugrunde ging, verlor das Tegernseer Tal eine Sehenswürdigkeit: Das Anwesen war mit 61 Metern Dachlänge der ausgedehnteste Einfirsthof des bayeri-

Freilichtmuseum des Bezirkes Oberbayern auf der Glentleiten bei Murnau steht ein mit großer Präzision ausgeführtes Modell von ihm, dort kann man sich noch an der Ausgewogenheit seiner Proportionen erfreuen. Mit seinen 61 Metern war er der längste Einfirsthof im bayerischen Oberland, das heißt ein langgestreckter Bau, der Wohnhaus, Stall und Stadel unter einem einzigen First vereinigt. Ein Hof also ohne besondere Gliederung der Bauteile, der aber wie der ›Bauer in der Au‹ durch ein harmonisches Zusammenklingen seiner Formen und Proportionen, bis hin zum flachen Neigungswinkel des Daches ›Musik fürs Auge‹ sein kann. Die horizontalen Balustraden der das Wohnhaus an drei Seiten umgebenden Altane, die phantasie- und schwungvoll geschnitzten, den Anschein schmückenden Beiwerks erweckenden, aber durchaus praktischen Zwecken dienenden Pfettenköpfe, Laubenträger, Zwischenwandzapfen erhöhen selbst im Modell noch diese Wirkung und offenbaren zugleich die Freude des ausgehenden Barock am Detail.

Man versucht, sich vorzustellen, wie es hier oben ausgesehen hat, als er noch hier stand, und wendet sich mit leiser Wehmut zur Rückkehr nach Wiessee. Hierfür sei der Bucherweg empfohlen. Er führt ebenso wie der Waldweg, auf dem man gekommen ist, zur Bushaltestelle Söllbach, ist zwar etwas län-

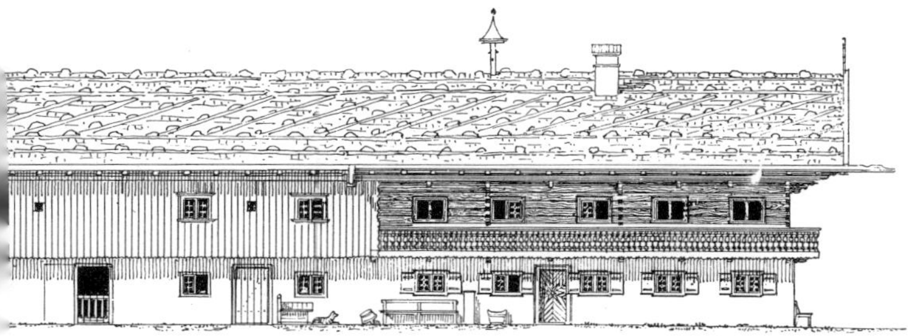

schen Oberlandes und nahm in der Geschichte des deutschen Bauernhofes einen bedeutenden Rang ein. Die Bezeichnung Einfirsthof besagt, daß der Bau Wohnhaus, Stall und Stadel unter einem First vereinigt.

ger und sonniger als dieser, aber oberhalb des Bucherhofes hat man einen überwältigend schönen Blick hinunter auf die ganze Länge des Tegernsees – ein Erlebnis, das man sich nicht entgehen lassen sollte.

Einen ähnlichen Blick auf den See hat man von einer anderen Stelle über Wiessee aus, die auch mit den Wittelsbachern verbunden ist, wir meinen die ›Prinzenruhe‹, die auch hier, Tegernsee gegenüber, die Erinnerung an Prinz Carl wachhält.

Georgenried – Finsterwald Kaltenbrunn

Auf der Straße von Wiessee kommend, fällt kurz vor Kaltenbrunn rechts ein sehr merkwürdig geformter Erdhügel auf. Grasbestandene Erdwälle ziehen sich spiralenartig zu einer oben stehenden Gruppe junger Linden empor und geben ihm Ähnlichkeit mit einem großen Schnekkenhaus. Ungern verzichtet man darauf, sich sogleich näher mit diesem Gebilde zu befassen, aber man hat sich vorgenommen, zunächst die Kirche von *Georgenried*, »die Schönste im ganzen Lande«, zu besuchen. So biegt man links von der Straße ab, den Ackerberg hinauf – wo ganz versteckt Ludwig Erhard sein Haus gebaut hat – zur Tölzer Straße, kommt durch Finsterwald – und schon ist der nadelspitze Dachreiter von Georgenried zu sehen. Ein kurzes Stück noch, dann führt ein Feldweg die Anhöhe empor, auf der die Kirche neben zwei behäbigen Bauernhöfen steht. Wie alt mögen sie sein?

Georgenried, »die Schönste im ganzen Lande«

1291 wird die Schwaige Georgenried zum erstenmal erwähnt, seit 1315 von dem Gmundener Kooperator seelsorgerisch betreut. In den Jahren 1426/27 wurde sie geteilt, es entstanden zwei Höfe; auf sie gehen wohl die heutigen zurück. Ein erstes hölzernes Kirchlein soll 1431 bis 1439 ein Einsiedler, »Bruder Meinhart von Biesenkam und Reigersbeuern«, gebaut haben. Abt Kaspar Ayndorffer von Tegernsee (1426-1461) ließ es aus ungeklärten Gründen abbrechen und verbrennen. Um so schöner erstand bald darauf eine neue Kirche aus Tuffquaderstein. Wer sie gebaut hat, und wann sie gebaut wurde, darüber gibt es zwei Legenden. Nach der einen hat ein Ritter Georg (1401 bis 1456) aus dem Geschlecht der auf Burg Hohenwaldeck am Schliersee ansäßigen Waldecker, als er 1444 »auf einem Zug nach Ungarn« in türkische Gefangenschaft geriet, den Bau dreier Kirchen gelobt, falls er glücklich in die Heimat zurückkehren sollte: Georgenried zu Ehren seines Namenspatrons, Agathaied zu Ehren der Namenspatronin seiner Gemahlin und Frauenried zu Ehren von Maria, der Namenspatronin seiner Schwester Maria. Dem ist ergänzend hinzuzufügen, daß die Ungarn am 10. November 1444 bei Varna in Bulgarien das türkische Heer vernichtend geschlagen haben. Es ist also durchaus denkbar, daß Georg von Waldeck, in dieser Schlacht auf ungarischer Seite kämpfend, tatsächlich in türkische Gefangenschaft geraten ist. Die zweite Version, eine Aufzeichnung des ehemaligen Riedbauern Suttner in der Sakristei von Georgenried, berichtet, ein Waldecker Ritter habe sich auf der Flucht vor den Ungarn mit seiner Gemahlin in den drei Weilern versteckt gehalten und gelobt, nach glücklicher Heimkehr hier drei Kirchen zu bauen, während oben besagter Ritter Georg in türkischer Gefangenschaft die Renovierung dieser drei Kirchen gelobt habe. Am 11. und 12. August 955 fand die Schlacht auf dem Lechfeld statt, »fortan hat nie mehr ein Ungarnsturm deutsches Land heimgesucht«. Der Waldecker Ritter müßte also vor 955 geflohen sein, und die drei Kirchen müßten demnach sehr frühe Vorläufer gehabt haben. Wie dem auch sei – man soll sich damit zufrieden geben, daß in solchen alten Legenden doch meistens irgendwo und irgendwie ein Fünkchen Wahrheit steckt.

Als Baudaten für die heutigen Kirchen werden für Agathaied die letzten Jahrzehnte des 15. Jahrhunderts angenommen, für Georgenried 1525 und nur für Frauenried die erste Hälfte des 15. Jahrhunderts, also die Zeit des Ritters Georg. Es kann sich hierbei jedoch auch um Erweiterungsbauten oder Renovierungen gehandelt haben.

Mit der rein erhaltenen Gotik von Georgenried ist uns jedenfalls eine ganz seltene Kostbarkeit geschenkt. Dicht neben den beiden Bauernhöfen liegt das Kirchlein nach Osten zur Talseite hin. Zunächst fesselt der weite Blick ins Land: der Wallberg, der Setzberg, ja sogar in der Ferne die Wendelsteinspitze sind zu sehen. Dann versucht man, die Kirche zu betreten, aber sie ist natürlich verschlossen. Ein etwa zwölfjähriger Bub, der mit seiner Mutter im Gemüsegarten gleich neben der Kirche arbeitet, kommt zu Hilfe. Er läuft zum Elternhaus hinüber und bringt nach einer Weile, frisch gekämmt, den gewichtigen Schlüssel zur Kirche in den sauber gewaschenen Händen. Eifrig erklärt er beim Aufschließen den Mechanismus des großen alten Schlosses. Man freut sich über soviel Aufgewecktheit – und wünscht sehnlich, daß diese Mitteilungsfreude nicht irgendwann einmal von unlauteren Besuchern schlecht gelohnt werde.

Durch einen kleinen Anbau an der Nordseite der Kirche betritt man das dreijochige Langhaus. Die breitgewölbten, sich im dreiseitig geschlossenen Chor etwas verjüngenden Stern- und Netzgewölbe mit Backsteinrippen verleihen dem Raum eine ernst-feierliche Note. Sie wird aufgelockert durch reizende, leicht hingestreute Blattornament-Fresken. Bei der letzten Renovierung vor einigen Jahren waren sie unter einer dicken Mörtelschicht zum Vorschein gekommen, erzählt der eifrige kleine Führer. Dann macht er sachkundig auf den ›Knorpelstil‹ der Altäre aufmerksam. Alle drei Altäre und die Kanzel sind etwa hundert Jahre jünger als der Kirchenraum. Mit ihren unerhört bewegt und ausdrucksvoll gestalteten, farbig gefaßten Lindenholzfiguren sind sie typische Beispiele der etwas derben bayerischen Plastik jener Zeit und bringen buntes Leben in den Raum. Ihr Meister ist nicht bekannt. Einzig das Bild im Auszug des Hochaltars – eine Kreuzigung mit Maria und Johannes vor blauem, reich goldornamentiertem Hintergrund – ist älter; es stammt aus der zweiten Hälfte des 15. Jahrhunderts. Barockengel und kleine Figuren der Apostelfürsten Peter und Paul aus dem 16. Jahrhundert flankieren es. Köstlich, wie die beiden mit hochgezogenen Brauen – der eine mitleidsvoll, der andere erhaben – mit hocherhobenem Kopf aus ihrer Höhe auf eine am Boden versammelte Gemeinde herabzublicken scheinen. Die Hauptfiguren des Hochaltars sind die Heiligen Georg und Sebastian in der Mitte, ihnen zur Seite Johannes und Paulus. Lebendig bewegte Figuren stehen auch im rechten Seitenaltar: eine ›Anna Selbdritt‹ im Strahlenkranz mit Gottvater als Weltenschöpfer im Auszug und im linken der Pestpatron Rochus, ebenfalls im Strahlenkranz, im Auszug eine Herz-Jesu-Darstellung. Die Kanzel ohne Schalldeckel zeigt die vier Evangelisten mit ihren Symbolen.

Das Schloß an der Tür zur kleinen, an die Nordwand der Kirche angebauten Sakristei ist noch größer und komplizierter als das an der Eingangspforte. Sein Mechanismus wird ebenfalls ausführlich erklärt und vorgeführt, die hier hängende, oben erwähnte Aufzeichnung der Legende des Kirchenbaus vorgelesen. Aber die Entzifferung des Textes unter einem merkwürdigen Bild in der Kirche aus der Zeit vor 1600 will mit vereinten Kräften nicht recht gelingen. Die Großmutter könnte das wahrscheinlich besser, meint treuherzig der kleine Cicerone schließlich.

Das Bild stellt die ›Heilige Kümmernis‹ am Kreuz dar in einem langen roten Gewand; langes Haar wallt von ihrem gekrönten, mit einem Glorienschein umgebenen Haupt, während ein üppiger Bart ihrem Angesicht entsprießt. Im Hintergrund stehen lanzenbewehrte Krieger, vorn rechts die Eltern der Jungfrau. Und daß auch die Romantik nicht fehle, kniet links unter dem Kreuz ein Mandoline spielender Ritter; ein goldener Schuh der Gekreuzigten fällt auf ihn herab.

Der so schwer zu entziffernde Text unter dem Bild erzählt

die Legende der Heiligen; er findet sich auch in dem Werk ›Die Pfarrei Gmund am Tegernsee und die Reiffenstuel‹ von Joseph Obermayr:

S. Kümmerniß die war eines haidischen Königs Tochter, aber über die Maßen weis und gelert, also daß um dieselbe ein haidischer König zu seinen Gemahel bei ihrem Vater angeworben. Darob die Jungfrau trawrig und betriebt gewesen. Dann sie ihrem gekreuzigten Gott für ihren breitigam erwählt und auserkoren.

Als nun der Vater solches von ihr verstanden, ließ er sie darüber gefänglich einziehen. Da ruft sie ihren Breitigam an, er wolle ihr in dieser großen noth und kümmerniß zu hilf kommen, und ihre gestalt verwandeln daß sie keinem gefahl dann ihm, ihrem breitigam.

Darauf gott zu ihr kommen, sie gedresst [getröstet], *auch verwandelt und gleich gemacht. Und als der Vater seine Tochter in der Gestalt ihres Breitigams gesehen, hat er sie gefragt, wie es doch kommt, daß sie also aussehe, antwortet sie ihm, daß sie ihr breitigam nach ihm gestalt gemacht. Auf welches ihr Vater noch heftiger erzürnt, sagte, sie müß ihm auch gleich werden und mit ihm am Kreuz sterben. Dazu sie auch willig und berait gewesen, und auch am hl. Kreuz gestorben. Der Leichnam in einer Kirche in Holland, Stainberg genannt, begraben liegt. Wer sie in noth anruft, dem hilft sie bei Gott durch ihre getreue fürbitt, und wer sie ehren will, der laß diese Figur malen.*

Die Legende von der ›Heiligen Kümmernis‹ – oder Wilgefortis, wie sie auch genannt wird – soll sich im ausgehenden Mittelalter gebildet haben und auf mißverstandene und umgedeutete Nachbildungen jener älteren Kruzifixe zurückgehen, »auf denen Christus nicht als bartloser, wundenbedeckter Schmerzensmann, sondern als lang und kostbar bekleideter gekrönter Himmelskönig mit Bart erscheint ... Aus dem triumphierenden, noch byzantinisch aufgefaßten Salvator am Kreuz wurde in der unverstandenen Übertragung eine bärtige Jungfrau ... eine vom Kummer befreiende oder aus dem Kummer heraushelfende Jungfrau.«

Finsterwald: »der Wald ist just so finster nicht«

Vielleicht war er früher einmal finster, der Wald von *Finsterwald*, wohin man nun auf dem Rückweg nach Kaltenbrunn kommt. Aber schon Franz von Kobell meint in einem seiner Gedichte: »Der Wald ist just so finster nicht, den Namen hat er halt ...« In den ersten Jahren unseres Jahrhunderts herrschte jedenfalls ein gar lebhaftes und fröhliches Leben in und um ihn. Angefangen hatte es, als Ludwig Thoma seinen aus Australien zurückgekehrten Bruder Peter in dem – übrigens 1135 erstmals erwähnten – Finsterwald beim Sixbauern unterbrachte und selbst mehrere Sommer dort verlebte. 1905 schrieb er hier seinen ›Andreas Vöst‹. Durch Thoma wurde der Ort in seinem Freundeskreis bekannt. Man möchte glauben, daß er sich kaum verändert hat, seit Rudolf Wilcke, Bruno Paul, Ignatius Taschner oder Korfiz Holm und viele andere aus dem damaligen Freundes- und Literatenkreis begannen, Ausflüge hierher zu unternehmen oder auch sich für mehrere Urlaubswochen bei den einheimischen Bauern einzumieten. Sieht man sich um,

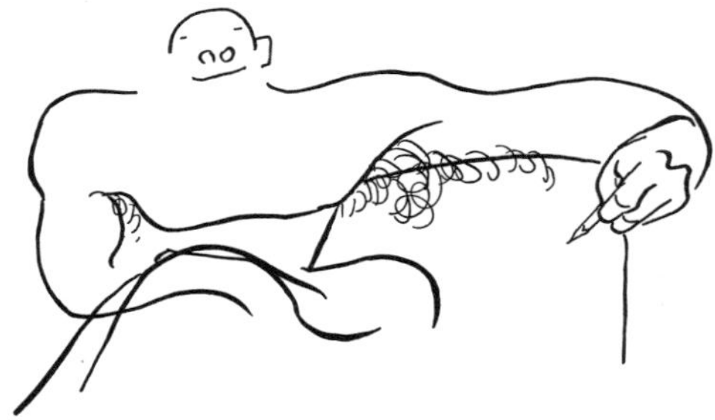

Einer der bekanntesten Ausländer, die am Tegernsee ihre Wahlheimat fanden, war der Norweger *Olaf Gulbransson (1873-1958)*. Der Simpl-Karikaturist, Zeichner und Maler hatte die Gegend schon 1903 kennengelernt, konnte sich aber erst 1928 ständig hier ansiedeln, nachdem er den Schererhof in Tegernsee erworben hatte. Eine charakteristische Auswahl seiner Werke ist im Olaf-Gulbransson-Museum im Kurgarten zu Tegernsee ausgestellt.

vermeint man noch das ›Austragshäusel‹ zu erkennen, das Korfiz Holm mehrmals auch in den Winterferien mit seiner Familie bewohnte. Damals kam gerade der Wintersport auf; die ersten Ski-Eleven versuchten, auf den Brettern zu stehen, unter ihnen auch Korfiz Holm. Auf der Wiese neben seinem Quartier gegen Kaltenbrunn hinunter gelang das schon ganz gut, aber wenn der Ahnungslose mit geradeaus gerichteten Brettern versuchte, den Hang wieder zu erklimmen, rutschte er natürlich hoffnungslos ab. Obendrein mußte er sich den Spott der Bauernburschen gefallen lassen, die auf ihrem Weg nach Kaltenbrunn hinunter Zeugen seiner vergeblichen Bemühungen waren. Lachend riefen sie: »Ja, den schaugt's o'! Daß oana auf de Schwartling umanandaspaziern mag! Und soll dös eppa praktisch sei?«

Anders Olaf Gulbransson, der Norweger, der sozusagen schon ein alter Skihase war! Albert Langen, verheiratet mit einer Tochter Björnsons, hatte in skandinavischen Blättern Zeichnungen von Gulbransson gesehen. Mit seinem sicheren Blick hatte er sofort das große Talent dieses Mannes erkannt, ihn auf das Björnsonsche Gut eingeladen und nicht eher geruht, bis Gulbransson sich verpflichtet hatte, für den ›Simplicissimus‹ zu arbeiten. Vor kurzem erst – 1902 – war er frisch importiert aus Norwegen nach München gekommen. Ludwig Thoma lud ihn alsbald nach Finsterwald ein. Von seiner etwas umständlichen Fahrt an den Tegernsee berichtet er selber:

Ich saß in einem Dritter-Klasse-Wagen München–Tegernsee. Ich sollte den Ludwig Thoma, unseren lieben Ludwigl, besuchen. Es war schöner Schnee und ich hatte die Skier mit. Ich wußte noch nicht, daß das Skilaufen in Bayern damals so etwas Unbekanntes und Merkwürdiges war. Mir gegenüber saßen hiesige Bauern, die rauchten und spuckten um sich herum. Ich verstand kaum etwas. Ich begriff bloß, daß sie über mich sprachen – über meine Skier und die zwei Stöcke. Schließlich konnte einer sich nicht mehr halten, er fragte: »Was wolln's denn mit dene Bretter?« Ich versuchte, etwas vom Skilaufen zusam-

menzustottern. Sie haben bloß gelacht. »Wissen's, wann's im Winter bei dem vielen Schnee in die Berg bei uns was wolln, brauchn's an langa Bergstecka und zwei Schneereifen, sonst nix. Wo wolln's denn hin?« »Nach Finsterwald.« »Soo – nach Finsterwald wolln's, zu wem denn?« »Zu Ludwig Thoma.« »So – zum Dr. Thoma – ja, den kenna ma scho. Da müssen's in Moosrain aussteigen – da habn's bloß 2–3 Minuten nach Finsterwald nauf.« Sie waren dann gleich freundlicher und wollten mir sagen, wo ich aussteigen sollte. Aber wir haben es verschwätzt, so daß ich Moosrain verpaßte. Plötzlich hieß es in Tegernsee »Alles aussteigen!« Sie wurden sehr um mich besorgt: »Ja, wie kommen Sie denn jetzt nach Finsterwald auf'd Nacht? Koa Zug geht heit nimma!« »Ich gehe mit den Skiern hinüber, der See ist ja zugefroren.« »Ja mei, des können's doch nie mit dene Bretter!« Aber ich meinte: »Thoma wartet ja auf mich.« Sie schauten mir lange nach. In Norwegen war ich gewohnt, daß ein See, wenn er erst trägt, dann bis in den Mai trägt. Ich wußte nicht, daß das Eis hier launische Stellen hatte. Das sieht man schlecht bei Tag und um so viel schlechter in der Nacht, und so ging ich. Ich habe Dusel gehabt, mir ist nichts passiert. Drüben angelangt, fand ich einen Weg hinauf nach Finsterwald. Der Thoma war ganz verblüfft, wie ich kam. Er sagte: »Wo kommst denn du her? Jetzt kommt doch kein Zug mehr an.« »Von Tegernsee, ich habe in Moosrain das Aussteigen verpaßt.« Thoma wußte auch nichts vom Skilaufen. Er dachte wohl, ich wäre mit den Skiern über den See geflogen. Er fragte auch nicht weiter.

In Finsterwald hatte es Gulbransson so gut gefallen, daß er bald wiederkam, nun auf Einladung von Korfiz Holm. Mit Feuereifer war Gulbransson dabei, als Gegenleistung für die Verköstigung, Holm Skiunterricht zu erteilen. Sogar das Skispringen wollte er ihm beibringen. In mühevoller Arbeit baute er eine kleine Sprungschanze am Abhang der Hainzenhöhe gegen Finsterwald zu.

Ich sah mit Staunen, wie er dann auf den Skiern aus dem Wald hervorgeschossen kam und plötzlich in die Luft vorschnellte und dann, alle Viere steif von sich gestreckt, am Hang förmlich Räder schlug. Denn ein »gestandener« Sprung ist ihm hier nicht ein einziges Mal geglückt, dafür war ja der Auslauf viel zu steil, erzählt Korfiz Holm. Trotz dieses Mißerfolgs konnte es Gulbransson nicht lassen, und später errichtete er zusammen mit seinem Bruder Hans-Casper in Schliersee die ›Gulbransson-Schanze‹, die erste richtige Sprungschanze in Bayern.

An solchen halsbrecherischen Unternehmungen beteiligten sich die Damen freilich nicht. Dagegen wurden gemeinsame Schlitten- und Rodelpartien unternommen, wobei sich Otto Julius Bierbaum, der vielseitige Schriftsteller und Journalist, durch besonderen ›Mut‹ auszeichnete. Beim Aufstieg zu einer Abfahrt vom Wallberg meinte er noch kühn, gefährlich könne das Rodeln hier nicht sein, und brüstete sich mit einschlägigen, bereits als Schulbub vollbrachten Heldentaten. Kurz darauf kam ein Rodler, der offenbar die Herrschaft über seinen Schlitten verloren hatte, schreckensbleich und »helle Verzweiflung in den wasserblauen Augen«, heruntergesaust. Das stimmte Bierbaum doch bedenklich. Als es dann Ernst wurde mit dem Start, zögerte er so lange, bis alle anderen abgefahren waren und er als letzter an die Reihe kam. In zehn bis elf Minuten waren die anderen unten. Voller Sorge warteten sie auf ihn, weit und breit war nichts von ihm zu sehen. Nach siebzig Minuten erschien er dann glücklich, den Schlitten hinter sich herziehend!

Abends wurde nach den verschiedenen, glücklich überstandenen Abenteuern des Tages im Finsterwalder Wirtshaus getanzt und geflirtet, wobei Gulbransson mit Erfolg der eifrigsten einer war. Korfiz Holm erinnert sich:

Frau Gemma Bierbaum, übrigens eine der charmantesten und in ihrer schlichten Natürlichkeit vornehmsten Frauen, die mir je begegnet sind, war Florentinerin und trug den schönsten Frührenaissance-Prinzessinnenkopf, den man sich denken kann, auf ihrem schlanken Hals. Ihre Erscheinung wirkte auf uns alle, einschließlich der Frauen, stark, auf niemand stärker als auf Olaf. Er dampfte gleichsam aus den Nüstern, als er sie erblickte, und belegte sie von Stund an mit einem Trommelfeuer explosiver Huldigungen, wie er sie damals doch schon, in freilich immer noch recht eigenwilligem Deutsch, treffsicher zu verfeuern wußte. Sie stand halb verwirrt und halb belustigt vor diesen Kapriolen losgelassener Männlichkeit. Daß dieses ihr etwas verblüffend Neues war, begreift sich leicht; ihr ›Giulio‹, wie sie Bierbaum nannte, hatte sie in dieser Hinsicht sicher nicht verwöhnt.

Mit seiner Frau zu tanzen, überließ er Olaf, und der besorgte es denn auch mit unermüdlicher Begeisterung. Da Olaf bald merkte, daß sein dicker Skianzug nicht ganz das Richtige für solche Zwecke war, zog er den jungen Wirt des Gasthofes beiseite und verschwand mit ihm für kurze Zeit. Als er dann wieder in die Stube trat, erblickten wir den norwegischen Norweger zum erstenmal in ›kurzer Wichs‹. Freilich war dies Gewand nicht dem Athleten auf den Leib geschnitten, sondern dem viel schmächtigeren Wirt, und darum saß ihm die Lederne stramm wie eine Wursthaut an den Beinen. Doch das Gelächter, das er rings entfesselte, genierte Olaf nicht, er lachte mit, quittierte den ›Erfolg‹ mit einer großartigen Handbewegung, ging geradewegs auf Gemma los und holte sie zum Tanz. Sie zauderte, ließ sich dann aber willig von ihm in den Wirbel ziehen. Als sie an unseren Tisch zurückkam, leuchteten die Zähne vergnügt aus ihrem schöngeschnittenen großen Mund; sie rief: »Nein, dieser Gulbransson! Er transpiriert beim Tanzen, daß es einfach spritzt!«

Aber Gulbransson nahm Korfiz Holm beiseite und sagte in seinem noch ungeglätteten Deutsch zu ihm:

Das soll Gott wissen: diese Bierbaum ist das schönste Frauenzimmer ich freilich in mein ganzes Leben noch begegnet bin. Und daß das alte Weib ihr haben soll, was siebzig Minuten von den Wallberg unten rodlet – ist das nicht zum verrückt zu bleiben! Oder was heißt es in Deutsch? …

Ein Bild von unwiderstehlicher Komik muß es auch gewesen sein, wenn Otto Julius Bierbaum und Franz Blei, ebenfalls Schriftsteller, zusammen auftauchten:

Der lange, hagere Franz Blei und der rundliche, kleine Bierbaum wirkten, wenn sie beisammenstanden, wie Don Quichotte und Sancho Pansa, was durch die Tracht, die ihnen für winterliche Ausflüge ins Gebirge passend erschien, noch unterstrichen wurde. Blei war sonst noch halbwegs praktisch angezogen, hatte aber der Originalität zuliebe ein kariertes, reich befranstes Plaid höchst malerisch um sich drapiert. Dadurch kam etwas verwegen Trapperhaftes in seine sonst nicht eben heldische Gestalt, die ihrer ganzen Haltung nach aufs Haar an den Privatgelehrtenvogel Marabu erinnerte. Bierbaum trug Pumphosen und einen kurzen Jagdpelz, die seine Korpulenz ins Unwahrscheinliche zu steigern schienen, dazu bis an die Knie reichende dünnsohlige Reitstiefel und auf dem Kopf eine grasgrüne sogenannte Spessartmütze, deren nach vorne spitz auslaufender Schnabel sein rosiges Gesicht mit den vergnügten Wangengrübchen breiter als lang erscheinen ließ.

In jener unbeschwert erscheinenden Zeit – die erwähnten Ereignisse spielten im Jahre 1903 – lernte Olaf Gulbransson den Tegernsee nicht nur bei nächtlichen Skiwanderungen über die unsichere Eisdecke, wie er sie selber so amüsant schilderte, kennen, sondern gewann ihn bei wiederholten Besuchen geradezu lieb. Bis er sich allerdings an seinen Ufern ansiedeln und den ›Schererhof‹ in Tegernsee erwerben konnte, sollten noch 26 Jahre vergehen.

Kaltenbrunn, ein Abgesang

Und nun Kaltenbrunn! Was steckt denn nun in dem schneckenhausähnlichen Hügel an der Wiesseer Straße, der uns schon bei der Anfahrt von Wiessee her aufgefallen war? Oder regt nur seine merkwürdige Form die Phantasie zu der Vermutung an, er müsse ein Geheimnis bergen? Auf der Suche nach einer Antwort auf diese Frage erfährt man zunächst, daß eine ungedruckte Chronik des Klosters Tegernsee eine Burg der beiden Brüder Adalbert und Otkar »auf der nördlichen Seite des Tegernsees« erwähnt. Die Brüder sollen hier gejagt und gefischt haben, ehe sie das Kloster Tegernsee gründeten und der Welt entsagten.

Die nächste Kunde kommt aus dem 12. Jahrhundert. Jetzt treten die Herren von Ebertshausen auf. Sie sollen »auf dem Grund des seit Jahrhunderten verfallenen Fürstensitzes die Stammburg ihres Geschlechts« gebaut haben. Und natürlich gibt es auch – wie könnte es anders sein – eine Legende vom unglücklichen Mönch und schönen Burgfräulein von Ebertshausen, die sich unsterblich ineinander verliebt hatten. Sie konnten voneinander nicht lassen, flohen zusammen in die Berge, und dort über dem Inntal, irgendwo zwischen dem Achensee und Jenbach, sollen noch heute ihre Nachkommen leben – so steht es jedenfalls in dem ›historischen‹ Roman ›Sturm am Tegernsee‹ von Karl Weinberger zu lesen. Gehörte diesem schönen Fräulein von Ebertshausen vielleicht der Ohrring aus karolingischer Zeit, der in der Nähe von Kaltenbrunn gefunden wurde? Und galt ihr etwa das reizende Liebesgedicht, das der Mönch Werinher aufgezeichnet hat: »Du bist min, ich bin din: des solt du gewiß sin. Du bist beslozzen in minem herzen: verlorn ist daz Sluzzelin: du muost immer drinnen sin«?

Die Existenz einer Burg Ebertshausen der Herren von Ebertshausen ist historisch belegt, auch, daß diese Burg nach dem Aussterben des Geschlechts an das Kloster Tegernsee gekommen ist und 1286 von diesem dem Ritter Wichnand von Eurasburg »mit dem dortigen Turme, den Grundstücken und 52 Höfen« zu Lehen gegeben wurde. Dieser Ritter und sein Sohn Otto sollen das Schloß vergrößert und befestigt haben. Sie beanspruchten das Fischereirecht im nördlichen See bis Sankt Quirin – noch bis 1803 wurde dieser Teil des Sees der ›Ebertshauser Zug‹ genannt – und kontrollierten wahrscheinlich auch den Verkehr von Nord nach Süd und umgekehrt, denn eine Durchgangsstraße am Ostufer des Sees über Tegernsee gab es noch nicht. Jedenfalls wurden sie schon nach kurzer Zeit dem Kloster unbequem – vielleicht befürchtete es auch, es könnte ihm hier eine Art weltliche Konkurrenz entstehen. Schon 1291 brachte es daher Burg und Gut wieder an sich. Ihr Schicksal in

Kaltenbrunn, das König Max Joseph 1821 zu seinem Tegernseer Besitz hinzugekauft und zu einem Mustergute ausgebaut hatte, wurde seitdem zu einem der beliebtesten Ausflugsziele am See. Trotz aller Gefährdungen durch den Besitzwechsel 1976 konnte es seinen stimmungsvollen, ländlichen Charakter bis heute glücklicherweise bewahren.

den nächsten 125 Jahren ist ungewiß. Gewiß dagegen ist, daß der tatkräftige Reformabt Kaspar Ayndorffer (1420-1461) kurzerhand Schluß machte und die Burg schleifen ließ. Mag sein, daß sich in der damals so wirren Zeit des allgemeinen Verfalls dort ein Leben breit gemacht hatte, das der tüchtige, mit der Reform des Klosters beauftragte Abt Kaspar nicht dulden konnte. Sicherlich spielten auch praktische Erwägungen dabei eine Rolle, wollte er doch den bisher zum größten Teil über die westliche Uferstraße gehenden Handelsverkehr auf die Tegernseer Seite ziehen und ließ dazu auch bei Gmund die steinerne Brücke über die Mangfall mit dem Tor erbauen und die dortige Taverne errichten. Um diesen ärgerlichen Zankapfel ein für allemal aus der Welt zu schaffen, griff er zu dem drastischen Mittel seiner Zerstörung. Zwei eiserne Schloßtüren sollen nach Tegernsee gebracht und bei der Säkularisation noch vorhanden gewesen sein. Die eine war »als Behältnis der ehemaligen Prälatensakristei gebraucht« worden, die andere »am untern Gang im Schlafhause des Convents applicirt« gewesen.

Wo aber stand diese Burg Ebertshausen nun eigentlich ehemals? Die Nachrichten hierüber sind merkwürdig vage, obwohl sie größtenteils aus dem 19. Jahrhundert stammen und man zu Anfang jenes Säkulums noch Spuren der Burg, zum Beispiel einen beträchtlichen Teil des Schanzgrabens, gesehen haben soll. Von den ›Rudera antiquae civitatis‹, die auf der 1523 von Aventin herausgegebenen ersten Karte von Bayern bei Gmund eingezeichnet sind, meint der Chronist von 1868: »Sie mögen keine andere sein, als die des alten Burgstall von Ebertshausen, in jenen Tagen noch eine Ruine von bedeutenderem Umfange.« Und er setzt hinzu, »noch jetzt zeigt die hinter den jetzigen Oekonomie-Gebäuden mit Waldung bewachsene, dunkle Höhe den Ort der Burg an, vom Volke der Schloßberg genannt.« Aber dann stiftet er leider mit einer Schlußbemerkung erhebliche Verwirrung. Er schreibt nämlich: »Oder soll in Gmund selbst eine Burg einst gestanden haben?« Auf einer Karte von Merian aus dem Jahre 1644 ist an der Stelle, wo sich heute der geheimnisvolle Hügel erhebt, ein ›Wasserturm‹ eingezeichnet. Noch Noë erwähnt 1865 einen ›Wasserturm‹ bei Kaltenbrunn, und eine andere Quelle berichtet, bei der Abholzung des Hügels im vorigen Jahrhundert seien die Grundmauern der Burg mit 20 x 30 Metern vermessen worden – reichlich klein für eine Burg von »bedeutenderem Umfang«!

Er bleibt geheimnisumwoben, dieser Hügel von Kaltenbrunn. Vielleicht – wer weiß – birgt er Reste der Urzelle, von der alles Leben rings um den Tegernsee ausging, der Burg Adalberts und Otkars?

Kaltenbrunn heißt die Ökonomie nach den aus Schmerold

östlich von Gmund stammenden Kaltenbrunnern, die sie im 15. Jahrhundert übernahmen. Obwohl die Besitzer im Laufe der Zeit mehrmals wechselten, behielt das Gut diesen Namen. 1732 baute Abt Gregor I. von Tegernsee (1726-1762) dort ein Wohnhaus als Rekreationsstätte für sich und seine Mitbrüder, als Kaltenbrunn wieder vom Kloster selber übernommen wurde. Nur noch für kurze Zeit; schon sehr schnell nach der Säkularisation wurde das damals aus zwei Gebäuden, Gärten, Pferde- und Kuhställen mit acht Pferden und sechzig Stück Rindvieh sowie $265^1/_2$ Tagwerk bestehende Gut von dem kurfürstlichen Kommissariat zur Versteigerung ausgeboten und von dem Jägerbauern aus Oberwarngau, Max Aigner, für 11 000 Gulden erworben. Von diesem kaufte es König Max I. Joseph am 1. Mai 1821 für 44 000 Gulden.

Bei der darauf folgenden Übergabe an den Kgl. Herrn zu Tegernsee waren dortselbst im Sommerhause, wo sie stattfand, verschiedene Herren und Bauersleute aus der Umgegend zusammengekommen. Auf Kosten Sr. Majestät gab es eine allgemeine Ausspeisung; es wurde auf das Wohl des Königs getrunken, und unter die Vivats mischte sich aus dem nahen Gesträuche Trompeten- und Paukenschall. Bei Musik und Tanz erfreute sich die ländliche Jugend, während andere sich am Eierlaufen und Baumsteigen erlustigten, und hiebei die Geschicktesten fürstlich belohnt wurden. Abends war auch die erste See- und Bergbeleuchtung.

Der König machte aus Kaltenbrunn ein Mustergut; sein Zuchtvieh, sein Geflügelhof mit seltenen ausländischen Hühnern, Gänsen, mit weißen Pfauen und Perlhühnern wurde in der ganzen Gegend berühmt. Es wurde das beliebteste Ausflugsziel des Königs und seiner Familie. Kaltenbrunns herrliche Lage, der weite Blick über den See zu den ihn rahmenden Bergkulissen fasziniert denn auch heute noch jeden, der dorthin kommt. Max Joseph versäumte nie, seinen Gästen dieses einzigartige Panorama vorzuführen. Er ließ eine Absteigehalle, ein

Das Schönste an *Kaltenbrunn* ist – neben seiner eigenen malerischen Lage – der großartige *Ausblick auf den Tegernsee und sein Gebirgspano-*

rama: Über dem Kloster (halblinks) der Wallberg, rechts anschließend Risserkogel, Setzberg und Blauberge, Ringberg und Hirschberg.

Herrschaftshaus mit großem Speisesaal im oberen Stock errichten, und er liebte es, dort mit seinen Staatsräten und Ministern zu Konferenzen zusammenzutreffen. Zu Ehren hoher Gäste, an Geburtstagen in der königlichen Familie oder an sonstigen Festtagen fanden die schon an anderer Stelle erwähnten berühmten See- und Bergbeleuchtungen statt. Als »vorzüglich, prachtvoll und denkwürdig« wird die erste dieser Illuminationen, die am 27. Mai 1822 zum Geburtsfeste des Königs veranstaltet wurde, geschildert:

Während in dem feierlichen Dunkel der einbrechenden Nacht schweigend die Gegend dalag, tönte von dem magisch beleuchteten Kaltenbrunn, wo der k. Hof sich versammelte, laut schallende, fröhliche Musik hernieder. Eine hier aufsteigende Rakete gab das Signal zum Beginne des Schauspiels. Auf der Point bei Tegernsee eröffnete ein Schwärmerkasten, der prasselnd seine Schlangen gen Himmel warf, die erhabene Scene. Der glänzende Sternenhimmel, der aus der ruhigen Flut widerstrahlte, als die Legion der bunten Leuchtkugeln über die Fläche des See's schwebte, verwandelte sich plötzlich in ein weites Flammenmeer, da die Feuerräder weithin ihre Funken sprühten. Aus einer Batterie Kanonen [die aus München herbeigebracht worden waren] *rollten mächtige Donner durch die Berge, und die aus ihrer nächtlichen Ruhe aufgeschreckte Echo gab sie hundertfach zurück. Doch dieß alles war nur Vorspiel des erhabenen, nun beginnenden Schauspiels. Eine in Kaltenbrunn aufsteigende Leuchtkugel hieß die Bergbeleuchtung beginnen. Wie von einem Zauberschlage hervorgelockt, glänzten die malerischen Formen der Bergumrisse und die Ufer des Sees von helloderndem Feuer, und, als wären sie an's Firmament geschrieben, strahlten in kollosaler Flammenschrift teure Namenszüge am dunkeln Hintergrunde. Die wunderbare Beleuchtung ward durch unzählige Holzstöße hervorgebracht, die auf den Bergen brannten. Die Buchstaben, welche eine Länge von 1200–1500 Fuß maßen, zogen sich an den Wänden des Wall- und Setzberges hinan. Auf allen sichtbaren Bergen brannten die Feuer, und erstreckten sich bis an den fünf Stunden entfernten Planberg. Deutlich konnte man in München die Buchstaben unterscheiden. Eine würdige Schlußszene zu diesem imposanten Schauspiele bildete die Rückfahrt der königlichen Majestäten nach Tegernsee. Auf den flammenden Wellen schwamm die reichbeleuchtete Flotte, das königliche Schiff an der Spitze. In den lauten Jubel der Menge, die an dem Ufer wogte, mischten sich die Musikchöre des Leibregiments, der Donner der Kanonen und die zischenden Raketen. Beim Angermann, nicht weit von St. Quirin, strahlte eine magische Erdbeleuchtung von dem Hügel herab. Hier stiegen die Majestäten ans Land, wo Aufzüge von Trompeten und Pauken sie empfingen, und begaben sich zu Wagen nach Tegernsee. Vor dem Schlosse sammelte sich zum letzten Willkomm die jauchzende Menge, und weithin bedeckten die mit Fackeln beleuchteten Schiffe den plätschernden See. Raketen, die sich über die teuren Namenszüge kreuzten, bauten um sie einen Feuerdom. Da Ihro Majestäten sich auf dem Balkone zeigten, ward ihnen ein Flammenbouquet dargebracht, mit dem der tausendstimmige Jubelruf zum Himmel stieg.*

Bis heute ist Kaltenbrunn das geblieben, was es seit Max Josephs Zeiten war: das beliebteste und schönste Ausflugsziel rings um den Tegernsee. Noch sitzen die Gäste »im schattigen Garten unter den breitästigen Kastanienbäumen«, noch »macht die Schönheit der Landschaft unser Auge unersättlich«, wie ein Besucher Anfang unseres Jahrhunderts schwärmt. Und er fährt fort:

Wo bietet sich unserem Blick wieder ein so herrlicher Gesamtblick auf den Tegernsee und seine Berge, als gerade hier von Kaltenbrunn aus? In seiner ganzen Länge liegt der See unter dem weichen Blau des Himmels zu unseren Füßen, und gerne verträumen wir hier einen Nachmittag ... Wenn die Abendsonne, hinter den Kaltenbrunner Hügeln versinkend, nochmals das ganze Tal in warmes Gold und Rot taucht, spüren wir tief innen die Gnade des Hierseins. Während die Lichter rings um den See aufflackern, treibt uns ein Frösteln in die behaglichen Räume des Hauses. Das Gastzimmer mit seinem behaglichen Kachelofen nimmt uns auf; alte Bilder und Stiche an den Wänden gemahnen an längst vergangene, schönere Tage.

Auch nach Aufgabe des landwirtschaftlichen Betriebes 1961 blieb Kaltenbrunn unverändert. Herzog Ludwig Wilhelm in Bayern, sorgsam auf die Erhaltung seines Erbes in einer dem Wandel der Zeiten angepaßten Form bedacht, verpachtete die breit und wuchtig hingelagerten ehemaligen Stallungen und Scheunen an den Wiesseer Reitklub und gab ihnen damit eine angemessene Verwendung. Eine geräumige Scheune wurde zur Reithalle, die Ställe beherbergten eine große Zahl von Klub- und Gastpferden. Der Gaststättenbetrieb ging weiter und, wie gesagt, kann man noch heute »im schattigen Garten unter breitästigen Kastanienbäumen« sitzen. Wie lange noch?

Seit Kaltenbrunn in andere Hände übergegangen ist, ist die Existenz der traditionsreichen Gebäude, die Kaltenbrunn seinen ganz besonderen Charme verleihen, aufs äußerste bedroht.

Wie lange noch wird Kaltenbrunn das Ziel der alljährlichen Gmunder Fronleichnamsprozession bleiben können, wird der Zug der in festliche einheimische Trachten gekleideten Männer und Frauen, der Vereine und Gebirgsschützen mit ihren Fahnen sich vor dem im alten Wirtschaftshof aufgebauten Altar zum Gebet vereinen, während die Gmunder Kirchenglocken herübertönen, werden die Mauern widerhallen vom Trommelwirbel und den Salutschüssen der Gebirgsjäger?

Bleiern liegt unten der See, spiegelt in tausendfältigen Farbschattierungen die ihn umschließende Landschaft. Ein leichter Dunst verwischt die Konturen, entrückt alles in unwirkliche Fernen. Zeitlos, unberührt vom ewigen Wechsel des Lebens an seinen Ufern scheint der See. Doch auch er ist ihm unterworfen: Gelehrte Männer, die es wissen müssen, haben festgestellt, daß er zur Zeit, als das erste Leben von Flora und Fauna sich an seinen Ufern regte, etwa doppelt so groß gewesen ist wie heute, daß seitdem sein Wasserspiegel um etwa fünfzehn Meter gesunken ist. Und sie prophezeihen:

In etwa 18-20000 Jahren hat der See vollständig zu existieren aufgehört, so daß nur ein Fluß durch die Ebene zieht.

Schliersee

Ich bin hier »endlich im Hafen meiner ländlichen Wünsche, und ich fühle mich glücklich. Welch ein ganz anderes Erwachen diesen Morgen, als mein erster Blick auf den freundlichen See und seine Ufer fiel und das Lied der Vögel mir entgegenschallte«, so schrieb August von Platen am 3. Juni 1817 nach seiner ersten Nacht in Schliersee in sein Tagebuch. Man kann es ihm nachfühlen, ja man möchte fast meinen, daß sich seitdem gar nicht so sehr viel geändert haben kann, wenn man durch Schliersees Straßen geht und die schönen alten Häuser sieht mit ihren kunstvoll geschnitzten, blumengeschmückten Balkonen, den Lüftlmalereien, den heimeligen kleinen Vorgärtchen. »Ein Dorf von 76 Häusern, teils auf der Anhöhe, teils im Tal«, wie Platen den Ort schildert, ist Schliersee heute freilich nicht mehr. Aber der See, inmitten einer Landschaft von überschaubaren Dimensionen voll harmonischem Gleichgewicht, strahlt nach wie vor eine liebenswerte Freundlichkeit aus, ebenso der Schönheitssinn, die Liebe zum Detail, das Traditionsbewußtsein seiner Bewohner. Und – diese ganze liebliche Landschaft scheint in einer Aura von geheimnisvollen Sagen und Legenden irgendwie leicht über dem Erdboden zu schweben.

Es ist eine Atmosphäre, die, so meinen wir, Menschen anzog und vielleicht, wer weiß, auch heute noch anzieht, die ihre ›Selbstverwirklichung‹ abseits von konventionellen Wegen suchen, für die Stillen im Lande wie den Landschaftsmaler Karl Haider (1846–1912), den Schriftsteller Anton von Perfall

(1853-1912) oder den Dichter August von Platen (1796-1835). Von seiner ersten Begegnung mit Karl Haider erzählt Ludwig Thoma, in einem Münchner Lokal sei ihm eines Tages ein kleiner Mann durch sein von Sonne und Wind rot gebeiztes Gesicht aufgefallen. Ein Freund sagte ihm, das sei ein Schlierseer Maler. Und meinte, als dieser aufstand und einen großen Schlapphut aufsetzte, nun sehe er selbst aus wie ein Schwammerling im Holz draußen. In einer Ausstellung des Münchner Kunstvereins sah Thoma dann Bilder Karl Haiders »mit ihrem ganzen zum Herzen dringenden Reiz. Das war unser Wald, der uns Kinder anzog und wieder fürchten machte, in dem es Fasanen gab und Zwerge, der voll war von Geheimnissen«. Und er notiert eine sehr bezeichnende Bemerkung Haiders: »An oanzigsmal hab i was über mi g'lesen ..., was mir g'fallen hat. Da hat nämli oana g'schrieben, mer kennt's meine Bilder o, daß i a Musiker bin. Der war net dumm, der dös g'schrieben hat. Denn i bin a leidenschaftlicher Musiker, und dös kummt ganz von selber in d'Stimmung nei.« Lange dauerte es, jahrzehntelang mußte er sich »mit der inneren Sicherheit des Selbstbewußtseins gegen eine feindliche oder stumpfe Welt aus eigener Kraft« behaupten, bis sich der Erfolg einstellte. Aber dann regnete es Auszeichnungen, Ehrendiplome von Pariser und Londoner Ausstellungen, 1897 eine goldene Medaille eines internationalen Preisgerichts; die Gemäldegalerien von Berlin, Wien, Hamburg, Dresden, Frankfurt, Mannheim, Karlsruhe, Essen erwarben seine Werke. Er aber konnte endlich, befreit von materiellen Lebenssorgen, in seinem kleinen Häusel in der Sommerau am Nordrand von Schliersee die ihm gemäße Lebensform verwirklichen, »mitten in blumenreichen Wiesen, klein beisammen unter seinem flachen, weit vorspringenden, steinbeschwerten Schindeldach, einstöckig, halb Stein-, halb Blockhaus, nur drei Fenster in der Breite des Erdgeschosses, aber mit einem köstlichen Ausblick auf See und Insel, Wald und Berg«. Dort lebte er der Kunst, und »sein liebster Umgang in der selbstgewählten Einsamkeit war Homer, Sophokles und Shakespeare, Bach, Gluck und Beethoven«. (Karl Alexander von Müller)

Der Freiherr Anton von Perfall – Neffe des Münchner Intendanten der bayerischen Hofbühnen unter Ludwig II., Karl von Perfall, und Sohn des Landrats in Landsberg am Lech und Herrn auf Greifenberg, Maximilian von Perfall – fand in dreißig glücklichen, alle Bindungen seines Lebenskreises hinter sich lassenden Jahren hier in Schliersee seine ›Selbstverwirklichung‹ in der Ehe mit der Tragödin des Wiener Burgtheaters, Magda Irschick. Er war 1853 in Landsberg geboren worden und hatte sich kurz nach seiner Vermählung 1878 in Schliersee ansässig gemacht, wo er sich dann 1889 eben jenes ›Perfallhaus‹ baute, das 1970 dem neuen ›Kurzentrum‹ weichen mußte. In seiner Jugend war er sehr eng mit Wilhelm Leibl befreundet, der ihn 1876 in seinem prachtvollen Bild ›Der Jäger‹ porträtiert hat. Über die Entstehung des Gemäldes, das in der Berliner Nationalgalerie hing und seit der Einnahme der Stadt 1945 leider verschollen ist, hat Perfall ein Jahr vor seinem Tod (1912) noch selber berichtet:

Der ständige Verkehr, ich war damals selbst voll der Jugend und Kraft, wohl auch persönliche Neigung, vielleicht auch das Malerische der oberbayerischen Tracht, die ich ständig trug, reifte in ihm den Entschluß, mich zu malen, – das Bild sollte sein Meisterwerk werden.

Er sprach nur ganz geheimnisvoll davon. »Warte nur, da sollen sie was zu sehen kriegen.«

Von der Stunde an war ich für ihn nur Erscheinung, wie ich stand, wo ich ging, wohin ich mich wandte, nie verließ mich sein Auge. Er saugte mich förmlich ein, zwei Wochen lang, jede Miene, jede Bewegung, er baute mich förmlich in seiner Seele auf, bis seine Stunde kam, dann fesselte er mich plötzlich bei einer zufälligen Bewegung mit einem Machtwort auf den Boden – das Bild ›Der Jäger‹ war erzeugt!

Seltsame Wochen begannen am Ufer des Sees [bei Unterschondorf am Ammersee]. *Er malte bei Nebel und Sonnenglut, nur im Freien.*

III

BLICK VON DER GINDELALM ÜBER DEN SCHLIERSEE UND AUF DEN WENDELSTEIN

Wilhelm Scheuchzer
(Hausen/Zürich 1803-1866 München)

Aquarell, 1835
München, Städtische Galerie im Lenbachhaus

Der etwa seit dem dritten Jahrzehnt des 19. Jahrhunderts einsetzende Fremdenverkehr im bayerischen Hochland rief alsbald rührige Verleger auf den Plan, die die Schönheiten der Seen- und Alpenlandschaften in zahllosen Erinnerungsblättern und Souveniralben vermarkteten. Gerade die Frühzeit dieser für den Tourismus bestimmten Bilder- und Buchproduktion ist von einer erstaunlichen Vielfalt und Qualität bestimmt, da namhafte Künstler als Schöpfer der Vorlagen für die zunächst lithographische, dann in Stahl gestochene Vervielfältigung gewonnen werden konnten. Einer der feinsinnigsten auf diesem – von der Kunstgeschichte meist wenig beachteten – Gebiet tätigen Vedutisten war der Schweizer Wilhelm Scheuchzer, dem wir diesen schönen und selten festgehaltenen Blick von der Gindelalmschneid über die Gindelalmen und den Schliersee hinweg zum Wendelstein verdanken. Das Blatt stammt aus einer Folge mit elf Ansichten vom Tegernsee und seiner Umgebung: Obwohl wahrscheinlich für die Reproduktion bestimmt, ist bisher jedoch keine Ausführung bekannt geworden.

Über mich kam ein wahrer Fanatismus, einer großen Kunst zu dienen. Er lebte nur in mir, ich war seine Welt, an der er immer Neues entdeckte, mein Wesen erfüllte ihn ganz. So muß man malen, die große Liebe zur Erscheinung im Herzen, gleichviel, was sie vorstellt.

Die Kunstpausen wurden zu wahren Bergpredigten für mich. Wenn alle seine Nervenkraft noch erregt war von der intensiven Arbeit, sprach er von seinen intimsten Glaubenslehren, von seinem zähen Ringen mit der Natur, von seinen tiefsten Ehrfürchten. Oft sprang er auf und vernichtete die Arbeit zweier Tage, besonders wenn sich nicht gut in das Nasse hineinarbeiten ließ, die Farbe zu zähe geworden war. Oft war er selig zufrieden mit seiner Arbeit, oft haßte er sie und ballte die Faust dagegen.

Es war ein heroischer Ringkampf und ich rang ihn mit und lernte damit mehr, als alle Professoren in mich je hineinpreßten.

Eines Tages, ich vergesse es nie, war er fertig. Er fühlte den höchsten Inhalt erreicht und seine Kunst erschöpft. »Ich danke dir!« Er drückte mir innig die Hand. Es war uns beiden weh zu Mut – so schön kommts nimmermehr.

In Konkurrenz zu seiner in aller Welt gefeierten Frau, von deren Einkünften er lange Zeit lebte, wurde Perfall ein zu seiner Zeit viel gelesener, erfolgreicher Schriftsteller. Besonders seine Jagdgeschichten mit ihrer köstlichen Beobachtungsgabe und ihrem feinen Humor sind auch heute noch lesenswert. Dieser große Jäger, »dessen Glück nicht Strecke und Trophäe, sondern die unlösbare Verbundenheit mit der Landschaft, ihren Menschen, dem Ablauf des bäuerlichen und jägerischen Jahre« war, liegt in der Nähe seiner geliebten ›Wurzhütte‹ am Spitzingsee begraben. Dort haben ihm seine Freunde ein Denkmal mit Bildrelief setzen lassen.

Dem eigenbrötlerischen, menschenscheuen, mit sich und der Welt zerfallenen Dichter August von Platen waren hier nur kurz Zufriedenheit und Glück beschieden. Zu seiner Zeit begann die Flucht der Städter in die Natur, die Entdeckung der Landschaft als Erholung von dem schon damals als ›Streß‹

empfundenen Stadtleben. Wobei für unsere Begriffe fast unvorstellbare Strapazen in Kauf genommen wurden, denn Verkehrsmittel gab es noch kaum, die Postkutschen verkehrten selten und waren teuer, und so ging man eben auf Schusters Rappen. Platen zum Beispiel wanderte von München zunächst nach Haching. Dort frühstückte er, mittags war er in Holzkirchen, machte nachmittags noch einen Spaziergang in die Umgebung und übernachtete in der ›Post‹, »einem sehr guten Gasthof«. Am nächsten Morgen machte er sich in aller Frühe wieder auf den Weg, ging über Miesbach durch das »romantische« Mühltal, vorbei an Kloster Weyarn, dessen Lage ihm »minder« gefiel, und war nach sechs Stunden um zehn Uhr vormittags in Schliersee. Hotels gab es damals noch nicht; die wenigen Wirtshäuser waren noch nicht zur Beherbergung dieser ersten Pioniere des Fremdenverkehrs eingerichtet. Es war üblich, daß sie in Pfarrhöfen gastliche Aufnahme fanden. So wurde Platen von dem Schlierseer Pfarrer freundlich begrüßt und wohnte vom 2. Juli bis 11. Oktober 1817 bei ihm in dem 1722 bis 1724 errichteten geräumigen Pfarrhof mit dem hohen Zeltdach. Er steht heute noch genauso da, wie er ihn beschreibt:

Der große und helle Pfarrhof liegt etwas weiter vom See als die Kirche. An der vorderen Fassade gegen das Wasser zu, ist ein Blumen- und Gemüsegarten angelegt, am Ende desselben ein Gartenhaus, auf einer Seite offen. Das übrige umgibt der Obstgarten. Das Haus hat zwei Stöcke. Im unteren ist das Wohnzimmer des Pfarrers, die Küche usw. Der obere enthält eine schöne Reihe von meist freundlichen Zimmern mit Kabinetten, die meist leer stehen. Das heiterste, größte ist der Speisesaal. Doch essen wir gewöhnlich im unteren Stock oder im Gartenhaus.

Ich bewohne hier ein Eckzimmer mit vier Kreuzstöcken. Zwei Fenster gehen gegen das Gartenhaus und den See zu; etwas mehr linkswärts sehe ich die Kirche und den Nasenberg. Die beiden anderen öffnen die Aussicht nach Osten, auf den Hügel, wo St. Georgs Kapelle steht. Zwischen beiden steht ein Altar, der mich übrigens nicht geniert. Ihm gegenüber ein Kanapee. Zwischen den anderen Fenstern eine Kommode, ihr gegenüber mein Bett. In der Ecke, wo die Kreuzstöcke zusammentreffen, ist mein Schreibpult angebracht (da ich immer stehend arbeite), so daß ich zugleich die Aussicht auf beide Seiten genieße. Die Wand ist mit mehreren Bildern geziert, teils Heilige, teils Fruchtstücke, ein paar gute Gemälde.

Hier fühlte er sich wohl und konnte sein Leben nach seinem Geschmack einrichten. Schon nach wenigen Tagen schrieb er:

Ich lebe hier, als wenn ich immer so gelebt hätte, als wäre ich nie Offizier gewesen (daß ich es noch bin, fällt mir kaum ein), als hätte ich nie etwas anderes gekannt, als die ländliche Natur und das Studium. Äußerst selten kommt mir der Gedanke an München und meine früheren Verhältnisse. So schnell schütteln wir einen Stand ab, der uns nicht natürlich ist. Ich gehe viel spazieren, finde täglich neue Wege, neue Aussichten, und gewinne der Gegend nach und nach mehr Reize ab. Meine Begleiter sind gewöhnlich botanische Bücher, zuweilen auch andere, zum Beispiel Delilles ›Jardins‹, die sich, von einer schönen Natur umgeben, herrlich lesen, oder Horaz, oder Rochefoucauld ... wie auch den Tasso, Gresset, Homer.

Er hatte eine ganze Bibliothek mit hierher geschleppt: sämtliche Werke Homers in Griechisch, Übersetzungen der ›Ilias‹, und der ›Odyssee‹, auf lateinisch Ovids ›Metamorphosen‹, Horaz, Tacitus, französische, italienische, englische, ja sogar spanische Literatur in den Originalsprachen, Schillers ›Ästhetische Schriften‹, Humboldts ›Ansichten der Natur‹. Zur Lektüre dieser Werke suchte er sich besonders reizvoll erscheinende Plätze:

... heute nachmittag erstieg ich eine steile, tannenbewachsene Anhöhe unweit der ›Lindenmühle‹ über dem Wasser. Dort ließ ich mich nieder und las in Gressets ›Poésies choisies‹. Die Gegend, die sich vor mir ausdehnte, würde hinreichend gewesen sein einen Claude [Lorrain] *zu fesseln. Ich sah den Gipfel des Brechenspitz über Waldhügel emporragen; an ihn schloß sich der Hagenberg (zu dessen Füßen Fisch-*

hausen liegt) und der Berg, auf dem die Waldeck steht. Ich sah einen Teil des Sees mit dem Vorland des Jägerhauses, Schliersee und Westenhofen selbst, vielleicht in ihrer schönsten Ansicht und Ausdehnung ...

Unterbrochen wurden diese besinnlichen Stunden durch Wanderungen nach Fischbachau, Birkenstein, Bayrischzell oder durch Bergtouren, zum Beispiel auf die Brecherspitze, dem Wahrzeichen Schliersees, wo in der von einem merkwürdigen ringförmigen Wall umzogenen Einsenkung auf dem Gipfel sich die Hexen ein Stelldichein geben und ihren verwunschenen Reigen tanzen sollen, wie der Volksmund sagt. Platen beschreibt, was er dort oben erlebte:

Leider hatte sich das Wetter geändert; über Westenhofen hing ein rabenschwarzes Gewitter; der See dunkelte wie das unterirdische Wasser einer Grotte. Auf den übrigen Seiten war die Aussicht noch etwas offener. Wir sahen das bayerische Gebirge, den Tegernsee, den Spitzingsee, einen Teil des Chiemsees in der Ferne. Aber bald ward auch dies getrübt; die Wolken zogen über den Schliersee. Wie ungeheure Felsenzacken aus einer Höhe hingen sie drohend und seltsam gestaltet hernieder ... Über das liebliche Tal in Fischbachau beugte sich, tief unter uns, im großen Bogen, das schwarze Gewölbe einer schwarzen Wolke. Plötzlich erhoben sich, von allen Seiten, aus allen Tälern und Abgründen, wie Rauchsäulen, die Nebel, und die leicht hinschwebenden Wolken umtanzten uns wie geschlungene Reigen. Ein Paar nach dem anderen umarmte uns und umhüllte uns. Endlich sahen wir nichts mehr, als das Fleckchen, auf dem wir standen. Alles andere war nur eine Farbe. Wir waren abgeschieden von der Welt ...

Heinrich Noë schildert es drastischer:

In schweren Wettern hört der Wanderer dort kreischende Frauenstimmen: der Widerhall des Windes in den ächzenden Wäldern. Die vom Wetterwind herüber getriebenen grauweißen Wolken erscheinen der aufgeregten Einbildungskraft als grinsende, gespenstische Weibergesichter mit ausgestreckten hageren Fingern und flatterndem Sturmhaar.

Als König Max I. Joseph, von Tegernsee kommend, sich mit seiner ganzen Familie beim Pfarrer ansagte, flüchtete Platen; er unternahm eine Tour auf den Wendelstein. Bei seiner Rückkehr am nächsten Tag erzählte ihm der Pfarrer, daß der König wirklich mit seiner Familie und seinem Hofstaat bei ihm gewesen sei. »Er bildet sich nicht wenig darauf ein und erzählte mir, daß er die Königin, die sonst so ernsthaft wäre, achtmal zum Lachen brachte.«

Ganz anderer Art als der etwas menschenscheue Platen waren die Gäste, die in der ›Post‹ bei der freundlichen und hübschen Fischerlisl einkehrten. Noë schreibt darüber:

Dort war es, wo die Künstlerjugend ... im Sommer zuerst und im wolkigen Grün die Tage verlebte, welche der Kunst und der Freude geweiht waren. Von diesen Jünglingen lernte das träge Volk der Hauptstadt; es merkte aus ihren Bildern, daß es wohl schön und luftig sein müsse an den klaren Seen und in der Kühle milchweißer Wasserstürme. Der eine oder andere wagte sich endlich hinaus, bis dahin, wo er die dicken Türme der Stadt nicht mehr sah, und endlich ganz in die Berge hinein. Dieser Anstrengung bemächtigte sich die Mode – und so waren jene Künstler die Pioniere der Sommerkolonisten ... Die Kunst, vergnügt zu leben, war in jenen Tagen weiter verbreitet als unter den Nachkömmlingen, die sich klüger dünken. Der Künstler lebte der Kunst, der Handwerker der Arbeit und Jeder seinem Kreise, der sich heute zehnfach durch konzentrische Außenringe erweitert hat. Man wurde leicht fröhlich und amüsierte sich an Kindereien ... Das Entree ins Schlaraffenland war viel wohlfeiler als jetzt.

Zur ersten Generation jener ›Pioniere der Sommerkolonisten‹, die die Schönheiten des bayerischen Oberlandes entdeckten und in ihren Bildern festhielten, gehörten Johann Jakob Dorner und Georg von Dillis, Wilhelm von Kobell, Max Josef Wagenbauer und Simon Warnberger, Domenico und Lorenzo Quaglio. Ihrem Vorbild folgte eine ganze Reihe junger Leute, deren Werke eine liebevolle Beobachtung der Natur verraten und die uns vertraute Landschaft mit höchster Akribie im Gewand ihrer Zeit wiedergeben.

Nun kam Leben in den weltverlorenen kleinen Ort; die Gemeinde bemühte sich eifrig um Verbesserung der Verkehrsverbindungen. Noch in der Mitte des 18. Jahrhunderts, so heißt es, habe es »niemalens durch die Reichsgrafschaft oder durch das Vogteigericht Schliersee eine Landstraßen« gegeben. Jetzt begann man, den Bau von Straßen voranzutreiben. Die seit 1790 bestehende ›Chaussee‹ von München nach Miesbach, wo auch ab 1813 eine ›Bezirksstraße‹ von Rosenheim mündete, wurde 1817 bis nach Schliersee verlängert, 1819 von dort bis Neuhaus und 1820 bis Aurach. Denn: »Hatten ehedem nur einzelne Personen höherer Bildung Reisen in diese Gebirge unternommen, so vermehrten sich jetzt ... die Besuche der Fremden von der Hauptstadt her.« Mit der Entwicklung der Technik kam 1869 die Eisenbahn nach Schliersee, und natürlich blieb es nicht aus, daß bald nach 1900 auch die ersten ›Automobile‹ auftauchten. Sie verursachten nicht geringe Aufregung:

Ungeheure Staubwolken hinter sich lassend, ging es auf schlechten, mit spitzen Basaltsteinen gespickten Straßen unter Tatü-Tata-Trara-Warnungssignalen durch die Gegend: Radfahrer, Fußgänger und Bauern-Gauwägerl flohen schimpfend an den äußersten Straßenrand. Lenker von Pferdefahrzeugen stiegen nicht selten ab und führten ihre scheuenden Pferde am Zügel an der haltenden Benzinkutsche vorbei. Nicht selten stieg aber auch der stolze Autobesitzer ab und führte den aufgeregten Gaul mit freundlichen Zurufen wie »He-Mandl-he« am ›Automobil‹ vorbei.

Bei solch rasantem Aufschwung des Fremdenverkehrs mußte natürlich für Unterbringung und Bewirtung der Gäste gesorgt werden. Die beiden Tavernen Schliersees aus dem 15. Jahrhundert entwickelten sich zum ›Gasthof zur Post‹ und zum ›Hotel Seehaus‹, selbstverständlich nach entsprechenden Umbauten und Einrichtung »mehr oder minder bequemer Zimmer«.

Die Maler, die seit Beginn des 19. Jahrhunderts ins Oberland hinauszogen, waren nicht nur Entdecker der landschaftlichen Schönheiten der bayerischen Alpen, sondern oft genug auch Entdecker der bäuerlichen Trachten. Einer der liebenswertesten und verdienstvollsten Schilderer

war dabei *Lorenzo Quaglio*, der in seiner charakteristischen Verbindung von künstlerischem Gestaltungswillen und volkskundlichem Interesse diese *Bauernhochzeit in einem Schlierseer Dorfwirtshaus* gezeichnet und zu Felix Joseph Lipowskis Trachtenwerk beigesteuert hat.

Das ›Hotel Seehaus‹ erhielt 1862 sogar ein drittes Stockwerk. Beide wurden berühmt durch zwei Menschen: Die ehemalige ›obere‹ Taverne durch die ›Fischerlisl‹, Wirtin des nunmehrigen ›Gasthofs zur Post‹; das ›Hotel Seehaus‹, ehemals ›untere‹ Taverne, durch Xaver Terofal, der ein ebenso unübertrefflich vielseitiger Wirt wie Bauerndarsteller war. Beide sind unvergessen, ihr Geist bestimmt heute noch irgendwie die Atmosphäre Schliersees.

Die ›Fischerlisl‹ wurde am 14. Oktober 1790 als Tochter des Hoffischers Franz Schrädler geboren, der auch das Recht besaß, auf dem See Kähne zu halten. Schon in jungen Jahren wuchs ihr die Aufgabe zu, Gäste über den See zu fahren, wobei sie mit »ihrer vortrefflichen Laune, ihrem Singen und Scherzen nicht minder die Herzen derjenigen gewann, welche sie auf dem See herumruderte, als mit ihrer ungewöhnlichen Schönheit«, wie Heinrich Noë berichtet. 1818 heiratete Elisabeth Schrädler den Wirtssohn Johann Baptist Eglgraser (oder Elgraser), dessen Vater neben der Neuwirtschaft – an deren Stelle sich jetzt das ›Hotel Seehaus-Terofal‹ erhebt – auch die Wirtschaft ›Zum Partenhauser‹ (Rathausstraße 3) besaß. Als nun die fesche jungvermählte Wirtin hier einzog, änderte sich alsbald der Name des Gasthofs und wurde unter der Bezeichnung ›Zur Fischerlisl‹ ebenso berühmt, so daß eigentlich niemand von sich behaupten konnte, in Schliersee gewesen zu sein, wenn er nicht wenigstens bei der ›Fischerlisl‹ eingekehrt war. Vor allem war sie das Ziel des lebenslustigen Künstlervolks. Heinrich Noë erzählt uns darüber:

Übrigens lehrt ein Blick auf den an der Vorderseite des Gasthauses zur Post angebrachten Schild, daß wir uns hier an einem Ort befinden, welcher bereits von auserwählten Freunden des Gebirgs besucht wurde, ehe die Welt wußte, daß es ein bairisches Hochland gibt ..., daß die Leute draußen der Malerwelt die Bekanntschaft und Liebe zu unseren Alpen verdanken.

Eine weitbekannte Schönheit und ein Original zugleich war die ›Fischerlisl‹ vom Schliersee. Als die beiden Münchner Künstler Dietrich Monten und Johann Nepomuk Ott 1822 in ihrem Gasthof logierten, malten sie ihr als persönliche Huldigung – und vielleicht auch an Zahlungs Statt? – dieses *Wirtshausschild*, das heute noch im Schlierseer Heimatmuseum im alten ›Schredlhaus‹ verwahrt wird.

Es war das Schild, das die zu dieser ›Malerwelt‹ gehörenden Kunstjünger Dietrich Monten und Johann Nepomuk Ott 1822 auf eine unbenützte alte Haustür gemalt und in launiger Verbindung von romantischer Italiensehnsucht und nordischer Alpenbegeisterung nicht nur deutsch sondern auch – orthographisch nicht ganz richtig zwar – italienisch »Ala Donna del Lago« beschriftet hatten. Es zeigt im Mittelfeld die ›Fischerlisl‹ in Schlierseer Tracht, zwei Männer mit Gitarre und Künstlermappe – eben die beiden Schöpfer dieses Opus – über den stürmischen See rudernd. Heute wird dieses Schild, das sozusagen auch zu den Urdokumenten des bayerischen Fremdenverkehrs zählt, im Heimatmuseum aufbewahrt. Auch Lorenzo Quaglio ist 1823 bei der ›Fischerlisl‹ eingekehrt und hat sie uns in einer duftigen Zeichnung überliefert.

Als Noë nach Schliersee kam, hieß die Wirtschaft ›Zur Fischerlisl‹ also bereits ›Gasthof zur Post‹. Der Grund dazu war, daß im Jahre 1842 eine ›Cariol-Post-Verbindung‹ von

Holzkirchen über Miesbach nach Schliersee eingeführt und in der ›Fischerlisl‹ eine Raststelle, später noch eine Posthalterei, errichtet worden waren. Nach dem Tod ihres Mannes 1834 wirtschaftete die berühmte Wirtin zunächst allein weiter und

Konrad Dreher (1859-1944), der gefeierte Komiker des Münchner ›Theaters am Gärtnerplatz‹, inspirierte Xaver Terofal 1903 zur Gründung seines ›Schlierseer Bauerntheaters‹ und übernahm später auch selbst die Leitung dieses zu Weltberühmtheit gelangten Unternehmens.

zog sich nach der Heirat ihrer Töchter Elisabeth und Maria mit Michael und Josef Orterer »auf die stille, malerische Halbinsel Freudenberg zurück, erwarb dort das alte Jägerhaus und baute es zu einem Fremdenheim um«, das damit eine der ersten Gästepensionen in Oberbayern wurde. Hochbetagt starb die ›Fischer-lisl‹ am 30. September 1865.

Aber nun zur anderen Berühmtheit Schliersees, zu Xaver Terofal. Das nach ihm benannte ›Hotel Gasthaus Terofal‹, früher ›Hotel Seehaus‹, steht nicht weit vom ›Gasthof zur Post‹ im Zentrum Schliersees mit dem riesigen Maibaum. Daneben wie zu Terofals Zeiten das Theater. Hier war er sein eigener Theater- und Hoteldirektor, Schauspieler, Oberkellner, Metzger, Küchenvorstand, Kutscher und Buchhalter. Unermüdlich sorgte er tagsüber in Joppe und Wadlstrümpfen für das Wohl seiner Gäste, erzählte dem einen, daß er gelernter Metzger sei, täglich das Fleisch selbst auslöse und vorbereite, »auf daß nichts fehle«, erkundigte sich beim anderen, ob's gut geschmeckt habe, berichtete vom neuen Theaterstück, das demnächst im Theater nebenan aufgeführt werde. Und am Abend spielte der Herr Direktor mit seinem Hauspersonal, von der Köchin, dem Stubenmädl bis zum Hausknecht ›Kumedi‹, rein aus ›Spaß an der Freud‹. Diese »Urenkel des Barock«, wie Hermann Bahr sie nannte, taten das ohne einen Nebengedanken an Gewinn oder gar ›Karriere‹, und das war sicherlich nicht zuletzt das Geheimnis ihres Erfolgs.

Der Gedanke, ein Ensemble zu gründen, dessen Mitglieder in demselben Milieu Theater spielten, in dem sie tagsüber ihrer Arbeit nachgingen, kam Konrad Dreher, dem gefeierten Komiker des Münchner Theaters am Gärtnerplatz, als er 1892 mit einer eigenen Truppe auf Gastspieltourneen ging und Terofal, den Metzger und Gastwirt aus Halfing, als Schuhplattler engagierte. Dieser Tausendsassa, der wie kein anderer Schuhplatteln, Gitarre und Zither spielen, lustige Gstanzln singen konnte und obendrein ein erstaunliches Talent für die Darstellung sowohl komischer wie tragischer Gestalten hatte, war der richtige Mann für so etwas, außerdem trieb ihn sowieso nur seine Passion für das ›Kumedispielen‹ gelegentlich in die Stadt. Dreher erzählte ihm von seiner Idee. Sie wurde von Terofal begeistert aufgenommen, und es dauerte nicht lange, dann kam er mit einem Vorschlag. Ein Hotel in Schliersee sei zu verkaufen, und in einem Nebenhaus könne man einen kleinen Saal einrichten, der sich zum Theaterspielen, zum Singen und Tanzen eigne. Dreher sah sich das Objekt an und meinte: »Da bauen wir ein Theater, mein Freund Emanuel Seidl macht mir umasunst die Pläne.« Gesagt, getan. Das Schlierseer Bauerntheater wurde nach den von Emanuel Seidl mit viel Liebe für alle Details gefertigten Plänen gebaut. Die kleine Bühne erhielt die neuesten technischen Einrichtungen, Kulissenwagen, ein elektrisches Beleuchtungssystem, Fahrstühle und so weiter. Im etwa 400 Besucher fassenden Zuschauerraum ging es zünftig zu, dort waren handfeste Tische und Stühle aufgestellt. 1902 war alles fertig, und der Erfolg belohnte den auch finanziell nicht geringen Einsatz Drehers.

Als die Belastung Terofals durch seine Doppelfunktion als Theater- und Hoteldirektor doch zu groß wurde, übernahm Dreher die Direktion des Theaters, Terofal blieb Hoteldirektor, und beide waren die gefeierten Lieblinge des in immer größeren Scharen kommenden Publikums. Nach wie vor putzte der jugendliche Held und Liebhaber als Hausknecht den Gästen die Stiefel, andere Mitglieder der Truppe schneiderten ihnen ihre Dirndln und Janker oder waren Holzarbeiter, Schreiner, Maler im Ort. Im Sommer spielten sie in Schliersee, in der Wintersaison führten sie Gastspielreisen durch alle Städte des Reichs, nach Österreich, die Schweiz, ja 1895 sogar nach Amerika, wo die Truppe »mit Beifall und Aufmerksamkeiten überschüttet« wurde. Das Schlierseer Bauerntheater war weltberühmt!

1918, als sie ihr fünfundzwanzigjähriges Jubiläum feierten, konnten sie auf 8002 Vorstellungsabende zurückblicken. Nur etwa fünfzigmal hatte Terofal nicht mitgespielt. Ihr Spielplan? Unter den Autoren der 75 Stücke, die zur Aufführung kamen, finden sich Namen wie Thoma, Rosegger, Ganghofer, Anzengruber. Die meisten jedoch sind vergessen; die Gestalten ihrer Werke lebten nur durch die geniale Darstellung der Schlierseer.

Nach dem Tode Xaver Terofals 1940 übernahmen seine Tochter Fanny und ihr Mann Karl Mittermayr die Leitung des Theaters, die aber schon im folgenden Jahr, als auch Karl Mittermayr selber starb, nun ganz allein auf seiner Witwe Schultern lastete. Nach dem Zweiten Weltkrieg – in dem das ›Schlierseer Bauerntheater‹ auch als Fronttheater dienstverpflichtet war – wurde zwar der Theaterbau nach einem Brand wiederhergestellt, aber die Tage waren doch gezählt. Fanny Mittermayr sah sich 1958 gezwungen, aus Altersgründen nicht nur die Leitung niederzulegen, sondern auch das Theater aufzulösen und den Besitz an das Herzogliche Bräuhaus Tegernsee zu verkaufen. Und wenn heute immer noch – oder besser: wieder – im traditionellen Theater ›kumedigspielt‹ wird, so ist das nur der Laienspielgruppe ›d'Schlierseer‹ des Trachtenvereins zu verdanken, die die Tradition Xaver Terofals und Konrad Drehers wieder aufgegriffen hat und bis heute fortführt. So ist es Schliersee auch auf diesem Gebiet gelungen, allem turbulösen Ansturm von Technik und ›Management‹ zum Trotz seinen Charme zu bewahren. Seit 1972 hat es auch ein ›Kurzentrum‹ mit allem, was dazu gehört. Sicher wäre der Freiherr von Perfall einverstanden damit, daß es auf seinem ehemaligen Grund und Boden eingerichtet wurde – nur, und dieser Zweifel sei erlaubt, ob er sehr begeistert wäre von dem, was man glaubte dorthin stellen zu müssen, und ob ausgerechnet dieses artfremde Gebilde dem Charme der Landschaft zuträglich ist, sei dahingestellt.

1979 war ein großes Jahr für Schliersee, es feierte sein 1200-jähriges Jubiläum. Der Höhepunkt der festlichen Veranstaltungen war ein von Kardinal Ratzinger zelebrierter Festgottesdienst in der Sankt-Sixtus-Pfarrkirche, anschließend ein Festakt im Kurzentrum in Anwesenheit des Kardinals und des bayerischen Ministerpräsidenten. Am Nachmittag dann zog die ganze 1200jährige Vergangenheit Schliersees durch die Straßen, vergegenwärtigt durch einen Festzug, dessen zahlreiche sorgfältig und phantasievoll zusammengestellte Gruppen die Freude ihrer Schöpfer an ihrem Werk verrieten. Fanfaren, Pfeifer, Trommler, Benediktinermönche des ersten Klosters Schliers, Stiftsherren des späteren Chorherrenstifts, Ministranten, kunstvoll gefertigte Modelle der Kirchen Schliersees auf Festwagen, gezogen von kräftigen Pferden in prächtigen Geschirren, eröffneten den Zug. Ihnen folgten zu Pferd und zu Fuß Edeldamen, Ritter, speerbewaffnete Mannen der Herren von Waldeck, begleitet von Fahnenschwingern, Spielmannszügen und einem Festwagen mit dem (Phantasie-)Modell der Burg Hohenwaldeck. Bis in die Gegenwart ging es weiter, alles wurde lebendig, was im Laufe der Jahrhunderte die Geschichte Schliersees und sein heutiges Bild geprägt hat.

Die erste Zeit Schliersees ist in legendäres Dunkel gehüllt; man weiß wenig mehr von ihr, als daß fünf Brüder Adalunc, Hiltipalt, Kerpalt, Antoni und Otakir, wie es, kurz gesagt, in der erhaltenen Stifterurkunde von 779 heißt, »auf Anregung Gottes hin« das gemeinsame elterliche Erbe zurückließen und in menschenleerer Gegend, Slyrse genannt, eine Klause mit Kapelle bauten. Sie begaben sich unter die Jurisdiktion des Bischofs Arbeo von Freising, der ihnen für ihren geistlichen Unterricht einen ehrwürdigen Mann namens Perchtcoz sandte. Dieser wurde von den Brüdern zum ersten Abt des kleinen Klosters erwählt und vom Bischof nach der Regel des heiligen Benedikt konsekriert. Bereits die Frage, wann und aus welchen Gründen das Klosterleben erlosch, bereitet den Historikern

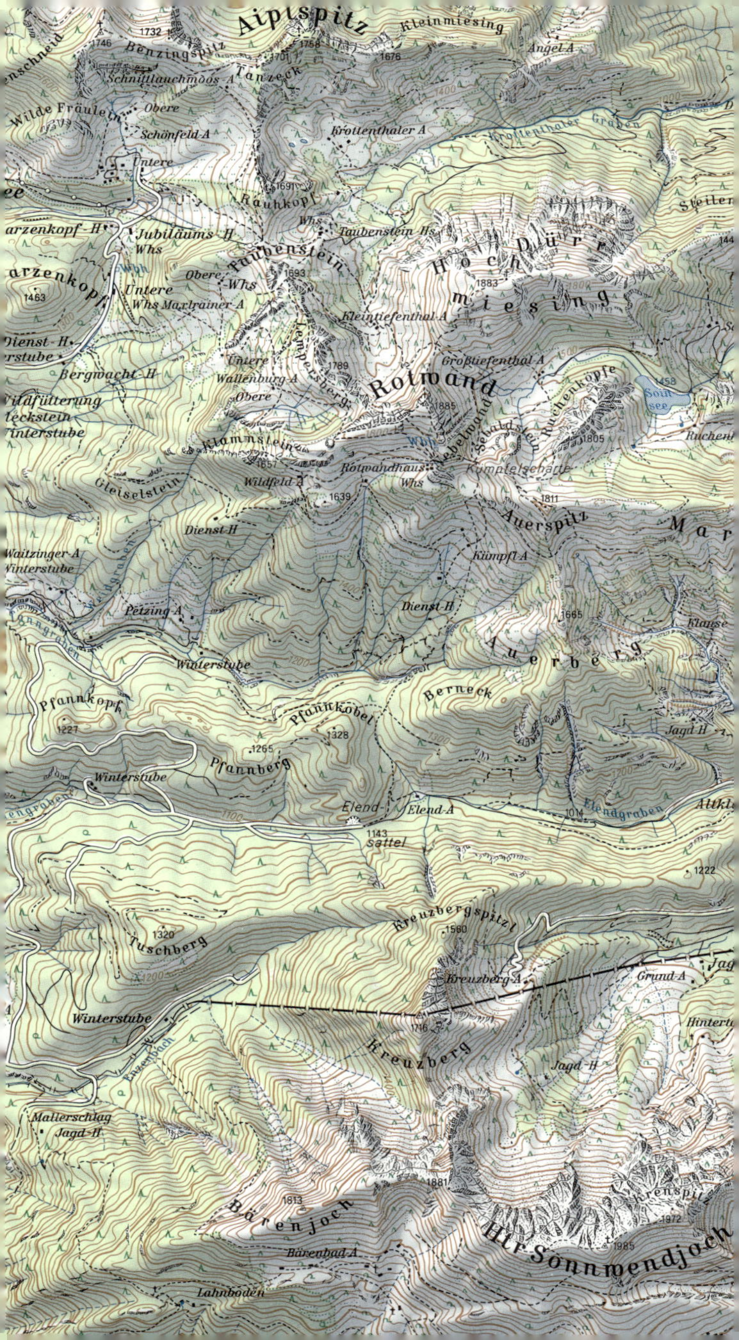

Aiptspitz
Kleinmiesing
Benzingspitz
Schnittlauchmoos-A
Tanzeck
Wilde Fräulein
Obere
Schönfeld-A
Untere
Krottenthaler A
Krottenthaler Graben
Angel-A
Rauhkopf
Jubiläums-H
Whs
Taubenstein-Hs
Taubenstein
Hoch Dürr
miesing
Untere
Whs Maxlrainer-A
Obere
Kleintiefenthal-A
Dienst-H
Bergwacht-H
Lempersberg
Untere
Wallenburg-A
Obere
Großtiefenthal-A
Rotwand
Ruchenköpfe
Soinsee
Wildfütterung
Klammstein
Wildfeld-A
Rotwandhaus
Whs
Gleiselstein
Auerspitz
Dienst-H
Waitzinger-A
Winterstube
Kümpfl-A
Petzing-A
Dienst-H
Winterstube
Auerberg
Klause
Pfannkopf
Pfannkobel
Berneck
Jagd-H
Pfannberg
Winterstube
Elend-A
Elendgraben
sattel
Kreuzbergspitzl
Tuschberg
Kreuzberg-A
Grund-A
Winterstube
Kreuzberg
Jagd-H
Mallerschlag
Jagd-H
Bärenjoch
Bärenbad-A
Lahnboden
Htr Sonnwendjoch

Bayrischzell
(800)
Mieseben
Rührkübeleck
Seeberg
Seebergkopf
1538
Seeberg-A.
Klarer-A
Niederhofer-A
Neuhütte
1235
Aubach
Whs
Seewiesau-A
Wackbach
983
Jagd-H
Soin-A
Soingraben
Soinhütte
1385
1347
Sillberg
1591
1688
Goldschneid
Dienst-H
Wirths-A
Niederhofer-A
Sandbichler-A
Sillberg-A
Sillberg-Hs
Sillbach
1072
Beim schweren Gatter
Benebrand-A
(1162)
Schwarzwand
1299
Kitzlahner
Stocker
Dienst-H
Jagd-H
Zipflwirt (833)
Hausberg
1284
Klooaschau
Klooascher Tal
897
920
Dienst-H
Berggraben
Grundberg
1135
1108
Brunner-A
Strein-A
Kesselboden-A
Kesselboden-A
Bleier-A
Jagd-H
Bäckeralpe
Ursprungpaß
Whs
Zollamt
Rabenwand
839
Zollamt
Ursprung
Whs
836
1423
1264
Müllner Kessel-A
Jagd-H
Wildenkarjoch
Vermaller-A
1776
Schönfeldjoch
Schönfeld-A
Wildenkar-A
Ursprung
174
Hörhagbrücke

Bodenschneid
1605
Krettenburg
1477
Freudenreichsattel
1375
Spitzingsattel
1127
Schi-H
Boden-A
1668
Whs
Obere First-A
Spitzinghaus
Lochgra
Untere First-A
Firstgraben
1103
Spitzing-
1085
see
Drei Tannen
Bergwacht-H
Spitzings
Suttenstein
1401
1506
Winterstube
Stümpfling
Ob.
Whs
Wbh
Wurz-H
1124
Donnerlöcher
Polizeiheim
Sutten-A
Stümpfling-Hs
Unt
EW
Stümpfling-A
Bäcker
1580
Roßkopf
Albert-Link-Hs
Valepp-A
Grünsee-A
Moni-A
Whs
Grünsee
984
Sutten
Rothkopf
1599
Winterstube
Schi-H
Blecksteinhaus
Whs
Wechsel-A
Haushamer-A
EW
1032
Ankerbach
Stolzenberg
1603
Hoferhöll
Ankerstube
Stolzen-A
Rotzigmoosberg
1194
Oberhofer-A
932
1200
Weiße Valepp-A
955
Weiße Valepp
1000
Lämmeralpeneck
Zwieselstube
Lämmer-A
1222
Bernau-
stube
Öderberg
1266
Schalmeiereck
Kogeltal-A
Winterstube
Schlagkopf
Blauwand-H
1180
1222
Schlag-A
Brenner-
klamm
Holzerstube
Hirschlache
Valepp
Whs
Wbh
Wf
1150
Kaarstube
Pfaffenkopf
1622
Ochsen
Brennereck
1277
1686
Rothkogel
Schinderkar
Trausnitzeck
1449
Lapberget
1615
Schinder
1796
Bayer
Am Tor
1809
Trausnitz-A
950
1300
Ritzelberg-A
Rieselsberg-A
Rieselsberg

Übersichtskarte 3

SPITZINGSEE
MIT ROTWANDGEBIET ZWISCHEN VALEPP UND URSPRUNGSTAL

Ausschnitt aus dem Blatt ›Mangfallgebirge‹ der Topographischen Karte 1 : 50000 des Bayerischen Landesvermessungsamtes

Es war ein großer Sprung, als das Bayerische Landesvermessungsamt im Jahre 1956 – also fast hundert Jahre nach Abschluß des ›Topographischen Atlas‹ – die neue vielfarbige Topographische Karte 1 : 50000 begonnen, 1964 mit dem Blatt ›Königssee‹ abgeschlossen und seither fortlaufend nachgeführt hat. Das Kartenwerk beruht auf den neuesten Messungsergebnissen und wird unter anderem durch Verwendung von Luftbildaufnahmen ergänzt. Eine ›Schichtgravurtechnik‹ auf Glas löste die klassischen Verfahren wie Kupferstich, Steingravur, Lithographie und Zeichnung ab. Sie bewahrt die feine Strichführung des Kupferstichs und sichert eine absolute Paßgenauigkeit der Platten, die Voraussetzung für den exakten Zusammendruck von acht Farben ist. Die in diesem Buch wiedergegebenen Gebirgsausschnitte sind Musterbeispiele für den hohen Stand technisch wie künstlerisch anspruchsvoller Kartographie. Sie vereinigen Informationsangebot und Ästhetik in einer harmonischen Weise, wie sie selten anzutreffen ist.

Anschlußkarten:

Tegernsee mit Gindelalm- und Baumgartenschneid (nach Seite 160)

Spitzingsee mit Rotwandgebiet zwischen Valepp und Ursprungtal (nach Seite 368)

Schliersee, Leitzachtal mit Bayrischzell und Wendelstein (nach Seite 448)

Kopfzerbrechen. Jedenfalls bestand es nicht mehr, als 1141 durch Bischof Otto I. von Freising (1138-1158) eine neue klösterliche Gemeinschaft in Form eines Chorherrenstifts ins Leben gerufen wurde. Kaum mehr als dreihundert Jahre waren diesem Stift in Schliersee beschieden, dann wurde es auf Betreiben des Herzogs Albrecht IV. von Bayern (1465-1508) im Jahre 1495 aufgehoben, wozu 1492 Papst Innozenz VIII. seine Zustimmung gegeben und Alexander VI. 1493 die Bestätigung darüber erteilt hatten. Der Herzog wollte nämlich an der eben vor der Vollendung stehenden Kirche zu Unserer Lieben Frau in München ein Kollegiatstift errichten und zu dessen Dotation die Besitzungen der Stifte Schliersee und Ilmmünster bei Pfaffenhofen verwenden. Die Stiftsherren übersiedelten nach München, und auch die Hauptreliquien gelangten dorthin: Aus Schliersee das Haupt des heiligen Sixtus und aus Ilmmünster der – inzwischen wieder restituierte – Arsatiusschrein. In der Folge wurde gegenseitig die Verehrung der beiden Patrone verbreitet: In München entstand an der Frauenkirche ein Arsatius- und ein Sixtusportal, in Schliersee wurden der Münchner Stadtpatron Sankt Benno und der Ilmmünsterer Titelheilige Sankt Arsatius als Nebenpatrone übernommen und so erscheinen sie deshalb auch am Hochaltar der Pfarrkirche.

Mit der Verlegung des Stifts nach München wollte der Herzog aber wahrscheinlich auch einen langwierigen Streit beenden und die Schirmvogtei über das Chorherrenstift endgültig an sich ziehen. Diese Schirmvogtei hatte er 1483 im Todesjahr des letzten Waldeckers auf Bitten der Schlierseer Chorherren übernommen. Dem waren ununterbrochene Zwistigkeiten des Stifts mit den Herren von Waldeck vorangegangen. Sie waren seinerzeit von Bischof Otto von Freising »als Pfleger und Schützer in weltlichen Geschäften« eingesetzt worden, hatten aber »als Vogtherren des Stiftes Schliersee unter dem Vorwand des Vogteirechtes zweifellos mancherlei Eingriffe in Rechte und Besitzungen des Kapitels vorgenommen und dadurch zu vielen

Beschwerden begründet Anlaß gegeben. Ebenso oder deswegen war auch bei den Stiftsherren die Stimmung oft gereizt. Die Streitfälle wurden bald an selbstgewählte Obmänner und Schiedsrichter, bald auch vor die regierenden Landesfürsten gebracht«, wie Michael Gasteiger, der Historiograph Schliersees, berichtet. Den Landesfürsten, in diesem Fall dem Herzog Albrecht IV., mag dies nicht ungelegen gewesen sein, denn sie strebten damals die Gerichtsbarkeit überall an, wo sie nicht ausdrücklich dem Reich vorbehalten war. Um der drohenden herzoglichen Schirm- und Oberhoheit zu entgehen, war Wolfgang, der letzte Waldecker, als ›Reichsvasall‹ aufgetreten, anscheinend zu Recht, denn in einem Dokument aus dem Jahre 1476 wird die Herrschaft Waldeck als Reichslehen bezeichnet. Aber trotzdem ging das Gerangel um die Schirmvogtei über das Chorherrenstift auch nach seinem Tod und der Verlegung nach München weiter und wurde erst 1559 durch einen vom Kaiser bestätigten Vergleich zwischen dem Herzog und den Erben Wolfgangs beendet.

Über die Herkunft der fünf Stifterbrüder gibt die Gründungsurkunde keinen Aufschluß. Auch hier sind die Historiker auf Vermutungen beschränkt. Man glaubt, annehmen zu können, daß das ganze Gebiet um den Schliersee seit Urzeiten den Waldeckern gehörte, und folgert daraus, daß die Brüder diesem Geschlecht angehört haben müssen, denn sonst hätten sie nicht, wie es in der Urkunde heißt, hier Erbschaften besitzen und in ›Slyrse‹ ein Kloster gründen können. Mit Sicherheit läßt sich der Stammbaum der Waldecker aber ›nur‹ bis ins 12. Jahrhundert zurückverfolgen. Sie waren ein streitsüchtiges Geschlecht; immer wieder ist im Verlauf ihrer Geschichte von Zwistigkeiten mit dem Stift oder untereinander die Rede. Meist waren es hier uninteressante Erbstreitigkeiten zwischen ihren vielen Söhnen über die Verteilung ihrer Besitzungen, zu denen auch die Burg von Miesbach und nahe davon die Wallenburg am Hochufer der Schlierach gehörten.

1483 starb Wolfgang, der letzte Herr von Waldeck, »an St. Johannis Nacht zu Weihnachten zwischen 10 und 11 Uhr mit all seinen christlichen Rechten«. Er hinterließ nur drei Töchter, die lediglich die Hausgüter erben, nicht aber die Herrschaft über Waldeck und die Schirmvogtei über die Güter des Chorherrenstifts antreten konnten. Waldeck kam schließlich 1515 an Wolf von Maxlrain, einen Enkel des letzten Waldeckers. Er verstand es klug und überlegt, die verwickelten Verhältnisse seiner Herrschaft zu ordnen. Durch Vermittlung des Erzbischofs von Salzburg wurde auf dem Reichstag zu Augsburg am 28. Juli 1559 mit dem Herzog Albrecht IV. von Bayern ein Vergleich über die strittigen Fragen geschlossen, der im selben Jahr von Kaiser Ferdinand I. (1556-1564) bestätigt wurde. Die drei wichtigsten Punkte dieses umfangreichen Schriftstückes seien hier herausgegriffen:

Der Herzog solle sich jeder Landeshoheit auf Wallenburg, Miesbach, Schliersee und der andern dazugehörenden Güter in der Herrschaft und dem Gerichte Waldeck begeben, jeder Ansprüche entsagen und sich keine Eingriffe erlauben, da der Herr von Maxlrain reichsunmittelbar sei. Ferner soll dem jedesmaligen Herrn von Waldeck das Malefiz auf den kapitlischen Gütern, die niedere Gerichtsbarkeit, sammt dem Gerichtshause zu Schliers, dann alle Zinsen, Gilten, so der Herzog in der Grafschaft Waldeck besitzt, gegeben werden. Doch soll der Herzog und dessen Nachkommen über die kapitlischen Güter Vogtherr und Landesfürst sein und durchaus bleiben, so daß der Maxlrainer mit Ausnahme des Malefiz und der Scharwerke darüber nicht mehr Recht haben soll, als ein jeder anderer Hofmarksherr im Oberlande Bayern. Nach Erlöschen des Mannesstammes der Maxlrainer falle die Vogtei über die kapitlischen Güter, das Reichslehen Waldeck und die andern in diesem Vertrage bezeichneten Güter an das Haus Bayern.

Zur weiteren Festigung seines Besitzes bestimmte Wolf von Maxlrain in einer 1561 vom Kaiser bestätigten Fideikommißordnung, daß die Herrschaft Waldeck jedem ältesten der Söhne und Nachkommen zufallen solle. Die den jüngeren Söhnen und Nachkommen zustehenden Ansprüche wurden ebenfalls genau geregelt. 1635 erhob Kaiser Ferdinand II. (1619-1637) die Herrschaft Waldeck zur unmittelbaren Freien Reichsgrafschaft Hohenwaldeck und verband das Wappen der Waldecker mit dem der Maxlrainer. Das Gebiet der Herrschaft reichte im Westen bis zur Wasserscheide gegen Tegernsee, im Osten wurde es vom Leitzachtal begrenzt, im Norden bildete Talham die Grenze, im Süden die Valepp an der Tiroler Grenze.

Der letzte Reichsgraf von Hohenwaldeck und Maxlrain, Johann Joseph Max Veit, starb am 12. November 1734. Er hinterließ genau wie der letzte Waldecker drei Töchter. Sie erbten die zu dem Allodialgut Wallenburg gehörenden Besitzungen. Die Reichsgrafschaft fiel nach den Bestimmungen des sogenannten Salzburger Vertrags von 1559 an Kurbayern. Bis 1734 waren also Miesbach und Schliersee für das Kurfürstentum sozusagen ›Ausland‹ gewesen.

Von den geistlichen Herren finden sich heute in Schliersee nur noch wenig Spuren.

Wo stand das erste kleine Kloster der fünf Brüder? Die altüberlieferte Bezeichnung ›Kirchbüchl‹ einer Anhöhe bei Westenhofen läßt vermuten, daß hier das sicherlich aus Holz erbaute kleine Klösterchen stand. Heute wird diese Gegend von der Bahnlinie und der Bundesstraße 307 durchquert. Sie führen dicht an Sankt Martin in *Westenhofen* vorbei. Wahrscheinlich geht diese Kirche auf die Zeit der Klostergründung zurück. In der Gotik wurde das erste Gotteshaus durch einen Neubau ersetzt und 1734 bis 1737 erfolgte abermals ein Neubau, denn 1733 hatte »S. Exz., der Graf von Mäxlrhain Befehl ergehen lassen, die so nothwendige erbauung des totaliter ruinosen Gottshauss S. Martin« unverzüglich vorzunehmen. In der Gestalt dieses Neubaus, bei welchem der alte Turm von 1521 erhalten blieb, zeigt sich Sankt Martin heute als Nebenkirche der

Pfarrei Schliersee. Leider entfernte eine Restaurierung des 19. Jahrhunderts die Innenausstattung des schönen spätbarocken Raumes; nur die Kanzel blieb erhalten. Doch es gibt noch einige sehr schöne und sehenswerte frühere Arbeiten: Holzreliefs aus dem Anfang des 16. Jahrhunderts, eine ›Madonna mit Kind‹ vom Ende des 15. Jahrhunderts, Figuren aus dem 17. Jahrhundert.

Nicht wenige Besucher, die heute nach Westenhofen und zu seiner Kirche kommen, suchen den Wildschützen Georg Jennerwein, der auf dem Friedhof der Martinskirche ruht. Wie schon im Kapitel ›Im Gebirg‹ erwähnt, haben die nie ganz geklärten Umstände seines Todes und die rasch danach einsetzende Popularisierung durch ein künstliches Volkslied aus diesem Wilderer und arbeitsscheuen Weiberhelden ein Idol gemacht, auf das nun alle idealisierten Vorstellungen von Jugendkraft, Jägerglück, Bergfreiheit und Widerstand gegen Behördenwillkür projiziert werden. Die ›Wallfahrt‹ zum Grab des Jennerwein wurde damit so etwas wie eine Beschwörung jener angeblich so ›Guten alten Zeit‹, die es freilich nie gegeben hat.

Aber wieder zurück nach Schliersee. Von den Kanonikern des Chorherrnstiftes finden sich, wenn auch natürlich in veränderter Gestalt, noch einige ehemals von ihnen bewohnten Häuser. Alle bei der Verlegung nach München erwähnten acht Häuser können freilich nicht mehr identifiziert werden. Ursprünglich waren sie wohl, wie das zu ihrer Zeit noch üblich war, aus Holz gebaut. Später ging man zum Halbsteinbau über, das heißt, das Holz wurde verputzt. Nun verlangte der Schönheitssinn der Bevölkerung eine Dekoration der kahlen weißen Wände – die Lüftlmalerei kam auf. Erst seit Ende des 18. Jahrhunderts baute man das Untergeschoß der Häuser aus massivem Stein. Im Laufe der Jahrhunderte unterlagen natürlich die auf die Chorherren zurückgehenden Häuser vielerlei Um- oder Neubauten.

Am eindrucksvollsten erhalten ist das ›Schrädl-‹ oder ›Schredlhaus‹, so genannt nach einem seiner Bewohner namens Sigmund Schröttel, der 1463 Chorherr und Küster in Schliersee gewesen ist. Das ›Schredlhaus‹ ist jetzt das *Schlierseer Heimatmuseum*. Es besteht aus zwei Gebäudetrakten unter einem Dach. Der hintere ältere aus unbehauenem Feldstein stammt wahrscheinlich aus dem 14. Jahrhundert und soll ursprünglich Gefängnis gewesen sein. Er ist von dem vorderen, im 15. Jahrhundert in Holzblock-Bauweise mit aufgemauertem Erdgeschoß errichteten Teil durch schwere eisenbeschlagene Rundbogentüren abgetrennt, die sich nur auf der Seite dieses Wohntraktes öffnen lassen.

Als Eigentümer des Hauses für die Zeit von 1555 bis 1727 finden sich in der Schlierseer Häuserchronik die Zwerger, und es liegt nahe, unter ihnen zwei der bekanntesten Vertreter der Schliersee-Miesbacher Stukkatorenschule zu vermuten: Hans Zwerger (1598-1666), den Schlierseer Mesner, Maurer und Baumeister der Fischhausener Sankt-Leonhard-Kirche, und seinen Sohn Georg (1638-1721), den Schöpfer der schönsten Stukkaturen der Miesbacher Schule, von denen noch die Rede sein wird. Georg heiratete 1664 in Schliersee. Es ist sehr reizvoll, sich das in seiner Raumeinteilung unverändert erhaltene Wohnhaus von dieser Familie bewohnt vorzustellen. Die große Stube und die Kammer unten, die Kammern in dem von einer offenen hölzernen Säulenaltane umgebenen Oberstock haben noch ihre alten Deckenbalken und sind ausgestattet mit allen Möbeln und Geräten, die ehedem zu einem bäuerlichen Hausrat gehörten. Eine ganz besondere Sehenswürdigkeit ist die alte rußgeschwärzte, die ganze Höhe des Hauses einnehmende ›Rauchkuchl‹ mit offener Feuerstelle, deren Rauch im Dachstuhl durch Speicherritzen oder eine eigene Rauchklappe im Dach, ›Hur‹ oder ›Hurr‹ genannt, abzog. Sämtliche Küchengeräte von einst sind vorhanden und veranschaulichen die mühevolle Arbeit einer Hausfrau von ehedem.

In den ehemaligen Gefängnistrakt wurde ein kleiner Saal eingebaut, ›Waldecker-Saal‹ genannt, dessen gute Akustik sich vorzüglich für kleine intime Konzerte eignet. Im Speicher ist eine Ausstellung von alten Werkzeugen zu sehen; eine Troadkastenwand, sogar eine Alm sind eingebaut und in Schaukästen sind alte Trachten, Schmuck und Glas aus der nur kurze Zeit bestehenden Glasbläserei ausgestellt, die 1914 abbrannte. Auch das bereits früher erwähnte alte Schild des Gasthauses ›Zur Post‹, von Dietrich Monten der Fischerlisl gewidmet, wird hier aufbewahrt.

Auf das ehemalige Richterhaus von 1477 geht das heutige hübsche *Rathaus* von Schliersee zurück. Es wurde mehrfach umgebaut, wechselte des öfteren die Besitzer, bis die letzten Eigentümer es 1918 der Gemeinde schenkten. Von dieser wurde es in den Jahren 1919 und 1920 zum Rathaus umgebaut, wobei sehr sorgfältig darauf geachtet wurde, den ursprünglichen Zustand nach Möglichkeit zu wahren oder wiederherzustellen. Sehenswert ist vor allem die im großen Sitzungssaal erhaltene spätgotische Balkendecke. In der Eingangshalle hängen eine Ansicht des Hauses vor dem Umbau und Porträts der unvergessenen Gründer des berühmten Schlierseer Bauerntheaters: Konrad Dreher und Xaver Terofal. Die Räume sind mit Geweihen und Bildern aus der Geschichte Schliersees ausgestattet; im Vestibül des ersten Stockes steht das ›Dreher-Brünnerl‹, gestiftet von der Familie Dreher, geschaffen von Heinrich Waderé. Konrad Dreher steht hier, sehr feinnervig und charakteristisch nachempfunden, als ›Bader-Zangerl‹ in ›Jägerblut‹, seinerzeit eine seiner besten Rollen. Das alte Richterhaus hat eine würdige, sich in einem stilvollen Rahmen präsentierende Verwendung gefunden.

Als drittes der ehemaligen Chorherrenhäuser sei hier noch der jetzige Pfarrhof genannt. Wir kennen ihn bereits aus der Beschreibung August von Platens. Von dem alten ›ganz zermerbten‹ Haus aus dem 15. Jahrhundert ist allerdings kaum

Das ›Schredlhaus‹, in dem heute das ›Schlierseer Heimatmuseum‹ untergebracht ist, hat als besondere Sehenswürdigkeit die einst hier heimische ›Rauchkuchl‹ in ursprünglicher Gestalt und Ausstattung bewahrt. Größe und Lage einer solchen *Rauchküche* sowie Funktion der ›Hur‹ und ›Rauchluk‹ veranschaulicht gut dieser Schnitt durch das einstige ›Rothmesmerhaus‹ in Schliersee.

etwas übriggeblieben. Es wurde 1722 bis 1724 durch den heutigen Bau ersetzt. Wahrscheinlich hat sich sein Baumeister Caspar Gläßl dabei an ein damals von seinem Bruder Dominikus im Auftrag des Fürstbischofs Ecker gefertigtes Muster für Pfarrhofbauten gehalten. Caspar Gläßl hat übrigens auch die Schlierseer Kirche Sankt Sixtus, von der später die Rede sein wird, gebaut, nachdem er sechs Jahre als Maurermeister in Weyarn gearbeitet hatte. Die Gläßl lassen sich bis zur Mitte des 15. Jahrhunderts in Oberwarngau nachweisen. Melchior, der Vater von Dominikus und Caspar, war wahrscheinlich Mesner und Maurer in Gotzing bei Miesbach, ehe er das Baertlanwesen in Reichersdorf erwarb, wo die beiden Söhne geboren wurden.

Schliersee besitzt noch eine ganze Reihe charakteristischer alter Anwesen. Es ist reizvoll, sie auf einem Bummel durch den Ort zu erkunden.

Sucht man nach Spuren der weltlichen Herren, so findet sich außer der Kapelle auf dem Weinberg und den spärlichen Ruinen der Burg Hohenwaldeck von dem einst in Schliersee ansässigen Zweig der Waldecker kaum noch etwas.

Ein Spaziergang zu den *Burgruinen* lohnt sich allein schon wegen der schönen Aussicht, die man dort auf den von dem Kranz seiner Berge umgebenen See mit der kleinen Insel und die am Ausfluß der Schlierach gelegene, Freudenberg genannte, Halbinsel hat. Der Weg führt vom ›Schlierseer Hof‹ links abzweigend zunächst zur Leitnergrabenbrücke. Von dort steigt man rechts zum Bergbauernhof Oberleiten und gelangt auf Wiesen- und Waldwegen zu der 209 Meter über dem See gelegenen Ruine. Wann und von wem die Burg erbaut wurde, darüber herrscht großes Rätselraten. Manche wollen ihre Ursprünge gar auf die Römer zurückführen, nach neueren Forschungen soll sie jedoch im 12. oder 13. Jahrhundert errichtet und zwischen 1397 und 1408 von den Waldeckern schon wieder verlassen worden sein – wie es im Volksmund heißt, unter Zurücklassung eines großen Schatzes. Manch einer soll sein Glück versucht haben – ob er es gefunden hat, darüber hat man nichts erfahren!

Die Waldecker zogen von Hohenwaldeck in die sogenannte Hochburg – nicht, wie der Name vermuten läßt, höher, sondern weiter unten, wahrscheinlich hinter dem Weinberg gelegen. Dort, in der Nähe des Haider-Denkmals von 1921, senkt sich immer wieder das Straßenpflaster. Es heißt, darunter liegen die eingestürzten Gewölbe der Hochburg. Nach dem Aussterben der Waldecker wurde sie nicht mehr bewohnt; die Maxlrainer bevorzugten ihre komfortableren und bequemer gelegenen Besitzungen Wallenburg bei Miesbach und Maxlrain bei Aibling. Auch von ihnen ist später noch zu reden. In Schliersee stiegen die Herren von Maxlrain, wenn sie dorthin kamen, im sogenannten ›Hofhaus‹ ab, in dem heute eine Fremdenpension untergebracht ist.

Die Hochburg ist verschwunden, den Verfall der Burg Hohenwaldeck über dem See beschleunigte 1480 ein gewaltiger

Felssturz, der große Teile von ihr mit sich in die Tiefe riß. Um diese Naturkatastrophe rankt sich die Legende, die riesigen Steinmassen, Erdschollen und Felsbrocken seien in den See gestürzt und so sei die kleine Insel im See entstanden. Und nicht genug damit, heißt es, die Spuren von Gemäuer, die man auf ihr fand, seien die Reste eines Turmes, in dem ein Waldecker Ritter seine ungetreue Gemahlin elendiglich verhungern ließ. Im vorigen Jahrhundert – so wird erzählt – sah man ein Irrlicht von der Insel zur Ruine Hohenwaldeck schweben; das sei die unglückliche Waldeckerin gewesen, die noch immer keine Ruhe gefunden habe. Im Gegensatz zu diesem grausigen Geschehen auf der Insel ist von der kleinen Halbinsel ein glückliches Ereignis zu berichten. Dort nämlich soll eine Waldeckerin auf die Rückkehr ihres Gemahls von einem Feldzug gewartet haben, und in der Freude über das glückliche Wiedersehen nannte der Ritter die Halbinsel Freudenberg.

Oben von der Sankt-Georgs-Kapelle auf dem Weinberg sieht man beide unten liegen, die Insel des Schreckens und den Freudenberg. Die Kapelle hat möglicherweise zu dem Komplex der Hochburg gehört, denn in alten Urkunden wird sie »Sankt Georg an der Burg« genannt, und 1830 stieß man hier bei Grabungen auf Mauerreste größerer Baulichkeiten. Es ist ein idyllischer Platz hier oben. Einsam steht das kleine Gotteshaus, neben ihm eine mächtige Linde, deren zerklüfteter Stamm ihr Alter und die Stürme ahnen lassen, denen sie standgehalten hat. Eine Stimmung, die dazu verführt, die verschiedenen Legenden weiter auszuspinnen. Ob die Ritter, die in der Hochburg hausten, einst auch hier standen und auf die Insel und den Freudenberg hinunterblickten? Vielleicht jener Ritter Georg, der nach glücklicher Heimkehr aus türkischer Gefangenschaft die Kirchen Agatharied, Frauenried und Georgenried gebaut oder renoviert hat? Könnte er es gewesen sein, der in der Freude über das Wiedersehen mit seiner Gemahlin der kleinen Halbinsel den Namen ›Freudenberg‹ gegeben hat? Und mußte womöglich dieser edle Ritter nach der Freude des Wiedersehens entdecken, daß die Dame, während er in Feindeshand schmachtete, sich zu Hause – welch schmählicher Verrat! – recht gut amüsiert hatte? Hat er vielleicht voll verzweiflungsvoller Reue in der kleinen Kapelle Buße getan und um Vergebung seiner Rachetat gefleht?? Was für ein schaurig-schöner Stoff für einen Ritterroman, wie sie um die Jahrhundertwende en vogue waren!

Die Tradition will, daß *Sankt Georg auf dem Weinberg* zwischen 1368 und 1387 von Georg d. Ä. von Waldeck gebaut wurde, doch stammt ihr ältester Teil, das Langhaus, nach einer Tafel am Eingang aus dem Jahre 1350. Aus der frühen Zeit sind nur die Figuren der Heiligen Sixtus und Barbara im 1470 angefügten, fünf Seiten eines Achtecks umschließenden Chor mit schönem Rippengewölbe erhalten. Beim Betreten der Kapelle fällt als erstes eine als Hochaltar vor dem mittleren hohen Spitzbogenfenster des Chors unter einem Triumphbogen freistehende bewegte Gruppe ins Auge. Im Gegenlicht zeichnet sich die Silhouette des heiligen Georg ab, hoch zu Roß dem Drachen den Todesstoß versetzend, während sein Pferd eben zum mutigen Sprung über das unter seinen Hufen sich im Todeskampf windende und aufbäumende, etwas naiv geratene Untier ansetzt. Unwillkürlich muß man an den heiligen Georg Egid Quirin Asams in der Klosterkirche Weltenburg an der Donau denken, der mit diesem das eine gemeinsam hat, daß er ebenfalls frei im Gegenlicht des Altars steht. Könnte die Weltenburger Komposition Egid Quirins von einer Kindheitserinnerung inspiriert sein? Er wurde 1692 in Tegernsee geboren, als sein Vater an den Fresken der dortigen Klosterkirche arbeitete und blieb auch nach dem Tod des Vaters 1711 mit Tegernsee in Verbindung. Der dortige Abt Quirin Millon (1700 bis 1715) sorgte in väterlicher Weise dafür, daß er und sein älterer Bruder Cosmas Damian in Rom studieren konnten. Es ist also keineswegs ausgeschlossen, daß Egid Quirin in seiner Kindheit auch einmal in Schliersee gewesen ist und den heiligen

Georg auf dem Weinberg gesehen hat. Warum sollte er, der sicher schon als kleiner Bub offene Augen für dramatische Wirkungen hatte, nicht damals von dem Effekt des von hinten auf die Figur fallenden Lichts tief beeindruckt gewesen sein? So beeindruckt, daß er ihn nicht vergaß und in Weltenburg – der ersten gemeinsamen Arbeit der Brüder nach ihrer Rückkehr aus Italien 1717 – in genialer Weise übernahm?

Der heilige Georg auf dem Weinberg in Schliersee, eine Stiftung des Grafen Wilhelm von Maxlrain, ist eine Holzschnitzarbeit des Stephan Zwinck aus Miesbach von 1624. Als Predellatafel wurde eine Kreuztragung Christi von dem Vorgängeraltar des Jahres 1570 übernommen. Ebenfalls eine Stiftung des Grafen Wilhelm ist der dem heiligen Leonhard geweihte linke Seitenaltar von 1628. Den eleganten Aufbau flankieren die Figuren Johannes des Täufers und der heiligen Katharina. Im Barock kam der rechte Seitenaltar hinzu, dessen Altarblatt die Vierzehn Nothelfer und im unteren Teil eine interessante Ansicht Schliersees um 1700 zeigt. Wilhelm von Maxlrain, der Stifter des Hochaltars und des Leonhard-Altars, wurde 1655 seinem Wunsche gemäß in der Gruft der Kapelle bestattet. Ebenso fanden Ludwig von Maxlrain 1608, der 1606 die Kapelle restaurieren ließ, und Georg von Maxlrain 1635 ihre letzte Ruhe auf dem Weinberg.

Weitere Spuren der Waldecker und Maxlrainer führen in den Umkreis Schliersees. Die vermutliche Stammburg der Waldecker auf dem Köck etwa in der Mitte zwischen Au und Niklasreuth ist allerdings verschwunden. Sie kam im 15. Jahrhundert durch Heirat einer Waldeckerin an die Seyboldstorffer, daher hieß der Ort im Volksmund später Seyboldstorff. Vom Ende des 16. Jahrhunderts an wurde die Burg nicht mehr bewohnt; ihre Steine wurden 1719 zum Bau der Pfarrkirche von Au verwandt. Auch die Miesbacher Burg ist verschwunden; von der urkundlich erstmals 1170 erwähnten Wallenburg am Hochufer der Schlierach nahe Miesbach wird im Zusammenhang mit dem dortigen Stuck des Johann Baptist Zimmermann ausführlich die Rede sein.

Ein Ausflug zum Stammsitz ›Machsiminraina‹ der Maxlrainer lohnt sich. Aus der alten, 1577 abgebrannten Burg wurde zwischen 1582 und 1587 ein sehenswertes Renaissanceschloß mit vier von Zwiebelhelmen bekrönten Türmen an den Ecken des großen quadratischen Komplexes. In den dreißiger Jahren des 18. Jahrhunderts, vielleicht noch zu Lebzeiten des letzten Reichsgrafen von Maxlrain, Johann Joseph, vielleicht auch erst unter seiner Tochter und Erbin der Allodialgüter Maxlrain und Wallenburg, stuckierte Johann Baptist Zimmermann die Kapelle des Schlosses.

Der aus Wessobrunn kommende Johann Baptist lebte von 1706 bis 1715 in Miesbach. Er hatte während seiner Arbeit im Klosterrefektorium zu Beyharting die Kammerzofe der Gräfin von Maxlrain, Elisabeth Ostermayr, kennengelernt, die mit ihrer Herrschaft im nahegelegenen Schloß Maxlrain wohnte, und sie 1705 noch am Ort seines zufälligen Wirkens geheiratet. Da aber die junge Künstlergattin ihren Schloßdienst nicht aufgab und daher mit der gräflichen Familie auch jeweils wieder nach Wallenburg, dem zweiten Familiensitz, umziehen mußte, lag auch für Johann Baptist Zimmermann nichts näher, als sich zunächst in Miesbach anzusiedeln, zumal dieser Ort wegen seiner Exteritorialität auch Schutz vor den Kriegsbedrängnissen versprach, in die Bayern im Laufe des Spanischen Erbfolgekrieges hineingezogen wurde. Die gräfliche Familie protegierte dann auch Zimmermann in mancher Weise. Bei zweien seiner Töchter übernahm die Gräfin die Patenschaft, und der Graf nützte seine weitreichenden Beziehungen zur Vermittlung von Aufträgen an den talentierten jungen Mann. Daß aus dieser Zeit keine Arbeiten Zimmermanns für den Grafen selbst bekannt sind, ist nicht verwunderlich, denn Johann Joseph steckte in einer dauernden Finanzmisere. Der Versuch, sie durch Bergwerksunternehmen zu beheben, schlug fehl; er geriet im Gegenteil durch sie immer tiefer in finanzielle Schwierigkeiten.

Eine der ersten Arbeiten Zimmermanns während seiner Miesbacher Zeit war um 1710 die bereits früher erwähnte Stuckierung des Tegernseer Refektoriums, die nicht mehr erhalten ist. Dagegen ist die Ausstattung der Schlierseer *Pfarrkirche Sankt Sixtus* ein eindrucksvolles Beispiel dieser frühen Jahre.

Die alte, im 12. Jahrhundert mit der Gründung des Chorherrenstifts errichtete Schlierseer Kirche wurde 1348 nach einem Brand neu aufgebaut, 1459-1460 von dem in Tegernsee am Klosterbau tätigen Heinrich Gugler eingewölbt, war aber schließlich im Laufe der Zeit so baufällig geworden, daß an einen Abbruch gedacht werden mußte. Nach verschiedenen vergeblichen Bemühungen erteilte 1712 endlich das Stift Unserer Lieben Frau in München, unter dessen Verwaltung die kapitlischen Güter in Schliersee standen, die Genehmigung zu einem Neubau. Trotz der schwierigen Finanzierung konnte die neue Kirche schon 1715 im Anschluß an die Tegernseer Feierlichkeiten zur Benediktion des dortigen neuen Abtes Petrus von Guethrater (1715-1725) von dem Freisinger Fürstbischof Johann Franz Ecker von Kopfing geweiht werden. Der sehr aktive, vom Münchner Stift als Pfarrvikar in Schliersee eingesetzte Johann Baptist Daller mußte jedoch seinem Stift berichten, daß es nur mit Hilfe seiner »lieben Pfarrkinder« möglich gewesen war, den Bau so schnell und mit so wenig Aufwand fertigzustellen. Daß der Graf von Maxlrain nicht zu diesen »lieben Pfarrkindern« gehörte, erklärt sich aus seiner Finanzmisere. Vielleicht wollte er auch nicht, denn die unter der Verwaltung des Münchner Stifts stehende Schlierseer Pfarrkirche gehörte ja zu den »kapitlischen Gütern«, über die das Haus Bayern »Vogtherr und Landesfürst« war, wie es in dem seinerzeit zwischen Herzog Albrecht IV. von Bayern und dem Grafen Wolf von Maxlrain abgeschlossenen sogenannten Salzburger

IV

SCHLIERSEE

Lorenzo Quaglio
(München 1793-1869 München)
Aquarell, 1867
Münchner Stadtmuseum

Der aus einer schon 1650 in Wien auftauchenden und seit 1778 in München ansässigen italienischen Künstlersippe stammende Lorenzo Quaglio gehört bereits zur zweiten Generation jener Maler und Zeichner, die seit dem Ende des 18. Jahrhunderts die oberbayerischen Landschaften und alpenländischen Trachten entdeckt und liebevoll festgehalten haben. In ihm vereinen sich tiefes Gemüt und Freude am Detail mit volkskundlichem Interesse und geradezu wissenschaftlicher Akribie, die sich auch darin äußern, daß er auf seinen zahllosen Trachtenskizzen nicht nur den genauen Tag angibt, sondern auch den Ort der ›Aufnahme‹ und die Namen der Dargestellten vermerkt. In seinen alten Tagen scheint er sich retrospektiv mit der Darstellung von bayerischen Landschaften beschäftigt zu haben, wie er sie in seiner Jugend auf seinen vielen Wanderungen kennengelernt und noch unberührt vom Fremdenverkehr erlebt hat: Die hier wiedergegebene Ansicht des Schliersees hält sich nämlich auffallend genau an eine von Karl Heinzmann bereits 1818 geschaffene Lithographie und zeigt nur in der Personenstaffage einige Veränderungen.

Vertrag von 1559 heißt. Ein gewisses Ressentiment des Grafen ist um so mehr zu vermuten, als er ja wenig später sehr energisch den Neubau der »totaliter ruinosen« Martinskirche in Westenhofen mindestens ideell unterstützte.

Der Landesfürst – zur Zeit der Erbauung der neuen Kirche in Schliersee war das Kurfürst Max Emanuel – weilte außer Landes, und an seiner Stelle wachte damals während der österreichischen Okkupation im Spanischen Erbfolgekrieg die Kaiserliche Administration eifersüchtig über die Finanzen. Nach ihrem Abzug 1714 standen zwar reichlichere Mittel zur Verfügung, doch mußte der geplante Neubau des Turms zugunsten der Innenausstattung des Gotteshauses zurückgestellt werden. Sie war 1722 beendet; der alte Turm blieb erhalten. Nach schwerer Beschädigung durch einen Blitzschlag wurde 1873 lediglich seine Helmspitze durch die heutige, merklich steilere, ersetzt.

Mit dem Neubau von 1712 erstand ein Gotteshaus in festlichem barocken Geist. Sein Baumeister, der bereits als Erbauer des Pfarrhofs erwähnte Caspar Gläßl aus Reichersdorf bei Miesbach, hatte sechs Jahre in Weyarn an dem Wiederaufbau der 1706 abgebrannten Klostergebäude gearbeitet und den beschädigten Kirchturm aufgestockt. Der dortige Propst gab ihm für seine Arbeit »alle satisfaction« und versicherte, er werde »auch in dem vorhäblichen Bau in Schliersee nit weniges praestieren«. Mit den Zimmermannsarbeiten aber wurde Hans Zwerger aus der bekannten Miesbacher Stukkatorenfamilie beauftragt.

Gläßl schuf nach dem Vorbild der von Lorenzo Sciasca konzipierten Weyarner Kirche in Schliersee einen hellen vierjochigen Raum, dessen tief eingezogene Pfeiler hier wie dort quertonnengewölbte Seitenkapellen bilden. An ihren Ostwänden stehen jeweils die prächtig mit Leuchtern und Reliquienpyramiden dekorierten Nebenaltäre: an der Nordseite der 1714 von Johann Baptist Zimmermann geschaffene Marien-Altar aus

Stuckmarmor, der zur Zeit seines Entstehens mit seiner symbolträchtigen Farbigkeit ein Novum war, gegenüber an der Südseite der erst 1768 nach dem Entwurf Zimmermanns von 1714 gestaltete und nur in der Ornamentik dem Zeitstil des Rokoko angepaßte Magdalenen-Altar. Dann folgen nördlich der Bruderschafts-Altar zum Heiligen Kreuz und der Altar der Schmerzhaften Muttergottes, südlich der Heiligen-Anna-Altar (1718) und der Nikolaus-Altar mit den Vierzehn Nothelfern. Den von Zimmermann entworfenen Hochaltar, den Anna-Altar, den Bruderschafts-Altar und die gleichfalls von Zimmermann inventierte Kanzel schuf der Miesbacher Blasius Zwink, Schnitzereien und Figuren Franz Fröhlich aus Tölz. Von ihm stammen auch die lebendigen Pfeilerfiguren.

Besonders eindrucksvoll manifestiert sich der mit seinem unerhörten Phantasiereichtum immer wieder gefangennehmende Geist des Barock im Hochaltar. Das Altarblatt von Paul Vogel (1720) zeigt den Kirchenpatron Sankt Sixtus, im Auszugsgemälde darüber erscheint die Heiligste Dreifaltigkeit. Der Tabernakel weist die entwickelten Formen des Rokoko auf und kam erst etwa vierzig Jahre nach Vollendung des Hochaltars (1717) dazu. An den Seiten stehen vor gewundenen Berninisäulen die Nebenpatrone der Kirche, die erst durch das Aufgehen des Schlierseer Stifts im Münchner Kollegiatstift hier eingeführt worden sind: links der bayerische Landes- und Münchner Stadtpatron Sankt Benno, rechts der Patron von Ilmmünster, Sankt Arsatius mit dem Dreikönigsschrein.

Die Querverbindung von einer über den lokalen Bereich hinaus wenig bekannten Heiligenfigur in einer oberbayerischen Dorfkirche zum berühmten Dreikönigsschrein in Köln muß unwillkürlich verwundern, und man fragt sich interessiert, welchen Grund dies haben mag. Quelle dieser künstlerischen Darstellung ist die ›Legende des heiligen Arsatius‹, die allerdings erst um die Wende des 15. zum 16. Jahrhundert ihre letzte Fassung erfahren hat. Den Forschungen des Historikers Georg

Ratzinger zufolge stellt sich diese sogenannte Überlieferung jedoch als phantastische Kompilation von historischen Tatsachen und reinen Erfindungen dar, zu der bereits Konrad von Scheyern im 14. Jahrhundert und der Mailänder Galvano della Fiamma, ein als Geschichtsklitterer bekannter, um 1320 tätiger Schreiber, den Grund gelegt hatten. Demnach sind alle Berichte, daß Arsatius Bischof von Mailand, Bruder des Erzbischofs Eustorgius und sogar Schüler des heiligen Ambrosius gewesen sei, ebenso fromme Erfindungen wie jene, daß Arsatius in Mailand begraben gewesen und von dort nach Bayern überführt worden sei, und noch mehr jene, die in ihm einen der Überbringer der Reliquien der Heiligen Drei Könige von Konstantinopel nach Mailand (von wo sie dann später nach Köln gelangt sind) sehen wollen. Sieht man also von den späteren Zutaten fabulierfreudiger Schreiber ab, so bleibt als historischer Kern, daß der heilige Arsatius, von Geburt ein Perser, während der Christenverfolgung des Kaisers Licinius als Bekenner auftrat und in Nicomedia in Bythinien kurz nach einem von ihm vorhergesagten Erdbeben – das die Wissenschaftler auf das Jahr 358 datieren – gestorben ist. Seine Reliquien gelangten dann nach Rom, von wo sie – gleichzeitig mit denen des heiligen Quirinus nach Tegernsee – um die Jahre 766/769 nach Ilmmünster übertragen worden sind. – Franz Fröhlich aber, der Bildschnitzer der Schlierseer Arsatiusfigur, konnte im 17. Jahrhundert natürlich nicht anders als sich bei seiner Gestaltung an die im Laufe der Zeit verderbte Ilmmünsterer Tradition halten und seinen Heiligen mit einem Dreikönigsschrein ausstatten, der ihm im Lichte der historischen Forschung gar nicht gebührt.

Zimmermanns zarter Stuck an den Gurtbändern und Spitztonnen, seine Fresken mit Darstellungen aus der Legende des heiligen Sixtus in den Wölbungen des eingezogenen zweijochigen Chors – beide zusammen mit den Langhausfresken 1714 entstanden – leiten über zu dem in der Geborgenheit einer großen Muschel stehenden Hochaltar, die sich in das Halbrund des Chors schmiegt. Die Sparsamkeit des Stucks und der Fresken des Langhauses erhöht die Wirkung des reich ausgestatteten Chors. Hier darf man jedoch über allem barocken

Glanz einige wenige aus der Vorgängerkirche übernommene besonders schöne Werke nicht übersehen: links vom Altar auf einer Konsole die der frühen Renaissance zugehörende Sitzfigur des Kirchenpatrons von 1520. Der heilige Märtyrer, Papst Sixtus II., wurde nach einjährigem Pontifikat 258 in der Valerianischen Christenverfolgung enthauptet. Unter diesem schönen Werk, dessen Schöpfer nicht bekannt ist, steht die aus bäuerlichem Besitz stammende Gruppe des ›Gnadenstuhls‹, eine ausdrucksvolle, ergreifende Arbeit, die Erasmus Grasser zugeschrieben wird. In der Katharinen-Kapelle an der Nordwand eine Katharinenfigur von 1650 und die Heiligen Peter und Paul aus der Spätgotik. Das schönste dieser frühen Werke ist jedoch gegenüber an der Südwand eine Schutzmantelmadonna Jan Pollacks von 1494, des aus Polen stammenden Meisters, der sich in München niedergelassen und dort zahlreiche sehr lebendige, ausdrucksstarke Werke geschaffen hatte, unter anderem 1491 in der Schloßkapelle zu Blutenburg in Obermenzing bei München die berühmten Tafelbilder der drei Altäre.

Ein kaum sechzigjähriges Werk von bezaubernder Anmut muß noch erwähnt werden. Der 35flammige Kronleuchter in graziös geschmiedetem Blumen- und Blätterschmuck, das Werk einer Münchner Werkstatt, gestiftet von der Prinzessin Arnulf von Bayern.

Jan Pollack wird auch der Flügelaltar von 1541 in der kleinen, dicht neben Sankt Sixtus stehenden *Nikolaus-Kapelle* mit Darstellungen aus der Legende des Heiligen und einer Beweinung Christi zugeschrieben. Die Kapelle, ehemals der Altarraum eines kleinen Gotteshauses, dessen Mauerwerk zum Bau der neuen Pfarrkirche verwendet wurde, ist seit 1920 eine stimmungsvolle Kriegergedächtnisstätte. Die an ihren Wänden angebrachten Tafeln und ein Bild der Pestheiligen Sebastian und Rochus erinnern an die den kriegerischen Auseinandersetzungen und den Pestseuchen zum Opfer gefallenen Männer der Schlierseer Gemeinde.

In den dreißiger Jahren des 18. Jahrhunderts kehrte Johann Baptist Zimmermann noch einmal in die Gegend seines ersten Wirkens zurück. Er arbeitete nach der Stuckierung der Dietramszeller Kirche an der Ausschmückung der Stiftskirchen von Beyharting und Weyarn und schuf für die Maxlrainer Familie den Stuck der Kapelle des Schlosses Maxlrain und eines Saales in Wallenburg. Die durch die Waldecker Erbschaft an die Maxlrainer gekommene alte Wallenburg war noch von dem letzten Waldecker, Wolfgang (1442-1483), zu einer großen Vierflügelanlage wohnlich ausgebaut worden, von Johann Veit von Maxlrain (1659-1705) wurde sie »stattlich repariert« und mit »einem vortrefflichen Saal und stattlichen Wohnzimmern« ausgestattet. Die Bezeichnung ›Saal‹ für den von Johann Baptist Zimmermann mit leichtbeschwingtem Stuck ausgezierten Raum ist zwar etwas übertrieben, vielleicht war es auch nur eines der »stattlichen Wohnzimmer«, das läßt sich heute nicht mehr feststellen, denn von den ehemals vier Flügeln des Schlosses steht heute nur noch der Südtrakt. Wie dem auch sei, glücklicherweise ist Zimmermanns Stuck dem Zerstörungswerk entgangen. Frei und gelöst schwingen sich an der Decke des Raumes Blätter- und Blumenranken über lockere Brokatfelder von den in die Ecken geschmiegten Muscheln zu den aufsteigenden Springbrunnen in der Mitte der Längsseiten, treffen sich in den Breitseiten zu anmutigen Kompositionen mit Musikinstrumenten, Jagd- und Wappenmotiven. Dazwischen flattern graziös kleine Vögel oder sitzen auf Blumenkörben und halten in anmutigen Kurven schwebende Ranken in ihren Schnäbeln fest. Zimmermanns Stuck hat sich zu einem bezaubernden verspielten Frührokoko entwickelt. Seine Laufbahn war seit seinem Fortgang aus Miesbach im Jahre 1715 steil aufwärts gestiegen. Er war begehrter ›Hofstukkator‹ in München geworden, kaum eines der bedeutenden Bauvorhaben seiner Zeit entstand ohne seine Mitwirkung. Gleichzeitig mit Beyharting, Weyarn, Maxlrain und Wallenburg arbeitete er an der

Dekoration der berühmten ›Reichen Zimmer‹ der Münchner Residenz.

Schon 1713 bis 1715 hatte er bei der Stuckierung des Ottobeurer Kreuzgangs zwanzig Stukkatoren in seiner Werkstatt beschäftigt; seitdem war deren Zahl sicherlich erheblich gestiegen. Und dementsprechend waren auch seine Ansprüche gestiegen. Bereits 1725 ist die Rede von »unerfüllbaren Forderungen gegen den Auftraggeber«. Die stark verschuldete Familie Maxlrain war wohl kaum in der Lage, überhaupt irgendwelche Forderungen zu erfüllen. Es ist darum zu vermuten, daß die ganz besonders gelungenen Arbeiten Zimmermanns in Maxlrain und Wallenburg eine schöne Geste waren, mit der er der Familie seinen Dank ausdrückte für die ihm in jungen Jahren zuteilgewordene Förderung, der er seinen Aufstieg mit verdankte.

Die Erben des letzten Reichsgrafen von Maxlrain, Johann Joseph, konnten Wallenburg nicht halten. 1760 kam es in andere Hände, wechselte mehrfach den Besitzer, und im 19. Jahrhundert wurden drei Flügel des Schlosses abgebrochen.

Das von Johann Joseph 1723 eingerichtete Bergwerks- und Hüttenunternehmen im Brunftkogel bei Schliersee und im damals ›Hachl‹ genannten heutigen Josefstal hatte sich als Fehlschlag erwiesen. Es mußte 1732 wieder aufgegeben werden. Statt Gewinn zu bringen, hatte es den Grafen eine Unmenge Geld gekostet und ihn nur noch tiefer in Schulden gestürzt.

Die von ihm für seinen Betrieb im ›Hachl‹ angesiedelten Knappen, Holzknechte, Kohlbrenner und Hilfsarbeiter – zum Teil Fachkräfte aus Tirol und der Oberpfalz – waren zwar den Einheimischen als ›Zuagroaste‹ nicht willkommen, aber immerhin hatten sie Leben in die bis dahin einsame und etwas verrufene Gegend gebracht. Nicht lange vorher sollen hier noch Bären und Luchse gehaust haben; im Gebirgsstock um den Jägerkamp waren Wolfsgruben angelegt, und 1617 hatte Graf Georg von Maxlrain im heutigen Josefstal noch ein drei Zentner schweres Wildschwein geschossen. Das ›Hachl‹ soll auch ein beliebter Schlupfwinkel für allerlei liederliches Gesindel, für die von Tirol her kommenden Schmuggler, gewesen sein.

Mit der Siedlung im ›Hachl‹ entstand das ›Neue Haus in der Au‹, ein mit Genehmigung des Grafen Johann Joseph errichtetes Wirtshaus, »welches wie isoliert im Tal dasteht, mit dem Schmelzwerk in der Hachel zum Besten der dasigen Arbeiter aufkam; und nun, obgleich das Schmelzwerk längst eingegangen, erhält sich dieses Wirtshaus doch noch immer«, heißt es 1788. Und 1865 berichtet Heinrich Noë: »Im Sommer kommen Touristen aus der Valepp, aus der Richtung von Bayrisch-Zell und von Schliersee hier zusammen.« Bis auf den heutigen Tag kommen sie hier zusammen, aus dem ›Neuen Haus in der Au‹ und dem ›Hachl‹ sind inzwischen die Villensiedlungen Fischhausen-Neuhaus und Josefstal geworden. Auch Xaver Terofal hatte sich hier einen Hof gebaut, über dessen Tür der Vers stand:

Als Bauernbua bin i geborn
Drum bin i a a Bauer worn
A Bauer bleib i mein ganz Lebn
Es muß do a an Bauern gebn.

Er erwarb auch das alte Wirtshaus und machte aus ihm, wie er selbst sagt, den »jetzt der Neuzeit entsprechenden Terofals Gasthof zur Post«.

Die Straße von Schliersee zum *Spitzingsee* führt über Fischhausen-Neuhaus und das Josefstal. Die Bergstrecke zum Spitzingsattel wurde in Zusammenhang mit dem Bau der damals so genannten ›Queralpenstraße‹ 1937 trassiert, für den neuzeitlichen Verkehr ausgebaut, aber erst 1952 bis zum Ende des Sees verlängert. Je höher man kommt, desto schöner wird der Mischwald und werden die sich ins Tal öffnenden Blicke. Schließlich sieht man unten den ganzen Schliersee mit seiner

Insel, die Häuser von Fischhausen-Neuhaus, in der Ferne Hausham. Die Straße steigt bis zum Spitzingsattel (1127 m) zwischen Jägerkamp und Brecherspitze. Gleich jenseits der Paßhöhe findet man rechts an der Felswand eine Gedenktafel für Theodor Trautwein (1894 in München gestorben), einen begeisterten Bergsteiger, der durch seinen achtbändigen, immer wieder aufgelegten und auch heute noch brauchbaren Führer durch die ›Ostalpen‹ zahllosen Wanderern ein unentbehrlicher Begleiter geworden ist.

Dann geht es hinunter zum See (auf 1085 m Höhe), der einst – scheinbar ganz im Gegensatz zum heutigen Wortsinn – Stumpfsee hieß. Um die Bushaltestelle konzentrieren sich Hotels und Restaurants; Andenkenläden wetteifern um die Gunst der Ankommenden – es ist das übliche Bild beliebter Ausflugsziele.

Einst standen hier nur wenige Hütten, darunter die *Wurzhütte* über dem Ausfluß der Roten Valepp. Sie hatte sich bereits in der ersten Hälfte des 19. Jahrhunderts einen bekannten Namen gemacht, und die zahllosen Reisebeschreibungen, die damals schon das ›Bayerische Hochland‹ überschwenglich gefeiert haben, hatten zur Mehrung dieses Rufes nicht wenig beigetragen. Karl Stieler, Hermann von Schmied und Maria Lipsius, die unter dem Pseudonym ›La Mara‹ das Schlierseer Tal weit bekannt gemacht hat, sind hier eingekehrt und haben vom ›Hochwurzenen‹ ebenso gekostet wie Ludwig Steub und der schon oft zitierte Entdecker des bayerischen Oberlandes, Heinrich Noë. Der ›Hochwurzene‹ oder – wie man heute mehr sagt – ›Enzian‹ aber wurde in aller Welt berühmt und begehrt. Begonnen hatte dies alles damit, daß sich »vor einer Reihe von Jahren« – wie Franz Pagus 1870 schrieb – ein Tiroler Liebespaar, Görgel und Burgei, hier oben eine primitive Bretterhütte errichteten,

um hier in dieser Abgeschlossenheit ganz sich selbst und ihrem Branntweinbrennen zu leben. Görgel ist vor einigen Jahren, hochbetagt, durch den Tod von seiner Burgei getrennt worden, die bei der Wirtin in Neu-

haus den Rest ihrer gezählten Tage verlebt. Die Wurzerhütte, die sich seitdem während der Sommermonate zu einer von Touristen und Sommerfrischlern sowohl wie von Landleuten fleißig besuchten Kaffee-, Bier- und Weinschenke emporgeschwungen hat, ist nun das Besitztum von Burgeis Tochter und deren Ehemann, deren Hauptbeschäftigung die Bewirtung der Fremden geworden ist. Nichtsdestoweniger ist aber für Liebhaber von ›Geistern‹ auch jetzt noch manch Gläschen von selbstgebranntem Enzian oder Calmus daselbst zu bekommen.

Die Wurzhütte ist heute zwar kein »stilles Glück« mehr, wie der Freiherr von Perfall sie in seiner so liebenswerten Erzählung »Auf der Wurzhütte« schildert. Sie ist aber auch kein »Sanatorium für Nervenkranke« geworden wie er etwas mokant befürchtete, sondern spendet weiterhin wandermüden Ausflüglern oder knieweichen Skifahrern Erquickung. In ihrer erneuerten Form sieht sie heute – besonders in der Gesellschaft der vielen jüngeren und moderneren Bauten ringsum – schon wieder historisch aus.

Zu einer ähnlichen, sogar noch größeren Berühmtheit hat es übrigens noch eine weitere Bergrast gebracht, die *Firstalm* am Nordhang des Stümpfling. Hier, genauer: bei der Unteren Firstalm, wird alljährlich am Fastnachtssonntag der sagenhafte ›Skifasching‹ begangen. Über die Entstehung dieser bei allen Wintersportlern, die sich noch die urbayrische Lust an der ›Maschkera‹ bewahrt haben, beliebten ›Gaudi‹ erzählt Heinz Grossmann in der Chronik ›Schliersee 779-1979‹:

Das bunte Treiben der Skifahrer entwickelte sich aus dem ganz privaten Faschings-Vergnügen einer kleinen Freundesgruppe um den Gastwirt Willy Finsterlin, der in Fischhausen das Hotel Finsterlin betrieb. Dort beschlossen im Jahr 1930 einige zünftige Brettlfanatiker, die Herren Willy Finsterlin, Dr. Horst von Langsdorff, Fedor Lynen (späterer Nobel-Preisträger), Lothar Luxenberg, der Bildschnitzer Ernstl Roth, die Geschwister Mary, Lena und Lilly Gruber, am Faschingssonntag bei den Firstalmen am Spitzingsee einen richtigen, närrischen Skifasching zu feiern. Es wurde ein großer Spaß und wie-

derholte sich in den darauffolgenden Jahren, wobei sich immer mehr begeisterte ›Ski-Narrische‹ einfanden.

Lifte und Bergbahnen gab's noch nicht, man stieg auf zu den Firstalmen, man kam von München mit dem Zug, natürlich schon im Faschingsgwand – und plötzlich war er da, der weit bekannte fröhliche Firstalmfasching am Spitzingsee.

Einige nörgelnde Mitbürger schüttelten verwundert den Kopf, als da vor Jahrzehnten die ersten Skifahrer im Narrengewand vom Bahnhof Fischhausen-Neuhaus nach Josefstal zur Firstalm spurten. Inzwischen wurde aus dieser Faschingsgaudi … eine europäische Attraktion.

Die Wintersporttradition der Firstalm und des Skigebietes um Stümpfling, Brecherspitz und Bodenschneid erschöpft sich aber nicht mit dem Skifasching, sondern ist darüber hinaus mit den Anfängen des Skilaufs in Bayern überhaupt verknüpft. Auch hier stoßen wir schon auf die sportbegeisterte Familie Finsterlin, wie Michael Gasteiger berichtet:

Der Münchener Buchhändler Finsterlin (geb. 1846) war einer der ersten, die schon 1887 eifrig bemüht waren, den Schilauf einzuführen … In München huldigten seit 1886 vereinzelte Sportfreunde dem Fahren auf Schiern; festere Formen nahm das neue Wintervergnügen 1889 durch den Münchener Eislaufverein an, in welchem ein Russe von seinen Schifahrten um Petersburg berichtete. Darauf folgte bald die Tat. Auf Finterlins Weihnachtstisch prangten schon Schier, aus Finnland eingeführt. Gegen »Schlittschuhlaufen außerhalb der Wege« im Englischen Garten erhob aber die Polizei den Finger, was die Schlittschuhläufer veranlaßte, sich ein neues Heim zu suchen, das als »Schneeheim« dem Skiklub München von 1891 mehrere Jahre Unterkunft bot. Von hier aus dehnten sich die Fahrten um den Starnberger- und Ammersee, dann in die Schlierseer Berge. 1890 war die Firstalm das Ziel Finsterlins. 1893 wurde der Münchener Schneeschuhverein gegründet; im gleichen Jahre wagte Finsterlin schon den Versuch einer ersten deutschen Fachzeitung ›Der Schneeschuh‹, die indes bald wieder einging. 1895 unternahmen mehrere Mitglieder des Vereins eine Tour in die Valepp und auf die Rote Wand.

Für größere Touren bieten sich die 1972 in Betrieb genommene Taubenstein-Kabinenbahn und die Stümpfling-Drahtseilbahn an. Vom Stümpfling kann man dann mit einer Sesselbahn zur Monialm ins Rottachtal auf der Tegernseer Seite wieder hinunterfahren. Hier zwischen Brecherspitz, Stümpfling, Stolzenberg, Risserkogel, Wallberg, Bodenschneid tummeln sich im Winter die Skiläufer, im Sommer ist es ein unter Naturschutz stehendes, beliebtes Wandergebiet. Der Taubenstein ist ein lohnender Ausgangspunkt für Wanderungen im Gebiet der Aiplspitz, des Hochmiesing und der Rotwand mit dem Soinsee auf der Bayrischzeller Seite. Und weiter kann man vom Spitzingsee durch das Tal der Roten Valepp zur ehemaligen, 1747 erbauten ›Kaiserklause‹ und ins Österreichische zur ›Erzherzog-Johann-Klause‹ gelangen. Beide Klausen, die zu ihrer Zeit technische Sehenswürdigkeiten waren, sind allerdings nicht mehr in Betrieb und zum Teil abgebrochen.

Neben der Gruppe um Finsterlin interessierte sich bald auch das Turner-Alpen-Kränzchen für den Schilauf. Der ›Kranzler‹ Theodor Neumayer ließ sich ein paar solcher Bretter aus Oslo kommen und der ›Kranzler‹ Zimmermeister Weltin mußte nach diesem Modell mehrere Paare anfertigen. Gleichzeitig suchte man Verbindung mit dem »Skandinavischen Club« in München; die ersten Übungen fanden auf der Theresienwiese und später Nachtfahrten bis Solln statt. Bald wanderte man weiter, u.a. in die Valepp und zum (alten) Rotwandhaus. –

Nach der Jahrhundertwende nahm das Verständnis für den neuen Wintersport stetig zu. Das Gästeheim von Finsterlin, der sich 1901 in Fischhausen ankaufte, blieb seit 1908 gesuchter Mittelpunkt der Schifahrer. 1904 fand in Schliersee das erste Schirennen statt; 1906 wurde die erste bayerische Schimeisterschaft mit 25 Kilometer Dauerlauf von Fischhausen über Firstalm – Stümpfling – Roßkopf – Wurzhütte – Josefstal nach Fischhausen gelaufen; 1909 die erste Schihütte auf der Firstalm erbaut.

Übrigens löste die Trift des am Spitzing geschlagenen Holzes zur Kaiserklause seinerzeit eine ›Bürgerinitiative‹ aus. Man hatte für diese Trift am Spitzingsee eine Klause bauen müssen, und die Almbauern beschwerten sich, daß dadurch wegen »Schwöllung« des Spitzingsees »grässerey und Viehweid ganz und gar verdorben und unbrauchbar gemacht« werde. Sie müßten jetzt früher abtreiben und hätten dadurch großen Schaden. Als darüber ein langes Hin und Her mit den zuständigen Behörden entstand, griffen die Bauern kurzerhand zur Selbsthilfe: Eines Nachts wurde »durch eine boßhafte Hand der sog. Spitzingsee groß abgelassen, wovon durch die schon bis an die hohe Ablässe gefilte Haupt Clausen [die Kaiserklause] in der äußersten Gefahr zum Übergehen gewesen, wenn nicht zum Glück der ohnehin bei der Clausen sich eingefundne Trüftmeister Sohn annoch vor dem Schlaffengehen zugesehen und das häufig angekommene Seewasser durch Ziehung der Ablässe dieses große Unglück abgewendet hätte«. Die Täter konnten nicht ermittelt werden und die Almbauern hatten mit ihrer Aktion insofern einen Erfolg, als ihnen nach langer Verhandlung finanzielle Entschädigung für die durch die »Schwöllung« des Spitzingsees entstehenden Schäden zugesagt wurde.

1824 kamen andere ›Umweltschützer‹ mit der Klage, die Fische gingen durch den Ablaß der Trift, außerdem bliebe der Laich der Hechte und Brachsen beim Ablaß auf dem Trockenen liegen. Der Ausgang des über dieser Beschwerde entstandenen Prozesses ist nicht bekannt. Die Trift selber wurde Mitte der sechziger Jahre unseres Jahrhunderts aufgegeben, damit endete eine der letzten großen Anlagen dieser Art in Mitteleuropa.

Die ›Kaiserklause‹ war übrigens neben den Wallfahrtsorten und den Viehmärkten jene Stätte, wo sich Bayern und Tiroler am häufigsten begegneten. Die Tiroler kamen aus dem Ziller- und Inntal herauf, um auf der bayerischen Seite in der Valepp – einem 1610 geschlossenen ›Wechselwaldkontrakt‹ zufolge – jenes Holz einzuschlagen, das für die kaiserlichen Schmelzwerke in Brixlegg bestimmt war und auf der Brandenberger Ache nach Kramsach getriftet werden mußte. Diese intensive Begegnung soll nach Meinung verschiedener Trachtenforscher auch dazu geführt haben, daß die bayerischen Holzknechte Kleidungsgewohnheiten ihrer Tiroler Berufsgenossen kennengelernt, übernommen und damit in die spätere Miesbacher Tracht eingebracht haben.

Unzählige außerordentlich lohnende Wanderungen bieten sich in diesem Gebiet noch an; es muß den vielen Tourenführern überlassen bleiben, sie im einzelnen zu beschreiben. Um nur einige von der Valepp aus – wohin man auf einer Mautstraße auch mit dem Auto gelangen kann – zu nennen: die genußreichen Bergtouren auf den (Bayerischen) Schinder (1790 m) mit dem berühmten eindrucksvollen Schinderkar, zum Österreichischen Schinder gleich daneben, der meist Trausnitzberg (1818 m) genannt wird, oder zum Hinteren Sonnwendjoch (1986 m); weniger anstrengend und kürzer die gemütliche Wanderung zur Erzherzog-Johann-Klause, die schon im Kapitel ›Im Gebirg‹ eingehender behandelt worden ist.

Wir verlassen den Spitzingsee und kehren nach Fischhausen-Neuhaus zurück, um dort die Wallfahrtskirche Sankt Leonhard zu besuchen, ehe wir durch das Leitzachtal nach Bayrischzell fahren.

Durch das Leitzachtal

Sankt Leonhard in *Fischhausen*, dem Schutzpatron des Viehs, vor allem der Pferde geweiht, steht dicht an der Straße auf freiem Wiesenplan neben einer großen Linde. Nach altem Brauch versammeln sich alljährlich neben vielen Schaulustigen die Pferdebesitzer der ganzen Umgegend mit ihren prächtig gestriegelten, festlich geschmückten und geschirrten Rössern in Schliersee, ziehen am See entlang nach Fischhausen und erhalten nach dreimaligem Umritt um die Kirche für ihre Pferde den Segen zum Schutz vor Seuchen und sonstiger Unbill.

Daß die Leonhardifahrt, als sie eine Zeitlang mit der Fischhausener Kirchweih am 30. Juli verbunden war, zu einem recht übermütigen Volksfest wurde, erfahren wir vom damaligen Schlierseer Pfarrer. Er schreibt davon im Jahre 1826 mißbilligend:

Um 7 Uhr war Frühamt, dann Prozession um die Kirche mit Absingen der Evangelien. Viel Volk versammelt, Lärm, Peitschenknallen. ½ 9 Uhr Hauptgottesdienst; Amt und Predigt; die Straße zum Kirchlein mit Reutern, Wagen und Fußgängern ganz bedeckt. In starkem Trab und mit heftigem Knallen gings dreymal um die Kirche herum. Trompeten schmetterten ein Soldatenstücklein herunter, daß man sich in eine Bataille versetzt gesehen glaubte. Einige Pursche wagten es, zunächst der Kirche wie Drescher im Takt zu knallen. Von 12 bis 2 Uhr wurde noch tüchtig gerauft.

Später verlegte man dann die Leonhardifahrt wieder auf den 6. November, den eigentlichen kirchlichen Festtag Sankt

Leonhards, und heute wird sie den vielen Besuchern aus nah und fern zuliebe – je nach dem – am vorhergehenden oder darauffolgenden Sonntag begangen. Der feierliche Umzug der geschmückten Rösser – die im Zeitalter einer geradezu totalen Motorisierung freilich immer schwieriger zusammenzubringen sind – und das festliche Bild der bunten Trachten ziehen alljährlich eine wachsende Menschenmenge, besonders auch aus der Landeshauptstadt an, obwohl am selben Tag auch in Inchenhofen bei Aichach, in Peißenberg, Benediktbeuern und Hundham bei Fischbachau ähnliche Umzüge veranstaltet werden (während man in Murnau und Wessobrunn, in Bad Kreuth und natürlich vor allem in Bad Tölz nach wie vor den 6. November streng einhält).

Der ungewöhnlich hoch gezogene Spitzhelm des Turmes von Sankt Leonhard ragt steil in den Himmel. Er ist umgeben von einem seltsamen, geradezu unregelmäßig erscheinenden, einfachen und niederen Bau. Er entstand dadurch, daß man dem mit steilem Dach gedeckten Zentralbau von 1657, als die Wallfahrer immer zahlreicher kamen und die Kirche zu klein wurde, 1743 südlich und nördlich kleine Anbauten anfügte, eine Sakristei und einen Chor. Wie mag denn da der Innenraum aussehen? Neugierig betritt man ihn durch eine kleine rechteckige Vorhalle und steht überrascht in einem sehr üppig ausgestatteten barocken Zentralraum, einem gestreckten Achteck mit abgerundeten Ecken. Dem Eingang gegenüber ein reich geschnitzter Hauptaltar, in den muschelförmigen Wölbungen der seitlichen konkaven Ausbuchtungen die beiden ebenfalls reich geschnitzten Nebenaltäre. Über allem in der Wölbung und den Stichkappen in geometrischen Feldern eine von Blumen- und Blattornamenten, von Edelweißrosetten förmlich überquellende Stuckdekoration. Engel halten schwere Girlanden; in der Mitte der Wölbung ist Christus am Kreuz in herzförmiger Umrahmung von Maria, Antonius von Padua und Engeln umgeben.

Beides, der Bau und der für die Schliersee-Miesbacher Stukkatorenschule typische Modelstuck, welcher nicht aus der freien Hand gestaltet, sondern gegossen und aufgebracht wurde, sind Werke einheimischer Meister, von Hans und Georg Zwerger. Die Zwerger waren weit verbreitet, ihr Name findet sich überall im Umkreis Schliersees und Miesbachs, aber auch in München hat ein Georg Zwerger als Maurer an dem Bau der Michaelskirche und 1600 bei Umbauten im Alten Hof gearbeitet.

Sankt Leonhard wurde 1657 geweiht, gebaut hat sie der Schlierseer Mesner und Maurermeister Hans Zwerger (1598 bis 1666). Sein Sohn Georg ist bekannt als Schöpfer der Stukkaturen der ehemaligen Stiftskirche von Ilmmünster, der Pfarrkirchen von Anzing und Markt Schwaben, des prachtvollen Stucks der Elbacher Heilig-Blut-Kirche, und ihm wird auch der Fischhausener Stuck zugeschrieben. Nicht bekannt sind die Meister der drei Altäre von 1671, der Figuren und der Altarblätter des Hauptaltars und des linken Nebenaltars, doch ist anzunehmen, daß auch sie aus dem Kreis der einheimischen Handwerker-Künstler kamen. Ganz besonders schön ist der rechte Nebenaltar. Er wird beherrscht von einer majestätisch auf Wolken thronenden, von einem Strahlenkranz umgebenen Madonna mit Kind, die ihren Fuß auf einen türkischen Halbmond setzt. Diese Arbeit gehört dem 15. Jahrhundert an. Den Hauptaltar flankieren die Heiligen Johannes und Paulus, das Altarblatt zeigt den heiligen Leonhard mit Franz von Assisi und Antonius von Padua, während auf dem Bild des linken Nebenaltars die Heiligen Florian und Georg, ihnen zu seiten Sankt Antonius und ein Kruzifixus mit Schmerzhafter Mutter aus dem 18. Jahrhundert zu sehen sind. Das Gotteshaus ist ein besonders eindrucksvolles Beispiel des Kunstempfindens der im Umkreis Schliersees und Miesbachs wirkenden Meister, wurde doch sein Bau und seine Ausstattung wahrscheinlich ausschließlich von ihnen geschaffen.

Schon früh kam der Münchner Maler *Simon Warnberger* auf seinen Kunstwanderungen auch in das Leitzachtal, wie diese Landschaftsstudie aus der ›*Gegend von Fischbachau*‹ von etwa 1800 ausweist.

Auf der Fahrt von Fischhausen nach Bayrischzell bietet sich ein Abstecher nach Fischbachau und Birkenstein an. Zunächst kommt man nach Aurach. »Erst in Aurach wird die Gegend dem aus der Enge des Tals Herausgetretenen wahrhaft reizend und anziehend«, schreibt August von Platen, der ebenfalls auf einer Wanderung von Fischhausen nach Aurach kam.

Bald sieht man zur Rechten den Taubenstein, dessen anhängender Bergrücken, samt seinen fetten Alpen, ein großes Amphitheater bildet, von welchem die Sennerinnen auf den Schauplatz eines himmlischen Tales herniederblicken, das, in seiner Breite entfaltet, von manniggestaltigen Bergen umringt, nach allen Richtungen von Bächen durchspült, und von Wäldchen, Laubgewölben, schattigen Büschen auf die bunteste Weise durchkreuzt wird ... Eine Brücke führt über die eilenden Wellen der schönströmigen Leitzach. Fischbachau selbst gewährt einen gleich heiteren Anblick.

Fischbachau, die ›Au am fischreichen Bache‹, trägt heute noch diesen Namen zu recht. Es ist ein überaus freundlicher Ort; seine Häuser liegen weit verstreut in grünen Auen. Hier errichtete 1087 Gräfin Haziga, die Gründerin des kleinen Klosters Bayrischzell und Stammutter der Wittelsbacher, die erste Kirche, die heutige Maria-Schutz-Kirche. Für das 1085 von Bayrischzell nach Fischbachau verlegte Kloster wurden zwischen 1096 und 1100 die dem heiligen Martin geweihte Kirche und das kleine Klostergebäude errichtet. Ein Sohn der Gräfin, Graf Leonhard von Scheyern, trat in dieses Kloster ein. Aber schon 1107 wanderten die Mönche weiter nach der Burg Glaneck im Bezirk Dachau und schließlich 1119 nach Scheyern. Die Scheyerner Grafen hatten sich nämlich um 1113 die neue Burg Wittelsbach bei Aichach gebaut und ihre Stammburg Scheyern den Benediktinern überlassen. Fischbachau aber blieb bis zur Säkularisation eine Propstei von Scheyern.

Breit und behäbig, mit hohem Mittelschiff, weit ausladenden, niedrigen Seitenschiffen und einem hübschen, wohlproportionierten Zwiebelturm lagert die ehemalige Klosterkirche Sankt Martin mit ihrer freundlichen rosagetönten Färbelung in den sattgrünen Wiesengründen des anmutigen Ortes. Dicht neben ihr steht das ehemalige Klostergebäude, in dem jetzt das Rathaus mit dem Verkehrsamt untergebracht ist. Der ursprünglich flachgedeckten romanischen Basilika wurde 1705 über erhöhten Mittelschiffwänden ein Holzgewölbe aufgesetzt. 1628-1629 waren bereits die zwei östlichen Joche der Seitenschiffe abgetrennt und in Sakristei und Nebensakristei verwandelt worden, die Apsiden hatte man abgebrochen. 1699 bis 1702 kam der Turm an der erhöhten Mittelschiffapside dazu. 1737 bis 1738 schufen dann Wessobrunner Stukkateure, vielleicht sogar Johann Baptist Zimmermanns Trupp, den stilgeschichtlich hoch interessanten, genau an der Grenze zwischen Régence und Rokoko stehenden Stuck des Mittelschiffgewölbes, während der um 1760 entstandene Stuck an den Hochwänden, an der Orgelempore und in den Seitenschiffen bereits die charakteristische züngelnde Rocaille des hohen Rokoko vorführt. Szenen aus dem Leben des heiligen Martin führen die Gewölbefresken des Mittelschiffs vor, große Apostelbilder in Stuckrahmen erscheinen an den Hochwänden, die ›Vier Kardinaltugenden‹ und die ›Drei göttlichen Tugenden‹ finden sich in den Gewölbezwickeln. Im rechten Seitenschiff sind in den Deckenfresken die fünfzehn Geheimnisse des Rosenkranzes dargestellt, im linken das Leben und Wirken des heiligen Benedikt.

Der sich in die Apside des Mittelschiffs einschmiegende, von je drei Säulen flankierte Hochaltar dominiert in dem festlichen, hellen Raum. Durch die schmalen hohen seitlichen Fenster der Apside fällt helles Licht auf das in dunklen Tönen gehaltene Altarbild, die Gräfin Haziga darstellend, wie sie den Heiligen Martin und Benedikt Kloster und Kirche weiht. Der goldene Rokokorahmen, die marmorierten Säulen, der von Engeln umgebene goldene Tabernakel, ein zur Höhe strebendes, die Dreifaltigkeit im Auszug umschwebendes Engelskonzert leuchten auf im seitlich oder von unten einfallenden Licht.

Der Marienaltar im rechten Seitenschiff ist ein besonderes Glanzstück der Kirchenausstattung. Wahrscheinlich stammt der Schöpfer der überlebensgroßen Rokokomadonna (um 1740) mit reicher, von einem kleinen Engel gehaltener Gewanddrapierung, auf der das Jesuskind steht, aus dem schwäbischen Kreis. »Die Ehrfurcht dieses Künstlers, der eine hohe Formmeisterschaft besaß, zieht den Beschauer still in ihren Bann.« (Sattelmair) Der Sankt Benedikt geweihte linke Seitenaltar

Der wohl bekannteste Wallfahrtsort zwischen Isar und Inn ist das romantisch am Abhang des Breitensteins gelegene *Birkenstein*. Bis aus Tirol kamen die Pilger und nahmen als Andenken solche ›Andachtsbildchen‹ mit nach Hause, die heute nicht nur zum gesuchten Objekt für Sammler, sondern auch zum wichtigen Forschungsgegenstand für Volkskundler geworden sind.

Wallfahrts-Kirche Birkenstein.

zeigt den Tod des Heiligen, darüber das Bild seiner Schwester, der heiligen Scholastika, zu seiten die beiden Johannes. Eine reiche Rokokokanzel mit den vier Evangelisten-Symbolen auf dem Schalldeckel, ihr gegenüber ein Kreuz mit Mater Dolorosa aus der zweiten Hälfte des 18. Jahrhunderts, originelle bäuerliche Kreuzwegtafeln und schön geschnitzte Stuhlwangen aus der Zeit um 1730 vollenden die Ausstattung dieser feinen Kirche. »Die kunstgeschichtliche Bedeutung des Fischbachauer Münsters erhält seine Steigerung dadurch, daß wir in ihm die älteste fast ganz erhaltene romanische Basilika in Oberbayern besitzen.« (Richard Hoffmann)

Ebenfalls inmitten von Wiesen, dicht neben Sankt Martin, liegt auch die alte Maria-Schutz-Kirche von 1087 mit dem Friedhof. Ihr einschiffiger Raum ist besonders reizvoll durch den Gegensatz zwischen seiner breit ausladenden spätgotischen Wölbung und dem streng ornamentalen Stuck von 1630. Dieser Gegensatz wiederholt sich höchst eindrucksvoll im Hochaltar. Dort steht eine große Kostbarkeit – eine zierliche, zarte ›Schutzmantelmadonna‹ von etwa 1500 – im streng symmetrischen Altaraufbau aus der Zeit des Stucks. Weich fließen die Falten des Untergewandes der lieblichen Madonna, graziös hält sie den bergenden Mantel über die mit lebendigem Gesichtsausdruck sich um sie Drängenden. Eine ausdrucksvolle Arbeit ist auch der ›Tod Mariens‹ in der Predella, wahrscheinlicn von demselben Meister, der die Madonna schuf. Eine ›Verkündigung‹, ebenfalls in der Predella, wird in die Mitte des 17. Jahrhunderts datiert. Schmale Bilder aus dem Leben Mariens in einfachen glatten Rahmen umgeben die Madonna, zwei korinthische Säulen tragen den Auszug mit dem Auge Gottes. Rechts und links stehen unter Baldachinen auf Podesten die beiden Pestheiligen Rochus und Sebastian.

Die kleine Wallfahrtskapelle *Birkenstein* liegt etwas höher als Fischbachau auf einem von abgestürzten Felsen und Steinen des Breitenstein gebildeten Hügel. Ein besonders hübsches Erlebnis ist es, wenn man an einem der Festtage dorthin kommt, etwa am Himmelfahrtstag zur ›Trachtenwallfahrt‹, bei der dann ein Gottesdienst im Freien vor der Kapelle gehalten wird. Eine andächtige Menge versammelt sich auf dem zur Talseite hin durch die an die Kapelle angebauten Sakristei- und Chorgebäude begrenzten kleinen Vorhof, den auf der anderen Seite der waldige Hang des Breitenstein abschließt. Zu diesem Waldhang hin, wo der von einer Musikkapelle flankierte Altar aufgebaut ist, bilden die Fahnenträger der Trachtenvereine aus der Umgegend mit ihren bunten, reich bestickten Bannern Spalier. Es ist ein malerisches Bild. In die frommen Weisen mischt sich das Murmeln des vom Berg herabkommenden Bächleins, in den Weihrauch die würzige Bergluft. Mit dem ›Lied vom Guten Kameraden‹ klingt der Gottesdienst bei gesenkten Fahnen aus. Die Menge drängt sich nun zur wundertätigen Muttergottes in die kleine Kapelle, um dort noch ein kurzes Gebet zu verrichten, und dann geht es ins Dorf zu einer kräftigen Brotzeit. Burschen und Mädchen in ihrer kleidsamen Festtracht ziehen aller Augen auf sich. Die Frauen tragen meist lange, schwarzbrokatene Dirndl mit langen Ärmeln und rundem Ausschnitt, eine helle seidene Schürze ist mit lang flatternden Bändern um die Taille gebunden. Den Hals ziert ein mehrreihiger, vorn mit einer großen silberziselierten Schließe geschlossener silberner Schmuck, das sogenannte ›Kropfkettl‹. Der flache runde schwarze Filzhut ist kleidsam in die Stirn gesetzt und wird hinten von einem großen, mit silbernen Nadeln gehaltenen Haarknoten getragen. Ein Gamsstutzen darf ebensowenig fehlen wie auf den Hüten der Männer, die ihrerseits weiße Hemden, kurze, schwarze, grün bestickte Lederhosen und graue Joppen tragen. Diese und die Hosenträger sind grün verziert, die grauen Wadelstrümpfe grün geringelt.

Die Geschichte der Wallfahrt zur wundertätigen Muttergottes von Birkenstein geht zurück auf die Vision eines Pfarr-

Auf lange Tradition kann die ›*Leonhardifahrt*‹ zurückblicken: Auch in *Fischhausen am Schliersee* hat sich dieser Brauch erhalten, der schon 1825 Peter von Heß zu seinem bekannten Gemälde (heute in der Berliner Nationalgalerie) inspiriert hat. Unser etwa ein halbes Jahrhundert

später entstandenes Bild von *Louis Braun* zeigt deutlich, wie dieser fromme Umzug allmählich den Charakter einer Schau-Attraktion für die Touristen und Besucher aus der Stadt anzunehmen beginnt, eine Entwicklung, die sich bis heute in verstärktem Maße fortgesetzt hat.

vikars von Fischbachau im Jahre 1663. Der fromme Mann verrichtete gern seine Gebete auf der Höhe, wo sich schon seit Urzeiten eine Martersäule (Marterl) befunden haben soll. Als er eines Tages dort oben in der warmen Mittagssonne etwas eingenickt war, erschien ihm die Gottesmutter der Klosterkirche Fischbachau und sagte zu ihm: »Hier will ich verehrt sein und denen, welche mich anrufen, meine Gnade mitteilen!« Auch andere Mitglieder der Gemeinde hatten ähnliche Erscheinungen, und als sie sich hartnäckig wiederholten, wurde der Bau einer Kapelle auf dem Birkenstein und die Überführung der bis dahin in Sankt Martin zu Fischbachau bewahrten Muttergottes beschlossen. 1673 waren die Arbeiten beendet – und sogleich setzte die Wallfahrt zum Gnadenbild von Birkenstein eifrig ein. Bald kamen die Hilfe- und Trostsuchenden so zahlreich und die Gottesmutter half so eifrig in allen Nöten, daß an den Bau einer größeren Kapelle gedacht wurde. Am 14. Mai 1710 konnte der Grundstein gelegt werden, aber bald fehlte es an Mitteln für die weitere Beschaffung von Baumaterial. Da schwemmte ein Wolkenbruch so viel Steine und Sand an, daß das Gotteshaus noch in demselben Jahr fertiggestellt werden konnte. Die zahllosen Votivtafeln in der Vorhalle und in der Kapelle selbst bezeugen die Dankbarkeit der Gläubigen, die hier Trost und Hilfe fanden. Ja sogar im Österreichischen Erbfolgekrieg, als sich 1742 die Bayern und Österreicher zwischen Bayrischzell und Kufstein gegenüberlagen, gelang es mit Hilfe der Madonna, die Gefahr eines baldigen, unvermeidlich scheinenden Zusammenstoßes abzuwenden, denn »da sandte der Prior P. Ildephons von Fischbachau im Vertrauen auf die Fürbitte der hl. Jungfrau am Birkenstein einen Eilboten an den Stadt- und Landrichter Sebastian Egger in Kuffstein mit der inständigen Bitte um Schonung des Thales. Dem Einfluß dieses Beamten gelang es denn auch, einen Einfall der Feinde abzuhalten und sowohl das Thal wie das Kirchlein vor Plünderung und Brand zu retten«.

An den Wänden der gedeckten, nach außen offenen hölzernen Vorhalle der Kapelle sind die einzelnen Episoden der Wallfahrtsgeschichte auf den Birkenstein drastisch, anschaulich, versehen mit entsprechenden Erläuterungen, dargestellt. »S. H. W. Pinx. 1761« steht auf einem dieser Bilder zu lesen.

Den kleinen Kapellenraum mit dem Gnadenbild betritt man von der Vorhalle aus. Er wurde 1867 – wie es heißt, »in Renaissancestil« – restauriert. Unwillkürlich prallt man geblendet zurück: Gold, Gold und abermals Gold, wohin man auch blickt. In goldenem Strahlenkranz steht in goldenem Gewand die Madonna mit dem Kind im Arm auf einer goldenen Sichel, goldgeflügelte Putten umschweben sie, Gold strahlt die Heiligste Dreifaltigkeit aus, zahllose goldene Engel und Putten tragen auf goldenen Wolken das Gnadenbild. Es funkelt und glitzert, daß Einzelheiten kaum zu unterscheiden sind. Überwältigt von so viel himmlischem Glanz und beklemmt von der fürchterlichen Enge in dem kleinen Raum, in dem sich die Teilnehmer der Trachtenwallfahrt drängen, verläßt man die Kapelle, um nach Fischbachau zurückzufahren. Auf der Weiterfahrt nach Bayrischzell erreicht man dann in Aurach die von Schliersee kommende Straße.

Hier empfiehlt es sich, nicht gleich ins Leitzachtal abzubiegen, sondern vorher noch einen Ausflug nach *Elbach* zwischen Fischbachau und Hundham und ein Stückchen weiter nach Wörnsmühl zu unternehmen, denn in der Elbacher Pfarrkirche Sankt Andreas begegnet man dem Baumeister der Schlierseer Pfarrkirche wieder und in der Friedhofskapelle Heilig Blut einem besonders schönen üppigen Stuck des Georg Zwerger. Und in *Wörnsmühl* ist der Wiedenbauernhof mit der köstlichen ›Lüftlmalerei‹ eine ganz besondere Sehenswürdigkeit. »Ao. 1772 hat Curwinian Mayr dies Haus gebaut und sein hl. Namens Patteron nach Gott ihm anvertraut«, steht auf dem Bauspruch zu lesen. Unter dem weit vorspringenden Dachgiebel ist er selbst zu sehen, der sichtlich bildungsbeflissene Hofbesitzer mit dem

Federkiel in der Hand, während seine Frau ebenso eifrig in einem Buche liest. Eine ganze Bilderbibel mit wahrscheinlich von ihm selbst ausgesuchten Bibelzitaten und Spruchbändertexten ließ der ›gelehrte‹ Bauherr auf sein Haus malen. Man wird nicht müde, sie zu entziffern und die nicht selten naiv-grotesken Darstellungen zu betrachten. Es ist die älteste und reichste der sich im Umkreis Bayrischzells zahlreich befindenden Lüftlmalereien.

Die Freskotechnik in der Freiluftmalerei ist alt, doch kam die hübsche Bezeichnung ›Lüftlmalerei‹ für sie erst im 18. Jahrhundert auf. Und zwar soll ein Oberammergauer Freiluftmaler Franz Seraph Zwinck sich ›Lüftlmaler‹ genannt haben, weil ihn bei seiner Arbeit auf dem Malergerüst ein recht frisches ›Lüftl‹ umwehte. Eine andere Version läßt die Familie Zwinck damals im Haus ›Zum Lüftl‹ in Oberammergau wohnen, und nach einer dritten Version schließlich hieß ein Meister, der die Freiluftmalerei zur Dekoration von Bauernhöfen als erster populär gemacht haben soll, Lüftl, und nach ihm sei sie dann ›Lüftlmalerei‹ genannt worden. Wie dem auch sei: sie ist gewiß eine der liebenswertesten Schöpfungen, welche die bäuerliche Kunst hervorgebracht hat.

Das Hauptverbreitungsgebiet dieser ›Lüftlmalerei‹ ist Mittenwald, Oberammergau und hier das Leitzachtal. Über dessen stilistische Eigenart schreibt Alois Johannes Weichslgartner:

Gemeinsam ist diesen Fresken vor allem das Fehlen der Architekturmalerei und die starke malerische Hervorhebung der meistens mit Rocailleformen geschmückten Fensterumrahmungen. Typisch sind für diese ›Leitzachtalgruppe‹ auch die Heiligengestalten in voller Lebensgröße ...

Als Schöpfer dieser liebwerten bäuerlichen Kunst im Leitzachtal hat die Forschung die Brüder Johann Baptist und Michael Böham oder Behamb namhaft gemacht. Johann wurde am 24. Oktober 1752 in Westerndorf bei Glonn geboren, nannte sich 1789 als in Aibling und 1792 in Fischbachau ansässig und starb am 3. März 1838 in Aibling. Sein Bruder Michael, 1757 geboren, wohnte dagegen in Ratzenlehen bei Miesbach. Sie arbeiteten oft zusammen, wie hier in Wörnsmühl, auch 1786 am Jodlbauernhof in *Hagnberg*, das wir – nach Aurach zurückgekehrt – auf der Straße nach Bayrischzell sehr bald erreichen. Alois Wolf schreibt darüber:

Die Lüftlmalerei beim Jodlbauer ist wohl ihre glanzvollste Schöpfung. Sie fügt sich farblich sehr belebend in den Aufbau des Hauses und in den Rhythmus der Fenster ein, die feingliedrig mit Rocaillen umrahmt sind, verteilt die Schwerpunkte gleichmäßig und erreicht in aufgelockerter und zierlicher Art eine freudige Gesamtwirkung. In der alpenländischen Lüftlmalerei scheint es wohl nirgends so vollkommen gelungen zu sein, den duftigen, schwerelosen Geist des Rokoko im Bildgefüge einzufangen wie hier.

Über das ›Programm‹ der Hagnberger Hausmalerei lassen wir uns wieder von Alois Weichslgartner belehren:

Zwischen den beiden Fensterreihen zieht sich ... über drei Hausseiten ein gemalter Figurenfries, auf dem fast keiner der damals besonders beliebten Volksheiligen fehlt, von Johannes dem Täufer und dem Apostel Andreas über Christophorus, Katharina, Florian und Sebastian bis zu Leonhard, Benno, Notburga und Isidor. Im Giebeldreieck kommt dazu noch eine Kreuzigungsgruppe. Selten ist die Darstellung des sogenannten bayerischen Bauernwappens: Zwei Löwen halten Rechen und Sense. Noch seltener aber ist, was Meister ... Behamb sich zum Sündenfall einfallen ließ: Er malte über eine Hausecke hinweg den paradiesischen Apfelbaum und darunter die Stammeltern Adam und Eva. Adam bekommt den so folgenschweren »Apfel der Versuchung« gleich zweimal angeboten: einmal von seiner Lebensgefährtin Eva und einmal vom Teufel in Schlangengestalt. Den Teufelsapfel wehrt er ab, aber dem Evasapfel kann er nicht widerstehen.

Weitere Werke von den beiden Böham finden sich unter anderem an einem zweiten Bauernhof in Wörnsmühl (1787), in der

Friedhofskapelle Bayrischzell (1785) und erneut in Hagnberg in der 1798 mit einem Deckengemälde ausgestatteten Kapelle. Beide haben auch Möbel bemalt, wie uns farbenfrohe Bauernschränke in den Heimatmuseen von Tegernsee und Schliersee sowie im Münchner Stadtmuseum und im Bayerischen Nationalmuseum beweisen. Darüber hinaus ist das Leitzachtal bei den Volkskundlern und Sammlern von Bauernmöbeln auch als Herkunftsgegend eines bestimmten Schranktyps bekannt geworden, der sogenannten ›Leitzachtaler Kästen‹, von denen heute nur noch knapp zwanzig Exemplare nachzuweisen und die schönsten Stücke im Münchner Stadtmuseum und im Germanischen Nationalmuseum in Nürnberg ausgestellt sind. Sie fallen besonders durch ihre Farbenfreude auf und die Art ihrer Musterung, die Alois Wolf wie folgt beschreibt:

Gemeinsam sind ihnen kräftige, ornamentale Farbmuster, die die ganze Fläche überziehen, sowie sehr ähnliche Größenverhältnisse. Profilierte, aufgesetzte Leisten gliedern die Flächen. Die beiden Türen weisen in den oberen, T-förmig eingezogenen Feldern Jesus- und Maria-Namenskürzel auf, in den unteren Blumensprossen oder Vasenblumen. Bei einigen ist über den oberen Türfeldern ein Laubengang aufgemalt. In den seitlichen Rahmen sowie, wenn vorhanden, im Sockel, erscheinen Blumenranken. Die übrigen Flächen werden auch noch mit Blumen und Ranken gefüllt. Häufig treten auch volkstümliche Muster auf wie Stern, Sonne, Lebensbaum, Malkreuz, Wellenband, Herz, laufender Hund, Kreuz und Zickzack.

Das Leitzachtal wird nun schmal, sanft ansteigende dichte Wälder begrenzen auf beiden Seiten seine grünen Wiesen. Es ist ein freundliches, dünn besiedeltes Tal. Über weite Strecken nur Weideland, vereinzelt Höfe. Geitau und Osterhofen, von wo die Drahtseilbahn auf den Wendelstein führt, sind die einzigen größeren Siedlungen. Man kann sich kaum vorstellen, daß die so friedlich dahinplätschernde Leitzach in früheren Zeiten, wenn die zahlreichen Gebirgswässer, welche sie aufnimmt, sich bei Schneeschmelze und Unwettern zu reißenden, Geröll und Sand mit sich führenden Bächen verwandelten, zu einem gewaltigen Strom wurde, der Bayrischzell und das ganze Tal überschwemmte. Immer wieder ist von Hochwasserkatastrophen die Rede.

1865 und 1868 begann die Gemeinde mit Wildbachverbauungen, 1892 wurde eine ›Genossenschaft zum Zwecke des Uferschutzes der Leitzach und deren Zuflüsse: Aubach, Krottenbach, Steilenbach und Alpach‹ gegründet. Aber schon 1899 zerstörte ein großes Hochwasser alle bis dahin vorgenommenen Regulierungen. Allein 107975 Mark steckte die Gemeinde von 1894 bis 1905 in Leitzachkorrekturen, aber immer wieder wurde sie von Überschwemmungen heimgesucht. Noch 1954 war Bayrischzell drei Tage von der Außenwelt abgeschlossen und der Zugverkehr unterbrochen. Erst eine 1966 begonnene und 1968 abgeschlossene Regulierung der Leitzach von Bayrischzell bis zur Klarermühle bei Geitau konnte Abhilfe schaffen. Die Wehranlage der Klarermühle wurde aufgelassen, die Leitzach um zwei Meter gesenkt, wobei fünf Brücken erneuert werden mußten. Mit diesen außerordentlich kostspieligen Maßnahmen war die Hochwassergefahr endgültig beseitigt. Mehr als zwei Millionen Mark hatte die tatkräftige Gemeinde in den Jahren nach dem Zweiten Weltkrieg dafür aufgebracht. Nicht nur die Einheimischen, auch die Gäste sind Nutznießer dieser aufwendigen Vorsorge.

Bayrischzell

Spät erst, mit der Entdeckung der landschaftlichen Schönheiten des bayerischen Oberlandes zu Anfang des 19. Jahrhunderts, kamen vereinzelt die ersten Städter auch in das weltabgeschiedene Leitzachtal. In seiner zweiten Hälfte aber waren es gar bereits zwei gekrönte Häupter: König Max II. von Bayern und König Ludwig II. von Bayern. 1858 kam König Max II. auf seiner berühmten ›Fußreise‹ von Lindau nach Berchtesgaden auch durch das noch aus kaum mehr als fünf Höfen bestehende Dorf. An dieses große Ereignis erinnert noch heute die damals unter großen Feierlichkeiten gepflanzte ›Königslinde‹ im Zentrum des Ortes. Inzwischen ist sie zu einem mächtigen Baum herangewachsen. Und kurz nach seiner Thronbesteigung 1864 unternahm auch König Ludwig II. einen Ritt durch Bayern, um sein Land zu besichtigen. Auf seinem Weg von Schliersee zur Landesgrenze eilte er durch Bayrischzell, doch die sensationelle Kunde hiervon verbreitete sich wie ein Lauffeuer, und bei seiner Rückkehr wurde der König von der schnell herbeigeeilten Bevölkerung mit dem ›Wendelsteinlied‹, von dem wir noch hören werden, empfangen. In Geitau soll er beim Alten Wirt angehalten und mit der Wirtin, die voller Neugierde mit der Schüssel voll Nudeln, die sie gerade in der Hand hatte, vor die Tür gelaufen kam, einige Worte gewechselt haben.

Seine Entwicklung zum vielbesuchten Urlaubsort verdankt Bayrischzell jedoch vor allem dem zu Anfang unseres Jahrhunderts aufkommenden Wintersport und seinen tatkräftigen Gemeindevätern. Sie erkannten früh ihre Chance, gründeten 1899 zusammen mit den Vertretern der umliegenden Gemeinden einen Verkehrsverein und machten sich daran, die für den Wintersport so hervorragend geeignete Umgebung ihrer Heimat dem Fremdenverkehr zu erschließen. Wenn es auch in Bayrischzell immerhin schon seit 1885 eine Telegrafenstation gab und in den Jahren 1886 bis 1893 Telefonverbindungen zum Wendelsteinhaus, nach Schliersee, Fischbachau, Elbach und sogar nach München eingerichtet worden waren, so entsprachen die für den Fremdenverkehr so wichtigen Straßen- und Unterkunftsverhältnisse selbst den damals noch sehr bescheidenen Ansprüchen in keiner Weise.

1876 war zwar eine sogenannte ›Distriktstraße‹ von Bayrischzell nach Schliersee gebaut worden; seit 1877 gab es eine Poststation im Bayrischzeller ›Alten Wirt‹, der nun ›Zur Post‹ hieß. Und seitdem verkehrte einmal täglich eine Postkutsche zwischen Schliersee und Bayrischzell, ab 1898 sogar zweimal täglich. Das waren im Vergleich zu früheren Zeiten große Fortschritte. Früher hatten lediglich Feldwege die weit verstreuten Höfe des oberen Leitzachtales bis Geitau verbunden. Erst 1825 war eine Gemeindestraße gebaut worden. Briefe und amtliche Schreiben mußten aber immer noch den Bierfuhrwerken und Händlern mitgegeben werden, die mit ihren schweren Plachenwagen meist einmal wöchentlich aufs Land kamen, um Butter, Leinwand, Hühner und vieles andere für die Stadt aufzukaufen. Die seit 1860 amtierenden Landpostboten lieferten die Post meist in den Schulhäusern ab; ausgetragen wurde sie dann von Schulkindern.

Als um die Jahrhundertwende die ersten Wintersportler aus der Stadt nach Bayrischzell kamen, konnten sie zwar von München bis Schliersee mit der Bahn fahren. Dort mußten sie jedoch auf sogenannte ›Schlaipfen‹, schwere Holzschlitten, umsteigen, die sie in der eisigen Winterkälte nach Bayrischzell brachten. Ein mühsamer Aufstieg zum Sudelfeld, dem Ziel ihrer

Unternehmung, folgte. Oben gab es weder Erfrischungen, geschweige denn eine warme Mahlzeit; zur Stärkung nach der überstandenen Anstrengung war man auf die selbst mitgebrachte Verpflegung angewiesen. Aber die Übungsfahrten auf dem Sudelfeld, die Abfahrt nach Bayrischzell waren dann Höhepunkte, die alle vorangegangene Mühsal vergessen ließen. Zurück ging es dann abermals auf Schlaipfen bis Schliersee zum Bahnanschluß nach München. Daß aber auch eine Bahnfahrt damals nicht gerade ein Vergnügen war, erfahren wir von Ludwig Steub, der 1869, also im Jahr der Eröffnung der Strecke München–Schliersee, von München nach Miesbach fuhr. Es war zwar Sommer und er hatte nicht unter Kälte zu leiden, dafür aber unter Hitze und sonstigen Mißhelligkeiten: »In der Frühe verdroß mich schon, daß die Wagen dritter Klasse des Königreichs Bayern keine Haken besitzen, so daß man bei der hydraulischen Einpfropfung, welcher die Fahrgäste trotz 25° R unterliegen, Joppen, Ränzel und andere Reisekleinodien unter die Bank werfen muß, wodurch dann auch die Füße geniert sind und die Kleinodien schmutzig werden.« Ungeachtet dieser Strapazen, die heute kaum noch ein Sonntagsausflügler oder Ski-Fan auf sich nehmen würde, kamen sie in immer größerer Zahl.

Große Verdienste um die Verbreitung des Rufs der Schönheiten des Bayrischzeller Berglandes und die Entdeckung seines idealen Skigeländes erwarb sich der ›Zolloberkontrolleur‹ und Chef der Grenzwache von Bayrischzell, Hermann Hartmann. Als erstes brachte der begeisterte Skiläufer den noch annähernd einzigen ›Wintersportlern‹ der Gegend, den Grenzern und Jägern, die neue ›Norweger-Methode‹ bei. Sie waren bisher nach der sogenannten ›Zdarsky-Methode‹ mit nur einem Stock gelaufen, der beim Schwingen mit beiden Händen nach rechts und links gesetzt wurde. Dann trat Hartmann dem 1901 in München im ›Bauerngirgl‹ in der Residenzstraße gegründeten ›Akademischen Schiclub München‹ bei und sorgte dafür, daß dieser, abgekürzt ›ASCM‹ genannte Klub nicht mehr wie bisher seine Skikurse und Rennen in Garmisch-Partenkirchen, sondern in Bayrischzell auf dem von ihm für den Skisport entdeckten Sudelfeld abhielt.

Inzwischen waren aber auch der Verkehrsverein und die Gemeinden nicht müßig gewesen. Ihr wichtigstes Anliegen mußte zunächst der Bau einer Bahnlinie nach Bayrischzell sein. Versammlungen wurden abgehalten, Komitees gebildet, Landtagsabgeordnete und Industrielle für diesen Plan interessiert. Im Februar 1900 wurde dem Landtag eine Petition eingereicht. Aber der Amtsschimmel ließ sich Zeit; die Verhandlungen über Streckenführung, Finanzierung, Entschädigung und allem, was damit zusammenhing, zogen sich jahrelang hin, und erst 1908 wurde der Bau einer staatlichen Lokalbahn Schliersee–Bayrischzell genehmigt. Weitere drei Jahre dauerte es, bis am 29. September 1911 die Linie schließlich eröffnet werden konnte. Daß sie zustande kam, ist nicht zuletzt der Opferbereitschaft der Schlierseer und Bayrischzeller Bürger zu verdanken. Sie brachten die als Kaution verlangte Summe von 100000 Goldmark auf und übernahmen dazu noch verschiedene andere Verpflichtungen wie Bau, Beleuchtung und Erhaltung der Zufahrtstraßen und der »wünschenswerten Unterstandshütten«. Mit dem ebenfalls geplanten Bau einer Bergbahn auf den Wendelstein kamen allerdings die Brannenburger den Bayrischzellern zuvor. Der dortige Industrielle, der Geheime Kommerzienrat Steinbeis, stiftete nämlich drei Millionen Goldmark für den Bau dieser ersten elektrischen Zahnradbahn in den deutschen Alpen. 1910 wurde ihr Bau begonnen und schon am 12. Mai 1912 wurde sie eröffnet. Ihre Trassenführung ging größtenteils über das dem großzügigen Spender gehörende Revier.

Auch um den Ausbau der völlig unzulänglichen Straßen bemühten sich die Gemeinden nachdrücklich. Die Tiroler Straße durch das Ursprungtal zum Beispiel war infolge der von Jahr zu

Jahr sich steigernden Inanspruchnahme durch Vieh- und Holztransporte in einem jämmerlichen Zustand. Im Jahr 1900 war der Holztransport auf 5000 Festmeter, das entspricht etwa 15 bis 20000 Stämmen, angewachsen. Ein Antrag auf Erhebung der bisher von den anliegenden Grundbesitzern unterhaltenen Straße zur Distriktstraße wurde jedoch abgelehnt, dagegen ein jährlicher Zuschuß von 150 Mark angeboten! Erst im Herbst 1915 war es so weit, daß mit der Durchführung der schon 1904/05 von dem Bezirks-Oberingenieur Koeber ausgearbeiteten Pläne begonnen werden konnte. Zu den Arbeiten wurden zunächst russische und italienische Kriegsgefangene herangezogen, doch mußten die Bauarbeiten bald unterbrochen werden. Unter großen Schwierigkeiten gelang schließlich 1923 die Fertigstellung der Straße bis Kufstein.

Inzwischen hatte die Zahl der Sommer- und Winterfrischler rapide zugenommen. Waren es vor 1900 nur fünf bis zehn, in der Saison 1905/06 noch nicht mehr als fünfzig bis hundert gewesen, so konnte Bayrischzell in der Saison 1913/14 bereits die stolze Zahl von 1229 Gästen mit 22806 Übernachtungen aufweisen. Es gab ein Ortstelefonnetz, elektrisches Licht, und aus dem ehemaligen Marxgut war das ›Hotel Wendelstein‹ geworden. Aber nicht nur Sportler und Sommerfrischler kamen zu längerem oder kürzerem Verweilen, eine ganze Reihe von Städtern hatte sich inzwischen hier ansässig gemacht oder, wie man heute sagt, einen ›Zweitwohnsitz‹ erworben. Der Prominenteste von ihnen, der jedes Jahr hier in seinem Landhaus Erholung suchte, war Professor Hugo Junkers, der Konstrukteur des ersten Ganzmetallflugzeugs und des ersten Dieselflugmotors. Seine zahlreichen Flugzeug- und Motorenwerke wurden 1936 zur ›Junkers Flugzeug- und Motorenwerke AG‹ zusammengeschlossen.

Und wieder konnte Bayrischzell zwei Staatsoberhäupter feierlich begrüßen: 1923 Paul von Hindenburg, damals allerdings noch nicht Reichspräsident, sondern ›nur‹ Generalfeldmarschall, und 1950 den ersten Präsidenten der Bundesrepublik, Professor Theodor Heuss, der hier einen Mitarbeiter besuchte.

Hindenburg, im Ersten Weltkrieg gefeierter Sieger der Schlacht von Tannenberg (26. bis 30. August 1914), durch die Ostpreußen vor dem Einbruch der Russen gerettet wurde, kam von seinem alljährlichen Jagdaufenthalt in Dietramszell zu einem Verwandtenbesuch nach Bayrischzell. Er mußte einen Empfang über sich ergehen lassen, der dem bescheidenen Wesen des alten Herrn gar nicht entsprach: Alle Fahnen wurden gehißt, eine Abteilung Reichswehr war aufmarschiert, Musikkapelle, Gesangverein und Gemeinderat hatten sich versammelt, und in feierlicher Zeremonie wurde dem Gast eine Fotografie in geschnitztem Eichenlaubrahmen überreicht, auf dem die Worte standen: »Dem Vater Hindenburg ein kleiner Beweis, daß auch an den südlichsten Grenzen des Vaterlandes ihm aller Herzen in Verehrung, Dankbarkeit und Treue entgegenschlagen. Die Bayrischzeller.« Weiter heißt es in dem Bericht über dieses große Ereignis: »Zum Schlusse dankte der greise General, der die Menge um Kopfeslänge überragte, und der mit seinem schneeweißen Haar und seinem immer ernsten Gesichtsausdruck einen ehrwürdigen Eindruck machte, bewegten Herzens den Zellern für die Ehre, die sie ihm erwiesen und munterte sie auf, in der so schweren und ernsten Zeit, die über das deutsche Volk hereingebrochen sei, doch ja den Mut nicht zu verlieren und alles zu vermeiden, was die Einigkeit zerstören könnte.«

Ferner sei noch berichtet, daß der spätere Reichsmarschall Hermann Göring 1920 beim Falterbauern auf Hochkreut das kleine Nebenhäuschen gemietet hatte und dort eineinhalb Jahre mit seiner ersten Frau Karin zurückgezogen wohnte, wie es heißt, schriftstellerischen Arbeiten hingegeben und nur zu täglichen Einkäufen im Dorf erscheinend. 1935 kaufte Konsul Sachs, Besitzer eines Jagdhauses im Nessler, das Häuschen und schenkte es Göring zu seiner Hochzeit mit Emmy Sonnemann. Nach dem Krieg kam es wieder in den Besitz des Falterbauern.

›Die Zell‹ in dem weltabgeschiedenen Leitzachtal war ein attraktives Ziel für Erholungssuchende aus aller Welt geworden.

Jahrhundertelang hatte es nur wenige weit verstreute Höfe in dem unwirtlichen Tal gegeben. Wie es ausgesehen haben mag, als die ersten Siedler kamen, beschreibt Josef Brunhuber in seiner ›Chronik des oberen Leizachtales‹:

1858 wurde das Klooaschautal [westliche Abzweigung des nach Süden führenden Ursprungtals, dem die Tiroler Straße folgt] *vom Forstamt gekauft. Es diente seit Urzeiten dem Kloohofe* [bei Geitau] *als Viehweide. Das Forstamt forstete die ganze Weidefläche auf. Mit welchem Erfolg? Heute noch, nach siebzig Jahren* [1928] *sind die Bäume nicht schlagbar, sie hängen voll Flechten und sterben ab. Der Boden ist zu naß und zu arm an Humus. Natürlicher Samenflug kommt nicht zur Entwicklung. Wäre nicht künstlich aufgeforstet worden, so stünden auch heute noch nur wenige Koppen und Stauden. Dasselbe Bild zeigen unsere Vieh-Ötzen, die sich selbst überlassen sind und nur wenig und kümmerlichen Holzwuchs aufweisen. In der Talsohle kämpften Hochwasser und Grundwasser gegen den Hochwald. Die Bäche der Nebentäler lagerten dort, wo sie in die Leitzach einmündeten, einen Teil der mitgeführten Schottermassen ab und hemmten den Waldwuchs. Das ganze obere Leizachtal von Ursprung bis Faistenau war ein Überschwemmungsgebiet ohne nennenswerte Humusbildung. Feuchte Wiesen, bestanden mit einzelnen Birken, wechselten mit Erlenauen und gingen in sie über. Ortsnamen wie Au und Wang (= Wiesenplan) erzählen von dem Zustand, in welchem die ersten Siedler die Landschaft vorfanden. Wir finden die Namen Seeberg, Seewiesau, Helingersweng, Geitau, Fischbachau, Faistenau, Au, Achau. Dagegen fehlen im Leizachtal die mit Wald in Verbindung stehenden Ortsnamen.*

›Helingersweng‹, das war die Gegend um das heutige Bayrischzell, als 1045 von dem Grafen Hermann von Castel-Sulzbach-Habsberg die zur Mitgift seiner Gemahlin Haziga gehörende

»freie Waldung Helingersweng vom Berge Chitinrain [Kittenrain] bis Chivirins Urspring [Ursprung]« in Besitz genommen wurde. Man deutet den alten Flurnamen Helingersweng mit: ›Weide des Helinger‹ und vermutet dort im 5. Jahrhundert eine alemannische Kolonie, die aber wegen der vielen Bergmuren und Überschwemmungen wieder verlassen wurde.

In die Legenden um die Gründung der ersten ›Zelle‹ (Einsiedelei) verwob sich im Laufe der Jahrhunderte Heidnisches mit Christlichem. Der Historiker Ritter von Koch-Sternfeld meint: »Die Tatsache, daß St. Margaretha zur Kirchenpatronin von der Zell gewählt wurde, in einer Zeit, wo Margarethen-Kirchen nicht mehr erbaut wurden [11. Jahrhundert], kann ein Hinweis darauf sein, daß die Zelle ehedem eine heidnische Siedlung war; denn die Heilige besiegte ja durch das Kreuz das Heidentum und den ›Erzvater der Lüge‹ den Teufel [alten Drachen]. Sie erinnert an das keltische und romanische Heidentum des Gebirges« – und an die Sage vom ›Tatzelwurm‹, möchte man hinzufügen. Michael Meindl vermutet dagegen, daß iroschottische Missionare schon im 7. oder 8. Jahrhundert eine Zelle, ein Eremitorium, auf der Wiese des Helinger gründeten und der heiligen Margaretha weihten: »Es war Brauch dieser iroschottischen Mönche, daß sie in unwirtliche, nasse und sumpfige Gegenden Zellen bauten und diese Zellen zu Ehren der von ihnen hochgeschätzten hl. Margaretha, der Drachen- und Wurmtöterin, einweihten.«

Von der Errichtung einer Zelle und dem Bau eines ersten kleinen Kirchleins durch zwei fromme adelige Brüder Adalbert und Otto im Jahre 1076 berichtet Abt Conrad von Scheyern (1206-1226) in seiner 1210 niedergeschriebenen Chronik. Das Gotteshaus soll im Jahre 1077 Bischof Ellenhard von Pola (Istrien), ein Oheim der Gräfin Haziga, geweiht haben. Sicher ist, daß Haziga 1079 zum Andenken an ihren zweiten Gemahl, den Grafen Otto II. von Scheyern, »in der Zell« ein kleines Kloster gründete und die Kirche der heiligen Margaretha geweiht wurde. Von nun an hieß ›die Zell‹ auch Margarethenzell. Die mit zwölf Benediktinerpatres und zwölf Laienbrüdern aus dem Kloster Hirsau besetzte Stiftung der Haziga war bald von einigen Siedlerhöfen umgeben, deren Anwesen zum Teil heute noch existieren. Die Mönche aber waren »wegen der Schlechtigkeit der Wege, der Unzugänglichkeit der Wälder und der Rauhigkeit des Klimas« der Gegend, die von dem genannten Abt Conrad von Scheyern als »wüste Einsamkeit, vorher die Heimat und der Tummelplatz wilder Tiere und ein Drachenlager« geschildert wird, unzufrieden und baten Haziga um Verlegung in eine freundlichere Umgebung. Sie entschloß sich 1085 zur Umsiedlung des Klosters nach Fischbachau; 1107 wanderte es in die Burg Glaneck bei Eisenhofen (Petersberg bei Dachau) und 1119 schließlich nach Scheyern.

Die Klostergebäude von Margarethenzell standen wahrscheinlich auf dem Grund des heutigen Unterlärcheranwesens. Sie verfielen, nachdem die Mönche sie verlassen hatten, wurden abgebrochen, und an anderer Stelle baute man ein kleines sogenanntes Kooperator-Häuschen für den Filialbenediktiner, der von Fischbachau aus die Seelsorge zu versehen hatte. Als Baumaterial soll man das Holz der ehemaligen Klostergebäude verwendet haben. Erst 1606 ließ es die Haupt- und Pfarrkirche der ›Zell‹, die Propstei Fischbachau, abreißen und durch ein steinernes Häuschen ersetzen. Ab 1615 amtierte dort ein eigener Priester. Bis zum nächsten Umbau des Pfarrhofs vergingen wieder einige Jahrhunderte. August von Platen, der 1817 von Fischbachau hierher kam, sah ihn wohl noch mehr oder weniger in dem Zustand von 1615, denn erst 1859 wurde er leicht umgebaut. Platen erzählt:

Ich verfügte mich ins Pfarrhaus. Die artige muntere Köchin empfing mich an der Schwelle des niedlichen Häuschens. Sie fragte mich gleich, ob ich nicht der Graf aus Schliersee wäre. Darauf holte sie den Pfarrer, welcher, der Kühle wegen, in der Kirche spazierte. Er nahm mich aufs herzlichste auf, ich gefiel mir wohl bei ihm, und, obgleich im Kloster er-

zogen, fand ich ihn doch weit aufgeklärter in religiöser Hinsicht als unseren Lakenpaur (in Schliersee). Er hatte Schriften von protestantischen Geistlichen, die letzterer für unerhörten Greuel halten würde ... Freilich, was Geschichte, geographische Kenntnisse etc. betraf, war mein Wirt ein Ignorant, wie nur irgend einer seiner Kollegen. Er glaubte, daß London in Frankreich läge ...

Das Pfarrhaus, obgleich geringfügig und nach Bauernart gebaut und von innen und außen bunt bemalt, ist gleichwohl recht heiter und freundlich, und auf eine reinliche, nicht altfränkische Weise eingerichtet. Ein Gärtchen umgibt es, in dem ein rundes Gartenhäuschen angebracht ist, wo wir aßen. Die Vorderseite des Hauses steht dem Wendelstein gegenüber. Das Auffallendste im Hause ist das Meditationszimmer des Pfarrers, ein kleines Stübchen, schwarz bemalt, kaum beleuchtet und mit gräßlichen Totenfiguren und Höllenbildern ausgeziert. Im Hintergrund steht ein Altar.

Vor dem Nachtessen machten wir einen kleinen Spaziergang ... Der Pfarrer führte mich auch in die Kirche. Sie ist nicht groß, aber heiter und ansprechend.

Ja, wir müssen hinzufügen: Diese *Kirche Sankt Margaretha* ist ein Juwel. Wie so oft, wenn man eine der äußerlich anspruchslosen bayerischen Landkirchen betritt, ist man auch hier überrascht von der phantasievollen Ausstattung des Innenraums, von der Kunstfertigkeit der zumeist unbekannten ländlichen Meister, deren Werke sich nicht selten mit den Schöpfungen bekannter und berühmter Künstler messen können. Hier in Bayrischzell fällt zunächst ein schlichter hochgezogener spitzer Turm mit vier Giebeln ins Auge. Wenn man auch gehört hat, daß er zusammen mit der Mensa des Hochaltars der einzige Rest der alten Kirche ist und ihre heutige Gestalt auf einen totalen Um- und Neubau des 17. Jahrhunderts zurückgeht, wenn auch schon ihr ambitioniertes Äußeres – das Langhaus in Pilastergliederung und mit klassischem Architrav – einiges ahnen läßt, so hätte man hier ›in der Zell‹, deren Gemeinde noch 1839 aus nur 360 Einwohnern in zwei Dörfern, vier Weilern und siebzehn Einöden bestand, einen Innenraum von solcher künstlerischen Gestaltungskraft doch nicht erwartet. Quadratisch, mit ausgerundeten Ecken, eingezogenem, halbrund geschlossenem Altarraum, mit einer von Rundbögen und Zwickelflächen getragenen Flachkuppel zeugt er nicht nur von selbstbewußter architektonischer Gestaltungskraft, sondern strahlt er auch eine vollendete Harmonie aus. Leider ist gerade dieser sichtlich vom großen Münchner Architekten Johann Michael Fischer beeinflußte Baumeister nicht überliefert. Der liebenswürdige zarte Stuck von 1736 des Thomas Glasl aus dem Miesbacher Kreis, die beschwingten Fresken, die Altäre und Figuren, alles fügt sich voller Grazie in die Architektur ein und bildet eine seltene, in sich geschlossene Einheit. Das große Deckenfresko stellt die Gründung der ›Margarethenzell‹ durch Gräfin Haziga dar; in den stuckgerahmten Zwickelfeldern sieht man die vier Evangelisten mit ihren Symbolen, im Chorgewölbe drei Szenen aus dem Leben der Kirchenpatronin. Im Schrein des älteren, aus der ersten Hälfte des 17. Jahrhunderts stammenden Hochaltars stehen die vergoldeten Holzfiguren dreier weiblicher Heiliger:

Margareth' mit'm Wurm,
Barbara mit'm Turm
Katharin' mit'm Radl:
Sind die ›Drei heilig'n Madl‹,

wie der Volksmund sagt, flankiert außen von Petrus und Paulus. Im Auszug ›Maria mit dem Kind‹, beiderseits anbetende Engel, über dem Tabernakel eine sich dem barocken Stil des Altars gut einfügende Herz-Jesu-Figur von Thomas Buscher aus dem Jahre 1904, darunter ein von der Herzogin Karl Theodor in Bayern gestiftetes Rokoko-Kruzifix. In der rechten Ecknische zeigt der Isidor-Altar ein Rokokobild die ›Verklärung des heiligen Isidor‹. Der Aufbau von 1754 stammt aus dem Kloster Scheyern. Nach entstellenden Veränderungen im Jahre 1876 wurde er 1950 in seiner ursprünglichen Gestalt wiederhergestellt. Rechts und links Figuren der beiden Johannes, des Täufers und des Evangelisten, im Auszug in einer graziös gerahmten Nische eine Büste der Bauernheiligen Notburga (deren Geschichte wir schon in Eben am Achensee vernommen haben), darüber das Auge Gottes im Strahlenkranz. Der Aufbau des linken Seitenaltars von etwa 1750 gleicht im wesentlichen dem des Isidor-Altars. Auf dem Altarbild von 1774 ist Sankt Benedikt dargestellt, wie er Bayrischzell der Mutter Gottes weiht. Beiderseits frühbarocke Figuren der Wetterheiligen Johannes und Paulus, im Auszug die ›Mutter Anna mit dem Kinde Maria‹. Eine Renaissance-Madonna, die lange Zeit den Altar zierte, ist heute neben ihm aufgestellt, umrahmt von Blumen und Lichtern. Von der übrigen Ausstattung fallen auf die lebensgroßen Figuren des heiligen Benedikt und seiner Schwester Scholastika in den westlichen Ecknischen des Hauptraumes, zwei seltene Prozessionsstangen aus dem 18. Jahrhundert – und etwas ganz besonders Reizendes, ein kleines Jesulein in einem verglasten Rokokoschrein an der Südwand der Kirche.

Die Pfarrkirche ist der Mittelpunkt des kleinen Ortes, der zwar seit etwa 1700, wie wir schon hörten, offiziell Margarethenzell hieß, bei den Einheimischen aber bis weit ins 19. Jahrhundert hinein einfach ›Die Zell‹ genannt wurde, während der heutige Name Bayrischzell sich – wohl zur Unterscheidung vom Tiroler Zell bei Kufstein – erst seit etwa 1835 durchsetzte. Noch als August von Platen 1817 in die Zell kam, bestand er nur »aus fünf großen Bauernhöfen, deren Besitzer sehr wohlhabende und reiche Leute sind, eine große Anzahl Vieh und dazu viele Triften und Alpen haben«. Diese alten Höfe der ›Urzelle‹ scharen sich auch heute noch um die Kirche. Freilich mußten sie im Laufe der Jahrhunderte allerhand Wandlungen über sich ergehen lassen. So wurde der *Zellerhof*, wahrscheinlich der älteste der ersten fünf Höfe, die sich hier ansiedelten, 1952 abgerissen und gegenüber, auf der anderen Seite der Straße, wiederaufgebaut. An der alten Stelle steht jetzt die Konditorei Stumpp. Trotz des Neubaus ist der Zellerhof eine Augenweide geblieben, ebenso erfreuen der *Lärcherhof* und ganz besonders der *Peterhof* den Liebhaber alter bäuerlicher Architektur. Und das, obwohl in den ehemaligen Stall des Peterhofs 1953/54 ein Kino eingebaut wurde. Mit Schrecken hatte man das vernommen und war dann überrascht, wie diskret man ans Werk gegangen war. Diese sehr vorsichtige und einfühlsame Einfügung von Neuem in Altes ist überall in Bayrischzell zu beobachten, so beim *Haus des Gastes* von 1966, in dem auch das Rathaus untergebracht ist. Es steht auf dem Grund des alten Stefflanwesens und ist zusammen mit der gärtnerischen Anlage ein Ensemble, das sich durchaus in die traditionsträchtige Atmosphäre des Platzes um die Kirche gut einfügt. Einzig der alte Marxhof, aus dem nach einem totalen Umbau im Jahre 1910 das heutige ›Hotel Wendelstein‹ wurde, fällt aus dem Rahmen seiner Umgebung und – ein Parkplatz als unvermeidliche Konzession an die heutige Zeit.

Zur engeren Umgebung der Kirche gehören noch die Schule am Wendelsteinbach, der Pfarrhof, der Gasthof ›Zur Post‹ und die zur Erinnerung an die Besteigung des Wendelsteins durch König Max II. im Jahre 1858 gepflanzte ›Königslinde‹.

Eine andere Gedenkstätte inmitten einer kleinen Grünanlage am Beinhaus des Friedhofs hält die Erinnerung an Josef Vogl und Martin Staudacher wach, deren Namen mit der Bedeutung Bayrischzells als Fremdenverkehrsort und Wiege der Trachtenbewegung aufs engste verknüpft sind.

Staudacher dichtete und komponierte 1883 das »Bayrischzeller Lied«, Vogl, der Lehrer, gründete im selben Jahr den »Verein zur Erhaltung der Volkstracht im Leitzachtal–Bayrischzell«. Martin Staudacher erinnerte sich später:

Zu Anfang des Jahres 1883 saßen an einem Sonntag abends fünf bis sechs Burschen von der Zell, darunter auch der damalige Lehrer Vogl, gemütlich wie immer bei einem Glas Bier beisammen, über dies und jenes plaudernd. Im Laufe der Unterhaltung kamen sie auch auf die hiesige kleidsame Tracht zu sprechen und wie dieselbe bereits im Verschwinden sei; denn man sah damals nur noch einen Jäger und diesen höchst selten in kurzer Hose einhergehen. Im Laufe des Gesprächs kamen sie nun soweit, daß Herr Lehrer Vogl sagte, wenn er nicht allein wäre, würde er sich sofort eine Hose kaufen, nur damit diese schöne kleidsame Tracht nicht ganz und gar verschwinde; die fünf Burschen, ermutigt durch die Rede des Herrn Lehrers, erklärten sich einer nach dem andern bereit, sich eine kurze Hose zu kaufen und dieselbe auch gleich anzuziehen. Auf einmal sagte Herr Lehrer Vogl ganz dreist: »Wißt's was! Gründ' ma an Verein!«

Gesagt, getan! Gleich anderntags wurde Herr Säcklermeister Dilger von Miesbach benachrichtigt, am folgenden Sonntag nach Bayrischzell zu kommen, um sechs kurze Hosen zu messen, woselbst derselbe auch pünktlich erschien. Drei Wochen später sah man an einem Sonntag nach der Kirche 5 Burschen und nachmittags auch Herrn Lehrer Vogl in kurzer Hose, mit grünem Hut etc. einhergehen, auf welche fast mit Fingern gedeutet wurde, was aber dieselben nicht im geringsten genierte; denn es trug ja jeder das Bewußtsein in sich, uneigennützig einer guten Sache zu dienen.

Die Einheimischen verhielten sich also zu Anfang in ihrem angeborenen Mißtrauen gegen alles ›Ungewohnte‹ und ›Gemachte‹ den ›g'spinnerten‹ Trachtlern gegenüber ablehnend. Der Lehrer Vogl zog sich sogar den Zorn des Kuraten Forstmair zu wie der Ortschronist Michael Meindl berichtet:

Kurat Andreas Forstmair … erklärte die nackten Knie als eine Schweinerei und brachte dies auch in seinen Predigten zum Ausdruck. Was tat Lehrer Vogl? Er verließ mit seinen Getreuen, den ›Kniehöslern‹, unter Protest den Sonntagsgottesienst – und die Orgel schwieg. Den Sieg in dem Kampf errang schließlich der junge Lehrer.

Das Beispiel seines ›Vereins zur Erhaltung der Volkstracht im Leitzachthale (Bayrischzell)‹ sollte gleich Schule machen. Der Gedanke einer gezielten Trachtenpflege schien in der Luft gelegen zu sein und verbreitete sich, nachdem einmal der Anfang gemacht war, rasch in der Umgebung. Noch im selben Jahr 1883 eiferten die Fischbachauer dem Bayrischzeller Vorbild nach, 1888 folgten die Schlierseer, 1889 Gmund, Rosenheim sowie Miesbach, wo die 1881 gegründete ›Schuhplattlergesellschaft‹ sich der neuen Zielsetzung annahm und in ›Volkstrachtenverein Miesbach‹ umbenannte, dann 1890 Hausham, Feilnbach und Litzldorf.

Sein Mitstreiter, der Staudacher Martl, war nicht nur als sangesfreudiger und reimgewandter Zitherspieler bekannt. 1883 – also im selben Jahr, da Vogl die Tracht wiedererweckte – kam der Martl auf Anregung des ebenso eifrigen ›Schuasta-Pauli‹ – der bei den gemütlichen Abendrunden im ›Gasthof zur Post‹ selbst gerne eigene Gedichte vortrug – auf den Gedanken, ein ›Bayrischzeller Lied‹ zu dichten und zu komponieren, dessen erste Strophe lautet:

Kennst du das Tal im Alpengrün,
wo abends rot die Berge glüh'n?
Die Quelle brausend niederrauscht,
der Jäger kühn das Wild belauscht?
Wo's Alpenlied so traulich schallt
und in den Bergen widerhallt?
Dort wo die Glocken klingen hell,
in diesem Tal liegt Bayrischzell! ...

Dieses Lied ist in seiner seltsamen Mischung von klassischen Reminiszenzen – beginnt es doch schon mit den Eingangsworten von Goethes Mignon-Lied – und dem herkömmlichen Vokabular der Jägerromantik, der Bergseligkeit und des Heimatgefühls, so recht ein Kind seiner Entstehungszeit, und auch die hochdeutsche Fassung verrät, daß die Zeit des echten und ursprünglichen Volksliedes bereits unwiederbringlich vorüber ist. Doch sind es wohl gerade diese ›modernen‹, nicht mehr ganz ›naturreinen‹ Elemente, die diesem Lied zu einem ungeahnten Siegeszug in der ganzen Welt verhelfen; in den Vereinigten Staaten, wo sich die vielen Bayernvereine des Liedes begeistert annahmen, hat man seinen Text sogar ins Englische übersetzt.

Am großen Erfolg des Liedes haben viele verdient, nur nicht sein Schöpfer, der 1929 einfach, wie er immer gelebt hatte, im Alter von 72 Jahren starb. Sein Bildnis hängt im Sitzungssaal des Rathauses, der Gedenkstein für ihn und Lehrer Vogl wurde 1933 eingeweiht. Gleich daneben gelangt man auf den Friedhof, wo Generationen der hier ansässigen Bauerngeschlechter ruhen: ›Familiengrab Tannermühle‹, lesen wir da, oder ›Mainwolfmutter‹, ›Mainwolfsohn‹, ›Dicklvater‹ und ›Dicklmutter‹, ›Klarerbäuerin‹ und ›Klarerbauer‹, ›Kloobauer‹, ›Kloobäuerin in Geitau‹ und wie sie alle, den Ortsansässigen mit ihren altüberlieferten Hofnamen bestens vertraut, heißen mögen. Der Kloohof zum Beispiel ist bereits als ›Chittinreinishova‹ 1085 erwähnt! Eine Nische in der inneren Friedhofsmauer mit schönem Kruzifix ist den Seelsorgern Bayrischzells gewidmet, deren Andenken der Ort mit Achtung und Ehrfurcht ebenso pflegt, wie er auf die eigene Generation und ihre Leistungen stolz ist: Im Eingangsflur des ›Hauses des Gastes‹ ist in Glasvitrinen eine höchst stattliche Anzahl von Preisen ausgestellt, die seine Töchter und Söhne in den verschiedensten Wettkämpfen im In- und Ausland errungen haben. Und das nicht nur in den vielen Disziplinen des Wintersports, sondern auch bei Preisschießen oder gar im ›Fingerhakeln‹ …

Umrahmt wird Bayrischzell von einem Kranz mäßig hoher Berge, über die im Norden der 1838 Meter hohe Felsgipfel des Wendelsteins herunterschaut. Nach Süden hin, wo die Tiroler Straße zur österreichischen Grenze führt, schieben sich – vom Kurgarten aus gesehen – die Kulissen des Seebergs und des Kleinen Traithen ineinander und schließen diesen Kranz. Nur nach Westen, nach Schliersee zu, ist das Tal offen, freilich kaum breiter als ein Kilometer. Und viel größer ist auch der Durchmesser des annähernd runden Talbodens nicht, auf dem Bayrischzell liegt. Ein sehr intimer Ort also, für manche aus der

V

EIN BAUER AUS SCHLIERSEE IN FESTTRACHT

Karl Philipp Fohr
(Heidelberg 1795-1818 Rom)
Aquarell (Ausschnitt), 1815
Darmstadt, Hessisches Landesmuseum
Kupferstichkabinett

Knapp ein Jahrhundert, bevor die bereits im Verschwinden begriffenen oder gar schon ausgestorbenen Volkstrachten durch die seit 1883 aufkommenden Gebirgstrachten-Erhaltungsvereine zu neuem Leben erweckt wurden, hatte schon die künstlerische Entdeckung der ›Nationalkostüme‹, wie man damals sagte, eingesetzt. Nicht nur von einheimischen Malern wie Kobell, Quaglio oder Neureuther eifrig studiert und getreu festgehalten, haben die oberbayerischen Trachten auch zugewanderte Künstler in ihren Bann gezogen wie den frühvollendeten Heidelberger Romantiker Karl Philipp Fohr. Obwohl er sich – noch dazu mit der mehrwöchigen Unterbrechung durch eine Italienreise – nur die kurze Zeit von Juli 1815 bis Mai 1816 in München aufgehalten hat, verdanken wir ihm mit diesem weithin unbekannten Porträt des Schlierseer Bauern Johannes Kugler eine der künstlerisch vollendetsten und im Ausdruck treffendsten Trachtendarstellungen.

Weite des Nordens Kommende vielleicht etwas beengend; die Berge fallen sozusagen in den Suppenteller. Aber wer eine ländliche Atmosphäre ohne Snobismus sucht, für den ist hier auch heute noch der richtige Ort. Und natürlich vor allem für die Wintersportler, die hier um den Ort wie auch besonders auf dem Sudelfeld alles finden, was ihr Herz begehrt: von leichten Übungshängen bis zu Abfahrten mit einer Länge von insgesamt fünfzig Kilometern, die durch Lifte und Bergbahnen gut erschlossen sind.

Aber nicht nur für die Winter-, auch für die Sommerfrischler hat die rührige Gemeinde gut gesorgt mit Alpenfreibad, Minigolf und Tennisplätzen, mit Waldfesten, Bauerntheater oder Kurkonzerten. Und nicht zuletzt kann man nach Herzenslust wandern.

Der Wanderer, das heißt der Mensch, der eine gesunde Bewegung machen, seine Erübrigungen in fremde Länder tragen und die Welt sehen will, derselbe, nach welchem Rom, Florenz und Venedig seufzen, den die alemannische, die fränkische und die sächsische Schweiz, der Rheinstrom und die Pyrenäenbäder sich in ungezählter Zahl herbeiwünschen, in der Gebirgspolitik der unteren Obrigkeiten hier in Bayern und im Lande Tirol spielt er eigentlich zur Zeit noch gar keine Rolle, stellt Ludwig Steub auf einer Wanderung von Bayrischzell über den Tatzelwurm nach Brannenburg noch Ende des vorigen Jahrhunderts fest. *Sie lassen ihn seine Pfade im Nebel selber suchen und stellen ihm nicht einmal Wegweiser, viel weniger Ruhebänke zum Ausrasten hin. Über sumpfige Wiesen verlässige Bretter, an schwindelige Steige sichernde Geländer zu legen und andere solche Aufgaben der Nächstenliebe, sie scheinen sie lediglich den kommenden Jahrhunderten vorbehalten zu wollen,* fügt er prophetisch hinzu. Heute bieten bestens angelegte und markierte Wege dem Gast unbegrenzte Möglichkeiten zu ebenen Wanderungen ebenso wie zu Bergtouren jeden Grades.

Auch dem, der – aus welchen Gründen auch immer – nicht in der Lage ist, die Bergwelt zu Fuß zu erwandern, erschließen sich heute ihre Schönheiten, sei es vom Bergplateau des Wendelsteins, das man mit der modernen Seilbahn von Bayrischzell-Osterhofen aus oder mit der altväterlichen Zahnradbahn von Brannenburg her erreichen kann, oder sei es auch vom bequemen Autositz aus auf einer Fahrt über die Alpenstraße.

Der erste Teilabschnitt dieser Alpenstraße wurde 1937 bis zum Sudelfeldsattel fertiggestellt. Anläßlich dieses Ereignisses schilderte der ›Miesbacher Anzeiger‹ die landschaftliche Schönheit dieser Strecke:

Der Übergang vom Inn- zum Leitzachtal über den Sattel zwischen Wendelstein und Traithenmassiv war einmal nur auf Ziehwegen möglich. Nun ist es auf der fertiggestellten Teilstrecke eine durchgehend 9 m breite Bergstraße an grünen Matten mit herrlichem Bergwald, die einen großartigen Rundblick auf die Schlierseer und Bayrischzeller Berge gewährt.

Als Bauwerk ist sie vor allem deshalb beachtenswert, als auf ihr die bisher gewonnenen Erkenntnisse eines höchst naturverbundenen und fortschrittlichen Baues einer Alpenstraße zur Tat wurden. In der Schönheit der landschaftlichen Straßenführung mit weit ausladenden Spiralen, Kehren und Krümmungen ist sie eines Geistes mit der sie umgebenden Bergwelt, gleichsam aus ihr herausgewachsen, als könnte sie nur so und nicht anders sein ...

Schon auf der ersten Kehre oberhalb Bayrischzells (800 m) öffnet sich uns ein herrlicher Ausblick auf den Wendelstein, auf Lacherspitze und Wildalpjoch. In durchschnittlich 8,5%iger Steigung wird auf langgezogener und völlig gefahrloser Haarnadelkurve die zweite Felsstrecke durchfahren, die über das sattgrüne Almgelände zwischen reizvollen Sennhütten zum großen Kreuzkogel (1107 m) ausläuft. Dort zwingt erneut prächtiger Rundblick auf Bayrischzell-Landl, Sonnwendjoch, Voglsang, Seeberg, Miesing und auf die Aiplspitze zu geruhsamem Verweilen ...

Vollends zum Erlebnis wird die neue Alpenstraße auf dem Scheitelpunkt des Sudelfeldsattels in 1130 m Höhe mit dem überwältigenden Ausblick auf die Inntaler Berge, vor allem auf das wildzerklüftete

Kaisermassiv, Brünnstein und Traithen. Staunend und bewundernd stehen wir hier vor der meisterhaften Einfügung des Straßenzuges in das Landschaftsbild.

Während des Zweiten Weltkrieges ruhte der weitere Ausbau der Straße. Erst 1953 konnte ihr vielleicht schönster Teil, der immer wieder den Blick auf das Kaisergebirge freigibt, bis zum ›Tatzelwurm‹ fertiggestellt werden. Aber immer noch fehlt das offizielle Verbindungsstück ins Inntal hinunter, das man jedoch auf mautpflichtigen schmalen Gemeindestraßen – entweder auf der nördlichen Route hinunter nach Brannenburg oder südlich nach Oberaudorf – erreichen kann.

Der Wendelstein

Der Mittelpunkt aller Sommer- und Winterfreuden der Bayrischzeller Gäste und unzähliger Ausflügler aus Nah und Fern ist der Wendelstein. Geologen sprechen von dem »Rätsel seiner dramatischen Bewegtheit«, von seiner »unruhigen Eigengesetzlichkeit« und meinen, kein anderer Bergstock der Alpen sei ähnlich verwickelt gebaut wie er. Wenn man etwa vom Gipfel des Wendelstein zu dem des nahen Breitenstein so direkt wie möglich wandert – was man in vier Stunden bequem machen kann –, so überschreitet man nicht weniger als zwölf Formationsglieder vom Muschelkalk bis zur Unteren Kreide. Über das Wie und Warum gibt uns das ›Leizachtalbuch‹ Aufschluß:

Der eigentliche Wendelsteingipfel, der sich der Form nach am schönsten vom Leizachtal aus und am charakteristischsten von der nördlichen Ebene aus dem Auge darbietet, besteht aus Wettersteinkalk und Muschelkalk, verbunden mit grünen Raibler-, Kössener- und Jura-Schichten sowie Hauptdolomit, der sich wie Strebepfeiler an die Kalkwände anlehnt, wobei es dem Kenner als ein Rätsel erscheinen mag, weshalb und wodurch der Wettersteinkalk und Muschelkalk als die ältesten Schichten über statt unter den jüngeren Kössener- und Jura-Schichten liegen.

Mit diesem ›Rätsel‹ haben sich immer wieder die Geologen beschäftigt und ihre Theorien dazu entwickelt. Einer von ihnen, Hans Scherzer, hat in seinen ›Geologisch-botanischen Wanderungen durch die Alpen‹ diese Erscheinung folgendermaßen zu deuten versucht:

Nach der Theorie der Scholleneinbrüche, die beim Wendelstein zu beobachten ist und die hier als eine »revolutionäre Ansicht der Wissenschaft« gewertet werden muß, blieben im Wendelstein die Wettersteinkalk- und Muschelkalkschollen horstartig stehen, während die weicheren Rät- und Jurastreifen grabenförmig dazwischen eingesenkt wurden. Die harten Wettersteinkalk- und Muschelkalkmassen ... faßt man hier als sattelförmige Emporwölbungen auf, die sich durch die weicheren Juragesteine an steilen Gleitflächen emporpreßten. Die geöffneten Bergflanken zeigen, wie die Gesteinsmassen bei weiter wirkendem Horizontalschub immer mehr ausgequetscht und ausgewalzt wurden: Am Wendelstein gerieten dabei die Wettersteinkalke in die gehobenen Sattelzonen und die Juraschichten in die dazwischen eingesenkten Mulden. In beiden Fällen trat damit eine Schichtanreicherung ein, und so erklärt sich die wechselnde Stärke und das stellenweise völlige Fehlen der einzelnen Formationen. Noch herrscht in geologischen Fachkreisen keine Übereinstimmung darüber, wie weit am Wendelstein die gipfelbildenden Kalkmassen geschoben worden sind. Die eine Auffassung sieht in den Kalkmauern eine ortsfremde Masse, die weit von Süden her überschoben ist und nun wurzellos schwimmt auf fremder Unterlage; die andere Auffassung glaubt an keine Fernförderung, sondern nur an einen Schub von wenigen Kilometern. Selbst wenn nur diese letzte Auffassung recht behalten sollte, ist es etwas Ungeheuerliches um solche Erdbewegungen, und man begreift den leidenschaftlichen Kampf, mit dem diese Streitfragen in Gelehrtenkreisen ausgefochten werden. Der Wendelstein ist also sozusagen ein geologisches Phänomen und nimmt demnach auch erdgeschichtlich in der Reihe der deutschen Alpen beziehungsweise unter den bayerischen Voralpen eine Art Sonderstellung ein. Höhlenbildungen und ›Windlöcher‹, ein Kamin und Glazialschuttlagen bis über 1150 Meter Seehöhe verstärken das wissenschaftliche Interesse an diesem Objekt, das [man] *mit Recht als eine ausgesprochene »Bergpersönlichkeit« bezeichnet.*

Wir wollen uns mit der »dramatischen Bewegtheit« des Wendelstein aber noch in einem anderen Sinn befassen. Sie beginnt mit der Sage vom Tatzelwurm, der in grauer Vorzeit hier gehaust und Verderben über Menschen und Vieh gebracht haben soll, und reicht bis in unsere Tage. Jede Generation erlebt sie auf ihre Weise.

Als einer der ersten soll sich der Klarerbauer aus Bayrischzell 1718 auf der Suche nach seinen verirrten Rössern über das Gebiet der Almen hinaus in die Höhe der gefährlichen Gipfelregion vorgewagt haben. Er hatte Glück, und zum Dank soll er das kleine, dem heiligen Wendelin, dem Viehpatron, geweihte Kapellchen gebaut haben, das heute noch neben dem Gipfelkreuz steht. Zum Schutz gegen Sturm und Unwetter hat man es mit Blech verkleidet. Es birgt Votivtafeln und ein großes gerahmtes Gedenkblatt an die Aufstellung des sechs Meter hohen, feuervergoldeten Gipfelkreuzes im Jahre 1876.

Trieb den Klarerbauern nichts als die verzweifelte Suche nach seinem kostbaren Gut, so brachte bald eine Welle der Naturbegeisterung die ersten Städter in die Bergwelt. Für sie war die Eroberung ihrer Gipfel ein überwältigendes Erlebnis, ein kühnes, lebensgefährliches Unternehmen.

Herrlich! Herrlich! Herrlich! Nie saß ein König auf einem prächtigeren Thron als ich hier sitze und weit in Gottes Welt herumschaue. Hieher bin ich gekommen durch Gegenden, wo ich die Wolken zurückließ, und sehe alles, soweit mein Auge reicht, unermeßlich ... Wie klein, wie wenig, niedrig und nichtig ist alles unter mir! Und das München dort! Ich mag nicht hinabsehen. Mir ist, als gehe mich nichts mehr von alledem an, was dort unten getan wird ...

So schrieb Lorenz von Westenrieder außer sich vor Begeisterung, als er 1780 den Wendelsteingipfel erklommen hatte. Obwohl die Notwendigkeit des Alltags und des Lebenskampfes so manchen Hirten und Bauern schon in früheren Zeiten auf den Wendelstein getrieben haben mag, so war doch Westenrieder der erste, der die Besteigung dieses Berges zum Inhalt eines festen Planes gemacht und darüber berichtet hat. So gilt er seitdem auch als der ›Erstbesteiger‹ des Wendelstein, selbst

Dem Münchner Maler *Karl Heinzmann* verdanken wir diese zauberhafte frühe *Ansicht des Wendelsteins* (rechts) und Breitensteins (links),

wie sie sich dem Künstler auf seiner Wanderung durch das um 1820 noch geradezu bukolische Leitzachtal dargeboten haben.

wenn er im wahren Sinn nur der ›Erstberichter‹ einer Besteigung gewesen ist.

Angezogen durch die von anderen Bergen abgesonderte, nach allen Seiten freie Lage des Wendelstein, die einen grandiosen Rundblick in alle Himmelsrichtungen gewährt, kamen bald Gelehrte, Naturforscher, Dichter, Maler. Alle waren sie ähnlich wie Westenrieder überwältigt von dem Panorama, das von den Salzburger Alpen über die Hohen Tauern, Zillertaler, Stubaier und Ötztaler Alpen zur Zugspitze und zu den Allgäuer Bergen reicht. Aber auch von der Mühsal und Gefährlichkeit einer solchen Gipfelbesteigung berichten sie. Schon Westenrieder klagte: »Hier empfinden die Füße, daß der Körper, den sie tragen, eine Last ist, und ich habe in dem Innersten meiner Gebeine Schmerzen empfunden, die ich vorher nicht kannte.« Und der Münchner Theologe Alois Baader: »Die Spitze dieses gefährlichen Berges erreichte ich nicht ohne Lebensgefahr, denn man schwebt hier wie in der Luft vor fürchterlichen Abgründen und darf nicht dem geringsten Schwindel unterworfen sein, sonst ist man der augenscheinlichsten Todesgefahr ausgesetzt.«

Sehr empfindlich bekam Ludwig Richter die »dramatische Bewegtheit« des Wendelstein zu spüren, als er ihn 1823 erklomm. Er kam von Dresden und war auf dem Weg nach Italien. In Freising hatte ihn der Anblick der in weiter Ferne am Horizont auftauchenden Alpenkette »völlig elektrisiert«. »Im Eilschritt« machte er sich von München auf den Weg nach Tegernsee, wo er nach einem Marsch von zwölf Stunden ankam.

Obwohl schon sehr müde, wollte ich noch Schliersee erreichen, welches nur eine Stunde entfernt sein sollte. Der etwas beschwerliche Bergweg erschöpfte meine Kräfte, und es war dunkle Nacht, als ich mich an dem Tische im Wirtshaus ausruhen und ein Abendessen bestellen konnte, denn ich hatte den ganzen Tag noch nichts als Bier und Brot genossen. Endlich wurde Suppe und Braten aufgestellt. Ich aber war fast bewußtlos vor Ermüdung und konnte keinen Bissen anrühren …

Er war so schwach, daß ihn die Kellnerin auf sein Stübchen bringen mußte, wo er sogleich einschlief. Als er am nächsten Morgen erwachte, waren seine Beine dick geschwollen. Wohl oder übel mußte er einen Ruhetag einlegen. Aber am übernächsten Tag trieb ihn die Ungeduld weiter.

Als ich die Sennhütte erreicht hatte, hob sich die kahle Felspyramide vor mir in die Höhe, und ein ganz schmaler Pfad führte an der mächtigen Wand hinauf. An zwei Stellen mußte man sogar einen Sprung über die greuliche Tiefe wagen bis zu dem gegenüber liegenden Felsabsatze, doch klomm ich bis zur Spitze, wo ein kalter Wind mich heftig anblies. Ich legte mich eine kleine Weile in das Holzkapellchen, welches da oben stand, und verschnaufte. Der Wind schien heftiger zu werden; ich trat nun heraus, mich umzuschauen, und sah, daß das Wetter sich zu ändern begann. Über einem Teile der zackigen Häupter dieser unzählbaren Bergriesen, welche blau vor mir und unter mir lagen, türmten sich schwere Wolkenmassen, umzogen sehr schnell die Gipfel und senkten sich allmählich immer tiefer herab. Der Wind sauste heftiger, und da ich gehört hatte, der Felsenweg sei nicht ohne Gefahr, wenn bei schnell einbrechenden Wettern der Berg sich in dichtes Gewölk einhüllte, so eilte ich, so schnell es gehen wollte, den schlimmen Pfad wieder hinab. Schon dröhnte der Donner in den Bergen, der Sturm erhob sich und noch lag die Alpe sehr tief und klein unter mir, während die dunklen Wolken bereits die Spitzen des Wendelstein umhüllt hatten und sich an den grauen Wänden tiefer und tiefer herabsenkten. Jetzt krachten Donnerschläge ganz nahe, Blitze leuchteten in das eigentümliche Helldunkel der grausig schönen Berglandschaft hinein, und große Tropfen begannen zu fallen. Glücklicherweise hatte ich den Fuß der Wand erreicht, und in Sprüngen rannte ich die Hügel hinab nach einer der Sennhütten. Noch ein Dutzend Schritte davon brach die Sintflut los. Man sah nichts mehr, als gerade herabströmendes Wasser, vom Blitzstrahl grell durchglänzt, und hörte sein mächtiges Rauschen, von schmetternden Donnerschlägen übertönt. Atemlos stürzte ich in die Hütte und warf mich auf einige Heu- und Laubbündel auf die Erde ... Als ich am nächsten Morgen die Alm verließ und eine wilde Felsschlucht hinabstieg, sah ich erst, wie toll das gestrige Unwetter gehaust hatte. Ganze

Reihen von Tannen und Fichten waren samt der Erdschicht, auf welcher sie eingewurzelt waren, von den steilen Felswänden herabgestürzt und lagen drei- und vierfach übereinandergeschichtet am Fusse derselben. Es war eine mühsame Kletterei, um durch diese Zerstörung hinabzukommen …

Ein Ereignis von freudiger Bewegtheit war 1824 die Feier des 25jährigen Regierungsjubiläums von König Max I. Joseph. An die hundert Mann entzündeten, durch Seile gesichert, Freudenfeuer auf dem Gipfel. Prinz Luitpold, der spätere Prinzregent, kam im Jahre 1842 – der Wendelstein wurde immer beliebter. Die Dichter besangen ihn, und es dauerte nicht lange, so hatte er, wie sich das gehört, sein Lied. Johann Evangelist Hager, Schullehrer in Birkenstein, hatte es gedichtet und vertont. Im Kreis des die Mundartdichtung und Volksmusik eifrig fördernden Herzogs Max in Bayern trug er es eines Tages vor, und es wurde sofort von allen Anwesenden, unter denen sich auch Franz von Kobell befand, mit Begeisterung aufgenommen. Herzog Max druckte es, allerdings ohne Namensnennung, gleich in seiner 1846 erschienenen Sammlung ›Oberbayerische Volkslieder‹ ab, und von dieser übernahm es dann Franz von Kobell in sein von König Max II. angeregtes und 1860 erstmals veröffentlichtes Buch ›Oberbayerische Lieder‹, in dem, ebenfalls ohne Urheberangabe, noch ein weiteres Lied Hagers, ›Z'Fischbach am Broatnstoa‹ wiedergegeben war.

Der Dichter und Komponist dieses Liedes stammte aus Niederbayern, wo er am 8. Dezember 1817 in Kößlarn als einfacher Leute Kind geboren wurde, und starb am 28. August 1879 in Eggstädt im Chiemgau. Als Bruder des zu lokaler Berühmtheit gelangten Lehrers Anton Hager in Prien am Chiemsee, der ein Schüler Bruckners und Stifters in Linz gewesen ist, war auch ihm die musikalische Begabung in die Wiege gelegt worden. Johann Hager war nicht, wie fälschlich manchmal zu lesen, Schullehrer in Bayrischzell, sondern in Birkenstein gewesen, und auch das nur ganz kurze Zeit, nämlich vom 24. Mai bis 15. Dezember 1845. Aus diesem Grunde kann man das Entstehen des Wendelstein-Liedes glücklicherweise genau in dieses Jahr datieren.

Ganz im Gegensatz zum jüngeren ›Bayrischzeller Lied‹ hatte es den Volkston so gut getroffen, daß es für geraume Zeit wirklich zum Volkslied des Leitzachtals geworden ist. Es wurde im ganzen Umkreis mit steigender Beliebtheit gesungen, während der Schöpfer nach und nach vergessen wurde. Auch auf dem Gipfel des Wendelstein selber war es lange Zeit gegenwärtig, feierlich in einen – heute allerdings verschwundenen – Stein gemeißelt, das ›Lied vom Wendlstoa‹:

Glaubt's mir's, daß i oft moa,
Über mein Wendlstoa
Geht mir koa andrer Platz,
Er is mei' größter Schatz!

Wann i erst außerschau,
Wo's Lüfterl is schö' blau,
Siech i die Stadt, die schö',
Mit die zwoa Kirchtürm steh'.

Drob'n da taats mi freu'n,
Singen und Juchhe schrei'n,
Drob'n, wo's kloa Kircherl steht
Und's Wölkerl umigeht.

Dort is der Kini z'Haus;
Schaugt wohl in d'Berg oft 'naus.
Sollt amol kemma 'rei'
Wur' eahm nöt zwider sei'!

Und der ›Kini‹ – Max II. – kam wirklich, und das ›Lied vom Wendlstoa‹ klang ihm entgegen, als er 1855 mit Franz von Kobell, Friedrich Bodenstedt und großem Gefolge den Gipfel bestieg. »So oft der König nach anstrengendem Emporklimmen ein paar Minuten rastete, erscholl das Lied vom Wendelstein ..., bald von unten herauf, bald von oben herunter, bald von der Seite her, ohne daß von der Sängerin eine Spur zu entdecken war, so daß ihr Gesang wie die reine Zauberei erschien ...« Obwohl der Weg zum Gipfel vor einigen Jahren durch Stangen gesichert worden war, »dadurch die Besteigung des Berges kein so großes Wagestück mehr und selbst von Damen recht wohl zu unternehmen ist«, wie das in diesen Jahren erschienene ›Handbuch für Reisende durch Südbayern‹ versicherte, berichtet Bodenstedt von einem nicht ungefährlichen Aufstieg des Königs zum Gipfel:

Je höher wir kamen, desto mehr wuchsen die Schwierigkeiten, die man für nicht schwindelfreie Steiger auch wohl Gefährlichkeiten nennen kann; auf schmalen, an steilen Felswänden hinlaufenden Pfaden, bald im Zickzack aufsteigend, bald über scharfe Kanten und Felsvorsprünge führend, den Blick in die schauerliche Tiefe des jähen Abhanges ziehend, stiegen wir hinauf. Erst nach mehr als vierstündigem Klettern [von Bayrischzell aus] *erreichten wir den steil und einsam in die Luft starrenden Gipfel.* [Bei der Ankunft oben] *war eine Menge Menschen aus Bayrisch-Zell versammelt und darunter, neben anderen hübschen Mädchen, auch die beiden geheimnisvollen Sängerinnen, die uns nun, als wir sie näher ins Auge faßten, wirklich wie der verkörperte Auszug aller Gebirgspoesie erschienen. Der König selbst war von dem Liebreiz und dem Gesang der beiden schönen Mädchen so entzückt, daß er sie zur Tafel lud, ihnen Ehrenplätze anwies und sie ermunterte, ein Glas Champagner zu trinken, auf welches Angebot sie mit derselben Unbefangenheit eingingen, als ob man ihnen ein Glas Milch angetragen hätte ...*

1883 wurde auf der Terrasse unterhalb des südlichen Gipfelabsturzes das ›Wendelstein-Haus‹, das erste Unterkunftshaus in den bayerischen Alpen, eingeweiht; 1889 konnte auf der gegenüberliegenden Felswand, der sogenannten ›Schwaigerwand‹, von der man weit nach Tirol hinein und hinüber nach Salzburg und Oberbayern sieht, ein Kirchlein gebaut werden. Daß diese beiden Bauten zustande kamen, ist dem Professor an der Bayerischen Akademie der Bildenden Künste, Max Kleiber, zu verdanken, einem begeisterten Freund des Wendelstein. In zahllosen Vorträgen hatte er jahrelang unermüdlich die Schönheit dieses Berges gepriesen, für die Errichtung eines Unterkunftshauses und eines Kirchleins geworben, einen ›Verein Wendelsteinhaus‹ und einen ›Verein Wendelstein-Kirchlein‹ gegründet und nicht eher geruht, bis er die Mittel zur Durchführung seiner Ideen aufgebracht hatte. Schließlich war es dann so weit: Nach dem Unterkunftshaus konnte am 31. Mai 1889 der Grundstein für das Kirchlein gelegt werden, nachdem fast fünf Meter vom Grat der Schwaigerwand weggesprengt worden waren, um eine Plattform für das Bauwerk zu gewinnen. Unwetter, Sturm und Frost hatten die Vorarbeiten behindert, aber im September jenes Jahres konnte dann das vergoldete Turmkreuz eingesetzt werden.

Der kleine schmächtige Kleiber hatte es von Bayrischzell aus selbst hinaufgeschleppt. Als er vor der Post in Bayrischzell das 1.40 m hohe Kreuz auf seine Kraxn schnallte, da lachten die herumstehenden Zeller: »Bis zur Tannermühl werd' er scho no kemma.« Aber Kleiber war zäh, ohne Absetzen ging es bis Hochkreuth, wo er rastete, dann über den Ziehweg hinauf zum Gattern – zweite Rast – und schließlich über den steilen ›Graslahner‹ zur Siglalm, wo ihm die Sigl-Nanni einen kräftigen Schmarrn machte und wo er übernachtete. Gegen 7 Uhr abends war er hinaufgekommen; am nächsten Morgen ging es weiter bis zum Touristenhaus und Kircherl ...

An einem herrlichen Sommertag stieg dann der Münchner Erzbischof Antonius von Thoma mit großem Gefolge bergan, um am nächsten Tag, dem 20. August 1890, die feierliche Einweihung des Kirchleins, der höchstgelegenen Bergkirche Deutschlands, vorzunehmen.

In der Nacht aber kam wieder – wie bei allen Feierlichkeiten bisher auf dem Berg – ein furchtbares Gewitter, Regengüsse prasselten hernieder, Blitz und Donner wechselten ohne Unterbrechung ab, der Sturm heulte fürchterlich. Doch der Tag der Einweihung war wolkenlos und mit einer herrlichen Aussicht auf das Hochgebirge. Der ganze Platz vor dem Kircherl war voll von Menschen, Böller krachten und ihr Donner rollte in vielfachem Echo über die Berge hinweg.

Abermals zog jedoch ein Gewitter auf, und der Erzbischof mußte mit seinem Gefolge und den Festgästen nach einem kurzen Imbiß schleunigst den Abstieg ins Tal antreten, um noch rechtzeitig vor Ausbruch des Unwetters wieder unten zu sein.

Die zwei Glocken des der heiligen Maria und Patrona Bavariae geweihten kleinen Gotteshauses stiftete Ferdinand von Miller, und Karl Stieler widmete ihm ein Gedicht:

Es ist auf dem zackigen Wendelstein
Ein stilles Kirchlein gelegen;
Dort lag ich schweigend im Sonnenschein
Und sah dem Himmel entgegen.

Rings lag die blühende Gotteswelt,
Hochwald und duftige Wiesen,
Die blauen Weiten, das grüne Feld
Und drüber die Felsenriesen.

Kein Odem regte sich, der Bergfink nur
Fliegt auf mit schmetterndem Liede,
Und über Felsen und Flur
Schwebt seliger Sonntagsfriede.

Es keimen aus dem Gestein herauf
Bergblumen, die stillen schwanken.
Da blühen auch mir im Herzen auf
Des Lebens stille Gedanken.

Kein Lichtglanz floß von dem kleinen Altar,
Kein Heilswort klang mir entgegen;
Ich lag in der Sonnen – aber mir war,
Als gäb' mir Gott selber den Segen.

Von »seligem Sonntagsfrieden« ist heute freilich keine Rede mehr – Tausende und Abertausende bevölkern den Gipfel, seitdem er mit Hilfe einer Zahnradbahn von Brannenburg und einer Seilbahn von Osterhofen auch denen erschlossen ist, die keine anstrengenden Fußwanderungen auf sich nehmen können oder wollen.

Übersichtskarte 4

SCHLIERSEE, LEITZACHTAL MIT BAYRISCHZELL UND WENDELSTEIN

Ausschnitt aus dem Blatt ›Mangfallgebirge‹ der Topographischen Karte 1 : 50000 des Bayerischen Landesvermessungsamtes

Die hervorragende Qualität der Topographischen Karte ist auf eine lange Tradition der Vermessung und Kartierung in Bayern zurückzuführen. Das erste gedruckte Kartenwerk mit reichhaltigen topographischen Angaben, die schon Details wie Glashütten, Erzgruben, Brücken und Weingärten umfaßten, erschien bereits 1568. Philipp Apian schuf diese ›Bairischen Landtaflen‹ im Auftrag des Herzogs Albrecht V. Sie trugen Bayern den Ruhm ein, im 16. Jahrhundert »von allen Räumen der Erde am genauesten dargestellt worden zu sein«, obwohl Apians Messungen sich, besonders im Gebirge, nur auf Bussolenzüge entlang der Flußtäler beschränkten. – Die ›Landtafeln‹ blieben bis gegen Ende des 18. Jahrhunderts die Grundlage für alle folgenden Kartenschöpfungen. Erst im Jahre 1801 ging aus einer ›Commission des routes‹ das ›Bureau topographique‹ hervor, eine militärische Dienststelle, die zwischen 1812 und 1867 einen auf geodätisch exakten Grundlagen beruhenden ›Topographischen Atlas von Bayern‹ im Maßstab 1 : 50000 herstellte. Dieses Kunstwerk des Kupferstichs mit Geländedarstellung in Schraffenmanier war einfarbig. Die Gebirgsblätter wurden seit 1903 auf drei und teilweise mehr Farben umgestellt.

Anschlußkarten:

Tegernsee mit Gindelalm- und Baumgartenschneid (nach Seite 160)

Kreuther Tal mit Wallberg, Risserkogel und Blaubergen (nach Seite 256)

Spitzingsee mit Rotwandgebiet zwischen Valepp und Ursprungtal (nach Seite 368)

Der Bau der 1910 eröffneten Zahnradbahn, der ersten elektrischen Bergbahn auf deutschem Gebiet, war damals eine technische Sensation. Die Schwierigkeiten des Geländes, die Überwindung eines Höhenunterschiedes von 1270 Metern stellten höchste Ansprüche an das Können der Ingenieure. Für die rund 7,5 Kilometer lange Trasse mußten sechs Tunnels – einer davon durch den Felsen, auf dem das Wendelstein-Kircherl steht – gesprengt, bis zu zehn Meter hohe Stützmauern errichtet werden. Diese Bahn ist ebenfalls einem begeisterten Freund des Wendelstein zu verdanken, dem Brannenburger Großindustriellen Geheimrat Otto von Steinbeis. Er stiftete die Geldmittel, stellte für die Trassenführung sein Revier zur Verfügung und fertigte selbst die Pläne für den Bau. Es war eine Großtat ersten Ranges, wie es heißt, nicht etwa aus Eigennutz, sondern aus rein idealistischen Beweggründen vollbracht, um die Schönheit des Berges auch denen zu erschließen, die ihn zu Fuß nicht ersteigen können.

1968 wurde die Bahn an die ›Bayerische Elektrizitätswerke AG‹ verkauft, 1969 bedrohte der Bau einer Seilbahn von der Bayrischzeller Seite, von Osterhofen, ihre Existenz. Aber obwohl man mit dieser Bahn wesentlich schneller oben ist – sie überwindet einen Höhenunterschied von 932 Metern in sechs Minuten und kann stündlich 450 Menschen befördern – erfreut sich die gute alte Zahnradbahn nach wie vor außerordentlich großer Beliebtheit. Mit Zwischenstationen in Aipl und Mitteralm durchquert sie das Gebiet der Almen, führt in gemächlicher Fahrt in die höheren Regionen, wo die Vegetation spärlicher, die Blicke zurück ins Tal aber immer großartiger werden. Zuletzt geht es durch den – wie schon erwähnt – unter dem Bergkircherl hindurchführenden Tunnel zur 117 Meter unter dem Gipfel liegenden Bergstation. Viele ziehen diese etwa einstündige Fahrt auf der landschaftlich so reizvollen Brannenburger Seite der schnellen Drahtseilbahn vor. Beide Bahnen sind heute in der ›Wendelsteinbahn GmbH‹ vereinigt, und man

Wendelstein
Bayrischzell
Großbrannenberg
Gemeinde
Mitterberg
Hochsalwand
Salwand
Haidwand
Rampoldplatte
Lechnerkopf
Reinock
Roßstallkopf
Wildalpjoch
Mutterberg
Schortenkopf
Jackelberg
Tagweidkopf
Lacherspitz
Dümpfel
Schreckenkopf
Gr. Mühlberg
Sudelfeld
Waldkopf
Grafenherberg
Mühlberg
Tatzelwurm
Schrofen
Breitenberg
Höllenstein
Sägbruck
Hansenklause
Hundsrücken
Jochleite
Seewand
Kesselwand
Soinwand
Kirchelwand
Weißwand
Vogelsang
Kitzlahner
Siemens-Hs
Rampoldkaser
Jugendheim
Tannermühl
Oberlarch
Sanatorium
Tannerhof
Rabental
Vorder-kronberg
Hinter
Gembachau
307

Buch
Elbach
Dienst-H
Jagd-H
Katzenköpfl
1131
Buchberg
Durhamer Berg
1028
930
Rißkopf
1179
Streitwiese
Stög
Winkl
Whs
Eibelkopf
1312
Steingrabner-A
Schwaiger-A
886
Bucher-A
Marbach
Salmer
Schwarzwand
Breitenstein
1622
Kreit
Marbacher Berg
Hubertus-H
Whs
Lehermühl
Birkenstein
Antrittalpe
1351
Wallfahrtskirche
(853)
Bichl
Schweinsberg
Kessel-A
Whs
1516
Koth-A
Aibinger H
Unterkunfts-H
Kothgraben
Durhamer A
(1307)
Auf der Wand
997
Rehbichl
1479
Leitzachtaler-A
Kirchwand
Elbach-A
Rieder Kohlstatt
Rieder-A
Spitzing-A
Krugalm
Gmais
Rechtal
Spitzingscheibe
1270
Dienst-H
Sacher
Riedler
Kloo
Dorfberg
Unt Dickel A
Rieder Berg
Leiten
Hp Geitau
Heißenbauer
18
Ried
Dorf
Osterhofener Berg
Wirstl A
307
Ambach
Wölfl-A
963
Geitau
Noidach
Oberberg
885
Klarermühl
Niederhofen
Lechner-A
829
Gödenbauer-A
Osterhofen
Klarer
Leitzach
Kläranl
Mainwolf
Baumgarten
Jäger
786
Heuberg
1128
Mieseben
Dienst-H
Rührkübeleck
1414
Seeberg
Seebergkopf
1538
Seeberg-A
Steilenberg
Jagd-H
1443
Klarer-A

Mitter
gschwend
Ober
887
Lehe
Ried
Stocker
Sonnenholz
Taferlmoos
787
779
739
Mühlkreit
Krhs
Ach
1205
Breitenberg
Maieralpe
(874)
1210
Faistenau
Fischbacha
(772 katholische Pfarrk
906
Jagd-H
Winterstube
1112
Lechnerhorn
Point
(903) Lehenpoint-A
Trach
Sandl
Kegelspitz
1218
(Aurachköpfe)
Mühlau
Bad
1066
1015
Tracherberg
Stauden
931
900
Fischeralm
Hammer
800
Aurach
Whs
Fischbachau
(756)
Hp
Whs
Aurach
(775)
Hagnber
(761)
Hagnberg
Daxstein
Talwand
1230
Jagd-H
Aurachtal
Nagelspitz
1551
975
Heißenplatte
1593
Gseng-A
Jagd-H
Benzing-A
Jagd-H.
Jägerbauern-A
Geitauer A
Jägerkamp
1732
Aiplspitz
Kleinmiesing
1746
Benzingspitz
1758
1701
1676
Schnittlauchmoos-A
Tanzeck
1400
Wilde Fräulein
Obere
Schönfeld-A
Krottenthaler A
Untere
1691
Rauhkopf
Schwarzenkopf-H
Jubiläums-H
Whs
Whs
Taubenstein-Hs

Schliersee Markt
(784 katholische Pfarrkirche)
Schliersberg-A
Kreit
Müller im
Mühle
Huberspitz
1048
Schwaig
Breitenbach
Freudenberg
840
Bad
738
Bad
Oberleiten
Krainsberg
780
922
Schlier-
see
Mittl Wasserspiegel
Krainsbergkogel
1043
307
1262
Ruine Hohenwaldeck
Hirschgröhrkopf
885
Dienst-H
Bad
1249
Brunstkogel
Fischhausen
Kellerberg
St Leonhard
(799)
Probstalm
Bf Fischhausen
Neuhaus
(806)
Westerberg
1333
775
Neuhaus
(801 katholische Pfarrkirche)
JH
790
Dürnbachwald
Dienst-H
Josefsth
Brunnerstein
Rainerkopf
1464
1530
1362
Dienst-H
Rainer-A
Ankel-A
Stocker-A
Wasserspitz
Eckspitz
1551
1387
Rettenböck-A
Whs
Bodenschneidhaus
Freudenreich-A
Brecherspitz
1683
Rinnerspitz
1605
Bodenschneid
Freudenreichsattel
Spitzingsattel
1127
Krettenburg
1477
1375
Spitzinghaus
Schi-H
1666
Boden-A
Whs
Obere First-A
Whs
Untere First-A
Firstgraben
1103
Spitzing-
1085
see
Drei Tannen
Bergwacht-H
Suttenstein
1401
1506
Winterstube
Stümpfling
Wurz-H
1124

kann beide Fahrten auch miteinander kombinieren: Hinauf mit der Zahnradbahn, hinunter mit der Drahtseilbahn oder umgekehrt. Unten bringen Omnibuslinien die Fahrgäste zur Ausgangsstation zurück. Entweder von Brannenburg über Großholzhausen, Bad Feilnbach, Hundham, Elbach, Fischbachau, Geitau zur Talstation Osterhofen, oder von dort über Bayrischzell, das Sudelfeld, den ›Tatzelwurm‹ nach Brannenburg, wobei es sich lohnt, die interessanten Kirchen in Elbach oder Fischbachau zu besichtigen und mit dem nächsten Omnibus weiterzufahren oder auf dem Sudelfeld oder dem ›Tatzelwurm‹ zu verweilen. Es bieten sich also vielerlei Variationsmöglichkeiten.

Und nicht minder viele Variationen und Sehenswürdigkeiten gibt es oben auf dem Gipfel! Die Bergstationen beider Bahnen liegen unmittelbar bei dem längst umgebauten und vergrößerten, 1914 durch einen hundert Meter langen Tunnel mit einem Berghotel verbundenen alten Unterkunftshaus von 1883. Sonnenterrassen laden heute hier zum Verweilen; auf dem zwei Kilometer langen, in 1700 bis 1800 Meter Höhe bequem ausgebauten und als Alpenflora-Lehrpfad angelegten Panorama-Gipfelrundweg kann man neben den unvergeßliche Eindrücke vermittelnden Fernsichten auch die Alpenflora kennenlernen. Schaut man zum Gipfel auf, so erblickt man etwas, das aussieht wie eine gewaltige Festung, aus der ein bleistiftschlanker Turm aufragt. Es ist der fünfzig Meter hohe Sendemast des Bayerischen Rundfunks, der seit 1969 hier oben steht, und das Ganze ist eine Festung im Geiste unserer Zeit, im Dienste unserer Zivilisation, Wissenschaft und Forschung. Von hier werden die drei Hörfunkprogramme und die Fernsehsendungen des Bayerischen Rundfunks ausgestrahlt und praktisch von ganz Oberbayern und großen Teilen Niederbayerns empfangen. Ein Viertel der Bewohner Bayerns wird von hier aus mit Rundfunk- und Fernsehsendungen versorgt. Außer dieser Sendeanlage des Bayerischen Rundfunks gibt es hier oben noch ein Sonnenobservatorium und eine Wetterstation. Von dieser erhalten wir unsere Wetterprognosen. Seit 1963 werden hier »alle drei Stunden Temperatur, Druck, Windrichtung, Windstärke und Feuchtigkeit gemessen und das Wolkenbild gemeldet. Die verschlüsselten Meßwerte werden per Fernschreiber an das Wetteramt München weitergegeben ... Wenn das Wetteramt um 11.15 den Bericht des Tages herausgibt, so sind die letzten Daten vom Wendelstein um 9 Uhr darin schon berücksichtigt.« Von München werden die Meldungen nach Offenbach weitergegeben, das mit allen anderen europäischen Wetterdiensten die Daten austauscht, »so daß jedes Land seine Wettervorhersage auf eigene Beobachtungen und die der anderen europäischen Länder stützen kann«.

Seit 1941 gibt es hier oben das Sonnenobservatorium, dessen wesentliche Aufgabe die Beobachtung der Sonnenflecken ist. »Die Zusammenhänge von Jahren mit häufiger Eruptionstätigkeit auf der Sonne und ihr Einfluß auf das Wetter auf der Erde sowie Beobachtungen von Nordlichtern, Kometen, Satelliten« gehören zur weiteren Aufgabe des Observatoriums. Die Ergebnisse werden zusammen mit Beobachtungen anderer Observatorien in aller Welt in der Sternwarte in Zürich gesammelt und ausgewertet.

Für die früher im Winter oft viele Monate von der Außenwelt völlig abgeschlossenen hier arbeitenden Techniker und Wissenschaftler wurde 1961 vom Gipfel ein 89 Meter lotrecht in den Berg hinunter führender Fahrstuhlschacht zu dem die Bergstation mit dem Hotel verbindenden Tunnel gesprengt.

Vom Panorama-Gipfelweg zweigt ein Steig zur Wetterwarte und zum Sonnenobservatorium ab. Von dessen Plattform hat man den vollkommensten Rundblick auf die

rund 240 in langen Kettenlinien hintereinander aufsteigenden Bergspitzen. Er reicht von den Salzburger und Berchtesgadener Alpen bis zur Zugspitze und umfaßt das Gebiet der Hohen Tauern mit Groß-

glockner und Venediger, die Kitzbüheler und Zillertaler Alpen, die Stubaier und Ötztaler Ferner, die Berge des Unter- und Oberinntales, das Karwendel, das Wettersteingebirge und die Allgäuer Alpen. Im fernen Osten ragt deutlich die Dachstein-Gruppe mit dem Donnerkogel, ferner Untersberg, Watzmann, Hochkönig, Sonntagshorn und das Steinerne Meer, die Loferer und Leoganger Steinberge empor. In nächster Nähe starren die Felsriesen des Wilden und Zahmen Kaisers zum Himmel, im Vordergrund der Brünnstein, im Osten die Inntaler und Chiemgauer Berge mit dem Sims- und Chiemsee. Im Westen breiten sich in greifbarer Nähe die Tegernseer und Schlierseer Berge aus, Starnberger- und Ammersee sind sichtbar, im Norden aber liegt weithin dämmernd die bayerische Hochebene mit den Städten Aibling und Rosenheim, dem Hohen Peißenberg und unzähligen großen und kleinen Ortschaften. Bei ganz klarem Wetter sind die Türme von München und die Vorberge des Bayerischen Waldes sichtbar, auch der Säntis in der Schweiz wurde schon von hier aus gesehen. Es ist eine Rundschau, die man im Leben nie wieder vergessen kann …

Aus diesen lichten Höhen zur Bergstation zurückgekehrt, tauchen wir unter in die Tiefen grauer Vorzeit, als der Wendelstein noch nicht von Menschenhand durchbohrt, sondern von Naturgewalten zerklüftet wurde. Der aus Kalkalgen, Schwämmen und Korallen bestehende gewaltige Gipfelfelsen schob sich – wie wir schon gehört haben – vor Jahrmillionen über die jüngeren Gesteine aus dem Jura. Dabei wurden durch die ungeheuren tektonischen Spannungen zahlreiche Klüfte in den Felsen gerissen und von dem einströmenden Wasser ausgewaschen; es entstanden die sogenannten Wetterlöcher, in früheren Zeiten in Erinnerung an den germanischen Gewittergott auch Thor- oder Donnerlöcher genannt. Eines dieser ›Löcher‹, die Wendelsteinhöhle, wurde 1864 entdeckt, 1882 von Professor Kleiber wissenschaftlich durchforscht und 1921 der Öffentlichkeit zugänglich gemacht. Von dem Eingang nahe der Berggaststätte kann man in einem beleuchteten, zweihundert Meter langen Stollen bis zum sogenannten ›Dom‹ in sie vordringen. Unterwegs wird der interessierte Besucher durch Tafeln mit allen wissenschaftlichen Informationen über die Entstehung und geologische Beschaffenheit der Höhle versorgt. Allerdings, die nach alten Sagen in solchen ›Löchern‹ hausenden Berggeister und Hexen lassen sich nicht mehr sehen. Dagegen kann es passieren, daß man, beim Verlassen der Höhle nach unten blickend, des modernen ›Tatzelwurms‹ gewahr wird, wie er sich aus dem Felsen heraus langsam in die Höhe windet. Oben angelangt, speit er glücklicherweise kein Feuer mehr aus, sondern Scharen sonnenhungriger Touristen, die heute an schönen Tagen die Gipfelregion bevölkern.

Wer jedoch eine der zahlreichen sich hier bietenden Wanderungen unternimmt, findet vielleicht, wie seinerzeit Ludwig Steub, noch Wege, wo »riesige Huflattiche grünen, prächtige Blumen der seltensten Art blühen«. Ob es freilich noch »schmale Pfade, immer wechselnd über schwankende Stege« gibt, sei bezweifelt, aber möglicherweise ist der Wanderer doch unversehens auf einem »Weglein, das auf kunstlosen Stufen rasch und tief hinunter in dunkle Waldnacht steigt, rechts und links die nacktesten Felsenwände, oben der schmale Himmel mit seinen Sommerwölkchen«. Hier gibt es eine Stelle, »wo die Blumen neigen und winken, die Fichten säuseln, die wenigen Sonnenstrahlen so seltsam auf den Felsplatten und durch die Zweige spielen, daß den Wanderer ein ganzer Schauer von Romantik überläuft und daß er wieder an Wassernixen, Waldweiblein, Tatzelwürmer und alles mögliche zu glauben anfängt«. Sollte der Wanderer hier angelangt sein, so wird er ganz in der Nähe tatsächlich einen ›Tatzelwurm‹ finden, freilich kein feuerspeiendes Untier, sondern einen ganz friedlichen, der Erquickung für müde Wanderer bereithält. Erfreut wird der von seiner anstrengenden Tour Erschöpfte den »Schauer von Romantik« schnell vergessen und bei dem gastlichen Tatzelwurm einkehren.

Der Bauer Simon Schweinsteiger hat diese Berggaststätte

›Zum feurigen Tatzelwurm‹ auf Anregung von Ludwig Steub in der zweiten Hälfte des 19. Jahrhunderts hier an einer landschaftlich unvergleichlich schönen und, wie sich erwies, für sein Unternehmen sehr lukrativen Stelle errichtet. Hier treffen sich die von Brannenburg, Bayrischzell und Oberaudorf auf den Wendelstein führenden Wege, und hier im ›Feurigen Tatzelwurm‹ trafen sich, von Brannenburg, wo sich eine kleine Künstlerkolonie zusammengefunden hatte, vom Schliersee, vom Tegernsee, ja sogar vom Chiemsee heraufkommend, die damals die bayerische Natur entdeckenden und durchstreifenden Maler, Dichter und Schriftsteller zu lebensfrohem Beisammensein.

Am 15. August 1863 fand »im Beisein vieler angesehener Herren und Frauen« unter Böllerschüssen die von launigen Festreden begleitete Einweihung des ›Tatzelwurms‹ statt. Der großherzoglich-badische Hofmaler August Vischer stiftete ein von ihm gemaltes Schild, auf welchem ein wild drohender, feuerspeiender, sein Maul mit den gefährlichen spitzen Zähnen gierig aufreißender Lindwurm zu sehen ist. Es wurde über dem Eingang des Gasthofs angebracht und hängt heute neben der Eingangstür des neuen Hauses. Denn natürlich wurde im Laufe der Jahre ein großer, übrigens sehr hübscher Neubau notwendig, doch – welch erfreuliche Überraschung – man baute ihn um die alte, unverändert gebliebene Gaststube herum! Hier ist alles noch erhalten: die Holztäfelung, die Balkenstützen, die großen Ölgemälde mit phantasievollen Darstellungen der Sage vom Tatzelwurm, welche an der Decke die Flächen zwischen den Balken füllen, die alten Eckbänke, der große Kachelofen. An den Wänden hängen Geweihe, Porträts und wohlgerahmte Blätter aus den Gästebüchern, lustige Zeichnungen und übermütige Verse derer, die hier im Laufe von über hundert Jahren zusammenkamen. Dies alles hat eine Ausstrahlung, die nur ein so natürlich ›gewachsener‹, niemals ein künstlich ›wiederhergestellter‹ Raum haben kann. Wie greifbar nahe rückt das Leben dieser Zeit, wenn man dazu noch die Verse liest, die Viktor von Scheffel dem Tatzelwurm gewidmet hat:

Als noch ein Bergsee klar und groß
In dieser Täler Tiefen floß,
Hab ich allhier in großer Pracht
Gelebt, geliebt und auch gedracht
Als Tatzelwurm

Vom Pentling bis zum Wendelstein
War Fels' und Luft und Wasser mein.
Ich flog und ging und lag gerollt
Und statt auf Heu schlief ich auf Gold
Als Tatzelwurm

Hornhautig war mein Schuppenleib
Und Feuerspein mein Zeitvertreib
Und was da kroch den Berg herauf
Das blies ich um und fraß es auf
Als Tatzelwurm

Doch als ich mich so weit vergaß
Und Sennerinnen roh auffraß,
Da kam die Sündflut grausenhaft
Und tilgte meine Bergwirtschaft
Zum Tatzelwurm

Jetzt zier' ich nur gemalt im Bild'
Des Schweinesteigers neuen Schild.
Die Senn'rin hört man jauchzend schrein
Und keine fürcht' das Feuerspein
Des Tatzelwurms

Und kommt so ein gelehrtes Haus
So höhnt's und spricht: »Mit dem ist's aus!
Der war ein vorsündflutlich Vieh
Doch weise Männer sah'n noch nie
Den Tatzelwurm«

Kleingläub'ge Zweifler kehrt nur ein,
Und setzt auf Bier Tiroler Wein;
Ob Ihr dann bis nach Kufstein fleucht,
Ihr spürt, daß ich Euch angekeucht
Als Tatzelwurm

Und ernsthaft spricht der Klausenwirt:
»Schwernot! Woher sind die verirrt?«
Das Fußwerk schwankt, im Kopf ist Sturm
Die sahen all den Tatzelwurm!
Den Tatzelwurm!

Anton von Perfall, der jetzt im Porträt von der Wand herunterblickt, war dabei, sein Freund Wilhelm Leibl kam von Kutterling herauf; auf den Zeichnungen und Versen an den Wänden liest man bekannte Namen wie Gabriel Max, Hans Makart, Karl von Piloty, Eduard Schleich, um nur einige aus der großen Zahl derer zu nennen, die hier auf »Bier Tiroler Wein« gesetzt haben.

»Und damit keine Schönheit der Alpenwelt vermißt werde, ergießt sich wenige Schritte oberhalb dieser Stätte ein höchst eleganter Wasserfall in eine schwindelige Tiefe, über welche eine hölzerne Brücke gelegt ist ...«, erzählt Ludwig Steub. »Kaum aber hat sich das Wasser in der blauen Gumpe, welche jedoch rote Steinwände umstarren, aus seiner Bestürzung wieder gesammelt und einige Ruhe gewonnen, so wirft es sich alsbald über zwei andere Felsenstufen hinunter, so daß zwei neue Wasserfälle entstehen, welche, tief in dem Spalt des unzugänglichen Gesteins verborgen, seit Erschaffung der Welt den gebildeten Völkern unbekannt geblieben und erst vor drei Jahren durch gut angebrachte Felsenwege und Wasserwege zugänglich und sichtbar gemacht worden sind.« Es ist ein einzigartiges Naturschauspiel, das man sich nicht entgehen lassen sollte.

Die ›Deutsche Alpenstraße‹ führt zwar heute bequem von Bayrischzell hierher und – noch nicht voll ausgebaut – weiter ins Inntal hinunter, aber wer kann, sollte Fußwanderungen im Wendelsteingebiet unternehmen, einen Abstieg über »steile Bergwege, nasse Mooswiesen, schlüpfrige Stiegel, stille Triften« nicht scheuen, damit, wie Steub meint, »der Flachländer, der Büro- und Kontormensch aus den Städten der Niederung mit dieser einzigen Erinnerung sein ganzes hölzernes Leben auspolstern und für den Abendtrunk immer ein schönes Souvenir, sei es an die Blumen, sei es an die Sennerin, an den Kot der Almen und seine nassen Socken, oder an die Felsenwände und Wasserfälle bereithalten kann«.

Ausblick ins Inntal

Prüft man die Vorzüge der verschiedenen Abstiege vom Wendelstein, so soll nach allgemeiner Ansicht der Kenner der nach Bayrischzell der landschaftlich schönste, jener nach Feilnbach der waldreichste und schattigste und der Abstieg nach Fischbachau der bequemste sein; nach Geitau soll es am steilsten hinunter gehen und über den ›Tatzelwurm‹ nach Brannenburg habe man die meiste Sonne. Wir wählen diesen Weg, um uns zum Abschluß unserer Exkursionen noch ein wenig in Brannenburg und im Inntal umzuschauen.

Brannenburg ist heute hauptsächlich als Ausgangspunkt der Zahnradbahn auf den Wendelstein bekannt. Es hatte 236 Jahre lang durch die Verstrickungen der wittelsbachischen Landesteilungen seltsamerweise zum niederbayerischen Landesteil der Linie Bayern-Landshut gehört, bis es 1504 nach dem Landshuter Erbfolgekrieg wieder mit Oberbayern vereinigt werden konnte. Aus Dankbarkeit für die ihm in dieser Familienauseinandersetzung treu geleisteten Dienste hatte Herzog Albrecht V. Schloß und Hofmark Brannenburg dem ›Goldenen Ritter‹ Kaspar Winzerer verliehen. Aus diesem Grunde wird das Brannenburger Schloß, obschon es sich nicht mehr um den ursprünglichen Bau handelt, gerne noch als ›Winzererschloß‹ bezeichnet.

Kaspar Winzerer stammte aus Sachsenkam bei Bad Tölz, wo sein Vater und Großvater Pfleger gewesen waren, und wurde durch seinen geradezu abenteuerlichen Lebenslauf bekannt.

Er trat, nachdem er sich für seinen bayerischen Landesherrn geschlagen hatte, in die Dienste des Kaisers, nahm zusammen mit dem Landsknechtsführer Georg von Frundsberg – dessen Stammfeste, Burg Freundsberg, übrigens nicht weit von hier im Inntal, über Schwaz, gelegen ist – 1525 an der Schlacht von Pavia sowie an der Gefangennahme des Königs Franz I. von Frankreich teil und trat dann in die Dienste des ungarischen Gegenkönigs Johann Zapolya von Siebenbürgen, der mit Unterstützung der Türken gegen König Ferdinand zu Felde zog. Im Jahre 1540 kehrte er in seine bayerische Heimat zurück, wo er sich nicht nur seiner Hofmark widmete, sondern trotz seines hohen Alters noch dem Turnieren frönte. Bei einem solchen Turnier, das 1542 auf dem Bad-Anger in Brannenburg stattfand, ritt er denn auch mit 77 Jahren noch gegen seinen Freund Georg von Frundsberg, den Enkel seines Kampfgefährten von Pavia, an und erlitt dabei eine lebensgefährliche Halsverletzung, an der er im folgenden Jahre starb. Er wurde in der Pfarrkirche von Tölz begraben, wo noch eine Grabplatte mit seinem Bildnis hinter dem Hochaltar sowie ein Bronzedenkmal auf der Hauptstraße an ihn erinnern. Auch die ›Armbrustschützengesellschaft Winzerer Fahndl‹ und deren Festzelt, das alljährlich von Tausenden beim Münchner Oktoberfest besucht wird, halten das Andenken an diesen altbairischen Ritter und Haudegen wach.

Das heutige Schloß Brannenburg geht im Kern auf einen Neubau zurück, den der nächste Besitzer, Hans Karl von Pienzenau, 1561 an anderer Stelle aufführen ließ. Auch in der Folge wechselten die Besitzer häufig: 1598 bis 1728 waren es die Freiherren von Hundt, dann bis 1843 die Grafen von Preysing, und 1843 bis 1848 die Arco-Zinneberg, mit deren Verkauf an die Pallavicini die Herrschaftsrechte erloschen. Unter Major Max Reinhardt erhielt das Schloß sein heute noch bestimmendes neugotisches Aussehen, und seit 1956 ist es Landschulheim.

Bevor wir nun unsere Erkundungen im Inntal weiter ausdehnen, wollen wir uns einen Überblick von oben verschaffen. Dazu wandern wir auf den *Petersberg* oder *Kleinen Madron*, der sich mit seinen 847 Metern als Vorberg des Riesenkopfes markant ins Inntal vorschiebt. In einer knappen oder guten Stunde – je nach der Kondition und dem Tempo, das man vorlegt – hat man vom Parkplatz aus den Gipfel erreicht, wo die Peterskirche und ein kleines Wirtshaus zu seelischer und leiblicher Einkehr laden. Hier oben stand ehemals eine von den Grafen von Neuburg-Falkenstein um 1135 gegründete kleine Klosterzelle, die aber zusammen mit der unterhalb des Berges gelegenen Burg Falkenstein 1296 zerstört und aufgegeben wurde. Aus dem Geschlecht der Grafen von Neuburg-Falkenstein waren, wie erinnerlich, auch mehrmals Äbte des Klosters Tegernsee gekommen.

Die aus den ersten Jahrzehnten des 13. Jahrhunderts stammende einstige Klosterkirche *Sankt Peter* aber hat die Zeiten überdauert und stellt in ihrer – trotz aller Veränderungen vor allem im Innern – ursprünglich-lapidaren Architektur ein sehr stimmungsvolles Kleinod dar. Die Bauwut des 17. und 18. Jahrhunderts hat ja gerade in Altbayern kaum eine romanische Kirche vor Abriß oder Umbau verschont, so daß selbst einfache Bauten wie dieser hier uns als kostbares Erbe erscheinen mögen, wenn sie nur den Geist jener frühen Epoche noch spürbar atmen. Und so ist der Kunstfreund doppelt dankbar, an so entrückter Stelle ein romanisches Westportal zu entdecken, dessen Seltenheitswert über die ungelenke Hand des Steinmetzen hinwegsehen läßt. Das Innere der schon im Spätmittelalter gerne besuchten Wallfahrtskirche beherrscht dagegen der Barock des 17. Jahrhunderts mit seiner liebenswürdig-bemühten Kunst ländlicher Kistlermeister und Bildschnitzer, unter die sich manchmal noch ältere Stücke mischen wie das frühgotische Kruzifix von etwa 1300 oder die spätgotische Petersfigur im Hochaltar.

Vor allem aber entzückt die Aussicht von hier oben. Gewiß, sie kann sich nicht mit den dramatischen Gebirgsblicken etwa vom nahen Wendelstein messen, hat aber doch ihre eigenen – fast möchte man sagen: ›lyrischen‹ – Reize: Gegenüber Heuberg (1399 m) und Kranzhorn (1366 m), über dessen Gipfel die österreichische Grenze zieht (wie ja das rechte Ufer des Inns etwa von Windshausen ab aufwärts tirolisch ist), dann weiter südlich der Zahme und der Wilde Kaiser, im Norden dagegen das im Dunst verschwimmende Flachland mit den Ausläufern des Samerberges. Der große etwas fremd in dieser Gegend wirkende Bau im Südosten auf der Tiroler Seite mit seiner einst modischen architektonischen Schwingung ist Schauplatz der schon 1613 belegten Passionsspiele in Erl, und die bezaubernde Rokokohaube auf dem überschlanken Turm im Nordwesten, zu Füßen des Petersberges, gehört zur Martinskirche in *Flintsbach*, einer Urpfarrei des Inntals. Auf ihrem alten Friedhof ist die sehenswerte Sammlung alter schmiedeeiserner Grabkreuze aufgestellt und 1979 eingeweiht worden, die Pfarrer Josef Rosenegger in fünfzehnjähriger heimatpflegerischer Aktivität zusammengetragen hat, von der auch die Wiedererweckung des alten barocken Heiligen Grabes am Karfreitag kündet.

Der auffallend großzügige Kirchenbau selber wurde 1735 bis 1743 durch Abraham Millauer errichtet, dem namhaften Meister einer lokalen Maurerfamilie und Baumeistergruppe, die in die bayerische Kunstgeschichte unter der Bezeichnung der ›Hausstätter Schule‹ eingegangen ist. Man kann ihre im gesetzten Rahmen ambitionierten Kirchenbauten in der ganzen Gegend studieren, in Redenfelden, Kleinholzhausen oder Litzldorf, in Bad Aibling, Au und Berbling, in Wiechs oder gleich drüben in der reizenden Wallfahrtskirche Maria Heimsuchung von *Schwarzlack*.

Die Bezeichnung ›Schwarzlack‹ soll der Sage nach an eine Moospfütze, eine ›Schwarze Lacke‹ erinnern, die sich ehemals hier befand. Ein Eremit hatte sich 1659 in ihrer Nähe niedergelassen und eines Tages, auf einem Baumstamm in der Lacke liegend, ein schönes Marienbild gefunden. Es wurde mehrmals in die Brannenburger Kirche gebracht, aber immer wieder fand es sich am nächsten Morgen auf dem Stamme in der schwarzen Lacke. Daraufhin ließ der Brannenburger Schloßherr, Freiherr von Hundt, den Tümpel zuschütten und an seiner Stelle eine Kapelle bauen, in welcher das Marienbild aufgestellt wurde. Bald schrieb man ihm wundertätige Heilkraft zu, und es dauerte nicht lange, dann kamen Wallfahrer in Scharen mit der Bitte »Maria hilf«. Maria half, und die Gläubigen brachten ihre Dankesopfer. Die kostbarste Gabe war wohl eine von dem Freiherrn von Hundt gestiftete goldene Brustkette »reich besetzt mit Diamanten, Rubinen und Perlen«. Es gibt sie nicht mehr, aber das alte Marienbild steht nach wie vor in der 1740 erneuerten Kapelle.

Ähnlich romantisch ist auch die Magdalenenkapelle auf der *Biber* gelegen, auf die wir uns von Friedrich Springorum hinaufführen lassen, der den nicht leicht zu findenden Weg in seinem – übrigens für Kunstfahrten sehr brauchbaren – Buch ›Mit dem Auto wandern‹ beschrieben hat:

Die Biber liegt südlich von Brannenburg, gleichnahe auch an Degerndorf und Flintsbach, und da keine Fahrstraße hinaufführt, kann man mit dem Auto nur bis zu ihrem Fuß gelangen. Am besten so: Von Degerndorf zieht eine Straße über das durch Ludwig Steubs Schilderungen aus den sechziger Jahren des vorigen Jahrhunderts so berühmt gewordene Berggasthaus ›Zum feurigen Tatzelwurm‹ auf das Sudelfeld hinauf und bildet einen noch nicht ausgebauten Teil der Alpenstraße. Diese Strecke also nehmen wir von Degerndorf aus – Straßenschild: Bayrischzell – und zweigen dort, wo die Biber vor uns aufsteigt, links ab, fahren nach einer Schmalstelle an ihrer Längsseite entlang, in der sich bald riesenhafte, gar nicht vermutete Steinbrüche öffnen, die die Felswand in ihrer ganzen Ausdehnung aufgerissen haben. Der hier gebrochene Stein gehört zu dem härtesten und besten seiner Art. Es gibt verbürgte Urkunden, die besagen, daß auf der ›Piburg‹ schon um das

Jahr 1000 sowie im ganzen späteren Mittelalter Mühlsteine und Bausteine gebrochen worden sind. Da der Steinbruch heute noch in vollem Betrieb ist, so stellt er als der älteste bayerische Steinbruch ein kulturhistorisches Phänomen besonderer Art dar.

Wir fahren also an den Steinbrüchen der Biberwand entlang, biegen am Ende rechts etwas hinauf, passieren einige Häuser und stellen den Wagen vor Beginn der Steigung irgendwo ab. Dann gehen wir gute zehn Minuten durch üppiges Gehölz zur Höhe des Scheitels. Es ist schön, einsam und still hier, selbst der Lärm aus den Steinbrüchen reicht nicht mehr bis zu uns, und manchmal lassen die Bäume den Blick auf die nahen Inntalberge und die Wiesen des Talgrundes frei. Kurz vor der Höhe drängen senkrechte Wände den Steig fast bis an den Rand. Tiefe Höhlen liegen im Fels, die, durch Gänge zusammenhängend und von Menschenhand erweitert, zur Andachtsstätte ausgebaut worden sind. Sie waren das Heim eines Eremiten, der hier im 17. Jahrhundert in der Einsamkeit des Waldes lebte und sich diese Klause baute. Einige Stufen höher erhebt sich auf der Waldlichtung ein der heiligen Magdalena geweihtes Kirchlein, in weitem Viereck von Stationskapellen umgeben. Im offenen Wiesenplan zwischen ihnen steht das Heilige Grab, von einem Erdhügel bedeckt, zu dem sich rechts am Waldrand die turmähnliche, freistehende Feldkanzel gesellt. Die Schönheit einer unberührten Bergnatur und tiefe Ruhe weihen den Bezirk der Andacht, der nur am Magdalenentag im Juni vom Treiben der bäuerlichen Wallfahrer erfüllt wird. Die ganze Anlage übt einen eigenartigen Eindruck aus und erinnert an böhmische Vorbilder der Barockzeit. Sie ist also nicht sehr alt, doch darüber hinaus scheint mir, daß wir hier, besonders in den Felshöhlungen, auf uraltem Boden vielleicht schon vorgeschichtlicher Besiedlung stehen: die Unzugänglichkeit des Felsplateaus hoch über dem ehemaligen Sumpf und Urwald des vom wilden Inn durchtobten Tales weisen darauf hin.

Sehr viel älter als die Kapelle auf der Biber ist die Kirche *Sankt Margarethen* am Großbrannenberg. Sie geht im Kern auf das 13. Jahrhundert zurück und erhielt im 15. Jahrhundert einen neuen Chor sowie 1654 ein weiteres Langhausjoch im Westen.

In den ansprechenden Hochaltar von 1732 sind zwei gotische Figuren eingefügt, eine Katharina und eine Barbara aus der Zeit um 1500. Aus derselben Zeit stammt auch der zweiseitig bemalte Altarflügel an der nördlichen Langhauswand mit einer eindringlichen Gethsemanedarstellung.

Die kulturhistorisch vielleicht interessanteste Entdeckung hier in der ganzen Gegend um Brannenburg ist jedoch der *Bauernhof ›Zum Gugg‹*, nicht weit westlich von Sankt Margarethen. Nicht nur, weil er einer der ältesten und am besten erhaltenen Höfe des bayerischen Oberlandes, sondern auch, weil er die Heimat eines der fruchtbarsten und berühmtesten Architektengeschlechter des deutschen Barock ist. Hier wuchsen die fünf Brüder Dientzenhofer auf, deren Bauwerke weit über ihre engere Heimat hinaus die Architektur des 17. und 18. Jahrhunderts entscheidend mitgeprägt haben.

Ursprünglich Bauern und wahrscheinlich Maurer, sind die Dientzenhofer seit dem 15. Jahrhundert nachweisbar. Seit 1590 waren sie auf dem Einödhof ›Gundelsberg‹ oberhalb des heutigen Bad Feilnbach ansässig. 1642 heiratete Georg Dientzenhofer vom Gundelsberg Anna Barbara Thanner aus Litzldorf unweit Brannenburg. Sie brachte den etwas oberhalb von Litzldorf gelegenen Einödhof Ober-Ulpoint in die Ehe. Dort wurden die ersten Kinder geboren. 1653 übersiedelte die Familie in den Bergbauernhof ›Zum Gugg‹ am Guggenberg. Es ist ein Einfirsthof, dessen Wohnteil im unteren Geschoß bruchsteingemauert ist; der Oberstock mit umlaufendem Altan ist ein Holzblockbau. Über einem Türstock steht die Jahreszahl 1542. Hier also haben die Brüder in recht ärmlichen Verhältnissen ihre Kindheit verlebt: Georg und Wolfgang, 1643 und 1648 noch in Ober-Ulpoint geboren, Christoph, Leonhard und Johann 1655, 1660 und 1663 am Guggenberg. Weit und breit gab es keine Schule, und als 1660 eine solche in Flintsbach eingerichtet wurde, war sie für die Kinder von dem weit abgelegenen Guggenberg, besonders im Winter, kaum erreichbar. Abgesehen davon waren die Eltern schwerlich in der Lage, das Schulgeld für die Kinderschar aufzubringen. So gingen die jungen Burschen früh auf die Wander-

schaft, erlernten zunächst das Maurerhandwerk und brachten sich draußen in der Welt die nötige Bildung selbst bei.

Christoph (1655-1722) kam auf seiner Wanderschaft nach Böhmen und wurde dort berühmt. Er baute unter anderem in Prag Sankt Niklas auf der Kleinseite und die Maria-Magdalenen-Kirche, war Baumeister des Klosters Tepl, der Kirchen von Smirschitz, Woborischt, Sankt Margarethen in Břevnov bei Prag und Sankt Klara in Eger, wo er auch Festungsbaumeister wurde.

Sein Sohn und Schüler Kilian Ignaz (1689-1751) wurde womöglich noch berühmter als der Vater. Er beherrschte die Blütezeit des böhmischen Spätbarock. Seine Prager Profanbauten, seine Kirchen von Sankt Thomas, Sankt Johann am Felsen, Sankt Niklas in der Altstadt, um nur einige seiner Schöpfungen zu nennen, prägen das Bild dieser Epoche in Prag.

Von den Brüdern Christophs folgte ihm Johann (1663-1726) zunächst nach Böhmen. Von dort ging er – vielleicht mit Unterstützung seines um acht Jahre älteren, bereits arrivierten Bruders – zum Studium nach Italien, kehrte nach Deutschland zurück, baute den Dom zu Fulda, die Klosterkirche von Banz und – zusammen mit seinem Bruder Leonhard – die dortigen Konventsgebäude. Neben anderen zahlreichen Sakral- und Profanbauten in Franken ist sein bedeutendstes Werk Schloß Pommersfelden, das er für den Fürstbischof von Mainz und Bamberg, Lothar Franz von Schönborn, entworfen hat.

Leonhard (1660-1707) starb als Hochstiftsbaumeister in Bamberg. Auf ihn gehen unter anderem die Bamberger Neue Residenz, die Konventsgebäude und Kirche von Sankt Michael in Bamberg, Kloster Ebrach, Schloß Greifenstein und der ›Langheimer Hof‹ in Kulmbach zurück.

Der älteste der Brüder, Georg (1643-1689) baute die Abteikirche von Waldsassen, die Wallfahrtskirche Kappel bei Waldsassen und begann Sankt Martin in Bamberg. Er starb schon im Alter von sechsundvierzig Jahren in Waldsassen.

Wolfgangs (1648-1706) Tätigkeit beschränkte sich in der Hauptsache auf die Oberpfalz und Niederbayern. Die Konventsgebäude und Kirchen der Klöster Michelfeld, Ensdorf, Speinshart und Amberg, die

Wallfahrtskirche Frauenbrünndl bei Straubing gehören zu seinen Schöpfungen.

Es kann hier auf die Bedeutung dieser Werke der fünf Brüder nicht näher eingegangen werden. Mit den kurzen Hinweisen sollte lediglich ein kleiner Überblick gegeben werden über das weite Spektrum schöpferischer Kräfte, die von dem weltabgeschiedenen Guggenberg im bayerischen Oberland in die Welt hinausgingen.

Die genialen Dientzenhofer, die talentierten Gunetzrhainer, von denen wir schon zu Beginn dieses Buches gehört haben, so manche der oft namentlich unbekannten, aber die Kunstlandschaft ihrer engeren Heimat prägenden Meister kamen aus abgelegenen Einödhöfen. Die Erkenntnis, daß dort in der Einsamkeit, unberührt von äußeren Einflüssen über viele Generationen hinweg schöpferische Kräfte heranreifen konnten, welche schließlich die künstlerische Entwicklung draußen in der Welt entscheidend beeinflußten, stimmt nachdenklich.

Auf einen der Gunetzrhainer, von denen eben wieder die Rede war, stoßen wir auch in dieser Gegend und zwar in der ehemaligen Karmeliterklosterkirche Sankt Theresa und Johann vom Kreuz in *Reisach* bei Niederaudorf. Das Kloster war eine sehr junge Gründung. Es wurde 1731 erst gestiftet und wuchs in den folgenden Jahren schnell empor: 1732-38 das Kloster und 1737-39 die Kirche, deren Weihe allerdings – verzögert durch den Österreichischen Erbfolgekrieg – erst 1747 vollzogen werden konnte. Die Bauausführung besorgten Abraham Millauer und sein Sohn Philipp nach den Plänen von Ignaz Anton Gunetzrhainer. Schon der Außenbau mit seinen strengen römischen Halbkreisfenstern verrät uns die für Gunetzrhainer so typische kühle, ›klassizierende‹ Haltung, die uns im Innern zunächst etwas befremden mag. Vermißt man auch die bunte Fülle an Fresken und Stuckzierat, die andere gleichzeitige Bauten aufweisen, so entschädigen den Kenner dafür der Eindruck des betont Architektonischen in der kraftvollen Säulen- und Pilastergliederung und die Qualität der Altarausstattung, vor allem der vier Seitenaltäre mit ihren großen, farbig gefaßten

Reliefschnitzereien von Johann Baptist Straub. Da in den Jahren ihrer Entstehung zwischen 1743 und 1750 Ignaz Günther in der Werkstatt Straubs arbeitete, so ist es nicht abwegig, anzunehmen, daß er auch hier mit tätig war; vor allem am ›Simon-Stock-Altar‹ an der Nordseite des Langhauses glauben die Kunsthistoriker seine Hand zu erkennen.

Der Stifter des charaktervoll in der Landschaft liegenden Klosters Reisach war der Münchener Hofkammerrat Johann Georg Messerer. Ihm gehörte das unweit liegende feine Rokokoschlößchen *Urfahrn*, das er sich 1723 bis 1727 von Münchner Hofkünstlern hatte errichten und ausstatten lassen. Im Corps de Logis der dem Schloß Fürstenried bei München ähnelnden Anlage erfreut ein schönes Treppenhaus und im Südflügel entzückt eine köstliche intime Kapelle mit Stuck von Johann Baptist Zimmermann und ein Altar von Joachim Dietrich, dem Meister der eindrucksvollen Kirchenväter in Dießen.

Das nahe *Oberaudorf* mit seiner hübschen Kirche und anheimelnden Häusern kann nicht nur auf eine lange Geschichte zurückblicken – 1200-Jahr-Feier im Jahre 1980! –, sondern ist auch einer der traditionsreichsten Fremdenverkehrsorte Oberbayerns, dessen Anfänge als Sommerfrische bereits in die erste Hälfte des 19. Jahrhunderts zurückreichen und dessen Aufstieg durch den Künstlerkreis um Ludwig Steub und Heinrich Noë gefördert worden ist. Die damals von allen Reisenden im Inntal – von Kaisern, Königen und Fürsten ebenso wie von Malern, Dichtern und Bildhauern – wegen ihrer spektakulären Lage und ihres gerühmten Ausblicks auf das Kaisergebirge besuchte und überschwenglich beschriebene Sehenswürdigkeit liegt allerdings etwas außerhalb des Ortes an der Straße zum – ob seiner Wärme bekannten – Luegsteinsee. Es ist die auch heute noch existierende Gastwirtschaft zum ›Weber an der Wand‹, über die Maximilian von Chlingensperg in seiner heute sehr gesuchten Landesbeschreibung ›Das Königreich Bayern‹ 1840 berichtete:

Wer in ganz Oberbayern kennt nicht, wenigstens vom Hörensagen, den Weber an der Wand, den so sehr gerühmten, daß schon überspannte Erwartungen von seiner Vorzüglichkeit rege gemacht wurden? – Höchstens für auswärtige Leser ... sei also bemerkt, daß man unter jenem Namen eigentlich keine Person, sondern einen Ort verstehe, einen Ort, der zur Gemeinde des, eine halbe Viertelstunde davon entfernten Pfarrdorfes Oberaudorf, Landgerichts Rosenheim, gehört, und weil er aus einem einzigen Wohnhause besteht, den sogenannten Einöden beigezählet wird.

Von dem Weber, der dieses Haus bewohnt, und von der Felswand, einer östlichen Fortsetzung des nahen Luegsteins, an die sich dasselbe anlehnt, hat der Ort seine geographische Benennung. Man gelangt dahin auf einem von Obstbäumen beschatteten, lieblichen Pfade, welcher sich, von der anstoßenden Rosenheim-Kufsteiner Landstraße aus, längs dem Fuße gedachter Wand, sanft in die Höhe zieht.

Hier stand vor Zeiten eine der Gemeinde Oberaudorf gehörige Klause, und ein Frater Hieronymus war der letzte Eremit, den sie beherbergte. Wenn demselben, so erzählt man sich, die Lebensmittel ausgegangen waren, so durfte er mit seiner Glocke nur ein Zeichen geben, um der Nachbarschaft milde Hand zu seiner Unterstützung geöffnet zu sehen. Im Jahre 1794 ertönte jedoch solches Zeichen zum letzten Male, und aus anderer Veranlassung; denn die Herbeigeeilten fanden ihren Schützling sterbend an Altersschwäche. Ein Jägersmann bezog nun die verödete Klause. Später wurde sie zur Dorfschule benützt, und endlich im Jahre 1809 an ihren gegenwärtigen Besitzer, den Weber Georg Seywald, verkauft. Dieser nahm hierauf die nötigen Bauveränderungen daran vor, nach deren Vollendung, im Jahre 1817, der ganze Besitz ... die heutige Ansicht gewann.

Auf dem nahen Burgberg finden sich noch Reste einer Burganlage, die von den Falkensteinern zu Ende des 12. Jahrhunderts errichtet worden und nach deren Aussterben 1272 an die Wittelsbacher übergegangen ist. Diese bauten sie zu einem Pflegschloß und damit zum Verwaltungsmittelpunkt des Landgerichts Auerburg aus. Nach dem Verlust der ehedem bayerischen Gerichte Kufstein, Rattenberg und Kitzbühel an die

Habsburger 1505 wurde die Auerburg Grenzfeste gegen Tirol, mußte aber nach dem unglücklichen Ausgang des Österreichischen Erbfolgekrieges – in dem die Burg 1743 erstürmt worden war – geschleift werden. Neben den wenigen Mauerresten auf dem Burgfelsen ist von der einstigen Befestigungsanlage heute nur mehr das sogenannte Burgtor erhalten, das lange als Zollstätte und Beamtenwohnung gedient hat und das auch jetzt noch jeder passieren muß, der auf der Hauptstraße zur Grenze strebt. In diesem Burgtor ist heute die sogenannte ›Trogerstube‹ eingebaut, eine Bauernstube aus Auerbach, deren verschwenderische Dekoration mit Rocaille-Ornamenten und Bibelszenen der Oberaudorfer Maler Peter Troger 1770 geschaffen hat.

Der letzte bayerische Ort vor der Tiroler Grenze ist *Kiefersfelden*. Obwohl sein Name durch bekannte Baustoffe – durch Marmor und den ›Kiefersfeldener Zement‹ – in ganz Deutschland mehr bekannt ist als das Wissen um seine genaue Lage, erschöpft sich seine Berühmtheit nicht allein darin: Kiefersfelden besitzt auch das älteste Dorftheater Deutschlands und nennt in seiner – heute freilich in ein erneuertes Gebäude eingefügten – barocken Bühne einen der originellsten Theaterbauten Mitteleuropas sein eigen.

Die Anfänge dieses Theaters liegen etwas im Dunkeln. Die oft zu lesende Angabe, es sei 1618 gegründet worden, läßt sich zwar archivalisch nicht oder – wegen Verlustes der Unterlagen – nicht mehr belegen, ist aber durchaus realistisch, da nach den Theaterforschern die Verbreitung des volkstümlichen Passionsspieles – und um ein solches handelte es sich auch in Kiefersfelden lange Zeit – eng mit der Pestzeit und Schwedennot im Dreißigjährigen Krieg und mit der Verbreitung des Schmiedehandwerks zusammenhängt. Und da nachweisbar 1611 das Hammerwerk ›Die Kiefer‹ errichtet worden ist, so mag der Beginn des Kiefersfeldner Volkstheaters gut und gern in den ersten Jahren nach der erwähnten Werksgründung zu suchen sein. Die mehr von den komödiantisch begabten, aber oft zugewanderten Hammerarbeitern und Schmiedegesellen denn von den einheimischen musenbegeisterten Bauern und Dörflern getragene Schauspielergruppe trat in einfachen ›Komödienhütten‹ auf, die mehrmals erneuert werden mußten. So erfährt man 1774 von einem beabsichtigten Neubau, der allerdings erst 1801 realisiert werden konnte, und diesen ›Theaterschupfen‹ mußte 1833 schon wieder einem Neubau weichen, in dessen vornehmen Namen ›Schauspielhaus‹ sich der gewandelte Zeitgeist bereits deutlich widerspiegelt. Aus feuerpolizeilichen Gründen wurde 1968-71 ein Umbau erforderlich, aus dem der heutige ›Komödienstadel‹ hervorging.

Das Repertoire bestand viele Jahre ausschließlich aus geistlichen Volksschauspielen, insbesondere aus der ›Passion‹ – die man übrigens auch nebenan in Oberaudorf pflegte – und nahm erst im 19. Jahrhundert weltliche Stücke auf, die dann unter dem Einfluß von Joseph Schmalz bald ausschließlich den Theaterzettel beherrschen sollten. Dieser Joseph Schmalz (1793-1845) war ein geniales Naturtalent. In Fügen im Zillertal geboren, verschrieb sich dieser Holzknecht und Kohlenbrenner in seiner Freizeit dem ›Kumedig'spui‹, zuerst als Schauspieler, dann als Regisseur und schließlich gar als Bühnenautor. Mindestens 23 Stücke von seiner Hand sind nachweisbar und werden zum Teil immer noch gespielt, etwa ›Vallentinus und Ursinus, die zwey zwielings Brüder oder das Diamanten Creitz‹ oder ›Der Keuser Ocktavianus Oder die Unschuldig mit Ihren Kindern in daß Ellend verdribene Keußerin Dieanora‹, hinter deren kraus-barocker Titelfassung und kurioser Orthographie die verblüffende Belesenheit und Kenntnis antiker Stoffe, wie sie der einfache Kohlenbrenner tatsächlich besaß, sichtbar werden. Seine dramatische Urkraft und schöpferische Phantasie hat ihm schon von seinem frühen Entdecker und Bewunderer, keinem geringeren als dem uns schon gut bekannten Ludwig Steub, den Ehrentitel eines ›Bauern-Shakespeare von Kiefersfelden‹ eingetragen.

In der Epoche der Aufklärung und Zensur wiederholt behindert, ja sogar jahrelang untersagt, und in Kriegszeiten notgedrungen unterbrochen, sind die ›Kiefersfeldner Ritterspiele‹

Die Einkehr bei der kühn an einer Felswand des Luegsteins bei Oberaudorf (im Hintergrund der Burgberg) nistenden und heute noch be-

heute noch allsommerlich eine große Attraktion, nicht nur für das einheimische Publikum, sondern auch für Theaterwissenschaftler, Regisseure und Museumsdirektoren, denn:

stehenden Gastwirtschaft zum ›*Weber an der Wand*‹ war im 19. Jahrhundert für die Reisenden touristische Pflichtübung.

Hier erlebt man ›Urtheater‹ voller Dynamik. Es ist die Welt, in der immer und ewig das Gute gegen das Böse zu kämpfen und zu bestehen hat. Hier atmet man zwar Shakespeare'sche Luft, allerdings ohne einen bitteren Ausgang befürchten zu müssen. Man bangt um den guten, edlen, hehren Rittersmann. Man kann sich nicht vorstellen, wie das gut ausgehen soll; aber immer, meist im letzten, im allerletzten Moment kommt die glückliche Fügung, die große Wende. Man ist an Shakespeare erinnert, aber am Ende des Spiels denkt man weniger an ihn als vielmehr an Schikaneder und Mozart, an Sarastro und die Königin der Nacht ...,

wie Paul Ernst Rattelmüller in einer kleinen Monographie über das Kiefersfeldner Volkstheater geschrieben hat.

Das Kiefersfeldner Volkstheater ist berühmt geworden, hat viele Freunde gefunden, eben weil man hier noch so Theater spielt, wie vor hundert, hundertfünfzig Jahren; weil sich hier bei allem Einfluß des 19. Jahrhunderts noch ein Stück Barocktheater erhalten hat; weil hier echtestes Volkstheater allen Einflüssen des in Bauerntheatern üblichen Stils nicht erlegen ist. Man muß sich wundern, daß es immer noch auch junge Menschen gibt, die hier mitspielen, die das Opfer bringen, gerade im Hochsommer nicht wegzufahren wie so viele andere, sondern daß sie ihre Freizeit und ihren Urlaub des Spielens wegen opfern. Wir können nur hoffen, daß die Spieler des Kiefersfeldner Volkstheaters noch lange diesen Idealismus aufbringen ...

Und noch ein weiteres Denkmal für großen Idealismus finden wir in Kiefersfelden, für einen Idealismus freilich ganz anderer Art, der zwar nicht mit der hier geschilderten Theaterbesessenheit und Volkskunde zu tun hat, dessen politische Auswirkungen aber dennoch ihren Grund in der Kunstliebe und Antikenbegeisterung haben, wie sie der Philhellenismus zum Anlaß für die Bemühungen um die Befreiung Griechenlands vom türkischen Joch genommen hat.

Engagiertester Vertreter und Fürsprecher dieser damals ganz Europa ergreifenden Bewegung war König Ludwig I. von Bayern. Aus diesem Grunde wählten die Schutzmächte auf der

Londoner Konferenz 1832 dessen zweiten Sohn, Prinz Otto, zum ersten König des modernen Hellas. Im blühenden Alter von noch nicht achtzehn Jahren bestieg er 1833 einen Thron, der ihm allerdings auf die Dauer keine große Freude bereiten sollte, denn bei allem guten Willen konnte der vielseitig gebildete, aber politisch wenig glückliche Monarch dem – wie in der Antike – innerlich zerrissenen und von Parteienhader gespaltenen Land nicht die erhoffte Stabilität verschaffen. Durch die Revolution von 1862 vertrieben, kehrte er wieder nach Bayern zurück und beendete sein Leben fünf Jahre später in Bamberg, das ihm als Residenz eingeräumt worden war.

Auf seiner hoffnungsfrohen Reise nach Griechenland im Dezember 1832 hatte Otto seinen Weg durch das Inntal genommen, und die Stationen seines Abschieds von seinem Vater in Ottobrunn, von seiner Mutter in Bad Aibling und von seinem Vaterland in Kiefersfelden markieren seitdem drei Gedächtnisstätten: Dort die ›Ottosäule‹, in Aibling das ›Theresienmonument‹ und hier die ›Ottokapelle‹, die Joseph Daniel Ohlmüller 1834 hart an der Grenze nach Tirol, rechts an der Straße nach Kufstein, im damals eben aufkommenden neugotischen Stil errichtet hat. Man erzählt sich, daß die Wagenkolonne die Grenze zu einer Zeit passiert habe, da der junge König in seiner Kutsche gerade eingeschlafen war. Als er bei seinem Erwachen in Kufstein dessen innegeworden sei, sein geliebtes Bayernland ohne die ihm nötig erscheinende innere Anteilnahme hinter sich gelassen zu haben, da habe er sich am nächsten Morgen nochmals zurückfahren lassen, um das Verlassen seiner Heimat in vollem Bewußtsein zu erleben und in echt romantischer Seelenbewegung den Abschiedsschmerz voll auszukosten.

Aber auch an uns ist es nun, Abschied zu nehmen vom Inntal und unsere Streifzüge durch das bayerische Oberland zu beenden. Wir können über Oberaudorf auf der Mautstraße unseren Ausgangspunkt, den ›Tatzelwurm‹, wieder erreichen und über die Sudelfeldstraße nach Schliersee zurückkehren, oder aber auf einer längeren nördlichen Route den Anschluß an die Straße ins Leitzachtal gewinnen. Dies ermöglicht uns, zum Abschluß unserer Fahrten noch einen Ort zu besuchen, der durch Wilhelm Leibl bekannt und berühmt wurde. Dazu müssen wir im Inntal zurück bis Brannenburg und von dort aus die Strecke über Großholzhausen und den bekannten Kurort Bad Feilnbach nach Hundham einschlagen. Wir berühren dabei nicht nur einige der schon erwähnten, lokal interessanten Kirchen der ›Hausstätter Meister‹, sondern auch den Ort *Kutter-*

Die *Gegend bei Brannenburg* wurde nicht erst durch die Maler des Brannenburger Künstlerkreises, der sich in den sechziger Jahren des 19. Jahrhunderts hier zusammenfand, besucht und bekannt gemacht, sondern wurde schon um und nach 1800 von Münchner Landschaftern wie Georg von Dillis, Josef Wagenbauer, Lorenzo Quaglio oder hier *Simon Warnberger* entdeckt. Den Blick vom nahen Neubeuern ins Inntal hatte König Max II. sogar als den schönsten in Bayern bezeichnet.

ling, wo Wilhelm Leibl von 1892 bis 1900 einige schaffensfrohe Jahre verbracht hat und so berühmte Bilder wie ›Bauernjägers Einkehr‹, ›Mädchen am Fenster‹, ›Leibl und Sperl auf der Hühnerjagd‹ oder ›Der Bauernjäger‹ – zum Teil in Zusammenarbeit mit seinem Freund Johann Sperl – gemalt hat. Sein bedeutendstes Bild, die ›Drei Frauen in der Kirche‹, das heute in der Hamburger Kunsthalle hängt, entstand nicht weit von hier in der Dorfkirche zu *Berbling*. Aber auch ohne diese Reminiszenz lohnt sich ein Abstecher in die etwas melancholische ebene Moorlandschaft südlich von Aibling, stellt doch die 1751 bis 1756 von Philipp Millauer und Hans Thaller geschaffene Kirche Heilig Kreuz ein Kleinod ländlichen Rokokos dar. Schon das Äußere besticht durch originellen Gestaltungswillen, und das Innere überrascht mit einer bezaubernden Raumwirkung, mit Wessobrunner Stuck, Fresken von dem Zimmermann-Schüler Johann Martin Heigl und ausgezeichneten Plastiken.

In einer der mit kraftvoll geschnitzten Wangen versehenen Kirchenbänke auf der rechten Seite war es, wo die drei Modelle Leibls in stundenlangen Sitzungen regungslos auszuharren hatten, um ihren Beitrag zum Entstehen eines Meisterwerks zu zu leisten. Eugen Diem berichtet darüber:

Von 1878-1881, nur unterbrochen von den Wintern, hat Leibl an dem ›Kirchenbild‹ gearbeitet, das Letzte von sich und seinen Modellen fordernd. Jahr um Jahr sitzt der athletische Mann in mühseliger Kleinarbeit gebannt, wo jeder Strich köstlich werden muß, wo wochenlange Bemühungen als ungenügend ausgekratzt werden – es ist vielleicht ein Vorgang ohne Beispiel in der Geschichte der Malerei. Was Geduld und Hingabe, Können und Reinheit der künstlerischen Absicht erzeugen kann, das ist in diesem Werk vereinigt. Man muß es nicht weniger wegen seiner immanenten Charaktereigenschaften als wegen der sinnlich wahrnehmbaren Schönheit zu den ganz großen Leistungen der deutschen Malerei rechnen.

ANHANG

Verzeichnis und Nachweis der Abbildungen

AUF DEM SCHUTZUMSCHLAG

FARBTAFELN

ABBILDUNGEN IM TEXT

Die Zahlen am linken Rand verweisen auf Seiten, Sterne auf doppelseitige Abbildungen

Die Initialen auf den Seiten 9, 13, 41, 61, 73, 183, 211, 239, 309, 329, 349, 399, 417, 437, 459 und die Vignetten auf den Seiten 72 und 508 wurden dem 1721 in der Klosteroffizin von Tegernsee erschienenen Druck ›Officia nova‹ entnommen.

Verzeichnis der benützten Literatur

ADALBERT, Prinz von Bayern: *Die Herzen der Leuchtenberg. Chronik einer napoleonisch-bayerisch-europäischen Familie.* München 1963

– *Max I. Joseph von Bayern.* München 1957

AMANN, Brigitte: ›Die Buchdruckerei der ehem. Abtei Tegernsee‹ in: *Studien und Mitteilungen zur Geschichte des Benediktinerordens,* Band 60, München-Pasing 1946

ANGERER, Joachim: ›Die Bräuche der Abtei Tegernsee unter Abt Kaspar Ayndorffer‹ in: *Studien und Mitteilungen zur Geschichte des Benediktinerordens,* Ergänzungsband 18. Ottobeuren 1968

BANGE, Ernst Friedrich: *Eine bayerische Malerschule des XI. und XII. Jahrhunderts.* München 1923

BAUERREISS, Romuald: ›Ekkehard von Aura als Verfasser des Spiels vom Antichrist‹ in: *Studien und Mitteilungen zur Geschichte des Benediktinerordens,* Band 73, Jahrgang 1962. München 1964

›Die Grafen von Neuburg-Falkenstein und die südbayerischen Klöster im XII. Jahrhundert‹ in: *Studien und Mitteilungen zur Geschichte des Benediktinerordens,* Band 60, Jahrgang 1946. München-Pasing 1946

BRAUMANN, Franz: *Die Abenteuer des Ritters Ruodlieb.* München (1970)

BRÜCKNER, Barbara: *Trachtenerneuerung in Bayern.* Rosenheim o.J. (etwa 1952)

BRUNHUBER, Josef: *Chronik des oberen Leizachtales.* Fischbachau und Hundham 1928

BUCHNER, Ernst: *Die alte Pinakothek in München.* München (1967)

– ›Der wirkliche Gabriel Mäleßkircher‹ in: *Münchner Jahrbuch der Bildenden Kunst,* Neue Folge, Band 13, 1938-39. München (Reprint 1970)

CRAMER, Peter: *Aus der Geschichte des Tegernseer Tals.* Bad Wiessee 1974

DACHAUER, Sebastian: ›Die Wallfahrtskirche Maria Hilf auf der Schwarzlack‹ in: *Oberbayerisches Archiv,* Band 4. München 1843

DENGG-BÜHNE-TEGERNSEE (Herausgeber): *Das Bauerntheater, seine Dichter und Darsteller.* Rottach-Egern 1954

DIEM, Eugen: ›Wilhelm Leibl, Leben und Werk‹ in: *Wilhelm Leibl und sein Kreis,* Ausstellungskatalog der Städtischen Galerie im Lenbachhaus. München 1974

DREHER, Konrad: *Abreiß-Kalender meines Lebens.* München 1929

DRIESSEN, A.: *Bad Wiessee am Tegernsee*. München 1900

DUMLER, Helmut: *Rundwanderungen, Tegernsee und Chiemgau*. Stuttgart 1972

EPPEL, Franz: *Die Wachau*. Salzburg (1964)

EPPELSHEIMER, Hans Wilhelm: ›Das Tegernseer Antichristspiel‹ in: *Handbuch der Weltliteratur*. Frankfurt am Main (1960)

ERDMANN-MACKE, Elisabeth: *Erinnerungen an August Macke*. Stuttgart 1962

F.M.: ›Eine Kaiserreise‹ in: *Tegernseer Tal*, 4. Jahrgang, 1956, Nummer 3

– ›Durchsichtige Scheiben aus dem 'Wald'‹ in: *Tegernseer Tal*, Winter 1974/75, Heft 73

Festschrift zum 70. Geburtstag von Konrad Dreher. München 1930

FESTSCHRIFT: *900 Jahre Pfarrgemeinde Gmund am Tegernsee*. Herausgegeben von den Gemeinden Gmund am Tegernsee und Dürnbach sowie vom Katholischen Pfarramt Gmund zur 900-Jahr-Feier 1975

FESTSCHRIFT: *1200 Jahre Schliersee*, herausgegeben vom Markt Schliersee. Hausham 1979

FESTSCHRIFT: *Fünfzig Jahre Maria Himmelfahrt in Bad Wiessee*, herausgegeben von der Katholischen Pfarrgemeinde Bad Wiessee. Bad Wiessee 1976

FEULNER, Adolf: *Ignaz Günther*. München 1947

FINK, Werner: ›Das benediktinische Mönchtum in Bayern bis 1803‹ in: *Bayerland*, 63. Jahrgang, Juli/August 1961

FIRMAN, Thomas: ›Tegernsee in seiner Vergangenheit‹ in: *Bayerland*, 8. Jahrgang 1897, Nummer 45ff.

GANSLER, Johann, und Hugo Schnell: *Pfarrkirche Bad Wiessee*. München und Zürich 1957

GASTEIGER, Michael: *Das Buch von Schliersee*. München 1951

– *Markt und Stadt Miesbach*. Miesbach 1957

GEIGER, Simon: *Kloster Tegernsee, Ein Kulturbild*. München 1936

GERNDT, Siegmar: *Unsere bayerische Landschaft*. München 1976

– *Unsere bayerische Heimat*. München 1976

GIERL, Irmgard: *Miesbacher Trachtenbuch*. Weißenhorn (Verlag Anton H. Konrad) 1971

GRABMANN, Martin: ›Bernhard von Waging, Prior von Tegernsee, ein bayerischer Benediktinermystiker des 15. Jhdts.‹ in: *Studien und Mitteilungen zur Geschichte des Benediktinerordens*. Band 60, Jahrgang 1946. München-Pasing 1946

GULBRANSSON-BJÖRNSON, Dagny: *Olaf Gulbransson. Sein Leben*. Pfullingen 1867

HAAGE, Peter: *Ludwig Thoma*. München–Gütersloh–Wien 1975

HAENLEIN, Albrecht: ›Neues zur Baugeschichte von Schliersee‹ in: *Oberbayerisches Archiv*, Band 81/82. München 1956/57

HANFSTAENGL, Erika, und Walter Hege: *Die Brüder Cosmas Damian und Egid Quirin Asam*. München 1955

HARTIG, Michael: *Die Benediktinerabtei Tegernsee, 746–1803. Zur zwölfhundert-Jahrfeier*. München (1946)

– *Die oberbayerischen Stifte*, Band I. München (1935)

HEILIGMANN, Georg: *Führer durch das Heimatmuseum des Altertums-Gauvereins Tegernsee.* Hausham (1977)

HELDWEIN, Johannes: *Die Klöster Bayerns am Ausgang des Mittelalters.* München 1913

HEMMERLE, Josef: ›Die Benediktinerklöster in Bayern‹ in: *Germania Benedictina*, Band II, Bayern. Augsburg (1970)

HOHENSTATTER, Ernst (Herausgeber): *s'Schliersee Büchl zum 25jährigen Jubiläum des Schlierseer Bauerntheaters.* München 1918

HOLM, Korfiz: *Ludwig Thoma und Olaf Gulbransson wie ich sie erlebte.* München (1953)

– *Farbiger Abglanz.* München 1940

KEILL, Peter: *Wege und Gipfel zwischen Bayrischzell und Bad Tölz.* Freilassing 1974

KEMPF, Johannes: *Froumund von Tegernsee.* München 1900

KIESSLING, Charlotte: *Bad Wiessee.* Heidenheim 1972

KISSLINGER, Johann Nepomuk: ›Chronik der Pfarrei Egern am Tegernsee‹ in: *Oberbayerisches Archiv*, Band 52. München

KRONAST, Josef: *Rottach-Egern am Tegernsee.* Rottach-Egern 1972

KUGLER, F.: ›Werinher von Tegernsee‹ in: *Kleine Schriften und Studien zur Kunstgeschichte.* I. Teil. Stuttgart 1853

LAMPL, Sixtus: ›Die Klosterkirche Tegernsee‹ in: *Oberbayerisches Archiv.* Hundertster Band. München 1975

– *Joh. Bapt. Zimmermanns Schlierseer Anfänge. Eine Einführung in das Bayerische Rokoko. Schliersee* 1979

LICKLEDER, Georg: ›Kleinod in den Bergen‹ in: *Tegernseer Tal*, 2. Jahrgang, 1954, Heft 7

– ›Ein vergessenes Juwel‹ in: *Tegernseer Tal*, Winter 1974/75, Heft 73

LUDWIG WILHELM, Herzog in Bayern (Pseudonym: Ludwig Wilhelm Schanz): ›Rückschau‹ in: Annette Thoma (Herausgeberin), *Das Volkslied in Altbayern und seines Sänger.* München 1952

L. W. in Bayern (Herzog Ludwig Wilhelm): ›Der Bär‹ in: *Tegernseer Tal*, 8. Jahrgang, 1959/60, Heft 1

M., V. und M. FR.: ›Die einstigen 'Fortifikationswerke' bei Kreuth‹ in: *Tegernseer Tal*, 2. Jahrgang, 1963, Nummer 2

MAIER, Gerhard (Herausgeber): *Miesbach. Porträt einer Stadt und ihrer Geschichte.* Miesbach 1968

MEINDL, Michael: *Bayrischzell.* Herausgegeben von der Gemeinde Bayrischzell (1963)

MELCHERS, Erna und Hans (Hrsgb.): *Das große Buch der Heiligen.* München 1978

MITTERER, Sigisbert: *Die bischöflichen Eigenklöster in den vom hl. Bonifatius 739 gegründeten bayerischen Diözesen.* München 1929

MOHR, Sepp: ›Nachruf auf einen Bauernhof‹ in: *Tegernseer Tal*, Heft 67, Winter 1971/72

MOSCHNER, Gustl: ›Siebenhütten‹ in: *Tegernseer Tal*, 8. Jahrgang 1960, Heft 2

MÜHLBERGER, Franz: ›Alte Straßen im Tegernseer Tal‹ in: *Tegernseer Tal*, Heft 60, Sommer 1968

MÜLLER, Karl Alexander von: *Unterm weißblauen Himmel.* Stuttgart (1952)

– *Am Rand der Geschichte.* München 1957

– ›Ein Marschall Napoleons in der Tegernseer Gruft‹ in: *Tegernseer Tal*, Heft 2, 1961

– ›Der Kiem Pauli‹ in: *Tegernseer Tal*, 6. Jahrgang, Winter 1957/58, Heft 1

MÜLLER, Karl Alexander von, und Karl Amery: ›Das Spiel vom Antichrist‹ in: *Unbekanntes Bayern*, Band 6. München (1961)

MÜNSTER, Robert: ›Aus dem Kulturleben im alten Kloster Tegernsee‹ in: *Ausstellungskatalog* der Bayerischen Staatsbibliothek München 2. bis 27. September 1968

NOË, Heinrich: *Bayerisches Seebuch.* München 1865

– *In den Voralpen.* München 1865

OBERMAYR, Joseph: *Die Pfarrei Gmund am Tegernsee und die Reiffenstuel.* Freising 1868

PABST, Helmut: *Das Buch von Brannenburg.* Rosenheim 1975

PFAUNDLER, Wolfgang von: *Sankt Notburga. Eine Heilige aus Tirol.* Wien und München (o.J.)

PIKOLA, Rudolf: ›Das Ewige ist stille ...‹ in: *Tegernseer Tal*, o.J. u. Nr.

PLATEN, August Graf von: *Tagebücher.* Stuttgart 1896–1900

PROBST, Christian: *Lieber bayrisch sterben. Der bayrische Volksaufstand der Jahre 1705 und 1706.* München 1978.

RAAB, Gottfried: ›Der Hindenburg auf der Schanz‹ in: *Tegernseer Tal*, Winter 1977/78, Heft 79

RATTELMÜLLER, Paul Ernst: *Der Bauern-Shakespeare. Das Kiefersfeldner Volkstheater und seine Ritterstücke.* München 1973

– *Dirndl, Janker, Lederhosen. Künstler entdecken die oberbayrischen Trachten.* München 1967

– *Per Post und zu Fuß durch Oberbayern. Künstler entdecken eine Landschaft.* München 1968

RATZINGER, Georg: ›Der hl. Arsatius von Ilmünster‹ in: *Theologisch-praktische Monats-Schrift*, 2. Band. Passau 1892

REDLICH, Vergil: ›Tegernsee und die deutsche Geistesgeschichte im 15. Jhdt.‹ in: *Schriftenreihe zur bayerischen Landesgeschichte*, Band 9. München 1931

REICHLIN-MELDEGG, Adolfine von: *Historie von St. Quirinus.* München 1889

RIEZLER, Sigmund: *Geschichte Bayerns.* 1. Band, Stuttgart und Gotha 1927

SCHÄFER, Dietrich (Herausgeber): *Das Bauernhaus im Deutschen Reiche und in seinen Grenzgebieten.* Dresden 1906

SCHAFFER, Reinhold: ›An der Wiege Münchens‹ in: *Neue Schriftenreihe des Stadtarchivs München*, Band 2. München 1950

SCHALKAUSSER, Erwin: ›Die Münchner Schule in der Stuckdekoration des 17. Jhdts.‹ in: *Oberbayerisches Archiv*, Band 81/82

SCHEINGRABER, Wernher, und Wilfried Bahnmüller: *Tegernseer Tal.* Freilassing 1974

– *Leitzachtal und Mangfalltal.* Freilassing 1975

SCHENK, Fritz: ›Eine Wallfahrtsperle in den bayerischen Bergen‹ in: *Bayerland*, 2. Jahrgang 1891, Nummer 47

SCHENZ, Wilhelm: ›Karl (Theodor), Prinz von Bayern und Feldmarschall‹ in: *Bayerland*, 6. Jahrgang, 1895, Nummer 42ff.

SCHLEICH, Erwin: ›Die St. Peterskirche zu München‹ in: *Oberbayerisches Archiv*, Band 83

Schliersee 779–1979. Eine Chronik zum Jubiläum. Herausgegeben vom Markt Schliersee 1978

SCHMEIDLER, Bernhard: ›Abt Ellinger von Tegernsee‹ in: *Schriftenreihe zur bayerischen Landesgeschichte*, Band 32. München 1938

SCHÖNBERGER, Arno: *Ignaz Günther.* München 1954.

SCHÖNINGH, Franz Josef: ›So a freundliche Seel‹ in: *Tegernseer Tal*, 9. Jahrgang, 1956, Heft 1

SCHROTT, Ludwig: *Die Herrscher Bayerns.* München (Süddeutscher Verlag) 1974

SCHULTES, Bertl: *Ein Komödiant blickt zurück.* München (1966)

SEIDL, Oskar: *Die Kirchen und Kapellen des Dekanats Tegernsee.* Dießen (1918)

SEILER, Friedrich: *Ruodlieb. Der älteste Roman des Mittelalters.* Halle 1882

SIEGHART, August: *Der Wendelstein.* München (1924)

– *Der Wendelstein und seine Bergbahn.* Brannenburg 1937

– ›Auf dem Wendelstein‹ in: *Bayerland*, 48. Jahrgang 1937, Nummer 7

SLEZAK, Leo: *Der Wortbruch.* Hamburg 1959

STEUB, Ludwig: *Sommer in Oberbayern.* München 1860

– *Wanderungen im bayerischen Gebirge.* München 1862

STIELER, Karl, und Hermann Schmid: *Wanderungen im Bayerischen Gebirge.* München 1976 (Reprint)

STRECKER, Karl (Herausgeber): *Die Tegernseer Briefsammlung.* Berlin 1925

THOMA, Annette (Herausgeberin): *Das Volkslied in Altbayern und seine Sänger.* München 1952

THOMA, Ludwig: *Leute, die ich kannte.* München 1923

– *Erinnerungen.* München (1958)

– *Ein Leben in Briefen.* München (1963)

– *Ausgewählte Briefe.* München (1927)

– *Die Geschichte seiner Liebe und Ehe.* Herausgegeben von Walther Ziersch. München 1928

THON, Christina: *Johann Baptist Zimmermann als Stukkateur.* München 1977

THUMER, Gerd: *Ludwig Thoma und seine Welt.* München (1966)

TINTELNOT, Hans: *Die barocke Freskomalerei in Deutschland. Ihre Entwicklung und europäische Wirkung.* München 1951

TYROLLER, Franz: ›Zu den Säkularisationen des Herzogs Arnulf‹ in: *Studien und Mitteilungen zur Geschichte des Benediktinerordens*, Band 65. 1953/54

Unser Landkreis Miesbach. München (1976)

VEH, Otto: *Carl Josef Graf von Drechsel.* Sonderdruck aus dem

71. Jahresbericht des Historischen Vereins für Mittelfranken. (Ansbach) 1951

WEICHSLGARTNER, Alois Johannes, und Wilfried Bahnmüller: *Lüftlmalerei*, Freilassing 1977

WEINBERGER, Karl: *Sturm am Tegernsee*. Frankfurt (1953)

WIEDEMANN, Theodor: ›Die Maxlrainer‹ in: *Oberbayerisches Archiv*. Band 16. München 1856–57

WITZLEBEN, Hermann von und Ilka von Vignau: *Die Herzöge in Bayern*. München 1976

WOLF, Alois: *Aus alten Stuben und Kammern*. München (Süddeutscher Verlag) 1977

ZEBHAUSER, Helmuth und Marianne: *Das Tegernseer Tal*. München 1951

ZIMMER, Hans: *Die Dientzenhofer*. Rosenheim 1976

Register

Seiten mit * verweisen auf Textillustrationen, solche mit ** auf Farbtafeln

Verlag und Autor danken

allen Museen, Sammlungen, Bibliotheken und privaten Leihgebern für die freundliche Unterstützung bei der Beschaffung der Bildvorlagen und für die bereitwillige Erteilung von Reproduktionsgenehmigungen. Besonderer Dank für wertvolle Hinweise und zum Teil wiederholt in Anspruch genommene Hilfe gebührt dabei den Herren Alfred Beron und Dr. Siegmar Gerndt in München, Herrn Paul Gleixner von der Bayerischen Staatsbibliothek, Frau Dr. Nina Cockerell und Frau Edith Chorherr vom Bayerischen Nationalmuseum, dem Leiter der Abteilung Monacensia der Stadtbibliothek München, Herrn Ludwig Hollweck, den Herren Adam Hell und Dr. Volker Duvignau sowie Fräulein Elisabeth Reichenwallner vom Münchner Stadtmuseum, dann Herrn Michael Meindl in Bayrischzell, Herrn Alfons Besel in Schaftlach, Frau Charlotte Dietrich und Herrn Ludwig Meitinger in Schliersee und schließlich den Herren Hans Halmbacher, Franz Pütz und Otto Rixner in Tegernsee. Frau Dagny Gulbransson-Björnson gestattete entgegenkommenderweise den Abdruck einiger Zeichnungen und Karikaturen von Olaf Gulbransson, Herr Dr. Sixtus Lampl in Schliersee-Westenhofen die Verwendung verschiedener Bauaufnahmen der Klosterkirche Tegernsee und ein Münchner Privatsammler, der nicht genannt sein möchte, die Wiedergabe von Blättern aus seinem Besitz. Die Verwendung von vier Ausschnitten aus der Topographischen Karte von Bayern ermöglichte das Bayerische Landesvermessungsamt, wofür Herrn Vermessungsdirektor Professor Dr. Appelt verbindlicher Dank abgestattet sei. Fotovorlagen, die im Verzeichnis und Nachweis der Abbildungen nicht eigens nachgewiesen sind, wurden von betreffenden Instituten angefertigt und zur Verfügung gestellt.